Library

困の哲学　上

Système des contradictions économiques
ou
Philosophie de la misère

P.＝J.プルードン著
斉藤悦則訳

平凡社

本訳書は、平凡社ライブラリー・オリジナルです。

Heibonsha Library

貧困の哲学 上

Système des contradictions économiques
ou
Philosophie de la misère

平凡社ライブラリー

目次

下巻　目次

凡例

一　底本には、一八四六年の初版を用いた。*Système des contradictions économiques, ou Philosophie de la misère*, par P.-J. Proudhon, Tome 1 et 2, Paris, Chez Guillaumin et Cie, Libraires, Éditeurs du Journal des Économistes, de la Collection des principaux économistes, & c. Rue Richelieu, 14. 1846.

二　丸括弧（　）は原文のまま、亀甲括弧〔　〕は訳者による補注である。

三　原文の大文字による強調はゴシックで表した。

四　原文のイタリック体は傍点、もしくは「　」で表した。

五　原注は＊で示し、巻末注とした。

六　本文中の空行は訳者による挿入である。

「私は破壊する、そして建設する」（旧約聖書『申命記』三二章）

プロローグ

本論に入る前に、私の奇妙な仮説について述べておきたい。たしかにそれは一見奇妙ではあるが、それなしには先へ進めず、本論を理解してもらうことも不可能だからである。つまり、私は神の存在を仮定する。

神を仮定するとは神を否定することだ、と言う声も聞こえそうだ。なぜおまえは神を肯定しないのか。

これは私のまちがいではないと思うが、いまでは神を信じることは怪しい考えかたになった。最高存在を少しでも肯定的に考えるのは、頭が悪い証拠とされる。あらゆる哲学的ユートピアのなかでも、そういう考えかただけは許されない。また、いたるところで偽善や愚行が神を表看板にしてなされている。

しかし、学者先生も宇宙のなかで何かしら未知の力が働いていると想定する。未知の力が恒星や原子を引きつけ、宇宙の機構全体を動かし続けていると考える。この考えかたはまったく無根拠でありながら、この先生にとってはごく自然だ。世間もこれを受けいれ、奨励する。つまり、引力というやつである。この仮説は、証明がなされなくても、それを言いだしたひとに栄誉をもたらしている。ところが、私が人間社会の動きを説明するために、思いつくかぎりの留保を設けたうえで、神のようなものがそこで働いていると想定したらどうなるだろう。私はきっと、ちゃんとした科学に逆らう者となり、まじめな方々を不快にさせるにちがいない。神の摂理など、いまではまったく信じられなくなっているからだ。法衣をまとった連中がみんなインチキで、教義や作り話を用いてペテンを働いているからである。かつて私自身も神学者に会えば、不敬なことばを吐いたこともある。私は、民衆の信仰心を研究した。ブリデーヌ〔一八世紀の説教師〕が「神の最良の友」と呼んだあの民衆である。その信仰心を否定しなければならないと思うと、心が震えた。相反する感情にさいなまれた私は、理性に救いを求めた。そして、まさにこの理性こそが、多数のドグマどうしの対立のただなかで、私に神の仮説をいやおうなく立てさせたのである。神にかんして、何らかのドグマを先験的《アプリオリ》にあてはめても、それは不毛だ。では、私が立てた神の仮説はわれわれに何かをもたらすだろうか……。

私は、さまざまの社会革命の秘密を、あらゆる既存の思想にたよらず自分で心ひそかに研究していくなかで、神を重要な未知数として仮定するにいたった。言いかえれば、弁証法のツールとして神を必要とするにいたったのである。以下で、その経緯を少しくわしく語ることにしよう。

I

神の観念の変化を歴史的にたどっていくと、神の観念はまず何よりも社会的なものであることがわかる。そのことから、神の観念は、個人の心に浮かぶものというより、むしろ集団の思想としての信仰行為であることがわかる。では、こうした集団の信仰行為はどのようにして、また、どういうときに生まれるのであろうか。まさに、それを明らかにするのが重要なのである。

道徳および知性の観点から言えば、社会、すなわち人間集団はとくに行動が無意識である点、言いかえれば行動が本能的である点で、個人と異なる。個人は、自分でよくわかっている動機、あるいは自分の意志で拒否も同意もできる自分だけの動機にのみ従う、あるいは従えると思っている。一言でいえば、自分は自由だと思い、そして知性と教養が深まればますます自由になれると思っている。それにたいして、社会は何かの力によって動かされる。一見しただけでは、そこに特別な意志や計画など少しも感知できないけれども、しだいに、社会は何かしら上位の指図で動いているように見えてくる。社会の外に存在するものが、ある未知の終点にむかって社会をいやおうなしにつき動かしているようだ。君主制とか共和制ができるのも、身分の区別が生じるのも、司法の制度が定まるのも、こうした社会の無意識のいとなみによるものなのである。それらの結果を示すのは簡単だが、原理や根拠を明らかにするのはきわめてむずかしい。ボシュエ、ヴィーコ、ヘルダー、ヘーゲル、そしてそれ以後も歴史哲学者たちはみんな、人間の動き全体をつかさどる摂理の存在を確かめようと努めてきた。それにかんして私の気づいたことを言えば、社会は動きだす前にかならずその霊を呼び出す。社会は自分で無意識に決めたことを、あらためて上から命令してもらいたいのだ。くじ、神のお告げ、犠牲、大歓声、集団での祈り、これらは社会が示す後知恵のごくありふれた形態なのである。

この神秘的な力、まったく論証以前の、そしていわば超社会的な力は、ほとんど、あるいはまったく誰にも感知されないが、人間に直感をさずける霊的な能力として遍在している。これはあらゆる心理学の基本的な事実である。

ところで、人間にはほかの動物と異なる点がある。人間を含めて動物は、個としての欲望と集団としての衝動に同時に支配されるが、人間だけは自分を動かす本能、あるいは「宿命」に気づき、それを自分の思考のうちに取り込むことができる。しかも、人間はその宿命のなかに入り込み、そのお告げを書き換えることもできる。これについてはあとでもう一度述べよう。さて、霊感〔神の息吹〕に打たれた人間が最初におこなうことは、見えざる摂理をあがめることである。人間はそれに支配されていると感じて、それを**神**と名づける。命、存在、精神、あるいはもっと単純に、我とも呼ぶ。なぜなら、古代のことばにおいては、これらはすべて同義で同音だったからである。

神はアブラハムに言った。「私は我である。私は汝と契約を結ぶ……」〔旧約聖書『創世記』一七章一—二節〕。また、モーセに言った。「私は存在である。イスラエルの子らに言うがよい。存在から、私はおまえたちのもとにつかわされたのだと」〔旧約聖書『出エジプト記』三章一四節〕。ヘブライ語は人類が使ったあらゆる言語のうちでもっとも宗教的な言語なのだが、その言語において、存在と我という二語は同じ性格をそなえる〔＊1〕。ほかにも、イェホヴァは自らを永遠かつ絶対のものとし、モーセを代言人として律法を授けるとき、誓約の形式で「我」と称している。あるいは、それを同義反復的に強調するとき「我、存在」と称した。このようにヘブライ人の神は、あらゆる神々のうちでもっとも人間らしく、もっとも能動的な神である。この神ほどひとびとの直感を上手に表現してくれるものはない。

こうして、神は人間の前に一個の自我としてあらわれる。ひとつの純粋で永遠の本質としてあらわれる。神と人間の関係は、君主と従僕の関係にひとしい。神は、詩人や律法家や巫女の口を借りて、歌《ムサ》や戒律《ノモス》やお告げ《ヌーメン》で自己を表現する。あるいは、民衆の大歓声によって自己を表現する。すなわち、民の声は神の声なのである。この民衆の歓声によってというのが、とりわけ重要だ。ここから神の託宣にも本物と偽物があると説明できる。生まれたときからひととのまじわりがない人間は、自分で神の観念に到達することがない理由もこれで説明できる。また、そういう人間が、集団とまじわって神の存在を知ったとたん、神に夢中になる理由も説明できる。そしてまた、中国人のような停滞した民族は神の観念を失うことも、これで説明がつく(＊2)。まず、託宣についてだが、その本物の度合いはそれがどれほど広汎な意識の産物であるかどうかに依存することは明らかである。また、神の観念について、ひととまじわらない生活や変化のない生活のなかでは神の観念が存在しえない理由も容易に理解できる。つまり、ひととの交流をもたない人間は動物的なエゴイズムを脱することがない。そして、変化というものがなければ社会生活はしだいに機械的なルーチンと化し、ついには意志とか先見といった観念もなくなる。思えば奇妙な話である。宗教は進歩によって滅びるばかりでなく、停滞によっても滅びるのだ。

もうひとつ注意しておきたい。神の観念は最初、茫漠たる意識として、あるいはひとびとのあいだで共有された理性の客体化としてあらわれる、ということまでは述べたけれども、神そのものが実在するとか、しないとかについては、何の予断ももたない。われわれはただ、神とはひとびとがいだく集団的な直感、あるいはひとびとの普遍的な理性にほかならないことを認める。すると、この普遍的な理性とは何か、という問題が残る。普遍的な理性は、あとでも述べるように、けっして個別の理性にあらかじめ備わるものではない。言いかえれば、社会の法則の認識、あるいは集合的な観念の理論は、純粋理性の基本的な諸概念によって成り立つが、それでもやはりまったく経験的なものである。けっして演繹や帰納や総合といった方法で、アプリオリに発見されたものではない。ここからつぎのことが言える。普遍的な理性は、社会の法則の根源をなすものである。普遍的な理性は、純粋理性とはべつの領域で、そして純粋理性とは異なる実質として存在し、動き、働く。それはちょうど天体が、数学的な法則にしたがって作られたものでありながら、数学とは別個の現実であり、数学だけからその存在を導き出すことはできないのと同様である。そこで私に言わせてもらえば、普遍的な理性とは、昔のひとびとが神と呼んだものを近代的な用語であらわしたものにすぎない。ことばはあたらしくなった。しかし、それでものごとがわかったのだろうか。

　これからしばらく、神の観念の進化をたどってみよう。

　原始的な神秘的思考によって、至高の存在がいったん設定されると、人間はこの設定をただちにべつの神秘主義、アナロジーによって一般化する。神は最初いわば点にすぎないが、たちまち一面に満ちる。

　人間は自らの社会的自我を感じとったときから、自分の創造主を讃えるようになる。同様に、動物や植物、湧き水や天候その他、森羅万象に何かしらの配慮や意向が働いていると思ったときから、そのひとつひとつに、やがてはその全体に、それを統《す》べる一個の魂、聖霊が宿ると考えるようになる。神格化の作業は、自然の頂点としての社会に始まり、もっとも卑小な存在、生命をもたない無機物にまですすむ。こうして人間は、創造の最頂点である集合的な自我から、物質の最小単位である原子にまで、神の観念を拡げる。すなわち、人格と知性の概念をそこにまで拡げる。さらに、『創世記』によれば、神は「空を拡げた」。すなわち、神はあらゆるものごとの基本条件である時間や空間をも創造したというのである。

とすれば、至上の創造主たる神がいなければ、宇宙も人間も存在しないことになる。まさしくそのように社会的に信仰されている。しかし、である。人間がいなければ神の存在も思いつかれまい。いや、ずばり言おう。人間がいなければ神も存在しないことになるのだ。人間にとって創造主が必要ならば、神あるいは神々にとってもやはり自分を啓示してくれる者が必要なのである。ヘシオドスの『神統記』が物語り、ひとびとが夢想する天国や地獄、そしてその住民のようすは、この世の姿の写し絵だ。しかし逆に、ある哲学者のことばによれば、この世は神の夢にすぎない。それにしても、社会のいとなみであるこの神学的な創造の壮大さよ。これに直面すると、物質界の創造者とされるデミウルゴスのいとなみも影をひそめたし、全能の神と呼ばれるものすら打ち負かされた。ところが、それまでの数百年間、人間は、オリンポスの神々の物語に魅惑され、自分の想像力を自然の光景には向けてこなかった。

幻想の世界から降りてこよう。冷徹な理性が戸を叩いている。その恐ろしい問いに答えねばならない。

理性は問う。神とは何か。神はどこにいるか。神の大きさはどれほどか。神は何を欲しているか。神は何ができるか。神は何を約束するか。——分析の光で照らして見ると、天国だろうと地上だろうと地獄だろうと、神なるものはすべて、形もなく反応もなく動きもなく、われわれには理解できず定義もできない、何とも知れないものに行きつく。一言でいえば、存在の属性がことごとく否定されたところに行きつく。たしかに人間は、個々の事物にそれぞれの霊や精を見たり、あるいは、宇宙全体を単一の力が支配していると見たりする。しかし、どちらのばあいでも、人間がそういう不可思議なもの、つまり、ありえないものがそこにあると想定するのは、あまりにも理解不能な現象はそうでもしなければ説明がつかないからだ。神と理性の玄妙さである。神を信じる者は、自分の崇拝の対象をますます理にかなったものにするために、対象のリアルさをすべて、少しずつ削《そ》ぎ落としていく。絶妙な論法と才知が縦横に発揮されると、みごと、神なる存在の属性はまったくの無の属性にひとしいものとなる。この進化は不可避であり必然である。無神論があらゆる神義論の根底なのである。

この進化をもう少し説明したい。

万物の創造者である神は、人間の意識によって創造されたものである。つまり、われわれは社会的な自我から宇宙的な自我へと神の観念を昇華させた。するとそのとたん、人間の知性は神の観念をより完全なものにするためにという口実のもとで、神の観念を解体しはじめる。神の観念をもっと完全にすること。神学のドグマをもっと純化すること。これが人類の第二の幻想であった。

分析の精神は、悪魔のように飽きることなくたえず問い続け、たえず反論し続ける。遅かれ早かれ宗教のドグマに証明を求めるのは当然であった。哲学者は神の観念をあれこれ定義したり、あるいは定義不能だとする。また、神の観念を理性と結びつけたり、あるいは遠ざけたりする。私に言わせれば、そういう観念にはかならず攻めどころがある。そして、人間の思索は止めることができないから、神の観念がやがては消滅するのも必然である。そこで、無神論の運動が神学のドラマの第二幕となる。第一幕で原因が示され、第二幕で結果が示される。「天は神の栄光を物語り」と聖書の『詩編』〔一九編二節〕にはあるが、勝手にこれにことばをつぎ足せば、「天の証言で神は失墜する」のだ。

じっさい、人間がいろいろな現象を観察すればするほど、自然と神とのあいだにさまざまの媒介が存在するように思えてくる。たとえば、数や形や連続の関係とか、組成や進化や類似の関係などである。ものごとは一種の連鎖として生じ、あるいはたえず互いに呼応しあっている、と思えてくる。さらに観察すれば、人間の社会の発展には、私的な意志や集団の協議がある程度の影響をおよぼすことさえ見えてくる。そこで人間はこうつぶやく。「偉大なる神も自分だけの力で直接この世界を動かしているわけではない。また、神は自分勝手で気まぐれにふるまっているわけでもない。神のいとなみは、間接的なものであり、いろいろな知覚の手段や器官を通じて、またあれこれの規則にしたがってなされているものにすぎない」。こうして人間は、頭のなかで因果関係の連鎖をたどって、ついには神を一種の振り子のようなものと見なすにいたる。

天空のかなたに神はまします。

と、かつては詩に歌われた。ところが、理論が登場するや、この至高の存在は動力装置の中心ピン程度のもの、建物の要石ぐらいのものになり下がる。もっと卑小なたとえを許していただけるならば、神は立憲君主みたいなものになり下がる。つまり、君臨すれど統治せず、法への服従を誓い、ただ法の執行者を任命するのみの存在となりはてる。ところが、神学者は幻影に惑わされ、このバカげた立憲君主制のような形も、かれには神の偉大さを示すあたらしい証拠にしか見えない。神学者によれば、神は自分の道具として創りだしたものを自らの権力のために用いているのであり、人間の英知を自分の栄光のためにふりむけているのだそうだ。

さて、人間はやがて、神の力を制限するだけでは満足せず、神をなきものにしようとの思いをつのらせながら、神の領分の割譲を求める。

神学者はこう考えるようになる。「私はものを感じ、考える一個の精神、一個の自我であるから、やはり絶対的な存在のはしくれなのだ。私も神と対等に自由であり、創造者であり、不滅である」。まさしく「我思うゆえに我あり」だ。その派生命題が「我思うゆえに我不滅なり」で、これは神がモーセに名前を問われて答えた「私はある。私はあるという者だ」〔旧約聖書『出エジプト記』三章一四節〕の翻訳にほかならない。こうして哲学は聖書と和合する。神の存在と魂の不滅は、考えかたとしては同じこと。人間は、自我を宇宙の中心に置いて宇宙の名で語り、あるいは自分自身の名で語る。このように宇宙と自我を行き来し、自覚しないまま同じ話をくりかえしているのだ。

しかし、魂の不滅こそ、真の意味での神の分裂である。ここにいたるまでが長い道のりであった。はじめて公言されたときは、古い教義の信奉者たちから異端視されたものだが、やがてこれは神の尊厳を補完するものとなり、永遠の善と正義のために不可欠の第一原理となった。神学者のことばによれば、いまや魂の不滅を抜きにしては神を理解することもできない。それは政治学者が、単一の主権者とけっして更迭《こうてつ》されない官僚こそ君主制の絶対的条件だというのとそっくりである。だが、よく似ている分だけちがいも目立つ。魂の不滅という教義はやがて神学哲学者にとって、つまずきの石となる。かれらは、〔古代ギリシアで輪廻転生を唱えた〕ピタゴラス教団やオルペウス教団以来、神の属性と人間の自由との和解、信仰と理性の調和を求めてきたが、空しい努力であった。そこで争えば不信心の者が勝つに決まっている……。ただ、この幻想もそう簡単には負けない。魂の不滅という教義は、創造主としての神の領分を制限するものであったから、ひとつの進歩であった。人間は、部分的な真理を獲得して有頂天になったりするが、けっして後戻りはしない。このように人間はひたすら前進し続ける。そのことが人間の無謬性の証拠なのである。そして、そこからまたあたらしい証拠が得られる。

人間は自分を神に似せ、神を自分に似せた。こんなふうに神と人間を関係づけるのは、それまで何世紀ものあいだ忌むべき考えかたとされてきた。それが今度は、あたらしい神話を確定する秘密の動力となった。かつて〔アブラハムからモーセにいたる〕イスラエルの族長時代、神は人間と契約を結んだ。いまや神はその契約を強めるために、自ら人間になろうとしている。神は人間と同じ肉体、姿形、情念をもち、同じように喜び悲しみ、女から生まれ、そして人間のように死ぬのである。人間は神を、それまでは創造主と呼んでいたのに、論理を転換させて、人間の救い主、救済者と呼びはじめる。大いなる存在をそこまでおとしめながら、人間はそれによって神の理想像をなおいっそう大きくしたのだと言い張る。人間は「私が神だ」とまでは言わない。そこまで不敬で不遜な考えかたは恐ろしすぎる。そこで人間は言う。「神は私のなかにいる」。と、そのとき、哲学は大胆に、一般の意識は恐る恐る、口をそろえてこう叫びはじめた。「神々は去った」。まさにこのとき、超人的な者が熱烈に賛美され信仰される時代、以後一八〇〇年続く時代が始まったのである。

しかし、最後のときが近づいている。王の権力が限定されればデマゴーグがはびこるように、神の力が限定されればまさに百鬼夜行の状態になる。人間の長きにわたる思考の歩みが最後にたどりつくのがキリスト崇拝なのである。『信仰問答』は言う。「天使、聖人、聖処女たちは神とともに天国にいる。神に見放された者たちは悪魔とともに地獄にいて、永劫の責めに苦しむ」。あの世の社会にも左辺と右辺があるのだ。方程式を完成させるときがきた。あの世の階層構造を地上に引きおろし、この世の現実のうちでその姿をあらわにさせよう。

ミルトンが『失楽園』で描いたこの世で最初の女性は、泉に映る自分の影に見ほれて、それを抱きしめようと手をのばす。これはそのまま人類の姿である。——ああ、人間よ！　おまえのあがめる神、おまえが善きもの・正しきもの・全能なるもの・全知なるもの・不滅なるもの・聖なるものとした神は、おまえ自身だ。完全なるものという理想像は、おまえが意識のなかでひたすらに純化したおまえ自身の姿である。神・自然・人間は、同じひとつの存在の三つの相にほかならない。人間とは、進化に進化をかさねて、ついに自己意識に到達した神そのものにほかならない。イエス・キリストこそ、自らを神と感得した人間であり、そしてキリスト教こそ、本当の意味での人神教なのである。この世の始めから**我**と名のった者以外に神はいない。そして、**汝**以外に神はいないのである。

これが哲学の最終結論だ。哲学は宗教の秘密と自分の秘密を暴露して消えてゆく。

Ⅱ

一見これで万事終了。人類を神として崇拝することがなくなれば、神学の問題もすっかりなくなるように見える。神々は去った。人間はもはやエゴイズムに身をゆだね、ひとりで苦しみ、ひとりで死んでいくしかない。恐ろしい孤独が私を包み、私の心の奥にポッカリと穴をあける。心は高揚してもどこか虚しい。自分を神としたときから、自分の影しか見ていないような気がする。私はあいかわらず一個の「自我」であるとは言えても、自分は絶対者なのだとは言いにくい。しかし、自分が絶対者でなければ、私はひとつの観念の半分にしかすぎない。

誰だったか、ある皮肉な思想家がこう言っている。「哲学を少し学べば宗教から離れ、たくさん学べば宗教に戻る」。嫌味たっぷりだが、一面の真理をついている。

あらゆる科学は三つの段階をへて発展する。文明の時代区分になぞらえて言えば、まず宗教的段階、そして形而上学的段階、それから科学的段階である（＊3）。たとえば錬金術は、のちに化学と呼ばれるものの宗教的段階にあたるが、その決定的な答えはいまだに見出されていない。同じく、占星術はのちの天文学の宗教的段階にあたる。

ところが、化学者はかれこれ六〇年、錬金術で金属を金に変える企てをあざ笑ってきたが、実験のおかげで、物質を他の物質に変換できる可能性を否定できなくなっている。また、天文学者も天体のメカニズムを追うなかで、天体は一種の有機体なのではないかと思うようになる。まさしく占星術と似たような考えかたになる。そこで、先ほどの皮肉な哲学をまねて、こう言ってもいいのではなかろうか。「化学を少し学べば錬金術の手口から離れ、たくさん学べば錬金術の手口に戻る」。同じく、「天文学を少し学べば星占いを笑い、たくさん学べば星占いを信じるようになる」(＊4)。

神がかりのものを信じないという点では、私はたいていの無神論者よりも徹底しているつもりだ。しかし、奇跡や予言や魔術などの話は、誇張してではあれ、目に見えない力、かつてのいわゆる超自然的な力が生み出す異常な現象を物語っているのではないのか。私はそういうふうに考える。一方、科学はいまなお粗野なままだし、誠実さに欠ける。学者たちは無知のくせに無礼である。自分たちがひねりだした説を守るために、自分たちにとって不都合なことは図々しく否定する。私は迷信も嫌だが、こういう石頭の連中も信用しない。もちろん、いまはまだ粗野だが、合理主義こそがあたらしい時代の幕を開ける。私はそう確信している。まさに科学の力で、本当に驚異的な時代が開かれるであろう。私の見るところ、宇宙は魔法の実験室にほかならない。すべてはそこに期待せよ……。ということで本論に戻る。

先ほど宗教の進化を手短に示したが、それでもう神の存在や魂の不滅といった形而上学の二つの謎は決着がついたと考えてはいけない。理性による最新で最良の結論は、神学の問題をきっぱりと解決したかに見えて、じつはわれわれを大本の神秘主義へ連れ戻す。あたらしいデータをならべながら哲学的な考察を余儀なくさせるのだ。今日、われわれは宗教的なものの見かたを批判して、自分自身や宗教を嘲笑するが、その批判を要約してみれば、神学の問題が再生産されているにすぎない。私が本書を執筆している今このとき、人類はかつての神の観念に相当する何ものかを承認し肯定する段階にさしかかっている。ただし、それはかつてのように自然の流れによってではなく、徹底した熟慮と強固な弁証法によって達成されよう。

もう少しくわしく説明してみたい。

哲学者たちがとにもかくにも最終的に一致する点があるとすれば、それはおそらくつぎの区別であろう。すなわち、知性と必然性、思考の主体と客体、自我と非自我の区別である。平たく言えば、精神と物質の区別だ。もちろん、これらの項はいずれもそれだけでは現実も真実もあらわしはしない。ただ絶対なるものの分裂を示すにすぎない。そして、絶対のみが現実的であり真なのである。それを分割すれば、どの項もすべてひとしく矛盾をはらむ。ところが、絶対なるものにわれわれはまったく近づけず、ただその二項対立をとおしてしか理解できない。そして、そうした項のみがわれわれにとって経験可能なものなのである。これもまた確かだ。したがって、信仰にとっては単一なるものが重要だが、科学にとっては二項対立が第一の条件なのである。

では、思考の主体は何か、その客体は何か。心とは何か、体とは何か。この二元論から免れることはできまい。ものの本質についても、ものの観念についても同じことが言える。ものの本質は自然において分裂してあらわれ、観念は頭脳のなかで分裂する。神の観念と魂の不滅の観念は、同一のものでありながら、哲学においては継起するもの、相矛盾するものとされる。まったく同様に、自我と非自我は絶対なるもののうちでは融合していながら、自然のなかでは分裂し相矛盾する。そして、自然のなかには考える存在がある一方で、考えない存在もある。

しかし、ものごとを深くとらえようとすればかならず見えてくるはずだが、しごくもっともらしいこの区別も、理性の観点に立つと、これほど不可解で不条理で矛盾したものはない。そもそも存在は、精神の面を捨象したり、物質の面を捨象したりしたのではつかまえられない。なるほど、精神は時間・空間・運動・固体性などのカテゴリーとまったく無縁なので、現実性につながる属性をいっさいそなえていないように見えるから、精神を否定することもできそうだ。また同様に、物質は受動性でしか認められず、形でしか理解されないので、いずこにおいても（自由な意志をもった）能動因ではありえず、実体としての中身など全然見えないから、物質を否定することもできそうだ。そして、そうした否定は純粋の観念論につながる、すなわち、虚無につながる。しかし、虚無とはとにかく生きているものを嫌い、思考するものを遠ざけることであるが、生きているもの、思考するものは、敵対的な属性を自らのうちでひとつにしている。ただし、それは結合したばかり、もしくは分裂するまぎわの（どちらにしても）きわどい状態にある。したがって、われわれはまず二元論から出発しなければならない。たしかに、分けられた二項はどちらも偽であるが、二元論はわれわれが真なるものを得る条件として絶対に回避できない。一言でいえば、われわれはデカルトとともに、そして人類とともに、まず自我から出発せざるをえない。

すなわち、精神から始めざるをえない。

さて、宗教と哲学は分析によって解体し、絶対の理論のなかに溶け込んでしまった。だが、それでわれわれは以前よりも精神とは何かがわかっているわけではない。昔よりことばが豊かになっただけである。ことばの豊かさで飾り立てるが、われわれはあいかわらず無知蒙昧なままだ。ただ、昔のひとびとにとって秩序は世界の外部に何らかの知性があるしるしだったのにたいして、近代人はそれをむしろ世界の内部に見る。しかし、内であれ外であれ、とにかく秩序と知性の結びつきを肯定するのであれば、秩序があるところにはかならず知性が存在すると認めなければならない。さもなければ、知性はどこにもないと言わなければならない。叙事詩『イーリアス』を産み出した頭脳に知性を認めるのであれば、八面体の結晶をつくる物質のかたまりにも知性を認めなければならない。逆の言いかたをすると、天体の運行と物理の法則の結びつきを見るとき、それを司る自我の存在を無視するのは、マレンゴの戦い〔一八〇〇年〕での勝利をそのさいの巧みな戦術に結びつけるとき、ナポレオンの存在を無視するのと同じくらいナンセンスだ。ちがいがあるとすれば、マレンゴでの勝利のばあい、思考する自我はナポレオンの頭脳のなかにあるが、天体のばあい、自我は特定の場所をもたず、宇宙全体に拡がっている点だ。

唯物論者によれば、人間は天体を人体になぞらえ、そのなぞらえを延長させて、生命と思考の原理である魂のようなものも天体には宿っているはずだと考えた。そして、神の存在を唱える論法はすべてたんなるアナロジーであり、なぞらえはなぞらえにすぎないのだから、その説は誤りである、と言う。唯物論はこう言って、論敵をあっさり退けたつもりになった。

もちろん、私も古ぼけた三段論法を弁護はしない。すなわち、〔大前提＝〕ものごとを秩序だてるには知性が必要だ。〔小前提＝〕宇宙はみごとに秩序だっている。〔結論＝〕宇宙は何かしらの知性の産物である、というもの。ヨブやモーセ以来の陳腐な論法だ。これで一件落着とはいかない。まさしく解決すべき謎はここから始まる。われわれは秩序がどういうものなのかはよくわかっている。しかし、魂とか精神とか知性ということばが何を意味するかは全然わかっていない。ならば、秩序が存在するから知性も存在するという結論をどうやって論理的に引き出せるのだろうか。したがって、私はもっとしっかりしたものが示されるまでは、宇宙の秩序を神の実在の証拠と見なす論法に反対する。私の見かたによれば、それはせいぜいのところ哲学で解くべき方程式にすぎない。秩序の概念から精神を肯定するまでのあいだには、哲学で解決すべき難問が横たわっている。つまり、私は問題と証明を取りちがえないようにしたいのである。

とはいえ、当面の問題はそれではない。私が言おうとしてきたことは、存在を自我と非自我、精神と物質、心と体に分かつのは人間の理性の必然的で抑えがたいいとなみだということであった。一方、唯物論者による反論は、まさしくかれらが否定したいものを逆に証明することになるのではなかろうか。人間には精神的な原理と物質的な原理の二つがあり、自然もまた、それ自体に二つの本質があり、その固有の法則を証明してみせている。そこで、唯物論の欠陥が指摘されよう。唯物論は人間の自由を否定する。否定せざるをえないのである。しかし、人間が自由でなければないほど、人間のことばは重みを増し、真理をあらわすものと見なさざるをえなくなる。ここに機械があって、それが「私は心であり、私は体である」と語ったとする。そういう告白は私を驚かせ困惑もさせるが、しかし、私の見るところ、この機械のことばは唯物論者の教えよりもはるかに重みがある。唯物論者は、人間の意識や自然にタガをはめて、こう言わせようとする。「私は物であり、物でしかありえない。そして、知性とは物質的な認知能力にほかならない」。

ここで私が攻撃する側にまわって、物の存在を信じること、言いかえれば純粋に物質的な自然の実在を信じることがいかにでたらめかを証明してみせたら、唯物論の主張はどうなるであろうか。物質は不可入である、とかれらは言う。何が入れないのか、と私は問おう。物質のなかに物質は入れない、というのが答えだろう。精神は入れない、などと言うはずがない。それを言えば、自分が否定したいものを認めてしまうことになるからだ。ならば、私は二つの問いを投げかけたい。物質の不可入性について、あなたは何を知っているのか。そして、そもそも不可入とはどういう意味なのか。

（1）不可入性は、それこそが物質の特徴だと言うひともいるが、それは底の浅い物理学者たちが立てた仮説にすぎない。ものの表面だけを眺めて下した粗雑な結論にすぎない。実験からも明らかなように、物質には無限の可分性、膨張性、多孔性があり、温度や電気や磁気への感応力もあれば、それらを妨げる特性もある。さらに相互の親和や干渉、回数不定の変形も認められる。こうした性質はすべて、不可入性と言えそうなものの想定とほとんど両立しない。ただし、物質のいろいろな特性のうちで、可塑性だけは弾力や抵抗力の観念を経由して、不可入性の観念につなげられそうに見えた。可塑性は、環境に応じて変化することであり、分子間の引力に全面的に依存するものだからである。ところが、この引力こそが不可入性の観念に一番反するものではなかろうか。さらに決定的には、物質の可入性にかんする科学と厳密に定義できるような科学が存在する。化学がそれである。じっさい、化学で合成と呼ばれる現象は、物質が物質に入りこむことにほかならないのではないのか……（＊5）。要するに、われわれには物質の形だけしかわからないのである。中身については何もわからない。したがって、目にも見えず、手応えもなく、抑制できず、たえず変化し、とらえどころがなく、思考にだけは侵入を拒み、思考にたいしては変装した姿でしかあらわれないような存在、そういうものをどうして肯定できようか。唯物論者よ。あなたは自分の感覚については承認する。けっこうである。だが、感覚を認めるのであれば、それに続けて感覚の刺激について、こう言えるはずだ。すなわち、なにものか（あなたが物質と呼ぶもの）が感覚を刺激すると、その刺激はべつのなにものか（私が精神と呼ぶもの）によって感じとられる。

（2）そもそも、物質の不可入性という仮説、外部からの観察では認められず、正しいとも言えないこの仮説は、いったいどこから来たのか。そして、その意味は何か。

ここで二元論の勝利が見えてくる。二元論でも物質への不可入性が言明されるが、その言明は唯物論者や一般大衆と異なり、感覚にもとづくのではなく、意識によってなされるのである。まず、「自我」という不可解な自然があり、自らを自由で独自で永遠のものだと感じている。この自我が自分の外部でもうひとつべつの、やはり不可解な自然と出会う。その自然もまた独自のものであり、たえず姿を変えながら永遠のものである。そこで自我は、こうした存在が自分にもたらした感覚や観念によって、この「非自我」は広がりがあって不可入のものだと言明する。つまり、不可入性はものごとを具体的に想像させるためのことば、ひとつのイメージにすぎない。そして、絶対なるものの一方の項である思考は、これによって、他方の項である物質的な実在を表象する。しかし、この不可入性は、それがなければ物質も姿を消すが、おしつめて言えば、自生的な内面の感覚の判定、形而上学的なアプリオリ、……精神が存在することの漠とした仮説にほかならない。

こうして哲学は、神学の教条をひっくりかえしたあとで、物質を精神化し、精神を物質化する。現実を観念化し、観念を現実化する。あるいはまた、哲学は実体と原因を同一視し、あらゆるところで強引に**力**を発揮する。百万言を費やしながら、何も説明せず、無内容のままだ。哲学は、やはりわれわれをどうしても二元論に引き戻す。哲学はわれわれにむかって、自分自身を信じろと命じながら、精神を信じること、あるいは神を信じることを強要するのである。古代のひとびとは精神と自然をべつのものと見ていたのに、哲学は精神を自然のなかに回帰させ、ついには例のありふれた結論にいたった。すなわち、人間においては精神は自覚されるが、人間以外においては自覚されないように思われる、と言う。——ある哲学者のことばを借りれば、精神は「人間においては目覚め、動物においては夢み、鉱物においては眠りこけている……」のだそうだ。

哲学は、臨終のときをむかえているいまも、生まれたときと変わらず、無知のままである。あたかもそれはあのソクラテスのことばを証明するためにだけこの世にあらわれたようである。哲学は、自分の棺を自ら黒布で覆いながら、「私は自分が無知であることを知っている」と言う。いや、哲学はいま自分のすべての考察が二つの仮説に立脚していることを知っている。この二つの仮説は、どちらも誤りであり、どちらも成り立たない仮説でありながら、どちらも絶対に必要な仮説なのだ。すなわち、物質と精神である。かつて宗教では教条主義、哲学では論争がはびこり、世の中全体が闇だらけだったときには、疑いをもつことが許され、性道徳への無関心も横行した。いまではあらゆる点にわたって否定が勝利し、そのせいで疑いをもつことも許されない。思考はいっさいの束縛から解放されたのに、まさにその成功によって敗北し、自分の目にも明らかに矛盾・不条理と見えるものを肯定するよう強いられている。野蛮人によれば、世界は偉大なる精霊《マニトウ》が見守るひとつの大きな呪物《フエティッシュ》なのだそうだ。文明人である詩人、立法者、賢者たちは哲学の灯を三〇〇〇年にわたって代々受け継いできながら、かれらが書いたものはこの野蛮人の信仰告白よりも高尚とはけっして言えない。かくも長きにわたって神への造反を試み、それを哲学と称してきたが、理性が束縛から解放されてたどりついた結論は、野蛮人の理性と同じものだった。「世界は自我によって客体化された非自我である」のだと。

このように、人類はどうしても神の存在を想定する。人類は、今日までの長いあいだ、神の仮説のリアリティを信じてきた。不可解なものを賛美した。至高の存在なるものは人間の思念を人格化したものにすぎないとわかっていても、信仰行為を始めてしまえばのめりこみ、至高の存在を賛美する意見をふりまわすほどではないにせよ、それにあえて固執する。まもなく魔法の呪文によるお祈りまで復活しそうだ。こうした姿を見るならば、おどろおどろしい幻覚のなかには、われわれが探求するに値する何らかの秘密が隠されているのではないか、と思わざるをえない。

私はいま幻覚とか秘密といったことばを用いたが、だからといってそれによって神の観念の超人間的な内容を否定したいわけではない。また、あらたなシンボルづくりというか、あらたな宗教が必要だと言いたいわけでもない。人類が神（あるいは自我とか精神と呼ばれるもの）を肯定するのは、自分自身を肯定することにほかならない。もしそう言えるならば、人類は自己認識している以上の何ものかを肯定するとも言えるはずだ。これはあらゆる神学、あらゆる弁神論からの帰結である。しかも、この肯定は避けがたいことであるから、そこにはきっと秘密の関係があるはずだ。われわれはできるかぎりその関係を科学的に解明しなければならない。

逆方向から眺めてみよう。無神論、あるいは人間主義と言われるものは、それが他を批判し否定する部分においては正しい。しかし、それが自然のままの人間を肯定するだけにとどまるならば、また、古代の人類が自らを神の子、神の発現、神の似姿、神の代弁者であるとしたことを妄言として退けるならば、人間主義は人類の過去を否定しながら、あらたな矛盾に陥るだけだろう。したがって、われわれはどうしても人間主義の批判をおこなわざるをえない。すなわち、人類をその発展の全段階をとおしてひとつの総体としてとらえ、そしていわゆる神の属性から嘘くさい部分、つくりごとめいた部分を差し引いても、この人類ははたして神の観念を満たすと言えるか。人類は存在として十全なものなのか。つまり、人類は本当に類たりうるのか。それを確かめなければならない。端的に言うなら、人類は古代の教義どおり神に近づこうとしているのか、それとも近代人が求めているとおり人類自身が神になっているのか、われわれはそれを探求しなければならない。われわれはおそらく究極において悟るだろう。この二つの考えかたは、見かけのうえでは対立するが、じつはともに正しく、根底では同じものなのである。人間の理性は、集合的な理性としてあらわれるばあいには、人間が熟慮に熟慮を重ねたばあいと同様に、けっしてまちがわない。そのことがここではっきりするだろう。要するに、人間において神の仮説が確証されなければ、無神論者による神の否定も確かだとは言えないのである。

そこで、神の観念を科学的に証明すること、すなわち実証的に証明することが課題となる。じつは、この証明はいまだかつて試みられたことがない。神学は神話の権威に乗じて教条を唱えるばかり、哲学はあれこれのカテゴリーにすがって思弁にふけるばかりである。神はあいかわらず超越的な概念のままにとどまってきた。つまり、理性の接近を許さず、仮説はいぜんとして生き残る。

そう、神の仮説は生き残っている。むしろ以前よりも強固に、そして一段と冷酷になっている。いまや時代はひとつの分かれ目に達した。社会は過去を軽んじ、未来を疑いながら、つぎのいずれかに進もうとしている。ひとつは、現在のみを大事と思い、あたらしい信仰の準備は孤独な夢想家にまかせる。もうひとつは、享楽の深淵から神の名を叫び、救済のしるしを求め、社会の行く末の予兆を、昔だったらいけにえの腸に見つけたところだが、いまは革命騒ぎのなかに見出そうとする。

何をこれ以上くどくど語る必要があるだろうか。神の仮説はもはや認知ずみである。ひとはいやでもそれを受けいれざるをえないからだ。私が神の仮説を語っても誰からも非難されまい。神を信ずる者は、私が神は存在すると想定していることでよしとするし、神を否定する者も、私のそういう想定を認めざるをえないだろう。なぜなら、否定はまず肯定があるからこそ否定になるわけで、神を否定する者は私よりも先に神を肯定していたことになるからである。また、神を疑う者はといえば、しばらく時間をかけて、疑うことは疑うべき何ものかを前提するということを理解し、遅かれ早かれそれを神と呼ぶようになるだろう。

しかし、私は思考するということによって、神を仮定する権利は手にすることができるが、神を肯定する権利は獲得すべきものとしてまだ残されている。言いかえれば、神の仮説を誰にも避けがたいものとして提示することはできても、私が当面主張できるのはそこまでだ。なぜなら、肯定するとは確定することであり、そして確定が正しいものであるためには、それは経験的に与えられるものでなければならないからである。じっさい、確定とは、ものごとの関係、ものごとの条件、ものごとの経験を語ることにほかならない。したがって、神の概念の確定はただ経験的な証明によってのみおこなわれるものであるとするならば、こうした高度に未知なるものを探求するにあたっては、経験によって与えられないもの、神の仮説から外れるものはいっさい捨て去らなければならない。さもなくば、われわれは神学がおちいった矛盾のなかにふたたびおちいり、そして、ふたたび無神論から抗議を受けることになるだろう。

Ⅲ

本書は政治経済学の本であるのに、なぜ私はあらゆる哲学の根本をなす仮説から出発しなければばならなかったか。その理由を語らねばなるまい。

私が神の仮説を必要とするのは、まず第一に、社会科学の権威をうちたてたいためである。天文学者は天体について、もっぱら外観だけに頼って説明する。一般人と同様にものを眺め、空は丸天井、地球は平ら、太陽は風船のように空に浮かんで東から西へ弧を描く、と想定してもかまわない。そのとき天文学者は、感覚にまちがいがないことを前提としている。もちろん、のちに観測がすすむにつれて、当初は絶対的だった与件に修正が加えられることはありうる。しかし、感覚はわれわれをあざむくとか、われわれは目に見えるものをじつは見ていないなどということを、天体にかんする哲学はけっしてアプリオリには認めない。そういうことを原則にしたら、天文学の信用はどうなる。ただ、感覚からの情報はある程度それ自身で修正・補完されるからこそ、感覚の権威はゆるがず、天文学も成り立つのだ。

社会にかんする哲学も同様である。人類は類としてまやかしの行為をおこなうとか、まちがった行為をおこなうということを、社会の哲学はけっしてアプリオリには認めない。それが認められるようなら、人類の権威はどうなる。根本において人民主権と同義である理性の権威はどうなる。社会哲学によれば、人間の判断は、現場での直接的なことがらについては、つねに正しい。そして、その積み重なりにより、またさまざまの観念が獲得されるにつれて、補完され、いっそう明確になる。そのなかで個々人の考えと全体の理性はつねに一致するようになり、確実さの範囲も無限に拡がっていく。人間の判断の権威はまさにこうして確立するのである。

さて、初源的な理性の判断、あらゆる政体の最初の宣言は、自らの裏づけとその原理を何に求めるかというと、きまって「それは神である」とする。これは、社会が何らかの設計、配慮、英知にしたがって統制されている、と言うにひとしい。まさにこの判断こそ、偶然の介入を排除し、社会科学が成立する可能性を基礎づけたものなのだ。社会的事実についての歴史的・実証的な研究、社会の改良と進歩をめざすいとなみは、かならず民衆と同じ目線で神の存在を想定せざるをえない。もちろん、そういう判断をのちに再検討することになるのも当然だ。

こうしてみると、われわれにとって社会の歴史とは、神の観念が長い時間をかけて明確になっていくこと、人間の運命がしだいに明らかになっていくことにほかならない。昔の賢者は、神の観念を空想で勝手につくりあげ、すべてをそれで説明した。理性や良心を抑えつけ、見えざる主に恐怖して動きを止めた。——あたらしい哲学は、方法を逆転させ、神の権威と同時に人間の権威をも打ち砕く。事実と明証性以外のものによっては束縛されないとしたうえで、自らの最終問題として神の仮説へすべてを収斂させていく。

こうして、人間主義的な無神論が、人間の道徳と知性を解放する最後のステップとなり、したがって哲学の最終局面となるのである。すでに崩壊したドグマのすべてがここで再構築されたり、科学的に検証される過程に向かう。

私が神の仮説を必要とするのは、いま述べたように歴史に意味を与えるためばかりではない。科学の名でなされる国内の改革は正しいとするためである。

ある見かたによれば、神は社会に外在し、社会の動きを上から操るものだという（これはまったく根拠がなく、ほとんど幻想に近い）。——また、ある見かたによれば、神は社会に内在し、非人格的で無意識の理性にひとしく、一種の本能として文明を前進させるものだという（が、非人格的で無意識というのは知性の観念になじまない）。――さらに、べつの見かたによれば、社会において生起する事象はすべてその諸要素どうしの関係に由来するものだという（これは能動的なものを受動的なものに変え、知性を必然性で置き換える見かたにすぎず、要するに、法則を原因と取りちがえているにすぎない）。いずれの見かたであれ、帰するところはひとつである。社会の動きを、至高の存在の意志のしるしと見るか、非人格的な一般意志の独特な発話形態と見るか、ものごとの必然性の表象と見るか、見かたは異なっても、社会が動くということはわれわれにとってひとつの絶対的な権威であることに変わりはない。系列的な連鎖は、精神のなかだけでなく時間のなかにもあり、過去に起こったことがらが未来に起こることがらを決定づけ、正当化する。こうして科学は運命と合致する。生起することがらはすべて理性に由来し、また逆に、理性は生起することがらの経験にもとづいてのみ判断を下す。だからこそ、科学は社会の統治に関与する権利をもつのだ。そして、科学を社会統治の指針として承認するならば、科学が最高の主権者として社会に関与することも承認しなければならない。

科学は万人から神聖なものとして語られ、認められ、受けいれられ、世界全体に君臨する。保守反動の側からのあらがいも、神学や伝統やエゴイズムの側からの抗弁も、神の仮説をもちだせば、一発ですっかり排除できる。

私が神の仮説を必要とするのは、文明と自然の結びつきを示すためである。

じっさい、この驚くべき仮説は、人間を絶対なるものと同一視し、自然の法則と理性の法則も同一ではないかとほのめかす。そして、人間のいとなみは神の創造作業を補完するものだという見かたを可能にする。人間とその住みかである地球を連帯させる。たまたまわれわれが住むことになったこの地球だが、それを開発する作業の一部分はわれわれ自身の作業になったのである。そして、その作業のなかで、われわれはあらゆるものごとの原理と目的を把握する。したがって、人類は神ではないとしても、神のしごとの継承者ではある。べつの言いかたをすれば、人類がかつて本能のままに始めたこと、自然が必然性にそって進めているように見えること、それを人類はいま意識的におこなっているのである。いずれのばあいでも、またいずれの意見を選択しようとも、つぎの一点はいぜんとして確かである。すなわち、行動と法則は合致する。われわれは知的な存在であり、知性が組み立てた物語の主人公として、わが身を大胆にも宇宙の果て、永遠のかなたにまで押し運ぶことができる。そして、自分たちのあいだでしごとをきちんと組織できたら、そのときわれわれは胸を張って言えるだろう。「天地創造は説明される」と。

こうして、哲学による探求の領域が確定する。伝統こそが、未来にかんするあらゆる考察の出発点である。ユートピアはいっさい排除される。自我の研究は、個人の意識から社会的な意志の表出のほうへスライドすることによって、これまで得られなかった客観的な性格を獲得する。そして、歴史学は心理学となり、神学は人類学、自然科学は形而上学となる。理性の理論は、もはや空虚な知性からではなく、直接的に観察可能な広大な自然の、無限に多様な形態から引き出される。

私が神の仮説を必要とするのは、数多くの党派のいずれにも悪意をいだいていないことを証明するためである。私はつぎのような、いずれの党派とも意見を異にするが、いずれの党派からも恨まれたくない。——有神論者。かれらは、神を守るためならいつでも剣を抜く構えでいる。ロベスピエールみたいに、まさか自分がその対象者になろうとは思いもせずに、論敵をひとり残らずギロチンにかけようとする。——神秘主義者。これは学生や女性が大半を占める一派で、ラムネー、キネ、ルルーなどが旗を振る。モットーは、「この主人にこの下僕」、つまり、ちゃんとした神がいてこそ、ちゃんとした民衆ができる。労働者の賃金を是正するためにも、まず宗教を再建しなければならないと言う。——唯心論者。私がちょっとでも精神を軽んじたりしようものなら、おまえは物質崇拝を始めるつもりかと非難されるだろう。物質崇拝こそ、私が気力をつくして反対しているものなのに、そんなことになる。——感覚論者および唯物論者。かれらにとって神の教義は、人間を束縛するシンボルであり、情念を抑えつける原理である。しかし、情念がなければ人間に喜びも美徳も才能も生じない、と言う。——折衷主義者および懐疑論者。自分自身では哲学などもたず、古ぼけた哲学のあれこれで本をつくるだけの出版業者。しかし、巨大な業者団体で、出版の許可権やさまざまの特権をにぎる。かれらの許可なしに、ものを考えたり、信じたり、主張すると反発をくらう。——最後に、保守主義者、復古主義者、エゴイスト、偽善者。かれらは、神の愛を説きながら隣人にたいしての憎悪をあおる。ノアの大洪水以来の世界の不幸は人間の自由のせいだと言い、自分たちの愚かしい感情を楯に人間の理性を中傷する。

私が立てる神の仮説は誰からも非難されるはずがない。なぜなら、それは信仰され崇拝されている幻を冒瀆《ぼうとく》するのではなく、ただその幻を明るい陽の下で眺めたいと願うだけだからである。

また、この仮説は昔からの教義や内面の偏見を捨てろというのではなく、ただそれを証明してほしいと求めるだけだからである。この仮説は排他的な意見にならないようにしながら、理性の無謬性は自明のこととし、そしてこの実り豊かな原理のおかげで、敵対しあういずれの党派からもけっして反対されることはないだろう。私は、宗教や政治の保守主義者から、社会秩序を乱す者と非難されることもないだろう。なぜなら、私が出発点とする至高の知性の存在という仮説は、それこそあらゆる秩序の思想の源だからである。私は、中途半端なキリスト教徒である民主主義者から、神の敵として、したがって共和国の裏切り者として呪われることもないだろう。なぜなら、私は神の観念の意味とその内容を探求しているだけだからである。私は、大学に巣くう学者商売の連中から、かれらが出す哲学の本には何の価値もないと主張する無礼者と非難されることもないだろう。なぜなら、私はただ、哲学はその対象そのものを研究すること、すなわち目の前にある社会と自然そのものを研究することだと主張しているにすぎないからである……。

私が神の仮説を必要とするのは、読者に本書の文体を納得してもらいたいからである。

私は、神や宇宙や魂や運命とかについて、まったく無知であるから、どうしても唯物論者のような語り口で始めざるをえない。すなわち、観察と経験から出発せざるをえない。そして、最後は信仰者のようなことばで締めくくらざるをえない。なぜなら、それ以外に適当なことばは存在しないからである。私は心ならずも神学的なことばづかいをするが、それがことばどおりに受けとられるか、比喩的な意味に受けとられるか、それはわからない。神とひとと物についての古来からの瞑想を受け継げば、思考と言語と行動という三つのカテゴリーに含まれる用語はすべて同義と見なさざるをえない。しかし、だからといって、どれかをことさら前面に押し出したいわけではない。私はただ、厳密な弁証法の要求にしたがって、いわゆる神なるものを未知数として前提した。それ以上でもそれ以下でもない。「神はすべてに満つ」。神はすでにわれわれのまわりに遍在する。モニュメントはもちろん、われわれの伝統、法律、思想、言語、果ては科学にいたるまで、すべてがこの消しがたい迷信に染まっている。われわれは、それを抜きにしては話すことも行動することもできない。それなしにはものを考えることさえできないのである。

最後にもう一点。私が神を必要とするのは、それが本書を出す理由の説明になるからである。現代の社会で、ひとびとは事件が多すぎると感じ、未来に不安を覚えている。この漠とした予感は、普遍的な理性だけで説明できるだろうか。普遍的な理性とは、いわば社会に内在した理性であり、永遠かつ非人格的で、したがって沈黙したままの理性である。あるいは、必然性の観念で説明できるのだろうか。必然性なら自然に認識され、したがって予感を生むと言えるのだろうか。それを言うには、またべつの仮説が必要になる。つまり、何かしら悪夢のような因子が存在して、それが社会にのしかかり、いろいろな幻覚を生じさせるといった仮説だ。

じっさいには、社会が何かを予言するとき、誰かの口を借りて問いが発され、その回答はまたべつの誰かの口を借りるという形をとる。それを聴き取り、理解するのが賢者である。「なぜなら、神は語れり」。神自身はすでに語り終えているのである。

最近、わが国の道徳・政治科学アカデミー〔道徳科学アカデミーと略称されることもある〕がつぎのような問いを発した。「利潤と賃金の関係を統制する一般的な事実を確定せよ。また、利潤と賃金がそれぞれ変動する理由を説明せよ」。

このアカデミーが数年前に出した問いはこうであった。「貧困の原因は何か」。なるほど、一九世紀の思想は「平等と改革」、これ一本である。しかし、霊感はそう簡単にわいてこない。多くのひとびとがこの問いをじっくり考えたが、答えを出せた者はひとりもいなかった。そこで、現代の神官の団体であるこのアカデミーは、問いを変えた。もっと重々しいことばで問いを立てなおしたのである。すなわち、工場には秩序があるか。賃金は公正か。自由と特権はバランスがとれているか。あらゆる交換行為の要をなす価値の観念を、これまでの経済学者がすでに十分明らかにしているか。信用は労働を保護しているか。流通に乱れはないか。社会的費用は万人が平等に負担しているか、などなど。

もちろん、貧困の直接的な原因は収入の不十分さにある。ならば、どうして労働者の収入は、そのひとの不運とか誰かの悪意によるものでないばあいでも不十分なのか。そこを探るべきであろう。財産の不平等という問題も、前世紀からずっと大騒動の種であり、われわれのアカデミーも、不思議な運命の糸にたぐり寄せられるようにこの問題を、何度もくりかえし提起する。まるで現代のあらゆる問題を解く鍵がここにあるかのようである。

よろしい。平等が問題であれば、平等の原理、平等の手段、平等への障害、平等の理論、平等の実現を先延ばしにする動機、運の不公正や社会的な不公正の原因、そういったものをこの世の現実から学ばねばならない。そのさいには、不信心者とあざ笑われるのを覚悟しなければならない。

たしかに、アカデミーのまなざしはそこまで徹底したものではない。かれらが斬新なものを恐れる気持ちは、かつての宗教裁判の恐怖にも匹敵する。しかし、アカデミーが過去を振りかえれば振りかえるほど、われわれにますます未来のことを考えさせる。だからこそ、われわれはますますアカデミーの霊感を信じざるをえない。なぜなら、真の予言者とは自分の語ることの意味を自分では理解できないものだからである。とにかく、かれらの語ることを聞いてみよう。

「貧困を軽減するために、民間の自主的な協同組織の原理をもっとも有効に用いるにはどうすればよいか」。

アカデミーはさらに言う。

「保険契約の理論と原理を明らかにし、その歴史も示せ。そして、理論と歴史の両面から、この契約の今後の発展と、わが国の現段階における商工業への有効な適用の可能性を示せ」。

すでに通説となっているように、保険とは商業上の連帯の原初的な形態であり、「物による結合」、物を中心とした協同《アソシアシオン》である。すなわち、純粋に経済的な関係にもとづき、私情は条件から排除した結社である。したがって、保険の哲学、利益の相互保証の哲学は、具体的な現実の社会の一般理論から導き出されるものであり、さらにはっきりさせれば普遍的な協同につながるものである。ただし、アカデミーのメンバーは、誰もそこまでは考えていない。しかし、アカデミーは主体と客体を同じ観点でひとつのものとしてとらえ、利益共同体の理論にならべる形で、ボランタリーな協同の理論を求めた。そして、そのことによって、もっとも完全な社会のあるべき姿を明らかにした。まさに、かれら自身の信条とは正反対のことがらをすべて肯定してしまったのである。つまり、自由・平等・連帯・協同を肯定してしまった。ごりごりの保守主義者の団体が、いったいどこでどうまちがって、市民にむかってこうしたあたらしい人権論を唱えるはめになったのであろうか。これはまるで、イエス・キリストを裁いた大祭司カヤパがキリストを否定しながらキリストによる贖罪を予言したのとよく似ている。

上記の二つの問いのうちの前者、すなわち「貧困の軽減」については、二年間で四五もの論文がアカデミーに寄せられた。これはテーマがみごとに時代にマッチしていたことのあらわれである。ところがアカデミーは、これほど応募論文が集まったのに、授賞に値するものがひとつもないと判定し、質問を取り下げた。応募論文の力量不足は口実にすぎない。アカデミーの本当の狙いは、コンクールを不首尾に終わらせること、その一点にあった。かれらにとって大事なのは、協同を支持する者は根拠のない願望をいだく者であると、すみやかに宣告することだった。

こうして、アカデミーの会員諸君は、霊感によって発したことばを、自分たちの会議で否認するのである。そういう矛盾に私は少しも驚かない。また、そういうかれらの態度を犯罪的と呼ぶのも控えたい。昔のひとは、革命が起こる前には、動物がしゃべりだすといった、何かしらびっくりするような予兆があると信じていた。これは、危機がおとずれると突然、民衆のあいだでとっぴょうしもない考えや奇妙なことばが流行しはじめることをあらわす。つまり、まったく前例がないと思われるもの、一般の常識の範囲を超えるものが生じることの寓意である。われわれが生きている現代においても、そういうものはやはり生じうる。道徳・政治科学アカデミーの会員諸君は「しゃべりだした動物」よろしく、予知的本能と機械的な自発性によって、いったんは協同を肯定したのだが、そのあとでいつもの分別を取り戻した。自分たちの常識によって霊感を打ち消したのである。だから、われわれは高所からの意見と人間の損得がらみの意見を見分けられるようになりたい。そして、賢者たちの発言でとりわけ信用できるものは、かれら自身の考えが一番混じっていない部分であることを、心に刻んでおきたい。

ところが、アカデミーは自分たちの直感をそっけなく投げ捨てておきながら、いささか後悔している節がある。協同の理論については熟慮のすえ投げ捨てたものの、そのかわりにつぎのことを求める。「ペスタロッチの教育システムを、おもに貧困階級の福祉と道徳の向上に関係づけながら批判的に検討せよ」。これはおもしろい。教育システムを掘り下げると、利潤と賃金の関係、協同、労働の組織まで見えてくるかもしれない。なにしろ、人間の一生はつねに学び続けることではないか。哲学も宗教も人類を教育することではないか。教育を組織すること、それはまさしく産業を組織することであり、社会の理論をつくりあげることなのである。アカデミーも目が曇っていない瞬間には、さすがにポイントをつく。

アカデミーはさらに問いのことばを続ける。「物質的な豊かさを求め、発展させていくことは、民衆の道徳にどのような影響をおよぼすか」。

文字面だけを見れば、この問いはいかにも陳腐である。せいぜい演説家の練習用に適した問題にしか見えない。しかし、アカデミーは託宣の革命的な意義には最後まで気づかないだろうが、書き添えた注釈で本音を語っている。つぎに引用するそのエピクロスふうの命題の奥に、かれらは何を見たのだろうか。

贅沢と享楽を好むのは、現代人の大多数がいだく奇妙な欲望である。ひとは魂も頭脳も、それのみにとらわれる傾向にある。個人はおろか**国家までもが**、それだけを目標とし、それだけに動機づけられながら、計画を立て、力を絞り、犠牲を払おうとする。——まさにここから社会全体の感情と個人の感情が生まれるのである。そして、この感情が良かれ悪しかれ人間の行動原理となる。それはおそらく、かつての人間を支配したいずれの行動原理よりもはるかに強力なものであろう。

現在、快楽主義がはびこり、良心もお金で買え、政府による賄賂の制度化もすすんでいる。モラリストがこれを告発するのであれば、いまが絶好の機会である。ところが、この道徳科学のアカデミーはそうしない。そうしないで、何をするのか。禁欲的でストイックな聖人たちがずっと戒めてきた贅沢を、これからは正しい行動の原理と見なすべきだとする。それは哲学や宗教がこれまで賞揚してきたいずれの原理とも対等の、純粋で立派な原理だと言う。アカデミーは機械的に平然とそう断定するのである。そして、アカデミーはわれわれに課題を示す。すなわち、行動の動機は（おそらくどれもいまではすっかり時代遅れになっており）、**快楽**一本になるのが歴史的な必然であることを確定せよ。かつての行動原理の結果をふまえながら、このあたらしい動機による行動の成果を計算せよ。端的に言えば、アリスティッポス〔ギリシアの哲学者〕は快楽にもとづく幸福を説いて時代を先取りしており、その道徳観は、ゼノン〔ストア学派〕やトマス・ア・ケンピス〔ドイツの神秘主義者〕の思想に匹敵する勢いで、盛んになるはずであることを証明せよ。

つまり、われわれの社会は、もはや清貧を望まず、かつて尊重され神聖視された自由とか宗教とか名誉などは金にもならないとバカにする。富を得るためなら、どんな侮辱にも耐えられるし、どんな卑劣なことにもすすんで加担する。快楽への渇望、贅沢な暮らしを求める不屈の意志、これがあたらしい文明段階の到来を告げるしるしである。これが至上の命令であるからこそ、われわれは貧困の廃絶をめざして努力せざるをえないのだ。と、アカデミーは語る。それならば、善行や禁欲の勧めとか、自己犠牲や忍耐や中庸の精神はどうなる。来世など誰も信じなくなる。福音は否定される。とくに、すべて金しだいという政府が正当化される。どうして敬虔なひとびと、キリスト教徒、ローマの哲人セネカのことばを大事にするひとびとまでもが、これほど不道徳な処世訓を一斉に口にするようになったのだろうか。

アカデミーは、自分で問いを重ねながら、答えを示してくれる。

「人格や財産を害すれば訴えられ罰されるが、こうした刑事裁判の進歩をたどれば、未開状態からもっとも開明的な状態にいたる文明発展の諸段階が確定できることを証明せよ」。

道徳科学アカデミーの刑法学者は、自分たちの立てた前提がどういう結論につながるか、あらかじめわかっていたとは思えない。文明を諸段階に分けて研究すべきことがら、そして、アカデミーが「刑事裁判の進歩」ということばで示そうとしたもの、それは世の中がだんだん穏やかになっていくということにほかならない。文明がひとびとの自由や教養や豊かさを増大させていくにつれて、犯罪者取り調べの形も刑罰のありかたもしだいに穏やかなものになっていく。それが事実なのである。抑圧的な諸制度のもとをなす原理は、暮らしやすい社会を構築する原理とは正反対のものである。したがって、刑罰のシステムの何もかもが、そして裁判の煩雑な手続きもすべてが、たえず廃止される方向にむかう。この動きの最終結論はこうだ。すなわち、恐怖や拷問は、秩序を維持するために必要な道具ではない。したがって、地獄も不必要であり、宗教も不必要である。

なんと、これまでの常識がひっくり返る。道徳科学アカデミーが必死になって守ろうとするものが全部否定される。これまでは、現世や来世で罰を受けるという恐怖が、秩序を維持するために必要とされた。それがなくなれば、人格や財産の保護ははたして保証されるのか。つまり、抑圧的な諸制度がなければ、所有はどうなる。所有がなければ、家族はどうなる。

アカデミーは、ここでもまったく無自覚のまま、平然と答えを述べる。

「フランスにおいて、家族のありかたが古代から現代にいたるまでさまざまに変化してきたことを示せ」。

その本意はこうだ。家族のありかたのこれまでの進歩をたどれば、家族は今後もきちんと存続しうることが明らかになる。すなわち、財産が平等になったとき、自発的で自由な協同が組織されたとき、ひとびとの連帯が普及したとき、物の豊かさと贅沢が一般化したとき、牢獄や重罪裁判所や警察や死刑執行人がなくても公共の秩序が保たれるようになったとき、そういう状態になっても家族は存在するのである。

道徳・政治科学アカデミーは、宗教・家族・財産・裁判など社会秩序の原理すべてを問題とした。それを見れば、大胆に社会改革をすすめる立場であるかのようだ。ところが、「最良の政府形態とはどういうものか」といったことは問題にしない。ある意味、これには驚かされる。じっさい、政府こそが、社会を導き、保障し、改良する源なのである。だから、たとえば〔一八三〇年〕憲章のもとでつくられた政府が、アカデミーの問いにたいして十分に実際的な答えになっていたかどうか吟味すればおもしろかった。

しかし、託宣は帰納や分析で得られるものではない。得られると思うと、託宣の意味が理解できないことになる。そして、政治の問題は、まさしく証明されるべきことがらの前提ないし帰結なので、アカデミーがそれを懸賞論文の課題にするはずもなかった。もしそういう結論になるとわかったら、アカデミーはびっくりし、応募論文が集まるのを待たず、おおあわてでコンクールそのものを中止しただろう。そんな自覚もないまま、アカデミーはさらに高度の問題を提起する。アカデミーはこうつぶやいた。

神のいとなみは、その本質そのものにおいて美しい。「それ自体で正しい」。つまり、神のいとなみは神のいとなみであるがゆえに正しい。一方、人間の思考は濃い霧のようなもので、ときおり細長い稲妻がそれを貫く。「では、われわれ人間にとって、真理とは何か。確かさとはどういう性格のものか」。

アカデミーはわれわれにこう語りかけているのである。すなわち、諸君は人間の実存という仮説を証明するのだ。アカデミーが諸君に問いかける仮説は、時間、空間、運動、思考および思考の法則が存在するという仮説である。その証明に続けて、諸君はつぎの仮説を証明することになる。貧困が存在するという仮説、生活の不平等という仮説、普遍的な協同の仮説、幸福の仮説、君主制と共和制の仮説、そして摂理が存在するという仮説……。

これはまったく神と人類にたいする批判にほかならない。

あの名誉ある団体の設問がその証拠である。私が本書でなすべきことの条件を定めたのは、あの道徳・政治科学アカデミーであって、私ではない。しかし、私は神でもなく、神の使いでもなく、したがって、けっして無謬ではないから、私はどうやってその条件を満たすことができるだろうか。たしかにアカデミーは、神と人類は同一のものだと認める。少なくとも、両者は相関的なものだと認める。しかし、この相関性を成り立たせているものは何なのか。それを知る必要がある。まさしく、それこそが確かさの問題の意味なのであり、それこそが社会哲学の目的なのである。

このようにアカデミーは、神から霊感をさずかった社会の代弁者として問いを発した。ならば私も、同じく社会を代弁する予言者のひとりとして、その問いに答えるようにしたい。そのためになすべきことは山ほどあり、それをなしとげると約束することもできないが、私は神にさずかった力のかぎりをつくしたい。しかし、私が何を語ろうと、そのことばはいささかも私のものではない。私の筆を走らせる思想は、少しも私個人のものではない。私は文章を書くが、文章の責任はいっさい私にはない。私は自分が見たままの事実を語る。私は自分が語ったことにもとづいて判断する。私は露骨なことばづかいをするが、それはけっしてひとの怒りを招くものではない。神の声はいま、賢者たちの雄弁な舌によって、あるいは民衆のことばにならないうめきによって表現されている。私はこの神の声がわれわれに求めているものを、自分が学びとった予言のルールにしたがい、何の遠慮もなしに探っていく。私は現体制が是認している特権をすべて否定するかもしれないが、私はけっして秩序の破壊者ではない。私は、目に見えぬ突き棒がわれわれをつき動かすその方向を指さすだけである。私のおこないもことばも、いたずらにひとを憤らせるものではない。天の雲をかきみだし、そのために落雷を生じさせても、私は無罪である。私はアカデミーのまじめな問いかけに応じたのである。したがって、私には真実を語る権利ばかりでなく、自分の思想を語る権利もある。だから、私の思想と私のことばと、そして真実の三つが、同じひとつのものであればと願うばかりである。

そして、読者であるあなたも私のしごとの半分を受けもつ。読者がいてこそ著者のしごとは成り立つ。読者がいなければ私はたんなる銅鑼《どら》にすぎない。あなたが耳を傾けてくれれば私は妙音を発しよう。読者よ。目の前の渦を見たまえ。社会という渦だ。ものすごい稲光と雷鳴と叫び声がそこから飛び出している。私は、この渦を生み出すかずかずの隠れたバネに、あなたの指を触れさせたい。しかし、そうするためには、あなたは私の指図にしたがい、純粋に知性のみを働かせる状態になっていなければならない。愛だの快楽だのと口走る人間の目には、骸骨の美しさが見えない。取り出された内臓どうしのハーモニーも、黒く凝固した血液のなかの生命力も見えない。同じように、情念や偏見で頭脳が鈍っている人間にとって、社会のしくみという秘密は封印されたままの手紙にすぎない。そうしたものが見てとれる高みに到達できるのは、黙々と冷静にものごとを考える人間のみである。したがって、私はこれから生命の秘密が書かれた巻物をあなたの目の前で拡げてみせるが、その前にあなたに心の準備をしてもらいたい。つまり、懐疑論によって心を純化してもらいたい。それはまさしくソクラテス、イエス・キリスト、聖パウロ、聖レミ〔フランク王国の王クローヴィス一世をカトリックに改宗させた司教〕、ベーコン、デカルト、ガリレイ、カントなど、人類の偉大な教師が時代を超えて弟子たちに要求していることでもある。

あなたがボロ布で身を包んでいようと、豪華な衣服で身を飾っていようと、どのみち私はあなたを丸裸にする。丸裸になれば、金持ちゆえの目の曇りからも、貧困ゆえのひがみからも解放される。金持ちにむかって、貧乏人より良い生活ができるのは一種の計算まちがいによるものだと説得するのはむずかしい。ずだ袋をさげた貧乏人には、誠実さをそなえた金持ちもいることなど想像もできない。有閑階級の人間は、たとえ退屈しのぎにでも、労働者の苦しみをおもんぱかることなどしたがらない。また、貧しい人間にとっては、めぐまれた幸せ者のほうが正しいと認めることほど苦い飲み物はない。

あなたが高い位の人間なら、その職を解いてあげよう。これであなたは自由だ。役職にあてがわれた制服を着ていると、高慢で不遜で怠惰な人間になってしまう。科学が求めるのは自分自身の考えに逆らうことなのだが、要職についたひとが考えることは、自分自身の待遇である。

あなたが愛する女性は情熱的な美人で、おまけに芸術家だとしよう。しかも彼女はあなただけのもの（と信じたい）。となると、あなたは心、魂、良心をこの最高に魅力的な贅沢品に吸い取られる。お化粧上手な美人は、魅惑された人間を永遠に苦しめる存在である。だから、私はあなたをあなたの聖なる分身から引き離す。正義を求めることと女性を愛することは両立不能なのである。ものごとを大きく、そしてクリアにとらえるためには、男は女と一線を画し、あくまでも男としての気骨を保たなければならない。しかも、あなたがそういう立場にたつと、女はあなたを理解できないだろう。ヨブの妻が良い例だ〔旧約聖書『ヨブ記』二章九―一〇節〕。

あなたは何かの宗教の信者？……ならば、信仰をやめなさい。英知によって無神論者になりなさい。――何だと！　神の仮説を立てておきながら無神論者になれ、と言うのか！――いや、神の仮説を立てたからこそ、そういうのだ。人間は長い年月をかけて偶像崇拝を超えるところまで思想を高めてきたからこそ、人間を超えた人格的存在とか、現世を超えた来世を仮定してもよいことになったのである。また、無神論者は救済されないのでは、と脅《おび》える必要もない。理性によって神を認めない者に、神の怒りがくだることはない。それは、口先だけで神を讃える者に、神の恩寵がくだるわけでもないのと同様である。また、現段階における人間の意識で、もっとも確かなのは神について何も考えていないことである。さて、宗教について言えることは政府についても言えるのではないか。つまり、あらゆる政府を否定することこそが完璧な政府のありかたなのではないか。いかなる政治的幻想からも宗教的幻想からも魂を解放しなければならない。お先棒かつぎにもならず、背教者にもならないためには、いまではそれのみが唯一の方法なのである。ああ、私もかつては若さゆえに本気でこうつぶやいた。共和制をふたたび祈る鐘の音が聞こえないか。白い礼服を着た司祭たちがドリア旋法で、「神よ、砂漠にもさわやかな風の一吹きがあるように、われわれの隷従にも変化を」と祈る聖歌が聞こえないか……。しかし、私はすでに共和主義者に絶望したし、もはや宗教や司祭とは縁がない。

最後にもう一言。読者のみなさんにはしっかりした判断力をもってもらいたい。そのためには、慈悲など覚えず、美徳など超越し、幸福などに無関心な人間になってもらいたい。しかし、これは初心者には無理な要求かもしれない。せめて、これだけは心に刻んで、絶対に忘れないでほしい。すなわち、慈悲とか美徳とか幸福などは、祖国とか宗教とか愛などと同様、いずれも表面だけのものにすぎない、ということを……。

経済の矛盾の体系

あるいは

貧困の哲学

第一章　経済科学について

第一節　社会経済における事実と権利の対立

私は、経済科学の**リアリティ**を肯定する。

これは、今日の経済学者のほとんど誰もが疑問にも思わないことだが、哲学者にとってはおそらくもっとも支持しがたいものであった。そして私は、経済科学のリアリティは人間の知性の最大限の努力によって、いつの日にかようやく証明されるものであることを、以下の一連の研究をとおして示したいと思うのである。

また私は、経済科学の絶対的な確かさと進歩的な性格も肯定する。思うに、経済科学はあらゆる科学のうちで、もっとも包括的で純粋なもの、そして事実をもっとも的確に表現してくれるものである。つまり、この科学は具体化《イン・コンクレート》された論理学あるいは形而上学であり、旧来の哲学の基礎を根底的に変えるものなのだ。言いかえれば、私にとって経済科学は実体化された形の形而上学、その実現である。つまり、生きた姿の形而上学、流れていく時間という水面に映し出された形而上学である。そこで、労働と交換の法則を研究しようとする者は誰でも、特別の、そして本当の形而上学者なのだと言いたい。

これは私が「プロローグ」で述べたことからすれば、なんら驚くほどの発言ではあるまい。人間の労働は神のいとなみを受け継ぐ。神はあらゆる存在を創造したが、それは理性の永遠の法則の外的な実現にほかならない。したがって、経済科学は必然的に観念の理論であると同時に、一種の自然神学、一種の心理学なのである。経済を論ずるに先立って神の仮説を論じた理由は、上記の一行だけでも十分な説明になった。そして、たんなる経済学者にすぎない私が、いかなる資格で確実性の問題の解決にまで乗り出すのか、それも説明できる。

しかし、急いで言っておくが、一〇〇年ほど前から公式に「政治経済学」という名がついたさまざまの、そしてバラバラの理論のすべてを、私は科学と見なさない。政治経済学は、その名の語源とはうらはらに、所有の法典、あるいは太古以来の所有の慣例にすぎない。政治経済学の諸理論は、せいぜい経済科学の基礎ないし第一節として採用されるだけだ。そういうものだから、所有と同様に、理論どうしが互いに矛盾し、すべて途中で適用不能になる。こうした主張は、アダム・スミス、リカード、マルサス、J・B・セイがわれわれにもたらした政治経済学、周知のごとくこの半世紀不動の政治経済学をも、ある意味、否定するものである。本書では、とくにその証明が展開されるであろう。

政治経済学の不十分さに、一貫して批判的だったのは黙想派である。かれらは夢想するのに忙しく、実践には入り込まない。政治経済学についてはその表面だけで判断し、最初から現状反対を掲げてひとつの党派をなす。そして、文明や風俗をあれもこれも風刺して悦に入っていた。逆に、所有をあらゆる社会制度の基礎として熱烈に擁護する一派も存在しないはずがなかった。かれらは現実主義者の肩書きを名誉とし、政治経済学をそしる者に報復戦をいどむ。社会の偏見と個人の自由が合体してできあがった建造物をさらに堅固にするために、かれらは剛胆さと抜け目なさを発揮した。いまなお続くこの保守派と改革派との反目は、哲学史における実念論と名目論の争いに似ている。蛇足的に付言すれば、かれらは双方ともに誤り、ともに正しい。敵愾《てきがい》心、視野の狭さ、寛容の精神の欠如、これこそがそれぞれの誤解の唯一の原因であった。

こうしていまも、二つの勢力が覇権を競い、相対立する二つの信仰のために激しく非難しあっている。一方は政治経済学、すなわち伝統、他方は社会主義、すなわちユートピアである。

では、政治経済学とは何か。社会主義とは何か。もっと明確にしてみよう。

政治経済学とは、富の生産と分配の現象、すなわちもっとも一般的で、もっとも自然な、したがってもっとも真正な労働と交換の形態にかんする、今日までの観察の集成である。

経済学者はそれらを可能なかぎり分類した。現象を描写し、偶発的なことがらとその関係を確かめた。そして、いろいろな状況のなかに一種の必然性を見てとり、それを法則と呼んだ。言ってみれば、社会をそのもっとも素朴な表象においてとらえた認識の総体、これが政治経済学をなす。

したがって政治経済学とは、誰の目にも見え、誰もが認める、富の生産と分配にかんする慣習・伝統・行為・ルーチンについての博物学である。このことから、政治経済学は事実のうえでも権利のうえでも正しいとされる。事実のうえで正しいというのは、恒常的で自然発生的で普遍的な現象を研究するものだから。権利のうえで正しいというのは、こうしたことがらが人類という権威、つまり最高の権利によって裏づけられているからである。そこで政治経済学は自らを科学と呼ぶ。すなわち、規則的で必然的な事実についての合理的で体系的な認識なのだという。

一方、社会主義は、何度も死んで何度も生き返るインドの神ヴィシュヌに似ている。ここ二〇年間でも、五、六人の啓示者の姿を借りて、一万回目の化身をはたした。社会主義は、現在の社会の構造を異常なものと断ずる。さらに、過去の制度もすべて異常であったという。社会主義は、文明化の虚妄、矛盾、無効を明らかにし、そこでは抑圧や貧困や犯罪が発生せざるをえないと主張する。社会主義は、社会生活の過去のすべてをののしるとまでは言わないが、すべてを告発する。そして、習俗や制度の改造に全力を傾ける。

社会主義によれば、政治経済学は誤った仮説であり、少数者が最大多数者を搾取するための発明、まやかしにすぎない。そして社会主義は「論より証拠」とばかりに、人類がこれまでこうむった災厄を列挙して、政治経済学の責任を問い、政治経済学の無力さと無内容さを証明してみせる。

しかし、政治経済学が誤りなら、各国の法や慣習にかんする科学である法学もまた誤っていることになる。なぜなら、法学はひとのものと自分のものの区別にもとづき、政治経済学が叙述し分類した事実は正しいと想定しているからである。また、あらゆる種類の代議制とともに国際公法の理論も誤っていることになる。なぜなら、それらの理論は各国の個別の領有権とそれぞれの意志の絶対的主権という原理にもとづくものだからである。

社会主義はこれを踏まえてさらに先へ進む。社会主義は言う。政治経済学を富の生理学と見なす者もいるが、政治経済学の正体は盗みと貧困の組織化にすぎない。法学は、記述された理性だなどと法学者は美化するが、じつは所有という強盗行為を公的に正当化して、その慣例を文章化したものにすぎない。科学を名乗るこの二つ、すなわち政治経済学と法学は互いに結託しており、二つそろって不公正と不和の理論が完成される。これが社会主義の言い分である。ここで社会主義は、否定から肯定へと移る。つまり、所有の理論に対立する協同《アソシアシオン》の理論によって、社会経済の全面的な改造にのりだす。すなわち、あたらしい法、あたらしい政治、そして旧来の形態とは一八〇度正反対の制度や習俗をうちたてようとする。

こうして、社会主義と政治経済学のあいだに明確な一線がひかれ、両者の対立があらわになる。政治経済学はエゴイズムの賞賛に向かい、社会主義は共同体の賛美に向かう。

経済学者は、自分たちの原理に反することがあれば政府を非難すべきだと思っているが、すでになされたことにかんしてはオプティミストである。一方、社会主義者はこれからなされるべきことにかんしてオプティミストである。

経済学者は「あるべきものはある」と言い、社会主義者は「あるべきものがない」と言う。――したがって、経済学者は宗教や権威やその他、所有を存続させている今日の諸原理の擁護者となる。しかし、かれらも理性によって批判を展開するため、そうした批判はしばしばかれら自身の偏見とぶつかりあってしまう。——社会主義者は権威や信仰を拒絶し、ただ科学のみにたよろうとする。しかし、かれらの教義には密教的な性格と非科学的な事実蔑視の傾向がつねにつきまとう。

さらに、双方とも相手を無能とか役立たずと非難して、やむことがない。

社会主義者は経済学者にむかって、社会的な不平等について問いつめ、独占と競争の奇怪な結託によって奢侈《しゃし》と貧困をいつまでも生み続ける商業社会の体質について、弁解を求める。社会主義者は経済学の理論のことを、過去のみをモデルとし、未来には何の希望も残さないものだと、こきおろす。要するに、社会主義者は所有の体制を恐ろしい錯覚と見なし、人類は四〇〇〇年来ずっとそれに刃向かい、闘い続けてきたのだと言う。

反対に、経済学者は社会主義者にむかって、所有や競争や警察がなくても存立しうる社会体制を造ってみせろ、と迫る。社会改革の計画はすべて、社会主義者が軽蔑する現体制から拝借した断片のつぎはぎにすぎないと、証拠をふりかざしながら言い立てる。つまり、政治経済学の剽窃《ひょうせつ》にすぎないと言う。政治経済学がなければ社会主義という思想は生まれず、育ちもしなかっただろうと言うのである。

この重苦しいやりとりが日々かさねられ、問題はますますこんがらかる。

社会は経済の常道にそって歩み、つまずき、貧苦にあえぎ、富み栄える。その一方で、大昔のピタゴラス教団やオルペウス教団、そして神秘的なヘルメス思想以来、社会主義者たちは政治経済学とは正反対のドグマをうちたてようと努めてきた。協同の思想にもとづく実践的な試みさえ、あちこちでおこなわれた。しかし、現在までのところ、その例外的な企ても所有という大海に飲みこまれ、何の成果もないままにとどまっている。神は社会主義のユートピアを叩く前に、経済学の仮説を徹底的に叩くと決めていたとすれば、社会改革派は自分の番が来るまで、安心して敵をあざけることができる。

いさかいの原因ははっきりしている。社会主義はあきもせずに文明の害を告発し、人類を和合させる引力が政治経済学によっては作動しないと日々言いつのり、嘆願書ばかりを出し続ける。一方、政治経済学は、つぎつぎに浮かんでは消えていった常識外れの社会主義システムを分厚いファイルにする。社会の悪は根強いので社会主義者の不満はたえずわきあがり、社会改革は一貫して失敗してきたので経済学者の邪悪な皮肉の種もつきることがない。判決はいつ下されるのであろうか。裁判官の席には誰もいない。政治経済学にとってこれは有利な状況であり、おかげで後ろめたさなどかけらもなく、世間にのさばっている。まさに「所有することは支配することである」。

観念の領域からこの世の現実に目を移せば、そこにはもっと深刻で険悪な対立がある。長期の動乱がくりかえされたおかげで、ここ数年、社会主義に魅力を感ずる人間がわれわれのあいだでも増えてきた。すると、これまで議論には興味も関心もなかったひとびとが、それに恐怖を覚えて、宗教的な思想や君主制の思想に駆け込む。こういうひとびとは民主主義を社会主義の最終的な帰結と見なして攻撃し、呪い、追い立てる。保守派が民主主義者にかけたそのような嫌疑は中傷にすぎない。民主主義はその本性からして社会主義思想とは敵対的なものである。民主主義は、王制にたいして陰謀を企てるのが定めだが、それは成功したためしがなく、したがって王制に取ってかわりうるものではない。われわれが毎日目撃しているように、民主主義をかかげるジャーナリストもけっきょくはキリスト教や所有への信仰を表明してしまう。そして、その瞬間から民衆はかれらを見限るのである。

また、社会主義と親和せず敵対する点で、哲学も政治や宗教と同列にならぶ。

これを説明しよう。政治の面で、民主主義は数による支配、君主制は君主による支配を原理とする。意識の面で、宗教は神と呼ばれる神秘的な存在やその代理人たる僧侶への服従にほかならない。最後に経済の面で、所有、すなわち労働用具を排他的に支配できることがあらゆる経済理論の原点をなす。哲学はこれらと同様に、理性のいわゆる「先験性」にもとづき、そこから必然的に、ただ自我のみがさまざまの観念を生み出し、支配するのだという。経験の形而上学的な価値は否定される。客観的な法則はどこにもないとされ、独断と専制が全体におよぶ。

そこへ突然、社会のまったただなかに、まったく先例のないあたらしい主義が登場したのだ。それは専制の原理を、意識からも社会からも全面的に排除する。そしてそれに代えて、事実の関係のみを唯一の真理とする。伝統とは決別し、過去は未来にむかって跳躍するポイントとしてのみ役立つとする。そういう主義は、既存の権威と対立せざるをえなかった。そして、既存の権威は腹のなかでは互いに反目していても、自分たちを飲みこもうとする怪物と闘うためには一致団結するのである。

賃金の不十分さと雇用の不安定を不満とする労働者にむかって、政治経済学は商業の自由を唱える。自由と秩序の両立を求める市民にむかって、政治理論家たちは代議制がその答えだと言う。昔の信仰心を失って自分の存在理由や生きる目的を探している善良なひとびとにむかって、宗教は神の摂理の測りがたい奥深さを説き、哲学は疑問を疑問のままにとどめる。どれもこれも逃げ口上だ。悩みや疑問を解消してくれる、きちんとした理念はどこにもない。社会主義は「大地をめざして帆を上げよう。いまこそ港に入るときだ」と叫ぶ。ところが、社会主義に反対する勢力は「港なんかない。人類は神に守られ、僧侶、哲学者、演説家、経済学者に導かれて進むが、この航海は永遠に続く」と言う。

このように、社会ははじめから二大陣営に分かれている。一方は伝統的な陣営で、ヒエラルキーをその本質とする。陣営の名称は、中心となる対象に応じて王制とか民主主義、あるいは哲学とか宗教と呼ばれるが、一言でいえば所有である。もう一方は、文明が危機に瀕するたびに生き返り、なによりも「アナーキー」と「無神論」の立場を鮮明にする。すなわち、神であれ人間であれ、いかなる権威にも逆らうと宣言する。それは社会主義である。

しかし、近代における批判が明らかにしたように、この種の対立のなかで、真理は一方が他方を排除することによってではなく、まさに両者が和解することによってのみ得られる。自然の分野でも観念の分野でも、あらゆる敵対はより普遍的な事実において解消される。あるいは、いわば対立物の双方を飲みこんで、両者を合致させるという複雑な方式によって解消される。これは科学において既知のことだと言えよう。したがって、われわれが常識人であるならば、解決は未来においてきっと得られると期待しながら、対立しあう勢力それぞれの肯定面と否定面をともに分析することによって、きたるべき大変化にそなえてもよいのではなかろうか。こうした分析作業を正確かつ良心的におこなえば、たとえ解決が一挙に得られることはないにせよ、少なくとも問題状況が明白になる。これは大きなメリットである。われわれはこれによって、いかなる形態のユートピアにも陥らずにすむ。

では、政治経済学のなかにある必然的なもの、真なるものとは何か。政治経済学はどこへ向かうのか。何ができるのか。われわれに何を望むのか。これを私は本書で明らかにしようと思う。――そして、社会主義にはどんな価値があるのか。これも同時に明らかにされるであろう。

というのは、社会主義も政治経済学も、めざす目的はけっきょく同じだからである。つまり、ひとびとの自由と秩序と豊かな暮らし、それが目的だ。そして、目的を達成するために満たすべき条件も同一となる。言いかえれば、克服すべき課題も同じである。両者に残された裁量の余地は、その目的のためにどういう手段を採用するか、あるいは提案するか、ということでしかない。しかし、ここでもやはり、考えを実行に移した実績があるのは政治経済学のみである。社会主義のほうは、あいもかわらず風刺するばかりで、ほとんど何もしてこなかった。したがって、経済学の業績を正当に高く評価するならば、どうしても社会主義の主張はその正当な価値どおり低く評価することになる。それも明白だ。そこで、われわれがおこなう批判は、一見特殊でも、出てくる結論は絶対的で決定的なものになるだろう。

そのあたりをもっとよく理解していただくために、もうしばらく両者の対立の例を見ていこう。そして、そのあとで政治経済学の徹底的な検証に入りたい。

第二節　理論と批判の不十分さ

最初に重要な注意点を押さえておこう。それは、双方とも共通の権威にすがっていることである。そして、その権威のおかげで双方とも自分の勝ちだと思っている。その権威とは科学である。ユートピアンであるプラトンも、科学（かれはつつましく婉曲に哲学と呼んだが）の名によって理想的な共和国を組み立てた。リアリストであるアリストテレスも、同じく哲学の名によってプラトンのユートピアに反論した。このように、社会についての論争はプラトン、アリストテレス以来のものである。近代の社会主義者も万事について、一にして不可分の科学を引き合いに出す。ただし、科学の内容、科学の限界、科学の方法についての意見はまちまちで、けっして一致しない。一方、経済学者も、社会についての科学がまさに政治経済学なのだと言う。

では、社会についての科学とは、はたしてどのようなものなのか。まずそれを理解しておきたい。

一般に、科学とはものごとを**あるがままに**合理的・体系的に認識することである。

この基本的な概念を社会にあてはめるならば、こう言えるだろう。社会科学とは社会がかつてはどうであったかとか、これからはどうなるかではなく、生成発展する社会を**あるがままに**合理的・体系的に認識することである。すなわち、つぎつぎに様相を変化させていく社会を総体としてとらえることである。なぜなら、合理性や体系はまさにそこにしかありえないからである。社会科学は人類における秩序のありようをつかまえなければならない。たんに、あのときこのときの一時的な秩序ではなく、また全体のなかの部分的な秩序でもない。秩序を成り立たせている原理のすべてを、そして、それをひとつの全体としてつかまえなければならない。時間的にも空間的にも拡がりをもった社会発展のありさまが、一枚のタブローのうえに集約され、描き出される。時代の移り変わり、できごとの流れが示され、それぞれの連関と結びつきが明らかになる。生きて動いている現実全体についての科学はこういうものでなければならない。こういうものこそが文句なしに社会科学なのだ。

そこで政治経済学は、たしかに個人主義的な傾向をもち、独善的な断定をおこなうが、それでも社会科学の重要な構成要素であると言ってよいだろう。政治経済学の描き出す現象のそれぞれが、社会科学という大がかりな三角測量の標柱となり、ひとつの有機的で複合的な全体を構成する要素となる。この視点に立てば、単純から複雑へ向かう人類の進歩は科学の進歩と完全に合致する。今日の政治経済学の基礎をなし、かつその対象でもある諸事実、互いに対立し、そしてしばしば破壊しあうそれらの事実を、われわれはそれぞれ別個の仮説として考えなければなるまい。人類はこれらの仮説を、より上位の仮説を視野に入れて、つぎつぎに実現していく。そして、その実現によって、それ以前のすべての問題が解決されるだろう。つまり、政治経済学を投げ捨てることなく、社会主義を満足させることができるだろう。――なぜなら、「プロローグ」でも述べたように、人類のそのときどきの姿はどうであれ、人類が人類として誤りを犯すということは認められないからである。

これを具体的な事実によって、もっとはっきりさせよう。

今日もっとも意見が対立する問題はといえば、まず労働の組織化の問題であろう。「悔い改めよ」と荒野で叫んだヨハネのように、社会主義者はひたすら「労働を組織せよ」と叫ぶ。このあたらしいフレーズもじつは天地創造と同じくらい古いことばだが、労働をどう組織すべきかについては、何も語られない。ところが経済学者は、社会主義者が叫ぶことばを、経済学にたいする侮辱と受けとった。つまり、経済学者なら当然知っておくべき労働というものが全然わかっていない、と非難されたと受けとった。そこで、経済学者は敵の挑発に乗って、「労働はちゃんと組織されている」と応えた。労働の組織化とは、個人のいとなみとしてであれ、会社などによるものであれ、ものの生産と交換が自由におこなえることにほかならない、と言うのである。そして、したがうべき段取りは民法や商法によってすでに定められている、と言う。この論法は社会主義者からの嘲笑を招いただけだった。そこで経済学者は一転して攻撃する側にまわる。つまり、あちらが騒ぎ立てる労働の組織化とは案山子《かかし》のようなものにすぎず、その中身は社会主義者にもまったくわかっていないのだ、と暴露した。そして、労働の組織化とは、社会主義のあらたな妄想、空文句、不条理にすぎないと断言するまでにいたる。経済学者の最近の著作はそういう無慈悲な主張であふれている。

しかし、「労働の組織化」は、工場の組織化、軍隊の組織化、警察の組織化、慈善事業の組織化、闘争の組織化と同じくらい、そのことばの意味は明瞭かつ論理的であることも確かだ。とすると、それを無意味なものと主張する経済学者は、嘆かわしいほど非論理的ということになる。
――労働の組織化はユートピアでもなければ妄想でもない。これもまた確かだ。なぜなら、文明の究極の条件である労働は、その実現の瞬間から、すでに何らかの組織化がなされているからである。ただ、そのような状態を、経済学者は良好ととらえ、社会主義者は最悪と判断しているだけなのだ。

では、社会主義の側が唱える「労働を組織せよ」という主張よりも、反対側が唱える「労働はすでに組織されている」という主張のほうに軍配があがるのだろうか。いや、そんな判定にはまったく納得できない。誰の目にも明らかなように、労働の需要や供給、分業のありかた、投下する労働の量や割合、労働の価格や保証、それらについてはまったく何の規制もない。規制がないから、誰もが気まぐれ勝手にふるまっており、すべては偶然にゆだねられている。

そこでわれわれは、社会科学によって獲得した理念にもとづいて、社会主義者にも経済学者にも反対する。その立場を明言したい。すなわち、労働はこれから組織すべきものでもなく、またすでに組織されたものでもない。労働は組織され続けるものなのである。

組織され続けるという意味はこうだ。労働はこの世の初めから組織化の過程にあり、それはこの世の終わりまで続くであろう。政治経済学は、この組織化の基本的な要素をわれわれに教えてくれる。また、社会主義も、組織化のいまの形態が過渡的で不十分なものと主張している点で正しい。そこで科学がなすべきことは、過去に得られた結果と現在あらわれている現象を眺めながら、ただちに実現可能な革新のありかたをたえず探求し続けることである。

社会主義と政治経済学は、おもてでは派手にけんかしているが、根底ではともに労働の組織化という同じ理念を追求している。

しかし、両者とも科学にたいして不誠実であり、そして互いに相手を中傷するだけという点で同罪である。つまり、政治経済学はその断片的な理論を科学と称し、それ以後の進歩をいっさい認めない。社会主義は伝統を投げ捨て、見つかるはずもないものを土台として社会を再建しようとする。

社会主義は、政治経済学による根底的な批判と、政治経済学のたえまない発展とがなければ、無である。有名な経験論のことば、「感覚のうちになかったものは知性のうちにもない」をもじって言えば、現実の経済活動のうちにないものは社会主義の構想のうちにもない。一方、政治経済学も、アダム・スミスやＪ・Ｂ・セイが集めた事実を絶対的な真理としてあつかいはじめると、たんなる説教がましい雑文集にすぎなくなる。

さて、もうひとつ大きく意見が分かれる問題がある。それは利息の問題、利子つき貸付の問題である。

利息とは、ものの使用にたいする価格とも言われるが、ものがどういう性質のものであれ、所有者がそれをひとに貸したことで受けとる報酬である。神学者は「元手を超過した分が利息である」と言う。利息は信用の基盤であり、社会が自発的に自己を組織化するさいに、そのもっとも強力な原動力となる。そこで、それを分析すれば、文明化の根源的な法則が明らかになるはずだ。

古代の哲学者や教父は、西暦一世紀から数世紀にかけてあらわれた社会主義思想の代表者と見なすべきひとびとであるが、かれらは土地の賃借料、地代は認めても、金銭はものを生まないという理由で金銭の利息は認めなかった。論理不整合とも言えるが、時代の制約で経済学の概念が貧弱だったせいでもある。貸付にかんしては、金銭のように使えばなくなるものと、使ってもなくならず生産物の形で使用者に利益をもたらすものが区別された。

のちに経済学者は、地代の観念を一般化して、資本が賃金の形で消費されようと、生産用具の形で保存されようと、社会の経済において資本が働くこと、資本が生産性をもつことに変わりはないと、難なく証明してみせた。したがって、地代を禁止しないのであれば金銭の利子も認めなければならない、とした。なぜなら、両方とも特権にもとづく報酬であり、貸付にたいする補償という点では同じだからである。この考えがふつうのものとなり、高利貸しにたいするカトリックのきびしい非難におびえていたひとびとも安心できるようになるまで、たっぷり一五世紀を要した。それでも、けっきょく高利貸しは公然化し、一般的に是認されるにいたる。高利貸しは社会主義との戦いに勝利した。そして、利息の合法化が社会に巨大な利益をもたらしたことは疑いようのない事実である。社会主義は、モーセがイスラエルの民だけの法とした「同胞からは利息を取ってはならない」〔旧約聖書『申命記』二三章二〇節〕を一般化しようと試みてきたけれども、経済の慣習として承認していた地代の理念によって敗北した。地代の理念を高次化すれば、資本の生産性の理論にいたるのである。

しかし、経済学者のほうもそれで万歳とはいかない。こんどは経済学者が問われる番だ。はたして地代それ自体は正しいものと言えるか。資本の利潤の理論を組み立てよ。経済学者は社会主義にたいする優位性をいったん獲得したけれども、ここにいたってそれをすべて失った、と言えよう。

こんなことを言うのは、きっと私が最初だろうが、土地の賃貸は、金銭およびあらゆる動産・不動産の賃貸と同様に、自然発生的で普遍的なことである。その根源はわれわれ人間の本性のもっとも深いところにあり、そしてふつうに成長すれば、やがて社会を組織するもっとも強力な原動力のひとつになるだろう。さらに私はつぎのことも明らかにしたい。資本の利子は、「働けばかならず剰余が生じる」という格言を物質化したものにほかならない。しかし、資本の生産性の理論というか、もっとはっきり言えば資本の生産性というフィクションにむかって、もうひとつべつの、やはりこれも確固としたテーゼが対置される。最近の優秀な経済学者にも衝撃を与えたテーゼである。すなわち、すべての価値は労働から生まれ、本質的に賃金によって構成される。言いかえれば、富はけっして特権から生じるものではなく、労働によってつくりだされてはじめて価値をもつ。したがって、ひとびとのあいだでは労働のみがそれぞれの収入の源である。さて、地代の理論は資本の生産性の理論であり、どこでもおこなわれていることを理論の裏づけとする。この理論を政治経済学は採り入れるが、それは慣習を重んじる立場のためであって、それが正しいものだからではない。そして、もう一方の理論は、通常のばあい価値は賃金によって構成されると主張し、われわれがあとで証明するように、社会的に見れば純生産物＝粗生産物であるとの結論にいたらざるをえない。この二つの理論はどのようにして両立するのだろうか。

社会主義者は自分に都合のいい理論を見逃すはずがなかった。労働のみが収入の源という原理をありがたくいただいて、資本の所有者に地代や不労所得についての釈明を求めた。以前の戦いにおいては、経済学者が地代や利息をふつうのことばとして一般化することによって勝利したが、こんどは社会主義者が復讐戦にのりだす。労働という、さらにいちだんと一般的な原理によって、資本の領主特権を否定した。所有は徹底的に否定され、経済学者は黙り込むしかなかった。ところが、社会主義はすっかり図に乗り、ついには共産主義のユートピアにまで走ってしまった。社会はもはや伝統を重んじることもできず、また、ちょっとでも失敗すれば数千年も後戻りさせられるような実験に没頭することもできず、途方に暮れている。

このような状況のなかで、科学は何を命じるか。

もちろん、中間の立場にとどまれと言うのではない。そもそも中間とは漠然としていて定まらず、ありえないものである。科学が命じるのはそうではなくて、一般化をさらにおしすすめて、第三の原理、あらたな事実、より上位の法則を発見することだ。それは資本のフィクションや所有の神話を説明するし、労働があらゆる富の源であるとする理論とも両立する。――社会主義が論理性を追求したのであれば、まさにそうすべきであった。もともと労働の生産性という現実の理論も、資本の生産性というフィクションの理論も、ともに本質的には経済学の理論である。ところが社会主義は、その矛盾をつくことにのみ苦労し、その経験やその弁証法から何も引き出さなかった。それは、社会主義には経験もなく弁証法もないせいであろう。ところで、ふつうの訴訟の法的な手続きでも、証拠品の一部分を受けいれるのであれば、その証拠品そのものを全体として受けいれなければならない。証拠品や証言を勝手に切り刻んではいけない。社会主義は、政治経済学の正当性を価値の分解にかんしては認めながら、利息にかんしては認めなかった。そんなことが許されるだろうか。もちろん、許されない。このばあい、社会主義には二つの選択肢しかなかった。すなわち、対立しあう理論を両立させるしごとは政治経済学にまかせるか、もしくは、社会主義自身がその厄介な任務を引き受けるか、そのいずれかである。

この重々しい議論をほりさげていくと、問題全体の根本にひとつの原理があるように思えてくる。その原理を、一方の側は見ようともせず、他方の側はそれを踏まえて前進することを拒否する。

その原理とは、わが国の民法〔五四五条〕にもあるとおり、公益のためという理由と、正当な補償が事前になされるという条件がなければ、何人《なんぴと》も所有権の譲渡を強制されることはない、というものである。

これはすぐれて経済学的な原理だと言える。なぜなら、ひとつには、市民の土地所有権がまぎれもなく前提とされており、収用のさいには社会契約の民主的な精神にのっとり、当人の同意があらかじめ必要とされるからである。そして、もうひとつには、補償金すなわち収用される土地の価格は、そこに本来そなわっている価値ではなく、需要・供給という商取引の一般法則、一言でいえば時価によって定まるからである。社会の名でおこなわれる収用は、全体のために各自が納得して都合を調整しあうのと同じと見てよい。したがって、価格だけでなく、各人がこうむる不都合にも支払いがなされねばならない。そして、じっさい賠償はそのようなものとして評価される。ローマ時代の法律家がこのアナロジーに気づいていたならば、公益のための土地収用に、それほどためらうこともなかっただろう。

土地収用を社会の権利として認めること、それが賠償なのである。

ところが現実においては、賠償はかならずしもその原則が適用されない。というより、それは不可能なのだ。たとえば鉄道を建設するさいにつくられた法律は、線路が敷かれる土地には賠償するとした。しかし、それまでの運輸をささえてきた業界のひとびとは、土地所有者への賠償金をはるかに上回る損失をこうむるのに、何の補償も得られない。砂糖大根を原料とする製糖業者への賠償問題でも同じことが言える。この業界は〔サトウキビ砂糖の大量流入で〕打撃をこうむり、そこで雇われている多数の労働者・事務職員は、それこそ赤貧の状態に追い込まれた。国家はそういうひとびとにも賠償すべきであったが、そんな考えは誰の頭にも浮かばなかった。しかしながら、資本の概念と生産性の理論にしたがえば、鉄道によって労働手段を取り上げられる土地所有者には賠償を請求する権利があるように、鉄道によって資本の生産性を失う業者にも賠償を請求する権利があるはずだ。では、なぜ賠償されないのだろうか。なんと、それは賠償がそもそも不可能なものだからである。この公正で公平なシステムを作動させると、社会はまずまちがいなく活力を失い、あのローマ法の時代の停滞に逆戻りすることになろう。だから、どうしても犠牲となる者が必要だ……。こうして、賠償の原則は放棄される。ひとつの、あるいは複数の市民階級にたいしては、国家は破産せざるをえない。

そこへ社会主義者が登場して、政治経済学を非難する。つまり、政治経済学は大衆の利益を犠牲にし、さまざまの特権をつくりだしているだけだと言う。——それから、土地収用法は農地配分法の基本になると言い、とうとつに全財産の収用を主張する。生産も消費も共同化せよと言うのだ。

社会主義はここでも批判の枠を踏みはずし、またしてもユートピアに転落する。矛盾に陥って、あらためてその不可能性が明らかとなる。公益のための収用という原理を全面的に展開すれば、それは社会の完全な再編につながるが、その作業に着手する前に、このあらたな社会組織の性格をはっきりとさせておかねばならない。ところが、何度も言うように、社会主義がよりどころとする科学は、生理学や政治経済学の断片にすぎない。——さらにまた、賠償の原則にのっとるならば、市民が手放した財産を弁償することはできないばあいでも、せめて生活の保障はすべきである。つまり、どんな変化が起ころうとも、市民を安心させなければならない。社会主義は公共の財産の管理を要求するが、それは収用した財産そのものを担保にするのである。

論理をきちんとまじめにたどれば、この循環から逃れることは不可能である。その点、共産主義者は、ほかのセクトがあいまいで微温的であるのと異なり、きわめて率直に難問を一刀両断する。すなわち、いったん権力をにぎったら、財産はすべて収用し、賠償や保障はいっさいおこなわないことにする。その根底を眺めるならば、この態度はけっして不正でも不誠実でもない。しかし残念ながら、〔恐怖政治に反対する〕デムーランがロベスピエールに言ったように、焼き払っても答えにはならないのだ。それでも、こういう議論はかならず炎とギロチンに行きつく。ここでも例のごとく、ともに神聖な二つの権利が対立する。市民の権利と国家の権利である。言うまでもないことだが、社会主義のユートピアと政治経済学の骨なしの理論を、もっと高いところで和解させる方策がある。重要なのはそれを発見することだ。そんなとき、争いの当事者たちはいったい何をしているのか。何もしていない。かれらが問題を取り上げることがあるとすれば、それはただたんに相手をののしるチャンスだと思ったからにすぎない。いや、こんな言いかたではやさしすぎる。連中は何が問題なのかもわかってはいない。大衆でさえ人類の未来や社会についての高邁な問題を語りあっているのに、社会科学をなりわいとする連中は、正統派であれ異端派であれ、原理においてみんなバラバラである。例のアカデミーの質問がその証拠だ。じっさい、「利潤と賃金の関係」を問題として立てた先生方は、かれらを非難する側の連中と同じくらいに、この問題の意味を理解していない。

何たること。アカデミーの経済学者たちは、ことばの意味もわからずにコンクールの問題を設定したのか。それならば、いったいどうしてそういうアイデアが頭に浮かんだのだろうか……。そう。たしかに、私がこれから述べることは信じがたく、読むひとを驚かせる。しかし、それは真実なのだ。経済学者は神学者と似たところがある。神学者は、形而上の問題に答えるとき、神話や寓話を引き合いに出して、それですませようとする。当然それでは何の解決にもならず、またあらたな問題を生じさせるばかりだ。経済学者は、自分の立てた問題に答えるとき、ただその問題の来歴を語ってそれでおしまいにする。もっと先に進むことができるのにと考えるようなひとは、もはや経済学者ではない。

たとえば、利潤とは何か。それは費用をすべて支払ったのちに経営者の手に残ったものだと言う。しかし、費用とは労働の日当と消費された価値の和であるが、どちらもつまりは賃金にほかならない。では、労働者の賃金はどのようにして決められるか。それはできるだけ低くすることだと言う。すなわち、わからないということ。経営者が市場にもちこむ商品の価格はいくらであるべきか。それはできるだけ高く、だ。これもまた、わからないと言うにひとしい。政治経済学においては、商品や労働日を評価することはできても、価格を確定することはできないとされる。経済学者によれば、ものの理屈から言っても、評価は本質的に主観的なものであり、けっして絶対確実な結論に達しえない。政治経済学がどうしても明らかにしえないこの二つの未知数の関係を、どうすれば明らかにしうるのであろうか。いわば、政治経済学は解決不能の問題を提起したのである。しかし、結論を先取りして言えば、政治経済学がこの問題を提起したのも必然なら、われわれの時代がそれを解決するのも必然なのだ。だからこそ私は、利潤と賃金の関係をコンクールの課題とした道徳科学アカデミーは無意識のうちに予言を語ったと言ったのである。

だが、こんな文句も出てこよう。すなわち、労働の需要が多いのに労働者の数が少なければ、賃金は上昇し、利潤は低下するではないか。また、競争の激化によって生産が過剰になれば、あふれた商品は投げ売りされ、経営者は利潤がなくなり、労働者は失業の脅威にさらされるのではないか。そんなときには、労働者は自分の労働を値引きすると言いだすのではないか。また、あたらしい機械が発明されれば、それは競争相手を操業停止においこむ。こうして独占が確立し、労働者がすっかり経営者に隷属するようになれば、利潤はどこまでも上昇し、賃金はどこまでも下落していくのではないか。つまり、こうした原因やそれに付随することがらをすべて研究し、評価し、関連づけることはとてもできない、と言うのだ。

どうだろうか。研究論文や書物は山ほどある。ほとんどがアダム・スミスやJ・B・セイのテキストを下敷きにしている。アカデミーもまさにその枠内で問いを立てたのだが、その問いはそのように理解すべきではない。利潤と賃金の関係は、絶対的な意味あいにおいてつかまえなければならない。商取引における変動とか利害の対立といった観点からでは結論は見えない（この二つはいずれも事後的に解釈されるべきものである）。これを説明しよう。

生産者と消費者を分けず、それを単一の個人として考えてみよう。当然のことながら、そのひとの生産したものがそのままそのひとの報酬となる。つぎに、この生産物を二つに区分してみる。ひとつは生産する前に支払った経費に相当する部分であり、もうひとつは利潤に相当する部分である。これは、働けばかならず剰余が生じるという公理にもとづく。われわれは、この二つの部分の相互の関係を明らかにしなければならない。それが明らかになれば、経営者と賃労働者という二つの階級の財産の関係も、そこから簡単に導き出されるし、商取引の面でのいかなる変動も容易に説明できるようになるであろう。それらはすべて、証明すべきものに付随する副次的なことがらにすぎない。

さて、そういう関係が存在し、そしてまた、それがつかまえられるものならば、賃金や売値の決定をつかさどる法則が、内部もしくは外部にかならず存在するはずだ。ところが現状においては、賃金や物価はたえず変動し、上がったり下がったりする。そこで、こんな問いも生じる。すなわち、価値の変動と上下振動をもたらす原因、一般的な事実は何か。この上下振動はどれくらいの幅でおこなわれるか。

しかし、この問いは原理において矛盾する。なぜなら振動ということばを用いる者はかならずその中間の線を想定しているからである。つまり、価値の重心がたえずそこへ戻ろうとするひとつのラインを想定する。アカデミーは「利潤や賃金が振動することを確定せよ」と求めたが、じつはそのことによって「価値を確定せよ」と求めたことになる。ところが、アカデミーの先生方にとっては、価値を確定することほどおぞましいものはない。じっさいには価値は変動するものであるからこそ確定しうるものであり、変動性こそ確定可能性のしるしなのだが、先生方はそのことを理解しようともしない。かれらによれば、価値はたえず変動するので、確定することはできないのだそうだ。これをたとえて言うならば、振り子の一秒間の振動数、振動の横幅、縦幅、角度の数値が実験によって得られていても、振り子は動いているから振り子の長さは確定できないと言うにひとしい。ともかく、これが政治経済学の信念の第一箇条なのだ。

一方、社会主義も問題を理解していたようには見えない。そこに関心があったとも思われない。数ある機関紙のあれこれを読んでみると、ある党派はすべてを配給制に変えることで、すなわち数や量への配慮を社会機構から一掃することで、問題をあっさり簡単に片づける。また、ある党派は、賃金を決めるのに普通選挙のやりかたを応用すれば問題はなくなると言う。ご存じのとおり、こんなお粗末な主張でも、たぶらかされる人間は世にごまんといる。

政治経済学はこれを激しく非難する。なかでもマルサスのつぎのことばは有名だ。

「土地の分割が終わったあとに生まれる人間は、親に十分な養育能力がないばあい、あるいは自分の働く場を見つけられないばあい、どうなるか。はっきり言って、こういう人間には、食糧の割り当てを要求する権利などない。じっさい地上は人員過剰なのだ。自然がもよおす大宴会に、かれの席は設けられていない。自然はかれに退出を命じ、すぐさまその執行にのりだす」。もたざる者には死を。これが政治経済学の必然的で決定的な結論である。私はそれを、この研究分野でいままで知られなかった証拠によって証明したい。

マルサスの思想をもっとよく把握するために、ことばの飾りをはぎとって、それを哲学の命題のように言いかえるとこうなる。

「個人の自由と、その具体的な表現である所有は、経済学の与件である。平等や連帯は、経済学の与件ではない」。

「この体制の下では、各自は各自で暮らし、各自の力で生きていかなければならない。ところが労働の価格は、一般の商品と同様に上がったり下がったりする。プロレタリアートのリスクはまさにそこにある」。

「資産もサラリーもない人間は、他者に何かを要求する権利などない。そのひとの不幸はそのひとだけのものである。すべては運命のしわざであり、そのひとはたまたま運に恵まれなかったにすぎない」。

政治経済学の観点に立てば、以上の命題はすべて真である。マルサスはそれを驚くほどの率直さで表明しているにすぎず、かれを非難することはできない。しかし、社会科学の条件を満たしているかどうかという観点に立てば、以上の命題は根本的にまちがっており、矛盾してもいる。

マルサスの、というより政治経済学の誤りは、食物がなければ人間は飢えて死ぬしかないと発言したことにあるのではない。また、私的所有の体制のもとで、働き口も収入源もない人間は、餓死が嫌なら自殺してこの世を去るしかないと発言したことにあるのでもない。前者は、人間の生存条件を語ったものにすぎず、後者は、所有の必然的な帰結を語ったものにすぎない。ペッレグリーノ・ロッシ氏〔イタリアから亡命してきた経済学者で、『人口論』仏語版序文の筆者〕は、マルサスがこの点ではむしろ良心的であったと力説するが、それは言わずもがなのことであった。ロッシ氏があれほどたっぷりと熱烈にマルサスを弁護した、その本音は何か。私の推測はこうだ。ロッシ氏は、同国人のマキャヴェッリが『君主論』で現実世界を弁護して専制政治を賛美したように、政治経済学を賛美しようとした。ロッシ氏にとって貧困とは、商工業の専制にとってなくてはならない必須の条件なのである。そのうえで、かれはわれわれフランス人に大声でこう主張したいのであろう。すなわち、商工業の専横こそ守るべき権利であり、正義であり、政治経済学である。所有の神髄もそこにある。

あいにくながら、単純素朴なフランス人にはそういうもってまわった言いかたは通じない。フランスで発言するのであれば、明晰なフランス語ですっきりと語るべきであった。たとえば、こうだ。一般に、マルサスの誤り、政治経済学の根本的なまちがいは、社会がパトリキ〔上流階級〕とプロレタリアートに分かれている一時的な状態を固定的にとらえていることにある。――とくに、機構がさらに整い、連帯が深まった社会においても、財産もしごとも食べ物もあるひとびとがいる一方で、財産もしごとも食べ物もないひとびとがいるというのはまちがっている。けっきょく、マルサスおよび政治経済学は、人間の無限の増殖能力が動植物全体の増殖能力を上回るものでも下回るものでもないのに、それを飢饉の永遠の脅威と見て、結論を誤ってしまった。本来なら、人口と生産はかならず均衡すること、そこには均衡の法則が存在することを導き出すだけでよかった。

要するに、マルサスの理論は、政治経済学の誤りを背理法によって証明したものである。マルサスの最大の功績はまさにそこにあるのに、経済学者は誰ひとり、それを認めようとしない。

さて、社会主義のほうだが、これはプラトンやトマス・モアの昔から**ユートピア**の一語で片づけられてきた。すなわち、それはどこにもない場所、たんなる妄想とされてきた。

ただし、人間の知性の名誉のために、また、正義をくまなくおよぼすために、言っておかねばならない。経済と法にかんする初期の科学は、まさしくその当時の社会をそのままとらえたものにほかならない。しかし、社会が初期状態のままにとどまることもありえないのである。

科学が科学であるためには、まずその分野を限定しなければならない。そして、そこで素材を集め、あるいは素材をつくりださねばならない。システムが先ではなく、事実が先なのである。美しく整えるより前に、広く探求しなければならない。経済の科学もほかの科学と同様に、時代と経験の量に制約されており、社会事象のあるべき姿を求めるよりも前に、まずそのあるがままの姿を語らねばならなかった。現実の慣習は、互いに整合せず矛盾していても、今日の学者が書く本はそれを大げさに法則とか原理とか理論にしたてている。しかし、科学がなすべきことは、そうした慣習をすべて綿密に収集し、厳密かつ公平にそれを描き出すことであった。その作業をなしとげるためには、それ以後の科学の発展のためよりも、もっと高い才能、そしてもっと深い献身が必要であった。

たしかに、いまの社会経済学は現実の認識というより未来にたいする願望に近いが、その研究に必要な材料はすべて政治経済学のなかにあることは認めなければならない。そして、それはほとんど常識になっていると私が表明すれば、おおかたのひとびとは満足げにうなずいてくれるはずだ。なるほど、社会の現状をそのまま肯定するひとはほとんどいない。しかし同時に、ほとんどのひとはユートピアをいぶかしく思う。つまり、もう誰もが理解しているように、真理は**保守**と**変革**という二項の和解という形式のなかにあるのである。

とにかく、アダム・スミス、J・B・セイ、リカード、マルサスのおかげで、そしてかれらに刃向かった者たちのおかげで、財産の謎、秘密の神殿があばかれはじめた。資本の横暴、労働者の辛苦、独占の陰謀がことごとく明らかとなり、世論のまなざしにおされて後ずさりしている。われわれは、経済学者が観察し、記述した事実にもとづいて思考し、推測する。法外な特権や不公平なしきたりは、理性が闇にとざされているかぎり生き続けるが、いったん陽がさせば世の非難を浴びて息絶える。社会の統治については、ルソーの『社会契約論』のような空疎なイデオロギーにではなく、モンテスキューが示したような事物の本性に由来する必然的な関係にしたがうべきである。ひとびとはそのことにも気づいている。いまきわだって社会主義的な左翼を形成しているのは、知識人、裁判官、法学者、教師であり、さらには資本家や工場主までこれに加わる。いずれも本来なら特権を代表し、特権を擁護すべきひとびとである。かれらは一〇〇万人もの同調者とともに、国の議会を見下し、その外に身を置く。この左翼が、経済における事実の分析をとおして、いま社会というものの生命の秘密をつかまえようとしている。

そこで、こんなふうにイメージしよう。政治経済学は広大な平野のようなもので、建築のための材料はそこらに散らばっている。労働者は建築のしごとがしたくて、作業開始の合図を燃えるような思いで待っているのに、設計者は設計図も残さず消えてしまった。経済学者は、メモ書きは山ほど保存しているが、残念なことに正式な仕様書は一枚ももたない。経済学者は、個々の材料の産地や来歴、それぞれの原価については知っている。どういう材木が梁《はり》には適しているか、どういう粘土が煉瓦に適しているか、工具や運搬にいくらかかるか、大工や石工の日当はいくらか、そういうことも知っている。ただ、建築の目的や場所については何も知らない。経済学者は、目の前に散らばっているものをちゃんと組み立てれば、すばらしい建造物ができあがることを知らないはずがない。まさに「良い詩は断片からでも傑作だとわかる」のである。しかし、いままでのところ、かれらには全体のデザインを見つけることができなかった。じっさい、これまでのアプローチはすべて支離滅裂だった。けっきょく実りのない企てに絶望したあげく、経済学者はとんでもない結論を出す。すなわち、科学には構造上の欠陥がある、と言いだす。かれら自身のことばによれば、経済学は原理においてかずかずの不具合があるという。つまり、経済学者は科学を否定したのである(*6)。

たとえば分業は、生産の絶対な要件であるが、不具合な点も無数にある。その最悪のものは労働者のやる気を失わせることだ。また、機械は生産物を安価にするが、同時に人員過剰と失業を生み出す。競争は圧迫につながる。租税は、社会の絆の具体化であるのに、たいていは火事や雹《ひょう》害とならぶ災害あつかいされる。信用はきまって破産と結びつけられる。所有はさまざまの弊害の元である。商業は、いかさまもありという賭博と化す。要するに、どこでも無秩序が秩序と同じ割合で存在している。秩序によって無秩序を消し去る方法、「秩序で無秩序を追放する」方法を知る者はいない。そこで経済学者は、存在するものはすべて良いという立場にたつことにした。改革の提案はすべて政治経済学に敵対するものと見なすことにした。

こうして社会の建築は中途で放棄された。すると、建築現場に群衆が勝手に入り込み、柱や柱頭や台座、材木や石材や金属などを、山分けにしたり、くじ引きで自分のものにした。もともと、これらの資材は立派な大寺院を建てるために集められたものであった。ところが、無知で野蛮な連中の所有物になると、それで建てられたのは粗末なボロ小屋ばかり。したがって、いま重要なのは設計図を見つけだすことではなく、無断で占拠している連中を追い払うことである。この連中は自分たちがつくった町が最高だと思っているので、建てなおしということばを聞いただけで、それぞれの家の前に立ち、戦う構えを見せる。この混乱ぶりはバベルの塔でも見られなかったものだ。幸いなことに、われわれはみんなフランス語をしゃべる。しかも、われわれはバベルの塔の建造を命じたニムロデ王の職人たちよりも、はるかに剛胆である。

いや、たとえ話はもうやめよう。歴史記述的な方法は、たんなる事実確認の作業には有効だが、これからの作業には役立たない。論文や図表は山ほどあっても、われわれはギリシアの歴史家クセノフォンや詩人ヘシオドスの時代より進歩しているわけではない。かつてのフェニキア人、ギリシア人、イタリア人のいとなみは、今日のわれわれのいとなみと変わるところがない。かれらも投資をし、賃金を払い、事業を拡大し、商品を発送し、取り立てをおこない、帳簿をつけ、投機し、株に手をだし、破産もした。つまり、経済テクニックのルールに完全にしたがっていた。そうして、独占で暴利を得ることや、消費者や労働者をくいものにすることでも、われわれに劣らず上手だった。こういうことについて記述した資料はすでにありあまる。しかし、統計表やその数値をいつまで眺めていても、見えてくるのはたんなる混沌。その混沌は恒常的で、形も同じだ。

たしかに、神話の時代から革命暦五七年〔一八四六年〕の現在までに、社会全体の福祉は向上してきたというのが一般の考えかたである。そして、その向上はもっぱらキリスト教のおかげだと、長いあいだそう信じられてきた。ところが最近、経済学者はそれはすべて経済学の原理のおかげなのだと主張する。経済学者は、キリスト教が社会に与えた影響はけっきょく何ほどのものか、と言う。キリスト教は、そもそも生誕のときからユートピア思想にすぎない。それがだんだんと支持され、普及していったのは、労働・資本・地代・利子・運輸・所有など、経済学のカテゴリーを少しずつ採り入れたおかげだ。つまり、政治経済学のもっともすぐれた表現であるローマ法を是認したおかげなのだ、と言う。

なるほど、キリスト教は、その神学の部分だけを見れば、生産や消費の理論に少しもつながらない。しかし、ヨーロッパ文明にとってのキリスト教は、巡回職人にとっての同職組合やフリーメーソンのようなものである。すなわち、それは一種の保険契約であり互助組織の役割をはたす。そういう意味で、キリスト教は政治経済学にいっさい何も負っていない。キリスト教が全体の福祉を向上させたのも、政治経済学に促されたからではない。そのこともはっきりしている。慈善とか犠牲的精神といったものは、経済学のカテゴリーのなかにはない。だから、経済学が社会の福祉につながるのは、労働の組織化と正義の実現をとおしてでなければならない。私も、所有のメカニズムにさまざまの肯定面があることは認める。しかし、私が見るところ、こうした肯定面も所有制における生産のメカニズムが生み出す貧困によって完全に相殺される。先ごろイギリスの議会で、ある有名な大臣が告白しているように、またわれわれがあとで証明するように、今日の社会では貧困と豊かさが同時に同じ勢いで増大している。だから、政治経済学のメリットはこれで帳消しになる。

こうして、政治経済学はその原理も業績も正しくない。一方、社会主義の価値はただそのことを確証したという一点以外にない。したがって、われわれはどうしても政治経済学の再検討から始めなければならない。なぜなら、社会科学の素材は、たとえ部分的であるにせよ、この政治経済学のみに含まれているからである。われわれは、政治経済学が隠しもつ誤りを浮き彫りにしなければならない。なぜなら、そうした誤りを正すことによって、事実と権利の和解がもたらされ、人類の有機的な結合の法則が明らかとなり、実質的な秩序の概念が得られるはずだからである。

第二章　価値について

第一節　使用価値と交換価値の対立

価値は、経済という建造物の土台である。設計した神はその建築のしごとをわれわれにゆだねながら、価値について説明などしてくれなかった。しかし、いくつかの手がかりは残してくれたので、それをもとに推測しよう。じっさい、価値には二つの面がある。ひとつは経済学者が使用価値と呼ぶもので、これはものそれ自身の価値である。もうひとつは交換価値で、これはひとの見かたによる価値である。価値にはこうした二面性があるので、そこをきちんとしないかぎり、あるいはもっと哲学的に表現すれば、それが正しく構成されないかぎり、価値はきわめて不安定なままである。しかし、価値を正しく構成すれば、経済の全面的な変化が生じる。

では、使用価値と交換価値とのあいだにはどのような関係があるのか。正しく構成された価値とはどういうものなのか。価値の構成をおこなえば、どのような激変が生じるのか。まさにこれを明らかにするのが政治経済学の目的であり、その帰結なのである。ここで私は読者にお願いしたい。この章は、読むのにかなりの集中力を必要とする唯一の章である。どうかしばらくは辛抱して読んでいただきたい。読んでいけばだんだんと内容がシンプルになり、わかりやすくなっていくよう、私も努力したい。

さて、自分にとって有用なものは、すべて自分にとって価値があり、有用なものが自分の身のまわりにあふれれば、自分はその分だけ豊かになったと言える。この点はまず問題ない。ミルク、肉、果物、穀物、羊毛、砂糖、木綿、ワイン、金属、大理石、そして土地、水、空気、火、太陽などは、私にとって有用な、いわゆる使用価値であり、ものの本性と用途にもとづく価値である。もし、私の生活に役立つものすべてが太陽の光のようにありあまっていれば、べつの言いかたをすると、あらゆる種類の価値が無尽蔵にたくさんあるならば、豊かな暮らしは確実に保証される。私は働く必要もない。ものを考える必要もない。このような状態においては、ものに有用性があることには変わりがなくても、ものに**価値がある**とはもはや言えなくなる。なぜなら、あとでも述べるが、価値とは本質的に社会的な関係を示すものだからである。有用性の観念が生じるのも、まさにわれわれが交換をおこない、いわば自然界から社会に復帰したそのとき以外にない。文明の発展は、人類がたえずあたらしい価値の創造をおこなわずにはいられないことによってもたらされる。同様に、社会にさまざまの悪が生まれるのも、根本の原因は、われわれが自らの惰性とつねに戦ってきたことにある。人間は欲求があるからこそ、ものを考えるようになったり、瞑想生活に入ったりするのである。人間から欲求をなくしてしまえば、人間に代わってべつの動物が神の創造作業の監督になるだけだ。

しかし、使用価値はどのようにして交換価値になるのであろうか。このように問うのも、この二つの価値は観念においては同時に存在するが（使用価値は交換価値があってはじめて知覚される）、ある意味では継起的な関係をなしているからである。すなわち、交換価値は使用価値の一種の写しとして与えられる。これは神学者が言う三位一体で、父が永遠なるものでありながら子をなすことに似ている。こうした価値の観念の生成について、これまでの経済学者はさほど注目せず、十分には論じてこなかった。だからこそ、われわれはこれにしばらくこだわりたい。

私が必要とするものの大半は、自然にはわずかしか存在しない。あるいはまったく存在しない。したがって、私は自分に欠けているものが生産されるよう、自分の力も加えねばならない。しかし、あれもこれもというわけにはいかないので、さまざまのしごとをしているほかのひとびとに協力を呼びかける。それぞれの生産物の一部分を出しあい、交換しあおうと提案する。私が自分の手元にもつ自分の生産物は、自分で消費する分をかならず上回っているはずだ。そして、相手もそれぞれ自分で消費する分以上のものをもっているはずだ。こうした暗黙の合意によって交易がおこなわれる。このさい、二つの価値が明らかに連続の関係にあることは、理論よりも歴史を眺めたほうがはっきりするだろう。じっさい、人間は自然の財（原初的共有財産と呼ばれるもの）をめぐって何千年ものあいだ争いを続けたあげく、自分たちのいとなみとして交換というものを発生させたのである。

さて、自然の産物であれ人間のいとなみの産物であれ、その生産物が人間の暮らしに役立つとき、そういう能力は使用価値と呼ばれる。生産物がそれぞれべつの生産物にひきかえられるとき、そういう能力は交換価値と呼ばれる。じつは、この二つは根本において同じものである。なぜなら、交換価値は使用価値に置換という観念を付け加えたものにすぎない。こう言うと、いかにもたいしたことなさそうだが、じっさいにおいてはその区別は驚くほどの結果につながる。肯定的な結果にも否定的な結果にもつながる。

このように、価値の区別は事実にもとづくものであり、勝手に区別できるものではない。人間にゆだねられるのは、法則にしたがってこの区別を自らの幸せや自由のために活用することである。ワルラスというひと〔オーギュスト・ワルラス。レオン・ワルラスの父〕のみごとな表現を借りれば、労働とはしみったれな自然にたいして闘いをいどむことである。まさしく労働によって富が生まれ、そして同時に社会が生まれる。労働は、自然がわれわれに与えるものをはるかに上回る財を生産する（じっさい、フランスの靴屋だけでペルー、ブラジル、メキシコの鉱山をあわせたよりも一〇倍多い生産がなされているそうだ）。それればかりではない。労働は、自然の価値に手を加えることによって、自分の権利をどこまでも拡大し、増加させていく。そして、いずれの富にもひとの手が加わることになれば、しだいにその全体がそれをつくったひとのものとなり、もとの素材の持ち主にはまったく、あるいはほとんど何も残らない。

したがって、経済発展の歩みはつぎのような道をたどる。まず最初に、土地や自然の価値の私物化があり、つぎに労働によってひととひとが結びつき、ものが配分され、そして最後は完全な平等にいたる。もちろん、われわれの行く手にはあちこちに危険なクレバスがあり、頭上には鋭い剣がぶらさがっている。しかし、われわれにはあらゆる危険を避けるための理性がある。人間の理性、それこそが全能なのである。

使用価値と交換価値の関係から、つぎのことが言える。——生産者が事故とかひとに恨まれたせいで交換ができなくなったり、かれの生産物がとつぜん何の役にも立たないものになったりすると、たとえ倉庫にはものがあふれていても、かれは無一物にひとしい。生産のために犠牲を払い、ひたすらがんばってきたのであれば、なおさら悲惨である。——つぎに、これはよくあるケースだが、生産物の有用性がまったくゼロになるのでなく、少し低下するだけなら、労働者は落ちぶれたり、たちまち身を滅ぼすわけではないが、ただ前よりも貧しくなる。ほかのひとがもっている価値を少し手に入れるために、自分がもっている価値は多く手渡さねばならないので、そのひとの暮らしは商売で損した分だけ下降する。つまり、どうにかやっていける状態からだんだん生活苦の状態に落ちていく。——最後に、生産物の有用性が増大したり、生産のコストが下がれば、交換のバランスは生産者にとって有利にかたむく。生活の苦労は減り、安穏と豊かに暮らせるようになる。窮乏化と富裕化がないまぜになっているこの現象は、形も多様であり、手口もさまざまである。どちらに転ぶかが、商売やものづくりを熱心におこなわせ、知恵をしぼらせるゲームの神髄なのだ。危険だらけのこうした賭博を、経済学者は永遠に続くべきものと考える。ところが、道徳・政治科学アカデミーは、自分では気づかぬまま、その廃絶を求めている。アカデミーは利潤と賃金ということばを用いながら、使用価値と交換価値との折り合いを求める。すなわち、すべての使用価値をひとしく交換可能なものに、また、すべての交換価値をひとしく有用なものにする手段を発見せよと言うのである。

　経済学者は、価値の二重性をみごとに浮き彫りにしてくれたが、価値の矛盾した本性についてはそれほどではない。われわれの批判はここから始まる。

　有用性は交換の必要条件である。しかし、交換がなければ有用性も無意味だ。このように、二つは分かちがたく結びついている。では、矛盾はどこにあらわれるのか。

　われわれはみんな、労働と交換によって生活の資を得ている。たくさん生産し、たくさん交換すればするほど、われわれはますます豊かになる。とすれば、各人が交換の量を増やし、生活の楽しみを増やすには、できるかぎり多くの使用価値を生産すべきだということになるはずだ。ところが、価値を増大するとまっさきに何が起こるか。**価値の下落**、それがその不可避的な帰結なのである。商品は量が増えると、交換で分《ぶ》が悪くなり、商業的な価値が下がっていく。このことから、労働の必要性とその成果とのあいだには矛盾があると言えるのではないか。

　説明に入る前に、読者のみなさんにお願いしたい。つぎの事実に留意していただきたいのである。

　一人の農民が二〇袋の小麦を収穫し、それを家族で食べるばあいは、収穫が一〇袋のばあいよりも二倍豊かだと考える。——同様に、一人の主婦が五〇オーヌ〔約六〇メートル〕の布を織ったら、二五オーヌしか織れなかったばあいよりも二倍豊かになった気分になる。家庭の内部の話なら、二人の判断はいずれも正しい。しかし、外部との関係を観点にすれば、両者はともにまったく誤っている。もし全国的に小麦の収穫が倍増すると、二〇袋分の小麦は、収穫高が半分のときの一〇袋分よりも売値は安くなるだろう。同じパターンで、五〇オーヌの布も二五オーヌの布より安くなる。つまり、有用なものでも生産が増大すれば価値は下がり、生産者は豊かになりながら貧しくなる。しかも、それは救いがたいなりゆきなのである。ひとの手による生産物がすべて水や空気のようにありあまるようになれば、万事めでたしなのであるが、そんなことはありえない。ルソーなら現実のほうが「理屈にあわない」と言うだろう。経済学者は理屈にそむいているのではない。政治経済学そのものが「偽りのあかしをする者は自分に逆らって立つ」〔旧約聖書『詩編』二七編一二節〕という自らの定義にそむいているのだ。

上にみたケースでは使用価値が交換価値より大きいが、これが小さくなるケースもある。つまり、同じような現象でも方向は逆というばあいである。このときバランスは生産者に有利にかたむき、消費者は打撃をこうむる。たとえば食糧不足のばあいがそれだが、食糧の価格が高騰するのはかならず人為的な操作による。また、有用性が低く、なくてもぜんぜんかまわないものを、工芸の術《すべ》をつくして製作する職業がある。そこでつくられたものは世間的な価値が異常に高い。いわゆる贅沢品がそれである。人間は美しいものが大好きなので、生活の役に立たなくても必死で手に入れたがる。それをもっているだけで虚栄心が大いに満たされる。本性としての贅沢志向も、美を愛する高尚な精神もこれで満たされる。贅沢品の供給者はそこにつけこむ。夢とか気品に課税するのは、流通に課税するのと同じくらいとんでもないことだし、バカげている。ところが、それを取り立てるのが流行品をあつかう業者だ。連中は、流行に熱を上げる世間の風潮をくいものにする。それでもっぱら何に貢献しているかというと、ひとびとの趣味を悪くさせ、ひとびとの心を移り気にしているだけである。こういうことには誰も文句を言わない。ところが、布地やパンの専売人が才知を働かせて価格を数サンチーム引き上げると、世間はここぞとばかりに非難を集中させるのである。

使用価値と交換価値のあいだの、こうした驚くほどの対照は、これまでほとんど指摘されてこなかった。きわめて単純なことがらなので、経済学者はずっと無視してきたのだ。しかし、単純と言われることがらのなかに、じつは深い謎が隠れている。それをつきとめるのがわれわれのつとめである。

そこで私はすべてのまじめな経済学者に要求したい。私の質問を勝手に言いなおしたり、質問をたんに反復したりせず、きちんと答えてほしい。どうして価値は生産が増大するにつれて下落するのか。また逆に、生産が下降すると、どうして価値は上昇するのか。専門の用語で言えば、使用価値と交換価値は互いに相手を必要としながら、互いに反比例する。そこで私は問いたい。なぜ有用性ではなくて希少性が価値の高さと同義になるのか。注目したいのはここだ。商品の価格の高さ低さは生産に費やされた労働の量と無関係だし、コストの大小は市場価格の変動を説明するのに役立たない。価値は勝手気ままで自由そのもの。有用性も労働も気にかけない。それどころか、ふつう、つまり例外的なばあいを除いて、ものは有用であればあるほど値段が安くなる。言いかえれば、楽なしごとをする者には報酬が多く、血や汗を流して苦労する者には報酬が少ない。それが正しいことのように思われている。どこまでもこの原理にしたがうならば、論理必然的につぎのような結論にいたる。すなわち、有用で絶対に必要なものでも量が無限に存在するものはタダで、何の役にも立たないのに量が極端に少ないものははかり知れないほど高価になる。しかし、むしろ面倒なことに、現実はこれほど極端なことにはならない。第一、人間が生産するものはけっして量が無限大にはならない。それに、本当に何の役にも立たないものなら何の価値もないだろうから、どれほど希少なものでも何ほどかの有用性がなければならない。したがって、使用価値と交換価値は、本性としてたえず反発しあうけれども、宿命的に結びついて、離れることがない。

ことばにこだわって空論をしたがるひとびとからは、価値の概念をもっと明確にせよ、と文句を言われるかもしれないが、私は読者をこれ以上うんざりさせたくない。価値の概念には矛盾がつきまとい、特定の原因を指摘することも、明確に説明することもできない。私が語るのは、いわゆる基本事実である。基本事実はほかの事実を説明するのに役立っても、それ自体としては解くことができない。化学で言う単体のようなものである。あるいは精神と物質の二元論のようなものと考えてほしい。精神と物質を切り離すと、この二つはそれぞれ精神のある特定の面を示すが、もののリアリティにはいっさい対応しない。同じように、人間には生産物の多様性にたいする欲求と、その供給を自分の労働によっておこなわねばならない義務とが同時に存在するから、使用価値と交換価値の対立が必然的に生じるのである。そして、政治経済学がその第一歩から矛盾をかかえてしまうのも、この対立に由来する。神のものであろうと人間のものであろうと、知性や意志の働きでこの対立を阻止することはできない。

そこで、われわれはことばをもてあそぶだけの説明は求めず、ただ矛盾が必然であることとの確認ができれば、それでよしとしたい。
つくりだされる価値の量がどれほどであろうと、また、互いの交換の比率がどれほどであろうと、ともかくわれわれが生産物の交換をおこなうには、つぎのような条件が必要である。すなわち、あなたが買い手であれば、私の生産物はあなたの気に入るものでなければならない。あなたが売り手なら、あなたの生産物が私の気に入るものでなければならない。誰であれ、自分の商品をひとにおしつける権利などない。ものが有用かどうかを判定するのは買い手である。言いかえれば、買い手のみがものの必要度をきめる。したがって、あなたが買い手のときは決定権はあなたにあり、あなたが売り手のときは決定権は私にある。そうしたお互いの自由がなければ、交換はもはや産業における連帯のいとなみではなくなり、略奪と化す。ついでに言っておくが、共産主義ではけっしてこの問題を克服できない。

しかし、お互いに自由なら、何をどれだけ生産すればよいのか、いつまでも確定できない。消費者の気分という点でも、経済の進歩を眺めても、ものの評価はつねに主観の域を出ず、商品の価格もつねに浮動する。ちょっとここで、すべての生産者が固定価格でものを売ると仮定してみよう。そのばあい、上手に安く生産して大儲けするひともいれば、まったく儲けられないひともいる。どうしても均衡は破られるのである。——ものの売れ残りを避けるために、生産をちょうど必要な分だけに制限するのは望ましいことだろうか。それは自由の侵害だ。選択の自由が奪われ、最高価格での支払いが命じられる。競争があってこそ、ものの値段は安くなる。競争を禁じれば闇の取引が助長される。つまり、商業の自由をなくせば、あなたは行政の専横に身をゆだねるしかない。あなたは平等を実現するために、自由を破滅させる。それは平等そのものの否定につながる。——では、生産者を全員ひとつの工場に集めるというのはどうだろう。いいアイデアだとひそかに思っているひともいるだろうが、これだけでは十分ではない。生産者を集めるのであれば、消費者全員の家計も共同にしなければなるまい。しかし、これも問題から目をそらしただけだ。価値の概念をなくしてしまえばいいというものではない。第一、それは労働をなくしてしまうことと同様、不可能である。重要なのは価値の概念を確定することである。個人の自由を殺すことではなく、自由を社会化することが重要なのだ。だが、すでに見たように、使用価値と交換価値の対立をもたらしたのも、まさしく人間の自由な意志であった。どうすれば自由意志を存続させながら、この対立を解消させることができるのだろうか。自由な意志を犠牲にすることは、人間を犠牲にすることではないのか……。

とにかく、私は自由な買い手として、自分がほしいものを自分で決め、ものの良し悪しを判定し、自分がそれに払いたい値段を目算する。一方、あなたは自由な生産者として、生産の手立てを自分で裁量し、したがって生産にかかる費用を好きなように切りつめることができる。まさに、このことだけからも、人間の自由意志がどうしても価値のなかに入り込んでしまうのである。価値が、ものの有用性とひとの目算とのあいだで振動するのも、そのせいなのだ。

しかし、すでに経済学者たちが明らかにしているように、この振動はひとつの矛盾の結果にほかならない。それがきわめて広い範囲であらわれると、予想もできなかった事態が生じる。たとえばロシアのある地方では、三年続きの豊作がひとびとに災難をもたらした。それはフランスのぶどう栽培についても同様で、豊作が三年続くと業者にとっては災難だ。なるほど、経済学者はこういう災難をきまって販路不足のせいにする。かれらにとっては販路のみが大問題なのである。しかし残念ながら、販路の理論はマルサスへの反論として出された移民の理論と同様に、いわゆる論点先取の誤りを犯している。販路が豊かな国は、販路が乏しい国と同じくらい、生産過剰におちいりやすい。激しい上下振動を見たければ、パリやロンドンの取引所以上に適したところがあるだろうか。

価値の振動とそこから生じる不規則な結果から、社会主義者と経済学者はそれぞれ正反対の結論を導き出したけれども、それらはどちらも誤りである。社会主義者は、価値の振動を口実に政治経済学を非難し、経済学を社会科学から排除しようとした。一方、経済学者は、対立物が和解する可能性をいっさい認めず、異なる価値は通約不能であることを商業の絶対法則とし、そこから財産の不平等を絶対的なものとして肯定した。

私に言わせれば、両者はともに誤っている。

(1) 価値の概念における矛盾は、使用価値と交換価値を区別する流れのなかで明らかになったが、矛盾を生じさせたのは精神の錯覚でも、ことばの誤用でも、実践のあやまちでもない。矛盾は事物の本性に根ざすものであり、思考の一般的な形として、すなわちカテゴリーとして人間の理性にかならずそなわるものである。しかるに、価値の概念は政治経済学の出発点であるから、この科学(科学と言うにはまだ早いのだが)の要素はすべてそれ自体に矛盾があり、互いに対立しあう。だからこそ、経済学者はいかなる問題についても、絶対的な肯定と絶対的な否定とのはざまに身を置くことになってしまうのである。近代の哲学用語で言えば、政治経済学は**アンチノミー**をその本質的な性格とする。政治経済学は、死刑の宣告と無罪の宣告を同時に受けとるのだ。アンチノミーは文字どおりに訳せば反対法則だが、それは原理における対立、関係における敵対を意味する。ちなみに、矛盾《コントラディクション》は反対言説で、これは言説における対立ないし相違を意味する。アンチノミーなどと言うと、おおかたの経済学者にはなじみの薄いスコラ哲学ふうの小むずかしい話になってしまうが、お許し願いたい。さて、アンチノミーなる概念は、ひとつの法則に肯定面と否定面の二つがそなわることをあらわす。たとえば、いわゆる引力の法則を考えてもらうとよい。惑星が太陽のまわりを回っているのはこの法則のおかげなのだが、物理学者によれば、この力は求心力と遠心力に分解される。べつの例としては、物質の無限分割の可能性の問題もあげられよう。カントが証明しているように、この可能性を肯定する論法とそれを否定する論法は、どちらも説得力があり、どちらもたしかに成り立ちうる。

アンチノミーは事実をあらわすものにほかならず、人間の知性はそれを受けいれるしかない。一方、固有の意味での矛盾は、話のつじつまがあわないことをさす。アンチノミー（反対法則）と矛盾（反対言説）をこのように区別すると、思想や現実について語るときの矛盾ということばが、数学における矛盾と同じではないとされることも理解できる。

数学において、ある命題が偽と証明されれば逆の命題は真となり、ある命題が真ならその逆は偽になる。これが数学における証明の基本手法である。しかし、社会経済においては、話がちがってくる。たとえば、あとで詳述するように、所有がその帰結において誤りだと証明されたとしても、だからといってそれと正反対の共有が正しいということにはけっしてならない。それどころか、共有も所有と同格のものとして、同時に否定されうる。とすれば、滑稽なほど大げさに唱えられてきた一説のように、すべての真理、すべての観念は矛盾から生じるなどと言えるのだろうか。すなわち、同時に同一の視点から肯定もされ否定もされるようなものが真理と言えるのだろうか。矛盾があればそれは誤りの証拠だとした昔の論法はお払い箱にしなければならないのだろうか。そういう論法をふりまわすのは詭弁家の得意とするところだ。連中は信念も誠意もなく、役立たずのくせに横柄で、自分の立場をまもるために懐疑論をふりまく。アンチノミーを正しく理解しておかないと、かならずそれはたちまち矛盾とひとつになる。とくにフランス人は、ことがらをすべて結果で判断したがるので、両者を混同してしまった。なるほど、どんなに単純な観念でも、分析すればかならずその根底に矛盾とアンチノミーが存在する。しかし、矛盾とアンチノミーはどちらもけっして真理の原理ではない。矛盾はつねに無意味と同義である。アンチノミーは、しばしば矛盾と同義あつかいされるが、じつは真理のさきがけなのである。アンチノミーは、いわば真理にたいして素材を提供するものであって、それ自体はけっして真理ではない。そして、アンチノミーはそれだけを眺めるならば、むしろ混乱の元であり、形のうえでは虚偽かつ悪としか見えない。

アンチノミーは二つの項からなる。二つは互いに相手を必要としながら、たえず反発しあい、互いに相手を破壊しようとする。くだくだ述べるつもりはないが、いちおう用語だけを示しておくと、二つの項の一方はテーゼ、定立と呼ばれ、他方はアンチテーゼ、反定立と呼ばれる。この考えかたは今日ではよく知られており、そのうち小学校の教科書でもあつかわれるようになるかもしれない。くわしくはあとで述べたいが、とにかくこの二つのゼロが組み合わされると、そこから理念がひとつのものとして出現し、アンチノミーを解消させるのである。

　これを価値について見てみよう。交換ができないようなものには有用性がなく、有用性がないものは交換ができない。このように使用価値と交換価値は不可分である。しかし、産業の発達によって需要は変化し、そして無限に増大する。したがって、人間による製造はものの有用性を自然以上に高め、ついにはすべての使用価値を交換価値に変えてしまおうとする。——他方、生産の効率もたえず向上し、コストはかならず下がるので、ものの金銭的な価値はもとの有用性のレベルに戻ろうとする。このように、使用価値と交換価値は永遠に争い続ける。

　この争いの結果はご存じのとおりだ。値引き販売合戦、在庫過剰、不景気、輸入禁止、競争の根絶、独占、賃金の下落、最高価格法、財産のはなはだしい不平等、そして貧困。こうしたことが価値のアンチノミーから生じる。ここでは証明を省かせていただくが、もちろん以下に続く諸章でそれは明らかにされるはずだ。

　さて、社会主義者はこうした敵対を終わらせようとしてきた。まっとうな要求である。しかし、かれらはその本当の原因がとらえられず、それをただ常識の欠如のせいにして、誤ってしまった。公権力が上から命令をくだせば世の中は良くなると考えた。そこで社会主義者は涙まじりのセンチメンタルな叫び声をあげた。しっかりした人間なら、これだから社会主義はダメなのだと思ってしまうのだが、いつの世にも乗せられやすい人間はたくさんいて、こういう涙声にやられてしまう。社会主義のまったくバカげた幻想もそのおかげで広まった。私は、社会主義が理由もなく登場したと言いたいわけではない。私が非難しているのは、社会主義がいつまでたっても頑迷で愚かなままでいることなのである。

(2) しかし、経済学者もやはり大きな誤りを犯した。社会改革の理念や願望をすべて最初から問答無用とばかりに投げ捨てたことだ。それはまさしく価値の矛盾のせい、もっと正確に言えば価値のアンチノミーのせいである。社会における敵対が最高の段階に達したときにこそ、社会の和合と調和はすぐ間近にあるのに、かれらはそれを理解しようともしなかった。政治経済学を信奉していても、多少は近代哲学に明るければ、政治経済学をじっくりと検討することによって、その認識に手が届いたであろう。じっさい、人間の理性がもっとも確実と見なすことがらによって証明されるように、アンチノミーの出現は、対立の解消を約束し、したがって変革を予告するものにほかならない。価値の概念、とりわけJ・B・セイにおける価値の概念がぴったりこれにあてはまる。しかし、なぜかしら経済学者の大多数は、哲学的な動きなど理解できないひとばかりで、価値の本質的に矛盾した性格(かれらのことばで言えば価値の変動性)こそが価値の構成性(すなわち価値が穏やかに自己確定していく性質)の確かなサインであることを見ようともしなかった。経済学のさまざまの学派が、社会主義にこぞって反対してきたが、それは経済学の原理そのものの誤ったとらえかたにもとづくものでしかない。かれらにとっては不名誉な話でも、本当のところはこれだ。証拠は山ほどあるが、とりあえずひとつだけ挙げておこう。

先ごろ、科学アカデミー（あの道徳科学アカデミーとはべつのもの）が、その権限をはみだして、つぎのような意見書を受領した。それは、製造業種ごとの一人あたり、そして一労働日あたりの生産高の平均値にしたがって、すべての商品の価値の一覧表をつくることを提案したものである。経済評論誌『ジュルナル・デ・ゼコノミスト』（一八四五年八月号）はすぐさま、こうしたやりとりを経済学の領域侵犯と見なし、価値の一覧表をつくるといった企画に反対した。そして、経済学の真の原理なるものをあらためて示す。その結論はこうである。

価値の尺度とか価値の標準など、存在しない。科学としての経済学はそう断言する。科学としての数学が、永久運動とか円積法など存在せず、今後もけっして見出しえないであろうと断言したのと同様である。では、価値の標準が存在せず、価値の尺度が形而上学的な幻想ですらありえないとすれば、交換を支配しているのはいったいどういう規則なのであろうか。……それは、すでに述べたように、全体としての需要と供給である。これが科学の最終結論だ。

しかし、『ジュルナル・デ・ゼコノミスト』誌は価値の尺度が存在しないことをどうやって証明したのであろうか。そもそも価値の尺度ということば自体があいまいだ。私が以下で示すように、このことばはそれが本来意味するもの、あるいは意味すべきものをあらわさない。

さて、『ジュルナル・デ・ゼコノミスト』誌は、価値の変動についてかずかずの例を挙げながら、われわれがすでに与えたのと同じような説明をしているが、われわれとちがってその矛盾には到達しない。編集長〔ジャン＝ギュスターヴ・クールセル＝スヌイユ〕はセイ学派の著名な経済学者だが、しっかりとした弁証法的な思考には慣れておられないようである。すなわち、事実を観察するだけでなく、そうした事実のみなもとにある理念をつかまえて、それによって事実を説明しようとする姿勢が見られない。もし弁証法に通じていたら、ああした断言などしなかっただろう。価値の変動性を科学の最終結論とするのではなく、それをむしろ科学の出発点としたはずだ。たしかに、価値に変動をもたらすのは、ものではなく、人間の精神である。しかし、それを踏まえるならば、こう言えるだろう。人間の自由にも法則があるように、価値にもそれなりの法則があるはずだ。したがって、価値の尺度と言われるようなものが存在すると仮定しても、それはなんら非合理的ではない。それどころか、そういう尺度を否定することのほうが非合理的であり、説得力をもたない。

じっさい、価値を測り、価値をこれと定めるという考えの、いったい何が科学に反するのか。ひとはみんな、価値は定まるものと思っているし、誰もがそれを望み、それを求め、それをあてにする。売りたい、買いたいというのも、けっきょくは二つの価値を比較し、なんとか納得できる値を実地で決めたいということにほかならない。現実の価値と売買される価格とのあいだにはかならずズレがある。これは人類共通の見解であると言えよう。まさしく、であるからこそ多くの商品が固定された価格で売られるのである。なかには品種が変わってもなお価格は変わらず固定されているものもある。たとえばパンがそれだ。二人の製造業者がそれぞれの生産品を、取り決めた価格で、互いに当座勘定によって提供しあえるとすれば、製造業者が一〇人、一〇〇人、一〇〇〇人でも同じように生産品を提供しあえるはずだ。それは誰も否定できまい。そして、まさしく価値の尺度の問題はすでにこのようにして解決されていたのである。なるほど、個々の品物の値段は言い争いで決まる。われわれにとっては言い争いがいまでもやはり価格を決定する唯一の方法だからである。しかし、すべての光は衝突から生じるように、言い争いは一方では不確実性の証拠とされながら、その最終的な目的は価値どうしの関係を発見することにある。すなわち、そこに入り込む善意などは多かれ少なかれ捨象して、純粋に価値を測定する方法、価値の法則を発見することにある。

リカードはその地代論において、価値の通約可能性を示す絶好の見本を提供した。耕作に適した土地どうしの関係は、収穫高を費用で割ったものに比例すると言うのである。そして、いたるところで見られる実例が、この理論に合致する。土地の価値を定め、ひいてはあらゆる投下資本の価値を定めるために、これは実践的で確実な方法である。とすれば、それは生産物一般にも拡大しうるのではないか……。

これにはつぎのような反論もある。すなわち、政治経済学はアプリオリな言説を好まない。ただ事実のみを語る。そして、価値の尺度など存在せず、存在の可能性もないことをわれわれに教える。価値の尺度を思いつくのは自然でも、それを実現しようとするのは妄想であることを証明する。需要と供給、これのみが交換の唯一の規準である、と。

いや、くだくだしく語るつもりはないが、経験はまさしく逆のことを証明するだろう。すなわち、どの社会においても経済発展の動きはすべて、価値が構成され確定される方向にむかう。そこが政治経済学の到達すべき頂点であり、そして、そこにいたれば政治経済学も様相を一変する。まさしく価値の構成こそ、社会に秩序がもたらされた最高のあかしとなる。といった大きな話を、証拠もなしにくだくだしく語っても、それはたしかにつまらない。そこで私はとりあえず相手のことばにこだわって話を進める。需要と供給についてである。かれらはそれのみが交換の唯一の規準だという。しかし、需要・供給は、使用価値と交換価値を出会わせ、両者の和解を促す二つの儀式的な形態にすぎない。それは二つの電極であり、二つを結びつけると**交換**と呼ばれる経済的な親和現象が発生する。需要と供給は、電池の両極のように正反対のものであり、たえず互いに打ち消しあう。物価が高騰したり、タダ同然に下落したりするのも、まさに両者の敵対による。この二つの力をどうにかして均衡させ、和解させられないものだろうか。そうして物価がつねに真実の価値をあらわし、正義をあらわすようにしたい。これは当然の願望である。こうしてみれば、需要と供給が交換の規準だというのは、需要と供給が需要と供給の規準だと同義反復するのにひとしい。現におこなわれていることの説明にもなっていない。かれらの主張は現実は不条理だと宣言するにひとしいが、私は現実が不条理だとは少しも思わない。

　先に紹介したリカードは、価値を比較する正しい規準をひとつの特殊ケースに当てはめた。じつは、経済学者たちはもっと一般的にこれをおこなっているのである。かれらはあらゆる商品について、毎年かずかずの統計表から市場価格の個々の平均値を出している。では、この平均値にどういう意味があるのか。言うまでもなく、無数の商取引から無作為にひとつの場面だけを取り上げて、供給（使用価値）と需要（交換価値）のどちらに分があるか判定することはとうていできない。しかし、商品の価格高騰は遅かれ早かれ同じ分だけ価格下落につながること、言いかえれば、社会総体として投機の利得は投機の損失と等量であることから、われわれはきわめて正当にこう結論することができる。すなわち、年間をとおした価格の平均値こそ、生産物の本当の正しい価値なのだ。たしかに、この平均値が得られるのはかなり事後的である。しかし、それを事前に発見することは不可能だと誰が言える。不可能だとあえて言い切る経済学者はひとりもいないだろう。

したがって、とにもかくにも価値の尺度を探さねばならない。論理がそれを命じている。そして、出てくる結論は経済学者の意にも反し、社会主義者の意にも反する。そもそも価値の尺度を否定するような意見は理にかなわず、実情にもそぐわない。もちろん経済学者も社会主義者も勝手なことをほざく。経済学者が言うには、政治経済学は事実の科学であり、事実は価値の確定といった仮説に反対する。社会主義者が言うには、普遍的な協同が実現すればあらゆる敵対がそこに吸いこまれるので、こうした厄介な問題もなくなる。私はこんな経済学者や社会主義者にたいして、つまり右と左の両方にむかって、こう答えたい。

（1）原因がなければ事実は生じないのと同様に、法則がなければ事実は存在しない。もし交換の法則が見出されないとすれば、その誤りは事実のほうにではなく、学者のほうにある。

（2）人間が生きるために働き、しかも自由に働くようになれば、正義が友愛の条件となり、協同の基礎となる。しかし、価値の確定がなされなければ、正義はきちんと成り立たず、存在不能である。

第二節　価値の構成、富の定義

価値について、われわれはその相反する二つの面を見てきたが、それを全体としてつかまえてはいない。価値の全体像というあたらしい考えかたが得られたならば、絶対的な価値がつかまえられるだろう。そして、科学アカデミーあての意見書が求めたような、価値の一覧表づくりもそのとき可能になるだろう。

そこで、富というものをこうイメージしてみよう。それはひとつのまとまりをなす大きな化合物のようなものである。そのなかにあたらしい要素がたえず入りこむ。そのあたらしい化合の割合はそれぞれに異なるが、化合はひとつの確かな法則にしたがっておこなわれる。つまり、価値とはこうした個々の要素が全体の一部をなす比例関係（それぞれがそれぞれの尺度）なのである。

ここから二つのことが言える。ひとつは、経済学者が完全に誤っていることである。かれらは価値の一般的な尺度を、小麦や貨幣や地代などに求めた。そして、価値をはかる標準がそのいずれでもないことがわかると、こんどは一転して、価値には法則性もなければ尺度もないと結論するにいたった。もうひとつは、価値どうしの比例はたえず変動するけれども、まさしく変動するがゆえにそれはたえずひとつの法則にしたがう。その法則を確定することこそ、まさに求めるべき解決なのである。

価値のこうした概念は、あらゆる条件を満たすはずだ。なぜなら第一に、それは具体的で固定的なものとして使用価値を内包すると同時に、たえず変化するものとして交換価値を内包する。第二に、それは価値の確定などとうてい不可能だと思わせてきた二項対立を解消する。さらに、これはあとでくわしく説明したいが、このように理解される価値は、使用価値と交換価値という二つの理念を単純に並置したものとはまったく異なり、かずかずのあたらしい属性をそなえたものである。

生産物どうしの比例関係は、けっしてわれわれが最初の発見者だと名乗れるものではない。また、アダム・スミスが分業の驚異を解説して、その知られざる力を世に知らしめたみたいに、科学にあたらしい知見を加えるものでもない。生産物の比例関係は、それを証明しようと思えば山ほどの引用がたやすくできるほど、政治経済学のどの本にも見られるありふれた概念である。しかし、それを本来のあるべき地位にすえなおそうと考えた者はいままで誰もいなかった。そして、われわれがいまおこなおうとしているのは、まさにその作業なのである。なぜこんなふうにわざわざ宣言するかというと、それは読者にわれわれが奇抜なことを言っているわけじゃないことを納得してもらいたいからであり、あたらしい思想を好まない臆病なひとびとにも語りかけたいからである。

価値の尺度というと、経済学者はきまってメートル原器のようなものだと理解してきた。つまり、それ自体として存在し、どんな大きさもメートルであらわせるみたいにどんな商品にも適用できる原器をイメージしてきたようだ。じっさい、金や銀がその役割をはたすと考えた者も少なくないだろう。しかし、貨幣の理論ですでに証明されているように、金や銀はとても価値の尺度たりえない。金銀は計算の手立て、一種の便法にすぎない。金銀と価値の関係は、温度計と温度の関係にひとしい。温度計は、適当に目盛りをつけて、熱の上がり下がりを示しはする。しかし、温度が中和する法則や、ものの部位ごとの熱分布や、温度を一〇度、一五度、二〇度上昇させるために必要な熱量などについては、温度計はなにも語らない。また、目盛りは等間隔にきざまれているが、それは等量の加熱に対応するものだとも言えない。

したがって、価値の尺度についてのこれまでの考えかたは不正確である。くどいようだが、われわれが求めているのは価値の原器ではない。そんなものは無意味だ。われわれは、社会全体の富のなかで生産物がどのように比例しあうか、その法則を求めたい。なぜなら、ふつうの正常な状態での商品価格の上がり下がりは、この法則の認識にもとづくものだからである。一言でいえば、天体の尺度が天体どうしの比較から割り出される関係であるように、価値の尺度とは価値どうしの比較から割り出される関係だと理解しなければならない。そして、この関係にも独自の法則があり、こうした比較にも独自の原則があると私は言いたいのである。

そこで私は、ある力が富の諸要素を一定の比率で結合させ、ひとつのまとまった全体にしているのだと考える。構成される諸要素が望ましい比例関係にないばあい、構成はなされても、素材の全体は吸収されず、一部分は不要のものとして排除される。結合を生じさせる動き、そして素材どうしの親和性によって決定づけられる社会の内的な運動、これが交換なのである。それはもはや、その基本形態である人間と人間のあいだの交換にとどまらない。個々の産業で生産された価値のすべてが、同じひとつの社会的な富となって融合すること、これも交換である。そして、個々の要素がそれぞれ一定の割合で複合体のなかに入りこんでいくとき、この割合をわれわれは価値と呼ぶ。結合のあとに残された余剰は、べつの要素を加えても結合せず交換もされないならば、無価値である。

金銀の役割については、あとで説明したい。

さて、このように前提すると、一国の富を構成する種々の価値の、ある時点での割合は統計調査と在庫調べをおこなえば確定できる、あるいは少なくとも近似値が経験的に得られるように思われる。化学者が実験と分析によって、水の組成に必要な水素と酸素の割合を見つけだしたのと似ている。そういう方法を価値の確定に応用しても、なんら怪しまれることはなかろう。それはけっきょく簿記会計のしごとになる。しかし、そういうしごとはどれほど興味深いものであっても、われわれが求めていることにたいしてはかなり不十分である。じっさい第一に、われわれは価値がたえず変化することを知っている。第二に、公共財産の目録から価値の割合を引き出しても、それは目録がつくられた時点と場所での割合にすぎないことは明らかだ。したがって、そこから富の比例性の法則を引き出すことはできない。富の比例性の法則を引き出すには、この種の作業がひとつだけではたりない。それが信頼に値するやりかただと認められたうえで、なお数千、数万の同じような作業が必要となるだろう。

ところが、経済科学はまさしくここで化学とまったく異なってくる。化学者は、実験によって組成の美しい比を発見するが、この比の意味や根拠については何も知らない。この比を決定づけた力についてもわからぬままである。社会経済学はその逆で、事後的な調査によって富の比例性の法則を直接的に知ることはできないが、法則を生み出す力そのものに着目すれば法則は把握できるとする。そこでいま明らかにすべきは、この力だ。

この力とは**労働**である。アダム・スミスはことばをつくしてこれを賛美したが、後継者たちは特段それをありがたがりもせず、軽んじた。労働は、生産者ごとに量も質も異なる。そういう点で、偉大なる自然の原理やきわめて一般性の高い法則と似ている。つまり、働きや公式は単純でも、さまざまの特殊事情によってさまざまに修正され、無数に多様な姿形であらわれる。まさに労働が、そして労働のみが、富のすべての要素を生み出す。それぞれを結びつける割合は変動しても、それでも確固たる比例性の法則にしたがって、最後の分子にいたるまで結合させる。つまり、労働こそ、精神が宇宙に活を与えるという〔ウェルギリウス『アエネーイス』六巻七二五行の〕ことばどおり、生命の原理として富の素材を動かし、それを整えるのである。

社会、すなわち人間集合体は、自らの豊かな暮らしにつながる品々を生産する。この豊かさをもたらすのは、たんに生産物の量だけではない。生産物の多様さ（質）やそのバランスも豊かさの一部である。これを基本とすれば、さらにつぎのことが言える。すなわち、社会は成長のどの段階においても、そのときどきの生産力と生産手段で豊かさが最大になるような、生産物のバランスを追求しなければならない。**富**を構成するのは、生産物の量の多さ、ヴァラエティ、そしてバランスの良さ、この三つである。社会経済学がめざす富は、形而上学にとっての真、道徳にとっての善、芸術にとっての美と同じ条件にしたがって成立する。

つまり、バランスの良さは絶対に必要な条件である。それが欠ければ人間の労働の一部が失われる。すなわち、その労働はムダで、正しくない不協和音となり、したがって、貧窮、虚無と同義になる。では、良いバランスをうちたてるにはどうすればよいのか。

ギリシア神話によれば、プロメテウスは人間活動のシンボルである。かれは天から火を盗み、いろいろな技術を発明した。未来を予見し、ユーピテルと対等になろうとした。プロメテウスは神である。ならば、われわれは社会をプロメテウスと呼ぶことにしよう。

プロメテウスは、一日の平均一〇時間を労働に、七時間を休息に、同じく七時間を娯楽にあてる。自分の作業の成果を最大化するために、プロメテウスは自分が消費するものを生産するのに要した時間と苦労を、そのつどメモしておく。かれがそうするのは、まさに経験からしか学べないからであり、また、その経験は一生続く。たしかにプロメテウスは、労働し生産しながら、何度も計算まちがいをする。しかし最終的には、たくさん働けば働くほど、暮らしの豊かさはますます洗練され、贅沢がますます理想的なものとなっていく。自然を征服していくにつれて、自分を幸せにする唯一の鍵である生きかたと知性の原則が、自分の内部でますます堅固になっていく。労働者としての基本教育がすみ、しごとの段取りが整っていれば、労働はもはや苦役ではない。働くことは生きることである。楽しむことである。言っておくが、労働を魅力的なものにするのは、労働の規則をめちゃくちゃにすることではない。逆である。規則があるからこそ労働は魅力的になるのだ。ところが、あるひとびと〔フーリエ主義者〕は、労働は魅力的なものでなければならないとのスローガンをかかげて、正義を否定し、共産制へと走る。かれらはまるで、庭の花を摘んできて階段のうえで花壇をつくる子どもたちとそっくりだ。

社会において、正義とは多様な価値のバランスにほかならない。バランスを保証し、アンバランスを制裁するのは、生産者の責任である。

プロメテウスは、あの生産物には一時間、この生産物には一日、一週間、一年の労働が必要であることを知っている。また、こうした生産物がコストの小さいものから大きなものへの順序で集まって、富は増進していくことも知っている。そこで、かれはまずもっともコストのかからないもの、したがってもっとも必要なものをそなえて、自分の生活を確保することから始める。そして、生活が安定していくにつれて、しだいに贅沢品に向かう。つまり、かれが賢明ならば、それは値段の安いものから高いものへという自然な順序で進んでいく。プロメテウスもときには計算まちがいを犯すだろう。欲望に負けて、いますぐ必要なものを犠牲にして、本来ならあとにすべき享楽に走ることもあろう。そんなばあい、かれは血や汗を流して苦労したのに飢えてしまう。このように、法則にはおのずと制裁がそなわる。違反すればかならず罰されるのである。

したがって、つぎのようなセイのことばは正しい。「この階級（消費者階級）は一国のすべての階級によって構成されたものであるから、この階級の幸福がそのまま国全体の幸せ、国の繁栄につながる」。ただ、セイはこう付言すべきであった。すなわち、「生産者階級も一国のすべての階級によって構成されたものであるから、この階級の幸福も国全体の幸せ、国の繁栄につながる」と。――また、セイのつぎのことばも同様である。「個々の消費者において、かれが所有する財産はかれが買う商品とことごとくつねに敵対する」。これにもこう付言すべきであった。すなわち、「個々の生産者において、かれの財産はかれが売る商品によってたえず脅かされる」と。経済現象のほとんどは、こうした対照によってすっきりと表現しないかぎり、理解不能である。経済学者のほとんどは、この点で重大な欠陥があり、貿易収支にかんしても理屈にならないことを言う。これについてはのちのしかるべき章で明らかにしたい。

さて、先ほど、社会はもっともコストのかからないもの、したがってもっとも必要なものから生産を始める、と述べたが、はたして生産物の必要度と値段の安さは相関すると言えるのだろうか。必要性と安価は同義だろうか。さらに言えば、余計なものと高価なものは同義だろうか。

もし労働生産物がどれでも、そしてひとつだけでも人間の生活を十分に支えきれるものだとしたら、いまの問いの答えは「そのとおり、同義である」。いずれの生産物もクオリティが同じであれば、一番安くつくれるものが一番生産すべきものであり、したがって一番必要なものである。しかし、生産物の有用度と価格とのあいだにパラレルな関係があるのは、けっして理論的な正しさによって導かれるものではない。ものの需要と生産力の均衡は、自然が勝手に先を読んだり、あるいはその他の原因によるものであって、いわば理論を超越する。つまり、それは事実である。日々の実践と、そして社会の進歩がそれを事実にするのだ。

人類が誕生したばかりの時代、文明の始まりの時代にさかのぼってみよう。最初期の産業はしごく単純で、準備も経費もさほど要しない採取・放牧・狩猟・漁労といったものであった。農業はもっとずっとのちの時代のものである。しかし、農業があらわれると、先の四つの原始的な産業も洗練され、しかも個人によって所有されるものとなった。この二重のできごとは、事実の本質を変えるものではなく、むしろ反対に、本質を一段と明瞭にする。じっさい、所有の対象として好まれたのは、きまって必要性が一番高いもの、あえて言うなら既成の価値であった。とすれば、所有の歩みをたどることで価値の順位表も作れるかもしれない。

シャルル・デュノワイエ氏はその著『労働の自由』〔一八四五年〕のなかで、積極的にこの原則にしたがい、産業のカテゴリーを大きく四つに区分して、それを発展の順にならべる。すなわち、用いる労働が最小のものから最大のものへの順だ。まず最初にくるのが、天然資源採集業。これには先述の半分野蛮なしごとがすべて含まれる。それから商業、製造業、農業と続く。賢明なるデュノワイエ氏が、農業を順番の最後に位置づけたことには深い理由がある。農業はたしかに大昔からのものだけれども、その歩みはほかの産業と同じではない。人類におけるものごとの歴史的な継起は、その起源によってではなく、その発展の全体によって定めなければならない。農業の発生はほかの産業よりも先、あるいはほかと同時だったかもしれないが、完成はほかの産業よりも遅れたので、歴史的には最後に位置づけられる。

じっさい、暮らしを豊かにする品々をどういう順番で生産していくべきか、その順序を労働者に指図するのは、労働者自身の欲求だけでなく、事物の本性そのものである。したがって、われわれの言う価値の比例性の法則は、物理的であると同時に論理的であり、客観的であると同時に主観的である。つまり、もっとも高度の確実性をそなえる。以下で、その応用を見ていこう。

暦は、あらゆる労働生産物のなかで、もっとも長い時間と多大な苦労が費やされたものだと言える。ところが今日では、暦ほど安価に使用されているものはない。先ほどの定義にしたがうなら、暦はもっとも必要なものとなった。この変化はどう説明したらよいのだろうか。暦は、原始時代の遊牧民にとってほとんど役に立たなかった。遊牧民にとっては、昼と夜、夏と冬の交代がわかればそれで十分だったからである。それが今日では、なくてはならないもの、きわめて安価なもの、完成されたもの（この三つの形容詞は、社会経済学においてはみごとなまでに同義となる）となっている。それはどうしてだろう。一言でいうなら、暦の価値の変動は、価値の比例性の法則によってどう説明できるのだろうか。

暦の生産に必要な労働を実行するため、あるいは実行が可能になるためには、そのひとが最初に始めたしごと、そしてその直後の関連作業から時間がひねりだせるようになっていなければならない。言いかえれば、人間のしごとが初めのときよりも生産的になり、しかも苦労が少なくなっていなければならない。これはつまり、暦の生産の問題は大昔の資源採集業そのものにおいて解決されなければならなかった、ということになる。

ふたたびプロメテウスでたとえよう。プロメテウスが力の入れぐあいを調整し、しごとを分割し、何らかの機械を用い、自然の力をうまく使いこなして、要するに上手に働きだすと、突然それまで一〇日かかったものが一日で生産できるようになる。その結果どういうことが起こるか。その生産物は、富の要素の一覧表における順位が変わる。あえて言うなら、ほかの商品との親和力が増し、自分の相対的な価値はその分だけ減少する。かつての値を一〇〇とすれば、一〇に下がる。しかし、価値はこのように変わっても、それでもやはりきちんと確定されるものであることに変わりはない。そして、やはり労働のみがその必要度の順位を確定する。このように価値は変動するが、価値の法則は変わらない。というより、価値は法則にしたがうからこそ変動する。この法則は、労働時間という本質的に変動するものを原理とするからである。

あらゆる価値の生産について成り立つ議論は、もちろん暦の生産についても成り立つ。また、言うまでもないことだが、文明、すなわち富が増大するという社会的事実は、われわれのしごとを増やし、時間をますます貴重なものにし、自分の生活全体をつねにこまかくチェックする必要をもたらした。こうして暦が万人の必需品となった。さらに、これも周知のとおり、わが国の貴重な産業である時計製造業は、このすばらしい発見に付随して育ったものである。

ここで、ごく当然のことながら、価値の比例性の法則にたいしても反論が出てくる。ただし、出てくる反論はつぎのひとつだけだ。

セイや、かれに追随する経済学者たちによれば、労働はそれ自体が価値をつけられるもので、労働もまたひとつの商品にすぎないから、労働を価値の本源・動因と見なすのは循環論法である。したがって、価値の本源は希少性や主観に求めなければならない、と結論づけられる。

失礼ながら、こういう経済学者は恐ろしく考えが浅いことがここで露呈した。労働が価値をつけられるというのは、労働を商品そのものと見てのことではなく、労働のうちに価値が可能性として潜在するという見かたによるものである。つまり、「労働の価値」とは比喩的な表現であり、原因を先に示して結果を表現する言いかたにすぎない。

それは「資本の生産性」と同じく、フィクションである。労働が生産し、資本に価値がつく。同じようにしてわれわれは一種の省略表現で「労働の価値」と言う。この言いかたは少しも文法に反するものではないけれども、経済の理論家ならそれを現実と取りちがえないようにしなければならない。労働は、自由・愛・野心・才能と同様、そのものとしてはあいまいで、輪郭もはっきりしないが、対象を得てはじめてその性質がはっきりと確定される。すなわち、労働は生産物によって具体的現実となる。したがって、この人間の一日の労働は五フランの価値があるというのは、この人間の一日の労働の生産物は五フランの価値があるというのにひとしい。

さて、労働の成果として、希少性とか主観は続けざまに価値の構成要素から排除される。そして必然的に、自然のままのあいまいな有用物は（誰かの所有物であろうとなかろうと）、数値化できる社会的な有用物に変わっていく。つまり、労働は、しみったれな自然を組み伏せようとする闘いであると同時に、私的な所有をなくしてしまおうとする秘かな企みなのである。

こうした分析にしたがえば、価値とは、生産者どうしが分業と交換をとおして自然に結びついている社会において、富を構成するさまざまの生産物の比例関係にほかならない。そして、生産物の価値というのは、その生産物が富の全体のなかで占める割合を、貨幣の記号であらわしたものにすぎない。――有用性が価値の基礎をなす。労働がその関係を確定する。価格がその関係を数値に翻訳する。われわれは、その翻訳がしばしば誤ることを研究しなければならない。

使用価値と交換価値は、こうした価値を中心として振動し、そこにむかって吸い寄せられ、そして消滅する。これが絶対不動の法則である。この法則が経済の混乱や商工業の不安定を抑え、進歩を操作する。ものを考え、労働をおこなう人類のいとなみは、すべてこの法則にしたがう。個人および社会による投機は、富の集積を構成する要素として、すべてこの法則にしたがう。政治経済学の到達点は、経済の概念がすべて相矛盾することを示し、この法則の存在を認知させるところまでであった。一方、社会経済学（とりあえず政治経済学と区別するためにこう呼ばせていただく）は、根本は政治経済学と異なるはずもないのだが、その目的はこの法則を広め、いたるところでこの法則を実現することにある。

いちおう注意しておくが、価値の尺度、すなわち価値の比例関係の理論は、平等の理論そのものである。すでに見たように、社会的には生産者と消費者は完全に同一だから、このような社会で、ただ遊んで暮らしているだけの人間に所得を与えるのはエトナの火山に貴重なものを投げ入れるにひとしい。これと同様に、労働者に過剰な賃金を与えるのは、小麦の穂を一刈りしただけの人間に、お礼としてパンをまるまる一個与えるにひとしい。経済学者が非生産的消費と名づけたことがらは、根本を見ればいずれも比例性の法則の違犯にほかならない。

この論理をもう少し追ってみよう。社会という天才はこうした単純な与件から、いまはまだあいまいな労働の組織の正しいありかたや、賃金の分配のしかた、生産物の価格のつけかた、そして普遍的な連帯のありかたを、少しずつ導き出すであろう。なぜなら、社会の秩序はゆるぎない正義をふまえて成り立つものだからである。社会の秩序は、けっして社会主義のあれこれの尊師たちが今日ひとびとに吹きこもうとしているような、友愛とか自己犠牲とか愛といった、おめでたい感情によって得られるものではない。イエス・キリストにならってその必要性を説教したり、自己犠牲の手本を示してみたりしても、それはむなしい。エゴイズムには負けてしまう。エゴイズムをおさえつけることができるのは、厳格な法則、経済の必然性のみである。なるほど、ヒューマニズムの高揚は文明の進歩を促すショックになるかもしれない。しかし、人間の感情の高ぶりは、けっきょくのところ価値の振動と同様に、正義をもっと堅固に、そして絶対的に確立することにつながるものでしかない。自然、あるいは神は、そもそも人間の心など信用しなかった。人間が人間を愛するとはけっして信じなかった。科学は、社会の歩みにたいする神の摂理を発見するが、そこから明らかになるのは――人間の良心にとっては恥ずかしいことだが、偽善的なわれわれが本音のところでは知っているはずのことで――それは神が本当は心底から人間嫌いだということである。神はわれわれを助けるが、それは心の優しさによってではなく、秩序が神の本質だからだ。神はこの世に良いことをもたらすが、それはこの世にそれがふさわしいと判断したからではなく、最高の知性を神とする宗教が神にそれを余儀なくさせるからである。大衆は神を父と呼んで甘えるが、歴史家や経済哲学者なら、神が人間を愛し慈しんでいるとは考えられまい。

われわれは、神のこうした冷徹さ、ストイックな平静さをまねたい。ひとに善行を強要しても社会に善は生まれなかった。和合や徳性を生み出す条件は、純粋な理性のなかに求めよう。

生産物どうしの比例関係として理解される価値、言いかえれば**きちんと構成された価値**は、かならず有用性と市場性をどちらもひとしく必要とする。この二つは分かちがたく、そしてしっくりと結びついている。有用性を必要とするのは、それがあってはじめて生産物は市場との親和性をもち、交換可能となり、したがって富の一要素となれるからである。――市場性を必要とするのは、生産物がいつでも決まった価格で交換できるものでないかぎり、そんな生産物はもはや無価値にひとしく、何の意味もないからである。

さらに、構成された価値となると、この特性の意義はさらに大きく、さらにきちんとした、そして一段と正しいものとなる。たとえば有用性は、ものがたんにわれわれの娯楽やしごとに役立つといった、いわば受動的な能力ではもはやなくなる。市場性は、やみくもに夢をふくらませることでも、無定見をよしとすることでもない。そして、価値の変動は、需要と供給のよこしまな駆け引きをあらわすものではなくなる。そうした部分はすべて消え去り、それに代わってポジティヴで正常な考えかたが、可能なかぎり確定的な姿であらわれる。比喩的な表現を許していただくなら、価値の構成によって、生産物はそのどれもがみんな栄養物となる。つまり、本能としての食欲によって求められ、消化器官によってこなれたあと、循環器官に入り、一定の比率で骨・肉・体液などに変化して、体に精気や力や美を与えるものとなる。

では、使用価値と交換価値という対立しあう概念から、構成された価値あるいは絶対的な価値という概念へ上昇するとき、価値の考えかたにどのような変化が起こるのだろうか。そのとき、あえていうなら一種の接合、相互浸透が起こる。二つの基本概念は、エピクロスの言う鈎《かぎ》のついた原子のようにくっつき、互いに吸収しあって消滅するが、そのかわりに両者の肯定的な属性をより高次のレベルでひきつぎ、否定的な属性をはらいおとした一種の化合物が残る。たとえば貨幣とか信用度の高い商業手形、国債証書、堅実な企業の株券といった価値は、わけもなく高騰したり、交換で損をこうむることもない。産業の種類がふえ、生産物が増大しても、価値はただ自然の法則にしたがうのみである。もっと言うなら、こうした価値は駆け引きで決まるものではない。つまり、折り合いとか中間点とか混ぜあわせで決まるものではない。それは完全な融合の産物であり、酸素と水素が結合してできた水がその構成要素とはまったく異なる全然べつの物体であるのと同様に、こうした価値はもとの構成要素とはまったく異なるあらたな産物である。

相対立する二つの理念が、より高次の第三の理念のうちで解消する。これが学術用語で言うジンテーゼで、これのみがポジティヴで十全な理念をもたらす。それはすでに見たように、まったく正反対の二つの概念をどちらも肯定し、あるいはどちらも否定することによって得られる（肯定も否定も、このばあい同じところに帰する）。ここから実践的にも理論的にもきわめて重要なことがらが導き出される。すなわち、道徳の領域であれ、歴史の領域であれ、政治経済学の領域であれ、ひとつの理念からアンチノミーが析出されるならば、このアンチノミーの背後にはかならずより高次の理念が隠れており、それは遅かれ早かれきっと姿をあらわすはずだと、われわれはアプリオリに断言できる。

恐縮ながら私は、バカロレアに合格した生徒なら誰もが知っていそうなことを、くだくだと述べてしまった。しかし、一部の経済学者にはここまで言わないとダメなのである。なにしろ、かれらは私が所有を批判したことにたいし、所有を擁護しない者はかならず共産主義者だと言い、あれでなければこれといった単純な論法をひたすらくりかえした。かれらの欠陥はひとえにテーゼ、アンチテーゼ、ジンテーゼの何たるかを知らなかったことにつきる。

価値のジンテーゼという理念こそ、社会に秩序と進歩をもたらす基本条件であるが、アダム・

スミスは漠然とそれに気づいていた。経済学者アドルフ・ブランキ氏のことばを借りれば、「スミスは、労働こそが価値の普遍的で不変の尺度であることを示し、あらゆるものにはそれぞれ自然の価格があることを明らかにした。ものの金銭的な価値にとっては外的な偶発的なできごとによって市場価格は上がったり下がったりするが、あらゆるものはそういう振動をとおしてたえず自然の価格のほうに向かっていく」。

しかし、こうした価値の理念はアダム・スミスにおいてはまったくの直感にとどまった。直感だけでは社会の習慣は変わらない。事実という権威の力で社会はようやく動きだす。つまり、アンチノミーをもっとわかりやすく、もっと純粋な形であらわしてみせなければならなかった。J・B・セイはそれができる第一人者であった。この経済学者は豊かな想像力とおそるべき明敏さをそなえた人物であったが、スミスによる定義がかれを自分ではそうと気づかぬうちに支配し、かれの論述のいたるところにしゃしゃり出る。

セイは言う。「あるものについて、それには価値があるとするのは、それとべつのものをあげて、それとこれは同等に価値づけられると宣言することである……。いずれのものも、こういう形で**認知**されないかぎりあいまいで独断的なままだ」。したがって、ものの価値は一定の方法で認知され、確定される。この認知・確定は、ものどうしの比較によっておこなわれるわけなので、あるものの価値がべつのものより上だとか下だとか、あるいは同じくらいだとか宣言されるとき、その評価方法には一定の共通性があり、原則がある。

セイは最初はこう述べた。「価値の尺度はほかの生産物の価値である」。セイはのちに、これでは同義反復だと気づき、「価値の尺度はほかの生産物の量である」と修正したが、理解しにくい表現であることに変わりはない。ふだんはきわめて明晰でしっかりしたことを書くひとなのに、無意味な区別をして混乱に陥っている。すなわち、「われわれはものの価値を評価することはできるが、ものの価値を測定することはできない。つまり、何かしらの確固たる公認の基準をもちだしてそれと比較することはできない。そんなものは存在しないからである。われわれにできることは、ものとものを比べあって評価することにつきる」。さらに、セイは本当の価値と相対的な価値を区別する。「前者はものの価値が生産コストとともに変化するばあいの価値をさし、後者はそれが他の商品の価値に相関して変化するばあいの価値をさす」。

天才的な人間でありながら、かれは奇妙な観念にとらわれている。比較する、評価する、価値づけるとはすなわち**測定する**ことであるのに、それが見えていない。測定とは比較にほかならず、だからこそ比較がきちんとおこなわれれば、まさに真実の関係が示される。したがって、本当の価値、本当の尺度は、相対的な価値、相対的な尺度とじつは同一なのである。だから、問題は測定の原器を発見することではない。なぜなら、あらゆるものがそれぞれの量をはかる道具として相互に役立つからである。問題は比較のポイントを定めることにつきる。幾何学のばあい、比較のポイントは広がりであり、測定の尺度は、円を三六〇に区分した角度とか、地球の円周とか、人間の腕・手のひら・指・足の平均的な長さである。経済科学のばあいは、アダム・スミスにしたがうならば、あらゆる価値を互いに比較するさいの視点は労働である。測定の単位としては、フランスでは**フラン**が用いられている。これほど単純な考えかたに、多くの良識ある方々が、この四〇年来、「いや、ちがう」と反対を叫んでいるのは信じがたいことである。かれらによれば、「価値の比較は、比較のポイントがなくても、測定の単位がなくても、おこなわれる」。まったく、一九世紀の経済学者というのは、平等につながる革命的な理論を受けいれるぐらいなら、どんな反対意見でも支持しようと決意していた。後世のひとびとはこれを見て、何と言うだろうか。

価値の尺度、あるいは価値の比例性の理念は、理論的に必然であると同時に、現実的に日常の実践のなかで具体化されてきたし、いまもたえず具体化されている。私はそのことを、いくつかの衝撃的な実例をとおして以下で明らかにしたい。

第三節　価値の比例性の法則の応用

生産物はすべて労働を表象する記号である。

したがって、生産物はすべて、ほかの生産物と交換できる。それはいたるところで実践されていることによって証明される。

しかし、労働を加えないようにしたらどうなるだろう。ものの有用性は多少残っても、そこには人間のしるしがまったくなく、経済的な性格が消え失せるので、そうしたものどうしは共通の尺度をもたず、論理必然的に交換不能となる。

金や銀も、やはりほかの商品と同様、労働を表象する記号である。だからこそ、それは共通の評価基準として、また取引の媒介として役立ってきたのだ。貴金属が商取引の媒介として用いられ、そうした特殊機能を割り当てられてきたのは、たんなる慣習にすぎない。ほかのどんな商品でも、便利さは少し劣っても、やはりまったく同等に同じ役割をはたせる。それは経済学者も認めることだし、実例もあげられる。では、貨幣として用いるのに貴金属がもっぱら好まれるのは、いったいどうしてなのか。また、政治経済学において、金や銀だけがこうした特殊機能をもつとされるが、それはどう説明できるのだろうか。というのも、それだけしか存在せず、ほかと比較できないようなものは、それこそもっとも理解しがたく、ときにはまったく理解できないものだからである。貨幣は、なみいる商品の系列から離脱したもののようだが、それをもとの系列に戻すことは可能か。したがってまた、貨幣を真の原理に引き戻すことは可能か。

この問いにたいして、経済学者はいつものように自分たちの専門領域の外部に答えを求める。つまり、物理学や工学や歴史学などにすがった。経済学者は、あらゆることについて語るけれども、きちんと答えたためしがない。かれらによれば、貴金属は希少で、密度が高く、変性しないので、貨幣としてはほかのどの商品よりも抜きん出て都合が良かった。要するに、経済学者は経済学の問題として問われていることに答えず、工学の問題として答える。かれらは、金や銀が貨幣として工学的に最適であると力説する。しかし、貴金属がいま享受している特権を貴金属だけに認めた経済的な根拠については、かれらの誰ひとりとして注目せず、理解もしていない。

これまで誰も指摘しなかったことだが、金と銀は、価値が構成されるにいたった最初の商品なのである。大昔の族長時代、金や銀はまだふつうの商品としてあつかわれ、かたまりで売買されていた。それでもすでに支配的な地位のものになろうとする傾向が見られ、明らかにほかのものより好まれていた。それがしだいに権力者の独占物となり、かれらの刻印がほどこされるようになる。こうした支配者による神格化から貨幣は生まれた。貨幣は第一級の商品であり、商業のいかなる波乱にも影響されず、確たる比率での価値を保持し、それで支払えばかならず受領される。

じっさい、貨幣を貨幣たらしめているのは、金属の耐久性などではない。耐久性というなら鋼鉄のほうがましだ。有用性だというなら、金よりもみすぼらしい小麦や鉄や油など、その他のもののほうがはるかに勝る。——希少性や密度でもない。そうしたものなら、かならずべつのもので代替できる。たとえば、ほかの素材に労働を加えたり、あるいは今日のように銀行券によって山ほどの量の鉄や銅を代表させたりすることでおぎなえる。くりかえして言おう。金と銀の抜きん出た特徴は、その金属的な特性と、その生産のむずかしさと、とりわけ公権力の介入によって、その商品としての価値がかなり昔から固定され、広く信頼されるようになっていることに由来する。

したがって、私はこう言いたい。金や銀の価値、とりわけ貨幣の鋳造に用いられる部分の価値は、なるほど現在ではまだ厳密な方法で算出されていないようだが、それでもけっしていいかげんなものではない。さらに言えば、金や銀の価値はたえず変動するかもしれないが、けっしてほかの価値のように暴落することはない。金や銀を例にあげて、価値とは本質的に不確定なものであると言い、それを証明するために理屈をこね、博識ぶりを発揮しても、そんなものはすべて問題のとらえまちがいに由来する誤った推論、いわゆる「論点のすりかえ」にすぎない。

さて、フランス国王フィリップ一世は、シャルルマーニュ時代のトゥルノワ貨幣に三分の一の卑金属を混ぜた。国王は貨幣の鋳造を独占しているので、ひとつの生産物を独占している商人なら誰もがおこなうことを自分もしてよいと考えたのである。フィリップやその後継者はさんざん非難されることになるのだが、こうした貨幣の改鋳とはじっさいのところどういうものなのか。商業の慣習という観点では、きわめて正当な考えかたでも、経済科学の観点ではきわめて誤った考えかたである。すなわち、需要と供給が価値を調整するのであるから、人為的に希少性を作りだしたり、ものの製造を独占すれば、評価を高め、したがってものの価値を上げることができる。そして、小麦・ワイン・油・タバコにかんして正しいことなら、金や銀にかんしても正しい。こういう考えかたがそれだ。しかし、フィリップの詐欺行為が感づかれてしまうと、かれの貨幣はたちまちその正当な価値にまで引き下げられ、かれが国民から巻き上げたはずの儲けをすべて失った。これに似たような企ては、いつも似たような結末につながった。こうした誤算はいったいどこから来たのだろうか。

経済学者によれば、悪貨を鋳造しても金や銀の総量はじっさいには増減しないので、これらの金属とほかの商品との比例関係はまったく変化しない。したがって、国内で二の価値しかないものを四の価値にすることは、支配者の権力をもってしても不可能であった。貨幣を変造するのではなく、国王が権力で貨幣の総量を二倍にしても、金や銀の交換価値はやはり全体の比例とバランスによってたちまち半分に減る。そのことも考えに入れておかねばならない。要するに、貨幣の改鋳は国王による強引な借金であった。もっとはっきり言うなら、それは国王の破産であり、ペテンであった。

いや、おみごと。経済学者もその気になれば価値の尺度の理論を立派に説明できるではないか。価値については貨幣の章で論ずればよかったのだ。では、なぜかれらには貨幣が商取引の法則の具体化であること、交換の原型であること、延々と連鎖する創造物の系列の初項であることが見えないのだろうか。こうした創造物はすべて商品という名で社会的に認知され、事実上はともかく、少なくとも理論上ではいずれの商取引においても貨幣として認められるべきものなのである。

マリー・オージエ氏もみごとにこう述べている。「貨幣は、それが永遠の価値という理想にもっとも近いものであるかぎりにおいてのみ、売買の確かな尺度、交換のすぐれた道具となりうる。なぜなら、貨幣はその価値の分しか交換されず、その価値の分しか買えないからである」(『公的信用とその歴史』〔一八四二年〕)。

まことに正しい見解であるが、もっと一般化すれば、こう言えるだろう。

労働は、各人の生産物が生産物の総体と正しい比例関係にあるかぎりにおいてのみ、豊かさと平等の保証となる。なぜなら、労働は自分がつくりだした価値にひとしい分の価値としか交換されず、ひとしい分の価値しか買えないからである。

商売でズルをして儲けることは弁護されて、国王が悪貨を鋳造する企ては非難される。これは変ではないか。国王がやったことは、価値の自由な変動性という政治経済学の基本原理を貨幣に応用したにすぎない。専売公社が七五〇グラムのタバコを一キログラムとして売ろうとすれば、経済学者は泥棒と叫ぶであろう。――ところが、専売公社がその特権を利用して一キログラムあたりの価格を二フラン値上げしたばあい、経済学者は、値段が高いとは思っても、経済の原理に反しているとは少しも考えない。政治経済学はまったく論理が錯綜している。

　というわけで、金や銀が貨幣となったことには、経済学者たちが考えてきたもの以上の何かがある。それは比例性の法則が特別に具体化されたことであり、価値の構成が最初におこなわれたことである。人類のいとなみは、万事においてこまかに段階を踏んでおこなわれる。まず、労働の生産物はすべて比例関係にあり、比例の尺度にしたがってすべてのものが交換できるはずだと人類は理解する。そこで人類は、特定の生産物に絶対的な交換能力を与える。それによって、この生産物はほかの生産物全体の模範となり、ボスとなる。これはさながら人類が、全体に自由と平等の大切さをわからせるために、まず国王をつくりだしたことと似ている。民衆の夢物語や伝説には、きまって黄金とか王国とかが出てくるが、それは民衆がこうした摂理の流れをぼんやりと感じているからである。一方、哲学者たちはモラルと称するものを説いたり、協同社会のユートピアを語るなかで、きまって黄金や君主を大声でののしったが、それは普遍的な理性を賛美したい一心でそうしたにすぎない。共産主義者が、聖書のことば「金欲がすべての悪の根」〔新約聖書『テモテへの手紙一』六章一〇節〕にならい、呪われた金よ、と叫ぶのも滑稽だ。それならむしろ、呪われた小麦よ、呪われたぶどうよ、呪われた羊よ、と叫ぶがよい。なぜなら、すべての商品の価値は金や銀と同様に、正確で厳密に決定されるものに落着するはずだからである。その動きはかなり昔から始まっており、今日でははっきりと目に見えて前進している。

さて、ここでべつの考察に移ろう。経済学者が一般に認めている公理のひとつに、「労働はかならず剰余を生む」というのがある。この命題こそ、私に言わせれば普遍的で絶対的な真理である。価値の比例性の法則から派生した命題であり、経済科学の全体を要約したものと見ることもできる。ところが、経済学者には失礼ながら、「労働はかならず剰余を生む」という原理はかれらの理論においては何の意味もなく、まったく証明できないものなのである。需要と供給だけが価値を決めるものだとすれば、どうして何が剰余で、何なら十分なのかを知ることができよう。原価も売価も賃金も、数学的に確定できないとすれば、どうして剰余とか利潤をつかまえることができよう。われわれは商業の慣習のなかから、利潤ということばとともに利潤の理念を得た。そして、われわれは政治的に平等であることから、市民が各自の努力で儲けるのも権利として平等であると考えるにいたった。しかし、商業のいとなみは本質的に不規則なものである。商業で得られる利益は、生産者が消費者から自分の気持ちしだいで強引に取り上げるものにほかならない。控え目なことばで言うなら転移にすぎない。それはことさら言うまでもなく明らかなことである。毎年の赤字の総数を黒字の総数とならべて示せたなら、誰もがすぐに飲みこめる。政治経済学においては、「労働はかならず剰余を生む」という原理は、われわれがあの革命で獲得した憲法上の権利、すなわち隣人から盗んでもよいという権利の承認を意味するものでしかない。

この問題をまっとうに解きほぐすためのよすがは、価値の比例性の法則、唯一それのみであろう。私は問題を少し高いところからとらえることにする。大きな問題なので、私もそれにふさわしい広い範囲でこの問題をあつかう。

言語学者もそうだが、哲学者の大半も、社会は理屈のうえでの存在にすぎないと見る。もっとはっきり言えば、人間の集合をさすたんなる抽象名詞にすぎないと見る。集合名詞、類や種をさす名詞は実体を示さないと、われわれは子どものとき文法の授業でそう教わった。しかし、それはまちがっている。これにかんしても私は山ほど言いたいことがあるが、ここではテーマから逸脱しないようにしたい。さて、本物の経済学者にとって、社会は生きた存在である。社会は固有の知性と行動力をそなえ、観察しなければわからない特殊な法則によって支配されている。その実在は、物的な形によってではなく、すべての部分がからみあい、密接に結びついていることによって明らかとなる。先ほどわれわれはギリシア神話に出てくる神によって、社会を寓意的に象徴させたが、そこで用いたことばはけっしてメタファーではない。われわれは社会的な存在、有機的で総合的な単体に、ひとつの名前を与えただけである。ほかのことはともかく、労働と交換の法則について考えをめぐらせたことのあるひとなら、誰の目にも明らかなように、集合としての人間の現実性、あるいはその人格と言ってもよいと思うが、それは個としての人間の現実性、あるいはその人格と同じくらいに確かなものである。両者のちがいは、感覚でどうとらえられるかという点以外にない。すなわち、個としての人間は各部分が物質的に結びついた有機体の姿で感覚的につかまえられるのにたいして、社会のばあいはそうならない。しかし、社会は人間と同様に、知性・自発性・成長・生命といった、存在の現実性をもっとも高いレベルで構成するものすべてを、自らの本質としてそなえる。したがって、社会をおさめることは科学、すなわち自然の関係を研究することであり、けっして技術、すなわち人間の意向と独断でおこなえるものではない。だからこそ、イデオローグの手中におちた社会はかならずたちまち没落するのである。「労働はかならず剰余を生む」という原理は、政治経済学では証明できない。すなわち、私的所有の慣習によっては証明できない。だが、この原理こそ、集合としての人間の現実性を証明するひとつの強力な原理なのだ。なぜなら、あとでくわしく見るように、この原理が個々の人間において真理となるのは、まさしくそれが社会から発生した原理であるからにほかならない。社会は、社会としての法則の恩恵を個々の人間にほどこすのである。

具体的な事実で検討してみよう。鉄道会社はその経営者よりも国家により多くの富をもたらしたという。この指摘は正しい。しかし、さらに続けてこう言うべきであったろう。すなわち、それは鉄道だけでなく、あらゆる産業にあてはまることだ、と。ただし、この現象は本質的に価値の比例性の法則や、生産者と消費者の絶対的な同一性に由来するものであって、ふつうの使用価値・交換価値の観念によっては説明できない。

荷馬車による商品運送の平均運賃は、積み込みから荷下ろしまで、トン・キロメートルあたり一八サンチームである。ある計算によれば、これで荷馬車運送会社は一〇パーセントの純益を得るが、鉄道会社はこの運賃では同程度の純益も得ることができない。だが、鉄道運送と荷馬車運送ではスピードがちがう。その比はおしなべて四対一だ。社会において、時間は価値そのものである。とすれば、同じ運賃で鉄道は荷馬車より四〇〇パーセントも大きな利益をもたらす。ところが、この莫大な利益は社会にとってまったくの現実なのに、鉄道業者には同じ比率で実現されない。それどころか、鉄道は社会に四〇〇パーセントもの利益をもたらすのに、その業者は一〇パーセントの利益も得られない。話をもっとわかりやすくするために、荷馬車の運賃は一八サンチームのままで、鉄道だけ運賃を二五サンチームに値上げしたと仮定しよう。そのばあい、鉄道に運送を委託するひとはたちまちいなくなるだろう。荷を送りたいひとと、荷を受けとりたいひとは、みんな幌馬車や乗合馬車をふたたび利用するようになる。みんな機関車から離れていく。三三パーセントの個人的な損失を避けようとして、四〇〇パーセントもの社会的な利益が捨て去られていくのである。

その理由を理解するのはたやすい。鉄道のスピードから生じる利益はまったく社会的なものであり、一人あたりの利益はごくわずかなものでしかない（これは商品輸送にかぎっての話である点をお忘れなく）。一方、損失は消費者の一人ひとりに直接ふりかかる。社会的利益が四〇〇パーセントでも、社会の人口が一〇〇万人なら、一人あたりの利益は一万分の四にすぎないが、消費者一人あたりの損失が三三パーセントなら、社会の損失は三三〇〇万となる。個人の利害と集団の利害は、ちょっと見るとまったく別物のようだが、こうして見ると完全にぴったりと同一のものなのである。経済科学はすべての利害を和解させるということを理解してもらうには、この例を用いるとよいかもしれない。

したがって、社会がここで仮定したような利益を実現するためには、鉄道の運賃は荷馬車運送の価格を上回ってはいけない。上回るとしても、ごくわずかでなければならない。これは絶対に必要な条件である。

しかし、この条件を満たすためには、言いかえると鉄道が経営として成り立つためには、貨物の量がすくなくとも投下資本の利子と線路の維持費用をカバーする程度に多くなければならない。つまり、鉄道が存立する第一条件は大量流通なのである。それはさらに大量生産、大量交換を前提とする。

だが、生産・流通・交換はそれぞれ勝手に動くものではない。また、労働はさまざまの形態をとるが、それらも互いに切り離されて単独に発展していくものではない。労働はかならず互いに結びつき、連帯し、比例して進歩する。業者間の対立はありうるが、それでも社会はひとつにまとまって円滑に動く。要するに、ひとりの人間のように動く。そしてあるとき、巨大な労働用具がつくりだされる。それは、全体の消費力がその用具の採用を支えられるようになったときである。あるいは、周辺の労働力があたらしい機械に吸収されるようになったときと言ってもよい。これらはすべて同じことの表現だからである。労働の進歩にあわせて進むべき社会の歩みを勝手に先取りすることは、自分ひとりのためにリヨンからマルセイユ行きの蒸気船を出航させた、あのバカ者のまねをするようなものだろう。

以上のことが明らかになれば、労働が個々の生産者にかならず剰余を残すことは、説明の必要もない。

そこで、まず社会にかんすることから始めよう。プロメテウスの話だ。プロメテウスは、自然の胎内から出て、とてもすてきな無為の状態で生に目覚める。しかし、何もしないでいると、たちまち貧苦におそわれ、それを逃れるためには急いで働かなくてはならなくなる。何もしないでいたとき、プロメテウスは何も生産せず、かれの暮らしは野獣と同じで、豊かさはゼロにひとしい。

プロメテウスは労働を始める。と、その一日目から、つまり第二の人生の初日からプロメテウスの生産物、すなわちかれの富、かれの豊かさは一〇になる。

二日目、プロメテウスが労働を分割すると、その生産物は一〇〇になる。

三日目以降も続けざまに、プロメテウスは機械を発明し、いろいろなもののなかにあたらしい効用を発見し、自然のなかにあたらしい力を発見する。自己の存在の範囲は、感覚の領域を超えて精神や知性の領域に拡がっていく。かれの産業活動が一歩すすむごとに、生産の数値は上昇し、生活の安楽さが増大していることを示す。そして、プロメテウスにとって消費することは生産することであるから、一日の消費量は前日に生産した分だけだとすると、翌日には一定の剰余が残る。これは明らかである。

しかし、つぎのこともとくに重要な事実であるから、忘れないようにしよう。すなわち、人間の生活の豊かさは、労働の強度と産業の多様性に直接比例する。したがって、富の増大は労働の増大と相関し、並行する。

さて、いずれの個人も、人間の集合的な発展のこうした一般的な条件に関与する。これは、ことさら口にするのもおろかな自明すぎる真理であろう。だから、われわれはむしろ、社会における消費の二つの一般形態に注目したい。

まず、社会も個人と同様、社会があたかも一個の人格として消費するものがある。それは、時間とともに社会がだんだんその必要性を感じるようになったものであり、社会の神秘的な本能がその創造を命じたものである。たとえば、中世の大都市でおこなわれた市庁舎や大聖堂の建造がそれだ。それが激しい情熱となり、何が何でもやりとげるべきものとなる決定的瞬間が中世にはあった。共同体の存亡がそれにかかっていた。安全と力、公共の秩序、権力の集中、国籍、祖国、独立、これが社会の生命をなすもの、社会の精神力の総体をなすものであった。こうした感情は、それを表現するもの、それを表象するものをもたねばならなかった。昔、イェルサレムにユダヤ民族の真の守護神の神殿が建てられたのも、目的はこれだ。ローマのカンピドリオの丘にユーピテルの神殿が建てられたのも同じである。のちになると、いわば中央集権や進歩をあらわすものとして都市の庁舎や寺院、さらにのちには橋・劇場・学校・病院・道路などの公共土木事業、いずれも目的は同じである。

公共のモニュメントは本質的に共同で用いられ、したがって無償である。社会は建造のための前払いを、その大事業そのものがもたらす政治的・道徳的な利益によって取り戻す。それは、労働には安全を保障し、精神には理想を与え、産業や芸術にはあたらしい飛躍をもたらす。

他方、家庭で消費されるのはまた別種のものである。そして、交換のカテゴリーに入るのはこちらのほうだけだ。こちらの種類は、生産されれば消費されるという相互性の条件があってのみ生産が可能となる。すなわち、生産者はただちに利潤とともに支払いを受けとるというのが条件だ。こうした条件については、すでに価値の比例性の理論のなかで十分に展開した。この理論はこうして見ると原価がしだいに下がっていく理論と名づけることもできそうだ。

以上で、「労働はかならず剰余を生む」という原理を、理論と事実によって証明した。この原理は算数の原理と同じくらい確かなものなのに、普遍的に適用される状態にはほど遠い。集合的な産業の進歩のおかげで、個人の一労働日あたりの生産量はますます大きくなり、その必然的結果として、労働者は以前と同じ賃金でも日ごとにますます裕福になっているはずなのに、社会にはますます栄える層と、その反対にますます貧窮する層が存在する。賃金が二倍、三倍、あるいは一〇〇倍にもなる労働者がいるかたわらで、食うに事欠く労働者がいる。安楽に暮らす層と苦しく暮らす層への分化がいたるところで見られる。そして、産業的能力が恐ろしいまでに分割されると、生産はせずに消費だけするひとびとも出てくる。豊かさの配分は、価値の運動をそのままなぞり、そして貧困と裕福の差をさまざまの次元で、かつ恐るべき勢いで再生産している。しかし、富の進歩、すなわち価値の比例性もまた普遍的で支配的な法則である。経済学者は社会主義の側からの非難にたいして、公共の富もますます増大しているとか、もっとも貧しい階層の生活状態も改善されつつあると言い返す。経済学者はそんなことを言うとき、自分ではそうと気づかぬまま、自分の理論の否定につながる真理を公言しているのである。

経済学者には、しばらく心静かに自分に問うてほしい。自分自身を苦しめる偏見を捨て、自分の現在のポストあるいは自分がつきたいポストにとらわれず、自分にとっての利益、自分にとって望ましい世評、自分の虚栄心を満たす称号など考えずに、つぎの問いに答えてほしい。すなわち、労働はかならず剰余を生むという原理は、われわれが先に示したような前提と帰結の連鎖の形で明らかにされたことがこれまでにあったか。この原理は、ただ需要と供給を操作して価値の相場取引で儲ける権利をさすものとしか理解されてこなかったのではないか。一方で富の増大と生活の向上、したがって価値の尺度を肯定しながら、他方で商取引のでたらめさと価値の通約不能性を肯定するのは、まったく矛盾しているのではないか。「ものの価格がすべて二倍になったとすれば……」というナンセンスな仮定が、政治経済学の講義や著作のなかでしょっちゅうくりかえされているのは、こうした矛盾のせいではないか。ものの価格は、すべて比例の関係にあるのではないか。比例を二倍にするとか、関係を二倍にするとか、法則を二倍にするとか、できるのか。あと少し問いを続けたい。政治経済学は私的所有の不健全な慣習を弁護するが、まさにこの慣習のせいで、商業においても工業においても、また芸術においても国家においても、誰もがたえず自分の過大評価を求め、法外な報酬や援助金や年金や不相応な名誉を欲しがっているのではないか。あらゆるサービスにおいて、その報酬はかならずそれにかかったコストの分で定まるのではないか。なぜ経済学者はつぎのような単純で明快な真理の普及には力を入れないのか。すなわち、いずれの人間の労働も、その労働に含まれる価値のものしか買い取ることができないこと、そして、その価値はほかのすべての労働者が提供するサービスに比例することである。経済学者も、労働はかならず剰余を生むと言うが、それはただそう信じているふりをしているだけなのか……。

これから、この章での最後の考察に入る。私としては、もう少し語っておきたいことがあるからである。

J・B・セイは、経済学者のうちでもっとも力強く、価値の確定が絶対不可能であると主張した人物であるが、同時に、その命題を逆転させることにもっとも力をつくした人物である。私の思いちがいでなければ、つぎのことばもかれのものだ。すなわち、「生産物の価値は費やされた生産物の価値にひとしい」。あるいは同じことになるが、「生産物は生産物であがなわれる」。このことばは、まっすぐ平等主義につながるものをはらんでおり、ほかの経済学者からずっと否定され続けてきた。われわれは、その肯定と否定をそれぞれ検討することにしよう。

私が「生産物の価値は費やされた生産物の価値にひとしい」というとき、その意味はこうだ。すべての生産物は、その他の一定数の生産物がさまざまの量で消費されて、ひとつのあたらしい形にまとめられた集合的な統一体である。したがって、さらにこう言える。人間のいとなみによる生産物は、互いに種と類の関係にあり、個々の生産物を構成する諸要素の数と割合に応じて、単純なものから複雑なものへの系列をなす。要素どうしは互いに等価である。こうした系列とか、要素どうしが等価であることとかは、現実における賃金や財産のバランスを多少とも正確に表現するものであるが、そのことは当面あまり重要ではない。何よりも重要なのは、ものごとの内部の関係、経済の法則だ。なぜなら、ここでもやはり理念がまず最初にあって、事実はそこから自然に生まれるものだからである。事実は思考によって生み出され、そしてそれとして認知されるようになる。そして、それから事実は本来の原理に合致するよう、少しずつ自己を修正し、確定する。自由で競争的な商業は、価値の比例関係をますます明確なものにしていく長期的な調整の作業にほかならない。そして、この比例関係はやがて民法によって承認され、ひとが守るべき規範とされるにいたるだろう。そこで私に言わせれば、「生産物の価値は費やされた生産物の価値にひとしい」というセイの原理は、人間による生産が系列をなすことをさす。この系列は、動物や植物の系列に似ており、その要素単位（労働日）は互いに平等と見なされる。したがって、政治経済学は最初から、プラトンやルソーなど古今の著述家の誰もが不可能と見なしてきた人間の暮らしの平等、財産の平等を、一種の矛盾によって肯定しているのである。

プロメテウスは農耕もするし、ワインづくり、パン焼き、機織《はた》りもする。しごとは何であれ、かれはただ自分自身のために働き、自分が消費するもの（自分の生産物）を単一で同一の貨幣（自分の生産物）で購入する。このばあい必然的に、計量の単位は労働日である。もちろん、労働それ自体はさまざまに変化しうる。プロメテウスはいつも同じくらい元気なわけではないし、熱心さや生産性も高かったり低かったりする。しかし、変化するものならかならず平均値というものがあり、労働にも平均労働がある。したがって、全体として見れば、労働日は労働日によって多くも少なくもなく支払われると言える。また、たしかに、社会のある時代の生産物とのちの時代の生産物を比較すると、のちの人類の一億分の一労働日がかつての一労働日よりはるかに大きな成果をもたらすこともある。しかし、ここでどうしても言っておきたいが、集合的な存在の一生は、個としての人間の一生と同じく、バラバラに寸断できるものではない。一日一日は異なって見えても、それらは分かちがたく結びついている。一生を全体として見れば、生きる苦しみと生きる喜びは共通だ。そこで、かりに服の仕立屋がその一労働日の価値で、機織り工の一労働日の一〇倍消費するとすれば、仕立屋の一生の一日のために、機織り工はその一生のうちの一〇日をささげたことになる。これはまさしくじっさいの話だが、農民が公証人に証書を書いてもらうとき、公証人のしごとは一時間ですむのに、農民はそれに一二フランも払わされる。交換におけるこうした不平等、不公正こそ、社会主義者が告発してきた貧困のもっとも有力な要因なのである。経済学者もそれを認めるが、公然と認めてよいというサインを師匠が出してくれるまでは、こっそりとつぶやくだけだ。

交換的正義の根本的な誤りは、労働者が犠牲になってしまうこと、ひとりの人間の血液をべつの人間の体内に移すことにある……。いや、怖がらないでいただきたい。私は所有をどこまでも敵視しようという考えなどない。そもそも私は自分の立てた原理によって、そのような考えにはなれないのである。つまり、人類はけっしてまちがわないという原理だ。人類はまず所有の権利を自らの土台としたが、それはただ将来の組織原理のひとつを提示したにすぎない。いったん所有の優位性が崩れれば、例のアンチテーゼによってふたたびまとまりを回復することがつぎの課題となる。そんなことを言うと所有を擁護する側からやはり私は非難されるだろう。どんな非難が来るか、私は相手方に劣らず内容を察している。所有を擁護する側には、もし弁証法がわからなければ、せめて自分の心に忠実に答えてほしい。富が労働を尺度として測られるものでないとしたら、いったい富の評価はどのようにしてなされるのか。労働が富を生み、所有を正当化するのであれば、働きもせずに暮らす人間の消費はどう説明できるのか。生産物の価値が、ひとによってコストを超えたり割ったりするような、そういう分配のシステムは正しいと言えるか。

セイの思想は一種の土地均分法につながった。だからこそ保守主義者たちはやっきになってそれに抗議したのである。ペッレグリーノ・ロッシ氏〔セイの後任のコレージュ・ド・フランス教授〕もこう言っている。「富の第一の源泉は労働である。この大原則を宣言することによって、産業主義者は経済の原理ばかりでなく、社会的事実の原理をも明らかにした。有能な歴史家が手中にすれば、この原理は人類がこの地上で歩むべき道、うちたてるべきものを示すもっとも確かなガイドとなる」。

ロッシ氏は、講義でこうした深みのある発言をしたのに、その後ある雑誌で、前言撤回にひとしいことを述べ、哲学者としての、また経済学者としての尊厳をあっさり台なしにした。どうしてかれは、そんなことを言う必要があると考えたのだろうか。

かれはこう述べた。「富は労働のみの成果だと言いなさい。労働こそがつねに価値の尺度であり、価格の決め手だと言いなさい。しかし、中途半端な原理はもちろん、あなたの絶対的な原理も反論を呼び起こす。そうした反論を避けるためには、あなたは良かれ悪しかれ労働の観念をおし拡げざるをえなくなる。また、分析をおこなうのでなく、完全に誤った総合をおこなわざるをえなくなる」。

ロッシ氏ほどの人物がこんなさびしい考えかたをしていると思うと残念である。しかし、私は上記の一節を読みながら、こう言わずにはおれなかった。ああ、科学も真理ももはや無意味になった。いまのひとびとにとって大事なのは商売だ。そして、商売のつぎは白けた体制順応主義だ。ロッシ氏はいったい誰にむかって語っているのか。かれにとって大事なのは労働か、それともほかの何かか。大事なのは分析か、総合か。それとも、そのすべてが大事か。ロッシ氏はお好きなものを選ぶがよい。何を選んでも結論はかならずかれの意にさからうことになる。

もし労働があらゆる富の源泉であり、地上における人間の歴史をたどるさいの最良のガイドであるとするならば、どうして分配の平等、労働にもとづく平等がこの世の法則とならないのか。

逆に、もし富が労働に由来するものでないとしたら、どうして富の占有は特権になるのか。独占の合法性はどこにあるのか。非生産的な消費の権利の理論、気まぐれな法解釈、遊び暮らすことの礼賛、エリート階層の聖なる特権、こうしたものを一度でいいから説明してほしい。

ところで、総合の誤った判断よりも分析のほうが良いというのは、どういう意味なのか。こういう形而上学の用語は、単純な連中を言いくるめるのに便利だが、それだけだ。同じ命題が使い手しだいで分析的なものにも総合的なものにもなりうるのに、頭が弱いとてもそんな考えは浮かばない。――「労働は価値の原理であり、富の源泉である」。これはロッシ氏が好む分析的な命題だ。この命題は、労働という基本の観念と、それに続く生産物・価値・資本・富などの観念の同一性を明らかにした、ひとつの分析の要約的な表現である。ところが、ご覧のとおりロッシ氏はこの分析から出てくる結論は受けいれない。――「労働と資本と土地が、富の源泉である」。これはまさしくロッシ氏が好まない総合的な命題だ。たしかにここでは、富は三つの異なる種類のもの、つまりまったく同一でないものにおいて生じる総合的な観念である。ところが、こんな形の主張もロッシ氏は好んでいる。では、ロッシ氏にむかって、あなたの独占理論は分析的で、われわれの労働理論は総合的だと言えば、かれは喜ぶだろうか。それで喜ぶなら、そう言ってあげてもよい……。いや、とても立派な人物を相手に、これ以上冗談を続けるのは恥ずかしいからやめよう。ロッシ氏は誰よりもよくわかっているのだ。分析だけ、また総合だけでは絶対に何も明らかにならない。大事なことは、ベーコンが言ったように、正確に比較すること、そして完全に列挙することである。

ロッシ氏は抽象的な話をたくみに語れるひとだった。とりまきの経済学者たちは、かれを大いに尊敬し、かれの口からこぼれることばを一言も聞きもらすまいと耳を傾けた。だから、ぜひともかれの口からつぎのようなことを語ってほしかった。

「資本は富の素材である。それはちょうど銀が貨幣の素材であり、小麦がパンの素材であり、さらに究極まで系列をたどれば、土地や水や火や空気があらゆる生産物の素材であるのと同様である。しかし、こうした素材がそなえるそれぞれの効用をつぎつぎに創造し、そうしてそれらを資本に変え、富に変えるのは労働である。まさに労働のみがそれをおこなう。資本は労働の成果である。すなわち、知性と生命の実現である。それは、たとえて言えば、動物や植物が宇宙の魂の実現であり、ホメーロスやラファエッロやロッシーニの作品がかれらの思想や感情の表出であるのと同じである。価値とは比例である。人間の魂の実現はすべてそれにしたがってバランスをとり、調和のとれたひとつの全体を生む。それこそが富であり、われわれに豊かさをもたらす。あるいはむしろ、それはわれわれの幸福のしるしであって、幸福の目的ではない」。

「「価値の尺度は存在しない」という命題は、非論理的で矛盾している。それは、そういうことを主張したがるひとびとの動機そのものによって明白だ」。

「「労働は価値の比例性の原理である」という命題は、反駁の余地のない分析によるものであるから正しい。そればかりでない。この命題こそ進歩の目標、社会福祉の条件およびその形態、政治経済学の出発点であり終着点なのである。この命題とその派生命題、すなわち「生産物の価値は費やされた生産物の価値にひとしい」および「生産物は生産物であがなわれる」という命題から、万人の生活の平等という信条が導き出される」。

「社会的に構成された価値という考えかた、あるいは生産物の比例関係という考えかたは、つぎのようなことがらがなぜ生じるかの説明にも役立つ。（a）機械の発明は、一時的に特権をつくりだしたり、あちこちに混乱をもたらしたりしても、最終的にはかならず社会全体の改善につながる。――（b）あたらしい経済的な手法は、それを発見したことよりもそれを社会的に普及したことのほうに価値がある。――（c）需要と供給とのあいだの一連の振動をとおして、個々の生産物の価値はたえず原価および消費欲求の水準へと向かい、したがって確固として定まろうとする。――（d）集合的生産はたえず消費物の量を増加させ、それによって労働日あたりの報酬も上昇していくので、労働は個々の生産者に剰余を残すようになる。――（e）産業の発展は、労働の量と質を低下させるのでなく、その両方を上昇させるので、あらゆる産業部門において労働の強度は増大し、内容のむずかしさも増していく。――（f）社会的な価値は虚構の価値をしだいに消滅させていく。言いかえれば、産業は資本と所有の社会化を進める。――（g）生産物の分配は、価値の構成がひとびとの相互保証を強めていくにつれて、しだいに規則的なものになり、万人の生活と財産の平等に向けて社会をつき動かす」。

「つまり、あらゆる商品の価値はしだいに構成されていくという理論は、労働や富や福祉が無限に進歩していくということを含意する。したがって、経済の観点に立てば、社会はつぎのような方向に向かっていることが明らかとなる。すなわち、できるだけ少ない労働量でできるだけ大量の、そしてできるだけ多様な価値が生産されること、すべての個人が、それぞれの肉体や精神や知性を最大限に成長させること、そして、人類は最高度に完成され、つきることのない栄光を得ることである」。

以上でわれわれは、利潤と賃金の変動にかんして道徳科学アカデミーが投げかけた問いの意味を、いささか苦労しながらも明らかにすることができた。そこで、いよいよこれから本格的な作業にとりかかることにしよう。労働がまったく社会化されず、したがって価値が総合的に決定されないところでは、かならず交換における混乱と不正、謀略やだまし討ち、生産や流通や消費の妨害、不生産的な労働、安全の欠如、略奪、抗争、貧窮と贅沢が存在する。しかし同時に、正義を獲得しようとする社会的精神の努力や、協同と秩序を志向するコンスタントな傾向もまた存在するのである。政治経済学は、まさしくこの二つがぶつかりあう歴史にほかならない。じっさい、政治経済学は価値の異常性とエゴイズム優先を公認し、それを永続化しようとする点で、まぎれもなく不幸の理論であり、貧困の体制化である。しかし他方で、貧困を克服するために文明が発明した手段を、たとえその手段がこれまではつねに独占の側のためにのみ用いられてきたにせよ、ともかくも提示してきた点で、政治経済学は富の体制化に向かう前ぶれである。

したがって重要なことは、経済の事実と慣習についての研究をあらためておこない、その意味をつかみとり、それを哲学にまで高めることである。それをしなければ、社会の歩みを知ることもできないし、改革をこころみることもできない。社会主義の誤りは、幻想的な未来にばかりに目を向け、幻想をぶちこわすような現実はつかまえようとせず、これまでずっと宗教的な夢想にふけってきたことにある。同様に、経済学者の誤りは、社会変革の仮説を既成の事実がすべて禁じると見たことにある。

私の立場を言おう。私が思うに、経済の科学、真の社会科学はまったくそういうものではない。私は、労働の組織化や富の分配といった大問題に、アプリオリに答えを出さない。私は既存の政治経済学を、人類の奥義が秘められたものとして検討していく。私は、事実が発生した順序にしたがって、事実そのものに語らせよう。つまり、私情をまじえず、事実そのものに証言させよう。成功と悲惨な失敗がまじりあった歴史が物語られる。その舞台では思想が主役となり、理論はエピソード、公式が日付けとなる。

第三章　経済発展の第一段階——分業

政治経済学の基本をなす理念、その最重要なカテゴリーは**価値**である。

価値は、需要と供給のあいだの一連の振動によって確定されるにいたる。

したがって、価値はつぎの三つの様相であらわれる。まず最初は使用価値、それから交換価値、そして総合的価値ないし社会的価値である。この三つ目が本当の価値である。第一項がその対立物である第二項を生み、この二つが相互に浸透し吸収しあって第三項を生み出すのだ。そこで、理念どうしの矛盾ないし対立が、経済科学全体の出発点をなす。かつてテルトゥリアヌスが福音書について語った「不条理なるがゆえに我信ず」の名言をもじって、社会の経済は「矛盾するがゆえに我信ず」と言ってもよい。すなわち、明らかな矛盾があるところにこそ、隠れた真理があるのである。

したがって、政治経済学の観点からすれば、社会の進歩は価値の構成の問題をたえず解決していくことにある。すなわち、生産物の比例性と連帯性を確立していくことにある。

しかし、自然界において、対立しあうものの総合は対立それ自体と同時に存在するけれども、社会においては、反対物の要素は生まれるまでに長い時間がかかりそうだし、対立の解消も長期にわたる騒乱の末にようやく得られるもののように思われる。自然のばあい、山のない谷、右のない左、南極のない北極、一端しかない棒、中間のない両端などというものは、観念さえいだけない。人体を完全にまっぷたつに切っても、われわれはすぐもとの姿を思い浮かべてしまう。人間の体は、その形にあわせて作られる衣服のように、部分部分を集めて組み立てられたものではない（＊7）。

社会や精神のばあいはこれと逆である。観念がすぐさま完全な姿で浮かぶようなことはなく、それどころか、対立する二つの立場のあいだには大きな隔たりがある。そのため、対立が認識されても、総合がどういうものなのかはまだわからない。最初にいだかれるさまざまの概念は、いわば騒々しい口げんかや激烈なぶつかりあいによって豊かになっていく。血みどろの戦いが平和の前提条件をなすのである。いま、ヨーロッパは戦争と論争にうみ疲れ、和解の原理を待ち望んでいる。まさにそういう時代の気分が、道徳・政治科学アカデミーにつぎのような問いを出させた。「利潤と賃金の関係を調整し、その振動を終結させる一般的事実とはどのようなものか」。これを言いかえれば、労働と資本の戦争の、もっともきわだったエピソード、もっとも注目すべき局面は何か、それが問われたのである。

そこで、政治経済学は矛盾した仮説やあいまいな結論をもちいて特権と貧困を組織化するものでしかないことを証明できるならば、まさにそれが、政治経済学が労働と平等の組織化を暗黙のうちに約束するものであることの証明にもなるはずだ。なぜなら、先人も言うとおり、体系的な矛盾はかならずあらたな構築を予告するものだからである。そのうえ私は、この構築のための土台をすえることはすませた。したがって、経済の矛盾の体系を明らかにすることこそが、普遍的な協同の基盤となるのである。集合的ないとなみの生産物が、いかにして社会から出てくるかを語ることは、いかにしてそれらを社会に回帰させることができるかを解明することでもある。生産と分配の問題がいかにして発生するかを示すことは、問題の解決を準備することである。これらの命題はすべて同一であり、ひとしく明白である。

第一節　分業の原理の相反する二つの帰結

原始共同体ではひとはみんな平等である。みんな裸で無知という点で平等である。また、能力を潜在させたままでいる点でも平等である。経済学者は、この二つの平等のうち前者しか見ないのがふつうで、後者については無視するか、あるいはまったく誤解している。しかし、ラ・ロシュフコー、エルヴェシウス、カント、フィヒテ、ヘーゲル、ジョゼフ・ジャコトなど、近代のもっともすぐれた哲学者によれば、知性は個人ごとにただ質的に異なるにすぎず、それが各人の個性、特殊な才能をなす。ただし、知性の本質部分である判断力にかんしては万人にとって量的に平等であるとされる。とすれば、環境によって早い遅いのちがいはあっても、全体が進歩すれば、人間はみんな原始段階の消極的な平等から、才能や知識の積極的な平等へと導かれていくはずだ。

私はこうした心理学の貴重な与件にもとづいて、こう主張したい。すなわち、もはや能力のヒエラルキーは組織の原理や法則として認めることができない。これは与件からの必然的な帰結だ。平等はわれわれの理想であると同時に、それのみがわれわれのルールなのである。したがって、先に価値の理論で明らかにしたように、貧困の平等はしだいに豊かさの平等へと転換していくにちがいない。同様に、人間の内面も、原始段階ではともに空虚という意味で消極的に平等であったが、人類の教育が進めばついには積極的に平等なものとして再生産されるにちがいない。知性の動きは、経済の動きと並行して進む。この二つはそれぞれ相手の鏡となり、相手の動きを映し出す。心理学と社会経済学は一致する。もっとわかりやすく言えば、心理学と社会経済学は同じ物語をそれぞれべつの視点で展開したものにほかならない。このことはアダム・スミスのあの偉大な法則、分業においてとりわけ明瞭にあらわれる。

分業とは、その本質を考えるならば、人間の生活と知性の平等が実現される様式である。分業は、しごとの多様性によって生産物に比例性をもたらし、その交換にバランスをもたらし、その結果として、われわれに富へのルートを開く。また、分業はわれわれに技術や自然の奥深さを教え、われわれをどんなしごとでも理想的におこなうように導き、精神を創造の主にする。精神はすべての労働者のうちにあって、たしかに感得できる神聖なもの、「霊感」となる。

したがって分業は、経済発展の第一段階であると同時に、知的進歩の第一段階でもある。われわれが分業を出発点とするのは、ヒトの面でもモノの面でも正しい。本書の章だても、けっして独断的になされているわけではないのだ。

しかし、この重要な出発点である分業をいとなみはじめた瞬間から、人類は激しい嵐のなかを進まねばならなくなる。たしかに最終的には万人において進歩が達成され、すべてのひとびとが知的で勤勉な人間に変わるとしても、この進歩はけっして万人にとって一様で均等なものではない。進歩は、最初はごく少数の特権者のみのものである。どこの国でも、こういう連中がエリートとなる。大衆は取り残され、あるいは以前よりももっと野蛮な状態に追いこまれる。まさに一部の人間しか進歩の側にいれてもらえなかったことが、生活の不平等は自然で宿命的なものだという考えかたをながく保たせ、身分制を生み出し、どの社会でも上下の構造をつくってきたのである。不平等は、平等の否定ではあるが、それ自体のうちに自らの不当性のしるしと崩壊の予兆をはらんでいる。そのことがかつては誰にも理解されなかった。まして、不平等をたまたま生み出した原因が、とりもなおさずこの不平等をついには全面的に消滅させる結果につながるとは、想像もされなかった。

このように、価値のアンチノミーは分業の法則のなかでもあらわれる。われわれに知恵と富をもたらす最初の道具、しかも最強の道具をわれわれは天から授かったが、まさにこの道具がわれわれに無知と貧困をもたらした。文明の最古の二つの病、すなわち貴族とプロレタリアートを発生させた対立の法則を、あらためて明文化するとこうなる。「労働を、それに固有でその生産性の第一条件である法則にしたがって分割すれば、それ本来の目的を否定するにいたり、そして自己崩壊にいたる」。べつの言いかたをするなら、「分業なしには進歩も富も平等もありえないが、その分業によって労働者は劣位に、知性は無用に、富は有害に、平等は不可能になる」。

アダム・スミス以後、経済学者はそろって分業の法則の利点と欠点をあげてみせるが、重視されるのはもっぱら利点のほうである。欠点をみるのは、かれらの楽観主義にそぐわない。法則の欠点がどうして生じうるかを問題にした者など、ひとりもいない。J・B・セイは分業の問題をつぎのように要約した。

「一生ひとつのしごとしかしないひとは、たしかにほかのひとより、そのしごとがもっと上手に、もっとスピーディにできるようになる。しかし、そのひとは（肉体労働であれ精神労働であれ）ほかのしごとはあまりできなくなる。そのしごと以外に能力がなくなることは、個人において考えれば、人間としての退化である。悲しい実例だが、ピン製造の一八番目の工程しか担当したことがないひとがいる。しかし、一生をヤスリひとつ、カナヅチひとつですごしていく労働者だけが、人間としての本来の尊厳を失って退化していくと思ってはいけない。精神のもっとも鋭敏な能力の働きをなりわいとする人間も、やはり退化していくのである……。したがって、こう言える。分業は人間の力を有効に活用することであり、社会の生産力を驚くほど伸ばす。しかし、個人についてみれば、分業はそれぞれの人間の能力から何かしら大事なものを失わせる」（『政治経済学概論』）。

たしかに、労働のつぎに、富の増殖と労働者の能力向上をもたらす第一原因は何か、と言うと、それは分業である。

しかし、精神の堕落の第一原因、またわれわれが本書で一貫して問題とする文明社会における貧困の第一原因は何か。それも分業である。

どうして同じ原理が、その帰結の連鎖を厳密にたどっていくと、まったく相反する二つの結果に行きつくのか。そこにこそ解明すべき問題があると感知した経済学者は、アダム・スミス以前にも以後にも、ひとりとしていない。セイは、分業において善を生む原因が同時に悪を生むという認識まではたどりつく。そして、分業の犠牲者に同情することばを少し述べたあと、事実を公正忠実に紹介することで満足し、われわれをそこへ置き去りにする。セイはこう言いたいようだ。「作業を分割すればするほど労働の生産力は増大するが、それと同時に、労働はしだいに機械的なものとなり、人間の知性を動物レベルに劣化させる。みなさんもやがてはそれを知るだろう」。

労働そのものが能力エリートをつくりだし、政治的な不平等を宿命的にもたらすという理論に憤慨しても、むなしい。民主主義と進歩の名で、未来においてはもはや貴族もブルジョワジーも賤民もいないだろうと唱えても、むなしい。経済学者は、宿命の非情さを代弁して、こう答える。「諸君は、ものを大量に、そして安価に生産するように定められている。それをしなければ、工業はずっと貧弱なままだし、商業も成り立つまい。諸君の役目は、文明の歩みを先導することではなく、その行列の末尾にしたがうことだ」。——何！　われわれはみんな人間としての尊厳をそなえているはずなのに、その一部は動物化していくよう宿命づけられているのか。われわれの産業が発展していけばいくほど、そういう呪われたひとびとの数が増えていくのか！——「残念ながら……」。これが経済学者の結論である。

分業は、一般的な事実としても論理的にも、ひとつの**法則**と言うにふさわしい性格をすべてそなえる。それは誰もが認めることである。しかし、この法則のもとで生まれる現象は二つの列に分かれ、それらは根本的に逆向きで、相互に破壊しあう。したがって、この法則は厳密な科学においては、ある意味、未知の法則であると言わざるをえない。あるいは奇妙な言いかたになるが、それは矛盾した法則、反法則、ひとつのアンチノミーである。さらに、少し先走った言いかたをすれば、そういうものこそがあらゆる社会の経済の特徴であり、また哲学の特徴でもあるように思われる。

じっさい、分業の原理にそなわる矛盾は、分業の利点を保持しながら欠点を消滅させるような労働の**再構成**がなされないかぎり、いかんともしがたい。「民のためにひとりの人間が死ぬのは良いことだ」と、キリストの死刑を提言したユダヤ教祭司のことば〔新約聖書『ヨハネによる福音書』一八章一四節〕をもじって言えば、金持ちの財産をまもるために貧乏人が死ぬのは良いことなのだ。私はこの判決の必然性を証明することにしたい。この証明をしてあげると、末端の労働者は、まだ知性がかすかにでも残っていれば、自分は政治経済学のルールにしたがって死んでいくのだと考えることができて、心を慰めることができるだろう。

労働は、人間の意識を成長させ、かれをますます幸福に値する人間にしていくはずであった。ところが、労働が細分化されていくと精神もやせ細り、人間としての高貴な部分も縮んで人間は「小頭症」となり、動物レベルに落ちていく。そこまで落ちた人間は、以後は家畜のように働き、したがって家畜のようにあつかわれることになる。これが自然および必然性がくだす判決であり、社会がそれを執行する。

労働の細分化は、知性の退化に続けて労働時間の延長をもたらす。労働時間は、費やされる知性の量が少なければ、それに反比例して延ばされる。というのも、生産の成果は量と質の両面で評価されるものであるから、労働の質が下がれば量で埋めあわせざるをえない。しかし、労働時間の長さは一日一六時間から一八時間を超えられない。時間で埋めあわせがつかないなら、価格を下げるしかない。こうして賃金が下落する。賃金の下落が起きるのは、一般に誤解されているように価値が本質的に確定不能のものだからではない。価値は本質的に確定できるものだからこそ、賃金の下落は起きるのである。需要と供給の戦いが、雇い主を利する形で決着するのか、賃労働者を利する形で決着するのかというのは、たいして重要な問題ではない。そうした振動は、付随する状況に応じてさまざまに変化する。そのことはよく知られているし、これまではそればかりが重視されてきた。しかし、確かな点、われわれが唯一注目すべき重要な点は、監督の労働と末端の肉体労働は値段がちがうというのが当たり前の常識になっている点だ。労働日の価格が下がる必然性もそこにある。こうして労働者は、しごとのつまらなさによって精神的に苦しめられたあと、こんどは報酬の安さによって肉体的に打ちのめされる。これはつぎのような福音書のことばを文字どおりに適用することである。すなわち、「もっているひとはさらに与えられ、もっていないひとはもっているものまでも取り上げられる」〔新約聖書『マルコによる福音書』四章二五節〕。

経済のできごとのなかにあるのは、無慈悲な理性である。その理性は宗教をあざ笑い、政治のお題目である公正をあざ笑う。その理性は、ひとが運命の指図にしたがうか、それを逃れるかに応じて、ひとを幸せにし、あるいは不幸にする。たしかに、それはキリスト教の言う慈悲からほど遠い。キリスト教的な慈悲は、いまでも多くの高名な先生方の著作のモチーフとなっており、ブルジョワジーの心にも深くしみこんで、分業の法則のきびしさをやわらげる慈善施設をたくさんつくるように努力させている。われわれはそういう慈善からほど遠いところにいる。政治経済学が知っていることは、ただひとつ、正義のみである。守銭奴の財布のようにしっかり閉じられた堅固な正義である。まさしく政治経済学は社会の自発性の結果であり、神の意志の表現であるがゆえに、私もかつてこう発言することができたのだ。「神は人間の敵であり、そして人間を嫌うのが神の意志だ。神はわれわれにレッスンを授けるたびに、その代金をわれわれの血の量とわれわれの涙の数で支払わせる。さらにその悪を完成させるために、われわれは神のおこないをそっくりそのまま、自分たちの同胞にたいしておこなっている。被造物たる人間にたいする父なる神の愛はどこにあるのか。人類どうしの友愛はどこにあるのか」。

　神学者はこう答える。「すべてが神意である。人間は下に落ち、動物が残る。造物主はそうした人間を自分に似たものと思うはずがない。神がそういう人間を馬車馬と同様にあつかうのは、当然至極ではないか。しかし、試練はいつまでも続くわけではない。労働は個別化されたのちに、遅かれ早かれ、やがて総合化されるだろう」。

　これが、神の摂理を正当化しようとするひとびとの、お定まりの論法である。そして、たいていのばあい、それは無神論にあらたな武器を提供するだけだ。すなわち、労働の配分の個別化と総合化が同時におこなわれれば、何百万人もの犠牲者を出さずにすむという考えかたがあるのに、神は六〇〇〇年ものあいだ、それをわれわれに許してこなかった。それどころか、神はモーセ、ブッダ、ゾロアスター、マホメットなど自分の手下を介して、われわれの理性にとって恥辱ともいうべき愚劣な儀式書をおしつけ、そこに書かれた文字の数よりも多くの人間を惨殺した。さらに、大昔のお告げを信じなければならないとすると、社会経済学は呪われた科学ということになる。科学という木になる果実は神だけが味わえるもので、人間はそれにさわってもいけないのだ。経済科学は、労働が愛を育む父であり、幸福をもたらす母体であるとしたが、もしそれが正しいとすれば、どうして宗教はこれほどまでに労働を罰してきたのか。どうしてわれわれの進歩をこれほど嫉妬するのか。もはやことさら言うまでもないが、われわれの進歩はわれわれ自身のいとなみによるものである。とすれば、神という幻影をあがめても何の役に立とう。霊感を授かったと称する連中が多数いて、われわれにつきまとって説教するが、神はまだわれわれに何を望んでいるのか。キリスト教徒の諸君、プロテスタントも正教会派も、新参の預言者も、ひっかけるほうもひっかけられるほうも、みなさん、つぎのことばをよく聞いてほしい。それは神の慈悲を願う人間愛に満ちた聖歌の第一節である。「労働の分業の原理がより具体的に応用されるにつれて、労働者は力を失って視野を狭め、より従属的になる。技術は進歩し、職人は退歩する」（トクヴィル『アメリカのデモクラシー』〔二巻二部二〇章、松本礼二訳〕）。

いや、結論を急がないようにしよう。経験が語ってくれることを、先回りして断じないようにしたい。いまのところ、神はどうやらわれわれの味方というより敵のようではあるが、とりあえず事実の確認だけしておこう。

政治経済学は、その出発の時点で、謎めいてくぐもった声でこう語った。「使用価値の生産が増大すると、金銭的価値は減少する」。そして、政治経済学はその第一段目に達すると、恐ろしい声でわれわれにこう警告する。「技術が進歩すると、職人は退化する」。

この考えかたをはっきりさせるために、いくつかの具体例で見てみよう。冶《や》金《きん》業の全分野の賃労働者のうち、一番働いていないのは誰かといえば、それはまさしく機械組立工と呼ばれる者たちだ。機械設備がみごとに完成したあとでは、組立工はちょっとヤスリが使えたり、平削り盤で部品を磨いたりするだけの人間にすぎない。機械を操作するのは技師や職長のしごとである。田舎の鍛冶屋でさえ、たんにそのしごととの必要上、錠前屋、刃物屋、鉄砲鍛冶、機械組立、車大工、獣医などの、さまざまの技能をそなえている。冗談好きの民衆から「鉄焼き」などと呼ばれる村の鍛冶屋だが、そのハンマーの手元には科学がある。都会の知識人には想像もできまい。一方、ル・クルーゾ〔フランス東部の鉱業都市〕の一労働者のばあい、一〇年間その専門のしごとでみごとな職人技を発揮してきた者でも、現場を離れるとまったくの役立たずで、生活費を稼ぐこともできない無能者にすぎない。そのひとの無能の度合いはその腕前の上達に正比例する。これは冶金業ばかりでなく、どの分野でも正しい。

機械組立工の賃金は、いまはまだ高めに保たれているが、いつかはかならず下がる。労働の質が低いので、それをくいとめることはできない。

以上、機械工の話をしてきたが、つぎは印刷業を例にとろう。

グーテンベルクやその共同者であるフストやシェーファーは、まさか自分たちの崇高な発明品が、分業のせいで、白痴レベルの無知なひとびとの手に落ちてしまうとは思いもしなかったろう。

植字工、印刷工、活字鋳造工、装丁工、製紙工など、印刷業の各部門で働く労働者の大半はきわめて知性に乏しく、ほとんど文盲にちかい。かつてエティエンヌ家〔書籍出版の名門〕の時代にいたような印刷工は、いまではほとんどいなくなった。活字を組むのに女性を雇ったことがこの高貴な産業には致命的で、その堕落を決定づけた。私の知っている女の植字工は、優秀な部類だがやはり文字が読めず、ただ形で文字を判別していただけだった。技と言えるものは、いまでは印刷の監督か校正の専門職に残されているのみだ。作家や経営者は無礼にもかれらを見下しているが、かれらは隠れた知識人なのである。その他、本当に芸術的なしごとをする労働者もわずかに存在する。要するに、印刷は機械的なしごとに堕落し、そこで働くひとびとを見るかぎり、もはや文明的なものとは言えない。やがては文明の思い出として残るのみだろう。

聞くところによれば、パリの印刷労働者は協同によって労働し、地位の回復をめざしているそうだ。かれらの努力が、空虚な経験主義によって消耗したり、不毛なユートピアに迷いこんだりしないことを、私としては願うばかりである。

私企業のつぎは役所を見てみよう。

公務員のしごとにおいても、労働の細分化はやはり強烈で恐ろしい結果をもたらす。どの役所でも、技術が進歩するにつれて、雇われ人の大半は給料が下がっていく。——郵便局の配達員は、年に四〇〇から六〇〇フランの俸給だが、そのおよそ一〇分の一を退職後のために天引きされる。三〇年間働いたあとの年金、というか払い戻し金は、年に三〇〇フランだ。そのお金を養老院に払えば、ベッドとスープと洗濯にはあずかれる。しかし、私はあえて残酷に言えば、役所はまだそれでも寛大だと思う。ただ歩き回るだけの人間は、ふつうならどれほどのお金がもらえるだろう。伝説によれば、さまよえるユダヤ人のポケットには五スーしかない。郵便配達員は、大半が家族持ちだとはいえ、一日に二〇スーか三〇スーもらっている。知的な能力がもとめられるしごとは、局長と事務職員だけがおこなう。かれらの給料は配達員よりも高い。かれらだけが人間らしい労働をおこなっている。

以上のように、印刷業でも役所でも、労働者の九割が残る一割のための家畜として働くよう、ものごとは整えられている。これが産業の進歩の必然的な帰結であり、社会が豊かになるための必要条件なのである。民衆にむかって平等や自由や民主的な制度などのユートピアを語るよりも、大事なのはこうした基本的な真理をまずしっかりととらえることである。平等や自由などを実現するためには、その前にまず労働者のあいだの関係をすっかり変革しなければならない。

さて、分業がもたらした結果のうち、もっとも注目すべきは文人の地位の下落である。

中世や古代において、文人は博学者であり、トルバドゥール〔南仏の吟遊詩人〕や詩人の継承者であり、あらゆることに通じ、あらゆることができた。文人は権威であり、社会を支配した。王たちは文人にほめてもらいたがり、逆にけなされたりすると、かれらを本もろとも火あぶりにした。これも文筆の絶対的な力を知ればこその仕打ちだったのである。

今日、われわれのあいだには実業家、弁護士、医師、銀行家、商人、教師、技師、司書などがいるけれども、もはや文人はいない。というより、どの職業であれ、そこでいささかなりとも高いポストについた人間は誰でも、必然的に文章を書かざるをえない。文章が書けるということは、バカロレアのように、あらゆる職業の初歩的な要件となった。狭い意味で文筆家と言われるのは民衆向けの物書きのことであり、世間のひとからお金をもらってものを書く一種の代書人である。その代表格がジャーナリストだ……。

四年前、ひとつの奇妙な考えかたが議会にあらわれた。文章の所有権を立法化しようというのである。現実の傾向は逆で、作品は中身がすべてで、形式はまったく重要なものでなくなろうとしている。ありがたいことに、議会での雄弁は叙事詩とか神話と同じく過去のものとなった。演劇にひきつけられる実業家や知識人はめったにいない。通ぶった連中は芸術の衰退ぶりに驚くが、哲学的に観察すれば、男性的な理性がそういう骨のないぐずぐずしたものを喜ぶのでなく、わずらわしく思うようになったのは進歩にほかならない。小説のおもしろさは、リアリティに肉薄しているかぎりにおいてのみ認められる。歴史は人類学的な解釈以外の要素を削ぎ落とす。つまり、何においても理念や事実が第一で、上手に語るテクニックは二の次の、おまけにすぎなくなっているように思われる。複雑な言い回し、ゆったりとした口調での弁舌は、気の短い人間にはとてもがまんできず、現代ではそのありがたみが消えた。わざとらしさは日に日に魅力を失っているのだ。一九世紀における言語は、事実と数字によって構成される。現代において、もっとも雄弁なひととは、もっとも少ないことばで、もっともたっぷりとものごとを表現できるひとのことなのである。そういう話しかたができないひとは、たんなる口先人間として情け容赦なく遠ざけられる。「あのひとには理念のかけらもない」と言われるのである。

生成期の社会においては、文学の進歩が哲学や産業の進歩よりもかならず先に起こり、そのあとも長期にわたって哲学や産業の役に立つ。しかし、やがては思想が言語をはみ出すときがくる。そのとき、文学がなおも優位を保つのは、当然ながら社会にとっては退廃のしるしとなる。じっさい、言語はそれぞれの民族の生得的な理念の集成であり、天啓によって最初にさずかった百科全書である。言語は、理性が観察や経験をとおして自然に直接立ち向かう前に、理性が耕しておくべき田畑である。そこで、国民がそのボキャブラリーの枠のなかで科学をきわめたあと、その中身をさらに高度の哲学で追求するのでなく、詩人が着るようなマントを着て、文章の切りかたや行の分けかたで遊びはじめるとどうなるか。はっきり言って、そういう社会はおしまいである。そういう社会では、すべてがきゃしゃでちっぽけなニセモノになるだろう。ことばにうっとりするひとびとはいるだろうが、ことばの重さを大事にする気風は失われるだろう。タキトゥス、トゥキディデス、マキャヴェッリ、モンテスキューなど、変革期の天才たちが歩んだ道を進むのではなく、社会はどうしようもなく退廃していく。キケロの重々しさは好まれず、セネカの器用さ、聖アウグスティヌス〔古代の神学者〕の反論法、聖ベルナルドゥス〔一二世紀の神学者〕の地口が好まれるようになり、堕落していく。

だから、ごまかされないようにしよう。最初はすっかり弁舌にとらわれていても、われわれの知性が経験と労働を重視するようになれば、その瞬間から、狭い意味での文筆家とはもはや人間として最小限の能力しかもたない虚弱者にすぎなくなる。そして、文学とは知的ないとなみのクズであり、それを買うのはつぎのような連中だけだ。それを娯楽にする有閑階級、それに魅惑されるプロレタリア、それで権力の機嫌をとる芸人、それをごまかしのタネにするペテン師、メガフォンを使って神権説を説く狂信者、そして人民主権の熱心な唱道者だけである。人民主権を唱える人間はめっきり少なくなり、本人は高い演壇上でしゃべりたいようだが、偉人たちの墓のうえで護民官ふうの演説を垂れ流すにとどまる。ひとびとの前で精一杯やっても、グラックスやデモステネスのパロディにしか見えない。

というわけで、社会は、細分化された労働をおこなう労働者ができるだけいなくなるよう全力をあげる。経験が全面的に理論の正しさを証明しているように、こういう労働者は母親のお腹にいるときから不幸を宿命づけられており、どんな政治改革でも利益協同体でも、公共の福祉や教育の努力によっても、かれを救うことはできない。最近、いろいろな特効薬が考え出されているが、いずれも労働者の傷を癒すどころか、それを刺激して、かえって症状を悪化させるだけだろう。この問題について書かれている論文はことごとく、政治経済学の処方の悪循環を明白にするものにほかならない。

以下で、われわれはそのことを少し論じてみたい。

第二節　一時しのぎの対策の無力さ

ブランキ、シュヴァリエ、デュノワイエ、ロッシ、パッシ各氏の策

過度の分業がもたらす害への対応策は、大きく二つに分類できる。ただし、一方は他方のたん

なる逆にすぎず、けっきょくはひとつだ。ともかく、一方は労働者の生活を豊かにして人間としての尊厳を高め、それによって労働者のモラルを向上させるという策。——もう一方は、遠回りでも教育によって労働者の解放と幸福を準備するという策である。

われわれはこの二つのやりかたをひとつずつ検討してみよう。前者の代表はアドルフ・ブランキ氏であり、後者はミシェル・シュヴァリエ氏に代表される。

ブランキ氏は、協同と進歩の立場にたち、書くものは民主主義的で、プロレタリアートの共感を得ている教授である。〔国立工芸院での〕一八四五年度の開講講演で、ブランキ氏は救済の手段として、労働と資本の協同と、産業的連帯の手はじめに労働者の利潤への参加を唱えた。かれは「今世紀には生産者の集合体が生まれねばならない」と叫ぶ。——ブランキ氏は忘れているようだ。生産者の集合体は消費者の集合体とともども、かなり以前に生まれている。したがって、問題はその発生ではなく、その治療にある。集合体の消化器官を経由して出てくる血液が、頭や腹や胸だけでなく脚や腕にも流れていくようにすること、それが問題なのだ。ブランキ氏がその心優しい考えを実現するのにどのような方法を用いようとしているのか、私にはわからない。国立作業所の設立によってか、国庫からの融資によってか、経営者を追い払って労働者集団がその地位につくことによってか、それとも労働者に貯金を奨励することで満足するのか。この最後のケースがそれなら、労働者が利潤にあずかれる日は永遠に来ないであろう。

いずれにせよ、ブランキ氏の考えは、労働者に共同経営者の資格か、少なくとも共通利害者という資格を与えて、賃金を上げてやることにつきる。では、労働者はいかほどまで利潤の分け前にあずかれるのだろうか。

紡錘一万五〇〇〇本、労働者数三〇〇人の製糸工場では、年間の利潤はこのごろとても二万フランにおよばない。ミュルーズのある実業家の話によれば、アルザス地方の織物産業はおしなべて標準以下で、もはやこの産業は働いてお金を稼ぐのではなく、商売で稼いでいるのだそうだ。とにかく**売ること**、タイミングよく売ること、高く売ること、これだけが問題なのである。ものを製造するのは、ものを売るための準備にすぎない。ここで話を一般化して、従業員三〇〇人の工場ごとの平均利潤を二万フランと仮定する。本当は二万フランにとてもおよばないが、とにかくそういう数字にしておく。工場の利潤の二万フランを、人数三〇〇人で割り、さらに労働日三〇〇日で割ると、労働者は一人あたり二二・二サンチームの割増しがもらえる計算になる。三六五日で割ると、一日あたりの割増しは一八サンチームとなる。これはパンのひとかけら分でしかない。この程度のことのために、経営者を追い払い、前より脆弱な施設をつくって公共の財産を危険にさらす価値があるだろうか。所有がかぎりなく小さな株に細分され、もはや利潤によって支えられなくなると、企業は安定のためのバラストを失い、嵐のときにもちこたえられない。しかし、経営者を追い払うといった話をともなわないのであれば、労働者階級が一八サンチームの割増ししか期待できないのは、あまりにもみじめすぎる。労働者が自ら資本を形成するには、それを貯金するしかないわけだが、これでは何世紀もかかる。しかも、それは定期的におそう失業のたびに貯金をくいつぶすことをしないと仮定しての話なのだ！

私が述べてきたようなことがらは、すでにいろいろな形で指摘されている。元財務大臣イポリット・パッシ氏は道徳・政治科学アカデミーの会合で（＊8）、労働者が経営者と協同しているノルマンディーの製糸工場の帳簿から、いくつかの世帯の一〇年間の賃金を示してみせた。そして、平均の年収は一二〇〇から一四〇〇フランだと言う。かれはさらに、雇用主の所得に比例した賃金を受けとる製糸労働者と、たんなる賃金を受けとる労働者の暮らしぶりをそれぞれ比較して、両者のあいだにこれといった差は認められないとした。これは簡単に予想できた結果である。経済の現象は、数字と同様に、抽象的で不変の法則にしたがう。その不滅の調和が乱れるのは、特権や詐欺や専横がそこにあるときのみである。

ブランキ氏は、自分の考えが社会主義に近寄りかけたことを後悔したようで、あわてて前言を撤回する。パッシ氏が労働者参加型の会社の問題点を証明した例の会合で、ブランキ氏も大声でこう主張した。「労働は組織化できるものだとか、人類の幸福は国家が指図すれば軍隊の行進のように数学的な正確さですすむものだとか思われているのではないか。そういう考えかたは悪しき傾向であり、アカデミーが徹底的にたたきつぶすべき幻想である。なぜなら、それは実現不能の夢想であるばかりでなく、危険な詭弁だからである。動機の善良さや誠実さは尊敬したいが、しかし、ひるんではいけない。『労働の組織』〔ルイ・ブラン著、一八四〇年〕のような本を出版するのは、不可能とわかっている錬金術や求積法の本をこりもせずにまた出すようなものだと断言しよう」。

ブランキ氏は、自分の熱弁の勢いにのって、ついに労働者参加の理論を捨ててしまう。この理論はパッシ氏がかねてより激しく批判してきたものである。パッシ氏は、たとえばこんなふうに言う。「きわめて開明的な農業家であるディリー氏は、農地の区画ごと、また農産品ごとに統計をとって、つぎのことを明らかにした。同一の人間が同一の農地面積から、前年と同量の収穫を得た年は、三〇年間で一度もない。生産物は二万六〇〇〇フランから九〇〇〇ないし七〇〇〇フランのあいだで変動し、ときには三〇〇〇フランにまで下落したこともある。いくつかの生産物、たとえばじゃがいもなどは、九回に一回は大損をもたらす。こういう変動がじっさいにあり、収入がこれほど不安定であるのに、どうして労働者に均一の賃金を定期的に配分できよう……」。

この主張にたいしては、つぎのような反論もあろう。すなわち、農地の区画ごとに生産物に差が出るというのは、たんに所有者どうしの協同の必要性を示すにすぎない。その前に労働者と所有者の協同があれば、連帯はさらに深まるだろう、という反論だ。しかし、この考えこそまさに問題とされるべき偏見ではなかろうか。ブランキ氏はよく考えたあげく、労働の組織化は不可能との最終結論に達したのである。それに、連帯というものは共同の富の増進につながるわけではなく、したがって分業の問題に無関係であることも明白だ。

要するに、利潤はおおいに切望され、雇用主にとって最大の関心事であるが、労働者が求める賃金とじっさいの賃金との差をうめるまでにはいたらない。ブランキ氏のかつてのアイデアはみじめな結末をむかえ、本人によっても否認されたけれども、もしそれが実現されたとすれば製造業にとっては大災難であったろう。しかし、分業はすでにいたるところでしっかり確立し、その考えかたも一般のものとなっている。そこでわれわれはこう結論できる。貧困は怠惰の結果でもあるが、同時に貧困は労働の結果でもあるのだ。

すると、こんな声があがる。「それならば労働の価格を上げろ。賃金を二倍に、三倍にせよ」。民衆に大受けする発言である。

なるほど、こんな賃上げが可能であれば、シュヴァリエ氏〔サン＝シモン主義から出発した自由主義経済学者〕が何と言おうとも、万事がうまくいくにちがいない。私としてもシュヴァリエ氏の説には少し修正すべき点があると思う。

シュヴァリエ氏によれば、ひとつの商品の価格を上げても、ほかの商品も同じ割合で価格が上がれば、誰の得にもならない。

こういう論法は、一〇〇年以上前から経済学者たちがくりかえし使っているが、これはたんに古いばかりでなく、まちがった考えかたである。シュヴァリエ氏ならではのものと言えるのは、経済学の伝統を手なおしするのに元エンジニアらしさを発揮している点だ。かりに事務所長の俸給は一日一〇フランで、労働者の賃金は四フランとする。これを両方とも五フランずつ引き上げると、両者の比は一〇〇対四〇だったのが、こんどは一〇〇対六〇になる。賃金の値上げは、割合によってではなく、かならず足し算によっておこなうことが、平等に近づく優れたやりかただろう。ふだんは社会主義者が経済学者から無知だの何だのと言われているが、これでは経済学者が社会主義者から無知だとののしられてもしかたあるまい。

しかし、それでも私に言わせれば、そういう賃上げは不可能なのである。それは想定そのものがバカげている。なぜなら、シュヴァリエ氏もよく承知しているように、労働日の価格を示す数字は、現実には何の影響もおよぼさない代数的な指数にすぎないからだ。分配の不平等を是正すると同時に、何よりも増大させたいと思うべきものは、貨幣的な数値ではなく、生産物の量なのである。生産物が増大しないかぎり、賃金がどれだけ上昇しても、それは小麦・ワイン・肉・砂糖・石けん・油などの価格上昇をもたらすだけだ。すなわち、生活難につながるだけだ。そもそも、賃金とは何か。

それは小麦・ワイン・肉・油の原価である。あらゆるものの総合的な価格である。もっと踏込んで言えば、賃金とは労働者大衆が日々再生産的に消費している諸要素、そして富を構成する諸要素の比例関係である。だから、民衆の理解する意味で賃金を二倍にせよと言うのは、生産者の一人ひとりに各自が生産した分よりも多く与えよと言うにひとしい。これは矛盾している。また、賃金の上昇がごく一部の産業でのみ起これば、それは交換全体の混乱を引き起こす。つまり、物不足が起こる。私は予言などしたくないが、絶対不可能なことについては明言できる。私は労働者階級の境遇改善を心から願う者であるが、これだけははっきり言いたい。ストライキによって賃金が上昇すれば、それが物価全般の高騰につながらないことは絶対にありえない。二プラス二が四になるのと同じくらい確かなことである。そういうやりかたで賃上げしても、労働者はけっして富を手に入れることができないし、富よりはるかに大切な自由も手に入れることができない。労働者は、扇動的な新聞にのせられて賃上げを要求したのだが、それはかれら自身の本当の利益になるどころか、独占に奉仕しただけだった。それによって生活の苦しみがさらに増すことになれば、労働者は自分たちがいかにもの知らずであったかを、苦い果実として思い知るであろう。

シュヴァリエ氏も、賃金値上げは無益、というより有害だと確信し、問題は金銭的なものでなく社会の体質そのものだと感じとって、問題を逆転させる。労働者階級のために、まず何よりも教育を求め、その方向での大改革を提案する。

大事なのは教育だ！　科学アカデミー会長フランソワ・アラゴ氏も労働者にむかってそう発言した。「教育こそ、あらゆる進歩の原理……」。われわれがかかえている問題を解決するものとして、いったい何が期待できるか、それをこのさいはっきりさせるべきである。私に言わせれば、われわれが知るべきは、全員が教育を受けるのは望ましいことかどうかではない。望ましいことは誰も疑わない。われわれが知るべきは、それが可能なのかどうかである。

シュヴァリエ氏の発言の信頼度をうかがい知るには、かれの戦術的な態度を知っておかねばならない。

シュヴァリエ氏は昔から規律に親しんできたひとである。まず〔軍人を養成する〕エコール・ポリテクニークで学び、それからサン＝シモン主義のサークルに属し、最後には大学教授になった。そういうひとだから、規則にしたがわない生徒とか、ボスの考えを汲みとれない秘書とか、権力の意向にそむく公務員を認めるとは思えない。秩序といった大事なことがらについて、かれなりの考えかたがあるはずだが、かれからは賞賛のことばも非難のことばも聞くことができない。シュヴァリエ氏は、自分の独自の判断を表明すべきではないか。法律が禁じていないことはすべて許されるという原則のおかげで、かれはひとに先んじて自分の意見を言いたがるが、権威筋から意見が出るとすぐさま自分の意見を捨てて、権威にくみしたがる。じっさいシュヴァリエ氏は、立憲王制の内部に入りこむ前は、サン＝シモン主義者のアンファンタン氏に帰依してがんばっていた。また、政府が鉄道の敷設、国債の利率引き下げ、発明特許、著作権などについて方針を定めるまでは、運河や鉄道や財政や所有をテーマにさんざん意見を述べていたものだ。

したがって、シュヴァリエ氏はいまの大学教育の盲目的な賛美者ではない。むしろ、批判者だ。あたらしい教育体制が確立するまでは、かれは平然と自分の考えを語り続ける。そして、その意見はきわめてラディカルである。

公教育相アベル＝フランソワ・ヴィルマン氏がまずこう述べた。「高等教育の目的は、行政官庁で活躍できる人間、司法官、弁護士、そして種々の自由業、さらに陸海軍の将校や知的専門職につく人間を育成することにある」。

シュヴァリエ氏はそれに重ねてこう述べる。「高等教育はそのほかに、農業家、実業家、商業者、フリーのエンジニアも育成しなければならない。ところが、先の方針はこうした領域を見落としている。この見落としは重大である。なぜなら、さまざまの工業、農業、商業は国家において副次的、偶発的なものではなく、それこそが国の基幹をなすものだからである……。もし大学が大学の名にふさわしいものでありたいと望むのであれば、その方向に方針をさだめなければならない。さもないと、そうした大学に対抗して産業大学がつくられることになろう……。それは教会に対抗する教会のようなものである……」（＊9）。

啓蒙思想が立ち向かう問題をことごとく解明してみせたように、シュヴァリエ氏にとっては職業教育がきわめて便利な武器になる。職業教育は、教育の自由をめぐる聖職者と大学の争いも一挙に解決してくれるからだ。

「教育の基礎としてラテン語を教えるのは、聖職者にそのほとんどをまかせるのがよい。ラテン語にかんしては、聖職者は大学教授なみに通じている。それはかれらのことばだからだ。それに、聖職者に頼むほうが費用も安い。だから、中等神学校や教会付属の全課程制学校が多くの青少年をひきよせているのは当然である……」。

結論はおのずと明らかだ。すなわち、教育の内容を変更せよ。そうすれば、王国もカトリックの支配から脱せられる。聖職者はラテン語と聖書しか知らない。かれらのなかには文学士も農業者も会計士もいない。四万人をかぞえる司祭のうち、設計の図面が描けたり、釘の鋳造ができる者は二〇人もいないだろう。一般家庭の父親が、産業とお祈りのどちらを重視するか、答えは自明だろう。労働こそ、神にささげるもっとも美しい祈りのことばなのだ。それがわからないはずがない。

こうすれば、バカげた対立もやがてはなくなるだろう。つまり、宗教教育と科学、霊的なものと世俗的なもの、信仰と理性、教会と王権との対立もなくなる。古くさい礼拝規定はもはや無意味なものと化すが、善良な大衆はしばらくはそれを守る。ただし、それもやがてうんざりするまでのことだ。

シュヴァリエ氏も、この対立の解決にはこだわらない。宗教と君主制は対をなすパートナーどうしだと知っているからである。両者はいつも仲が悪いが、どちらも相手がいなければ存在しえない。シュヴァリエ氏は変な疑いをまねかないために、もうひとつべつの革命思想である平等のなかへ飛び込んでいく。

「フランスはエコール・ポリテクニークに現在より二〇倍多くの学生（いまは平均一七六人だから、三五二〇人）を受けいれることができる。学校側がその希望を出せばいいだけの話だ。……私の意見が多少は聞くに値するものであるならば、私はこう言いたい。数学ができるということは、世間で思われているほど特殊な才能ではまったくない。パリの路上でいわば無作為にえらばれた子どもたちでも、リヨンのラ・マルティニエール校のシャルル・アンリ・タバロ校長の方式で数学教育を受けて、立派に育ったことを私は知っている」。

もし高等教育がこうしたシュヴァリエ氏の考えにしたがって改革され、いまは入学希望者が通常九万人にすぎないのに、これからはフランスの若者全員が入りたがるものになれば、数学に秀でた人間の数も三五二〇人どころか、一万人に増えると言ってても過言ではないだろう。また、同じ理由により、芸術家・言語学者・哲学者も一万人、――医者・物理学者・化学者・生物学者も一万人、――経済学者・法律家・行政官も一万人、――実業家・工場監督・貿易商・会計士は二万人、――農業家・ぶどう栽培者・鉱山技師は四万人に増える。総数で一〇万の若い才能が毎年育っていく。これは同年齢層のほぼ三分の一である。残りは、特別の専門能力はもたないが、複合的な適性をもち、どの分野でも働ける者として分類されるだろう。

たしかに、ひとびとの知性をぐんと伸ばせば平等への歩みも加速される。シュヴァリエ氏もそれをひそかに願っているはずだ。しかし、私の懸念するところはまさしくこの点にある。すなわち、われわれは能力に不足しているわけではなく、人口にも不足はないのであって、問題はただ、雇用の口があるかどうか、パンが手に入るかどうかである。だから、つぎのようなシュヴァリエ氏の発言はむなしい。「高等教育は社会における不満の解消につながるだろう。若者は、大望をいだいてもその願望を満たす手段を剝奪されれば、国家の転覆に関心をいだくようになる。雇用されず、また雇用に値する取り柄もない若者は、まったく役立たずであるのに、自分では何にでもなれると思い、とくに公務員が適職だと自分では思ってしまう。そういう若者を減らすことができる。科学を学べば精神がいたずらに興奮することもなくなる。科学は精神を啓発すると同時に、精神の自己統制をもたらす。人間を現実の生活に適合させる……」。こんな発言は長老たちにまかせておくべきだ、と私は言いたい。政治経済学の教授なら、むしろ自分の立場と自分の学生のことを心配すべきである。エコール・ポリテクニークには、毎年一七六人の学生が入るが、卒業後のポストとして政府が用意しているのは一二〇人分にすぎない。入学者が一万人になったら、いや、その数はシュヴァリエ氏の言う三五〇〇人でもよいが、そうなったら困ったことになるのではないか。話をさらに一般化しよう。文官のポストは総数六万で、毎年三〇〇〇の空きが出る。もしシュヴァリエ氏の改革プランがいますぐ採用されて、三〇〇〇のポストに五万人の志願者が殺到するようなことになれば、権力にとって恐怖だろう。選挙権の拡大を求める共和主義者にたいして、万人が選挙権をもつようになったら議員の質が上がり、プロレタリアートはさらに前進できるのかという問いがしばしばなされる。しかし、その回答は得られたためしがない。私はまさに同じような問いをシュヴァリエ氏に投げかけたいのである。あなたは毎年一〇万人の才能を大学で育てあげて、それでいったい何をしようというのか。

　こうしたできのいい若者たちでも、職を得るためにはヒエラルキーの一番下まで降りていかなければならない。一五年間きちんと勉強してきた青年が最初につけるポストは、現在なら技師候補生、陸軍少尉、海軍少尉、検事代理、財政監査官、監督官など将来性のあるポストだが、これからは工兵、輜重《しちょう》兵、浚渫《しゅんせつ》人夫、見習い水夫、薪づくり、酒税徴収人など末端のしごとだ。そこでは、誰かが死んでようやく階級がひとつ上がるのを期待するしかない。エコール・ポリテクニークを卒業して、ヴォーバン〔一七世紀の名将〕のような将軍にもなれる人間が、これからは二級国道の道路工夫か軍隊の伍長として一生を終えることもありうる。

　ああ、それならカトリックはぬかりがない。人間や社会のことがわかっている点で、カトリックは、サン＝シモン主義者や共和主義者や大学教授や経済学者の誰よりもすぐれている。われわれの一生はひとつの旅にすぎず、しかも終点はこの世にないことを司祭は知っている。この世で教育を授けても、それは道半ばで終わるしかない。司祭はそう観念する。残りはあの世でなされるのだ。宗教によって教育された人間は、この世での自分の分際を知り、分際にふさわしく行動し、その分際にかなうものを得て満足する。こういう人間はけっして政府をわずらわす存在になるはずがない。むしろよろこんで政府に身を捧げるだろう。ああ、愛すべき宗教よ。おまえを心から必要としているブルジョワジーが、おまえを大事にしないわけがない！……

　教育が普及すれば、ひとは自尊心が増した分だけ貧困がつらくなる。なんと悲惨なことだろう。あなたの教え子が雇用もされず、資本ももっていないなら、職業教育が何の役に立とう。農学校や商業学校に何の意味があろう。卒業してからのしごとがミュール精紡機の糸つけや、竪坑の底での石炭掘り程度なら、どうして二〇歳になるまで科学全般の知識をつめこむ必要があるだろうか。ところがどうだ。あなたは三〇〇〇しかないポストのために毎年五万人の有能な人間をおくりだすと言う。さらに、もっと学校を増設するとも言う。およしなさい。むしろ、大昔から王朝や貴族制を支えてきた特権と排除のシステムはそのままにしておきなさい。このシステムこそが上流階級の快楽を保証するための、本当の意味での人間去勢マシーンなのである。授業料も高いほうがいい。束縛の数も多いほうがいい。試験の期間を長くして、プロレタリアの子どもはそのあいだに飢えて落ちこぼれるようにしなさい。教会が運営する学校は全力で保護しなさい。なにしろ、そこで教えられるのは、来世のために働くこと、自分を捨てること、断食すること、偉いひとを尊敬すること、王を愛すること、神に祈ることだからである。役に立たないことの勉強は、せいぜい趣味人をつくるのが落ちだ。科学は奴隷にとって毒である。

もちろん、シュヴァリエ氏は賢明なひとであるから、自分の教育観の帰結にまるで気づかぬはずがない。しかし、かれは心のなかでつぶやいただけだった。かれが善意のひとであることはまさに拍手ものである。人間はまず何よりも人間でなければならない、と言うのだ。そのあとのことはあとの話だと言う。

つまり、これから先は行き当たりばったりだ。われわれは神の意志に身をゆだねる。そして、神のお告げはかならずショックをともなう。まさしくこれが政治経済学のAでありZなのである。

このコレージュ・ド・フランスの政治経済学教授、シュヴァリエ氏に反対するのが、道徳・政治科学アカデミー会員の経済学者、シャルル・デュノワイエ氏である。デュノワイエ氏は国家による教育の組織化に反対する。国家による教育の組織化は、国家による労働の組織化と同種のものだ。したがって、けっして認められない。デュノワイエ氏によれば、教育はひとつの職業であって、国家の業務ではない。職業であるならば、それは自由なものでなければならず、自由なままにしておくべきである。あらゆる活動を国家に集中し、吸収させるという有害な思想をばらまいたのは、ロベスピエール、ナポレオン、ルイ一八世、ギゾー氏などを代表とする共産主義、社会主義、革命志向だ。しかし、いま報道は自由であり、ジャーナリストが書くものは商品である。宗教もまた自由であり、説話で大衆の好奇心をかきたてる才覚がある者は、長い法衣や短い法衣を身にまとって、多くの聴衆を集めることができる。ラコルデール氏〔カトリック教会の再建を唱えた修道士〕にも信奉者がいるし、ピエール・ルルー氏〔独自の宗教を唱える元サン＝シモン主義者〕にも使徒がいるし、フィリップ・ビュシェ氏〔キリスト教社会主義者〕は自前の修道院をもっている。ならば、どうして教育も自由であってはいけないのか。教育を受ける側に権利があるのは、ものを買う側に権利があるのと同じく、疑いようのないことであるが、教育者はものの売り手の一変種にすぎず、したがって教育する側の権利は相対的なものである。教育の自由に手をつけると、それはかならず自由のうちでもっとも貴重な、良心の自由を侵害することになる。さらにはこうなる、とデュノワイエ氏はことばを続ける。もし国家が万人に教育を与えねばならないことになれば、やがては万人に労働を、住宅を、食事を……という要求が出てこよう。その行きつく先は明らかではないか。

デュノワイエ氏のつぎの主張は正しい。すなわち、国家が教育を組織することは、国家がすべての市民に自由な職業選択と十分な賃金を約束することであり、それは動脈と静脈のようにしっかりと結びついている。しかし、デュノワイエ氏の理論には、進歩は一部のエリートだけのものであること、そして人類の九割はいつまでも野蛮の状態にとどまることが含意されている。デュノワイエ氏によれば、まさにそれこそが社会の本質をなすものであり、その本質は宗教・ヒエラルキー・物乞いという三段階をとおして露呈する。したがって、デステュット・ド・トラシ〔感覚論哲学者〕、モンテスキュー、そしてプラトンが是認するこの体制のもとでは、分業のアンチノミーは価値のアンチノミーと同様に、解決不能なのである。

はっきり言って、私には愉快でたまらない眺めがくりひろげられている。教育の中央集権化を唱えるシュヴァリエ氏は、自由の唱道者であるデュノワイエ氏にたたきのめされた。そのデュノワイエ氏は、中央集権論者の代表であるギゾー氏と対立する。そしてギゾー氏は、自由を原則としてかかげる大憲章と対立する。大憲章は、教育を自分たちだけの特権だと主張する大学人らに踏みにじられる。しかし、「民のもとへ行き、教育せよ」と福音書によって命じられたのは、司祭である。こうした経済学者、法律家、大臣、アカデミー会員、大学教授、司祭たちがくりひろげる大騒ぎを、経済の摂理が高所から見下ろす。経済の摂理は、福音書の虚偽を暴露したうえで、こう叫ぶ。教育者よ、おまえたちは教育をして、それで私に何をしてもらいたいのだ。

われわれをこの苦悩から救い出してくれるひとはいないのか。ペッレグリーノ・ロッシ氏

〔コレージュ・ド・フランスでJ・B・セイの後任教授〕は折衷主義に走る。かれが言うには、分業が不十分だと労働の生産性は上がらず、分業が進みすぎると人間は愚鈍化する。両極の中間をめざすのが賢明だ。まさに「中庸の美徳」である。――しかし、あいにくながら、この賢明なる折衷主義は中くらいの貧しさと中くらいの豊かさを混ぜあわせるだけで、世の中の状況は少しも変わらない。良いことと悪いことの比が、一〇〇対一〇〇から五〇対五〇になるだけだ。折衷主義に期待できるのは、せいぜいこの程度のことでしかない。しかも、ロッシ氏が讃える中庸は、「最小の費用で最大量の価値を生産すべし」という経済の大法則にまったく反する……。では、極端な分業をおこなうことなしに、労働はどうやってその使命をはたすことができるのだろうか。この話をもう少し先まで続けたい。

さて、ロッシ氏はこう述べている。「経済学者は経済の学説や仮説を立てるのが本領だが、かれが知性と自由と責任をそなえた人間なら、まず何よりも道徳法則にしたがうはずである。……政治経済学とは、事物の関係をさぐり、その帰結を考察する科学にすぎない。この科学は労働がどういう成果をもたらすかをさぐるが、科学の応用にさいしては、労働がその目的の重要性にしたがって活用されるようにしなければならない。労働の実行が、たんなる富の生産より高次の目的に反するばあい、そういう労働をおこなわせてはならない。……たとえば、児童を一日一四時間労働させることは、国民の富をふやす手段であるとしても、道徳はそういう考えを許さない。これは政治経済学がまちがっているということなのだろうか。いや、そうではない。そういう考えかたは、分離すべきものをごちゃまぜにしているだけである」。

ガリア人〔フランス人の古名〕の素朴さというのは外国人にはなかなか身につかないものだ。ロッシ氏

〔元イタリア人〕に少しでもそれがあったら、かれはセヴィニェ夫人〔書簡集で有名〕の名文句のようにあっさりと「役に立たない自分の舌など犬にくれてやった」だろう。ところが、この教授はしゃべって、しゃべって、しゃべりまくる。何かを語るためではない。黙ったままでいられないからだ。ロッシ氏は問題のまわりを三べん回ってから寝そべる。こういうひとたちは、問題のまわりを三べん回れば、それで答えを出した気持ちになれるのである。

　科学が自らの原理にしたがって発展し、その花を開かせようとするときに、べつの科学によって否定されるのは、たしかに科学にとっては困った症状だ。たとえば、政治経済学はその根本原理が道徳の根本原理と対立するようになる。私が思うに、道徳は政治経済学と同様にひとつの科学なのである。では、人間の認識によって肯定されたものはすべて、互いに否定しあうものだとすれば、いったい認識とは何か。人間は何を信用すればよいのか。細分化された労働は奴隷のしごとであるが、そういう労働のみが豊かさをもたらす。分割されない労働は自由人のものだが、そういう労働はかかった費用もカバーできない。われわれにむかって政治経済学は「豊かになれ」と言い、道徳は「自由であれ」と言う。そして、ロッシ氏は、両方を大事にすればわれわれは自由にも豊かにもなれないことを知らせる。なぜなら、半分だけ肯定するというのは、それとしては否定することだからである。ロッシ氏の学説は人類の二つの欲求を満足させるどころか、全部が得られないなら全部を投げ捨てようという愚論である。これは、代議制をめぐる議論で登場した暴論と似ている。

　しかし、分業がもたらす矛盾は、ロッシ氏の見立てよりもはるかに深刻である。いたるところで経験されているように、またこの点では理論的にもそう言えるように、分業が進めば進むほど賃金は下がっていく。だから、われわれは細分化された奴隷労働に従事しても、そのおかげで豊かになれるわけではないことは明白だ。分業は人間を機械に変えてしまうだけである。ヨーロッパやアメリカの労働者のありさまを見るがよい。他方、分業を進めなければ、社会はふたたび野蛮状態におちいる。だから、われわれは豊かになることを犠牲にして、そのおかげで自由になれるわけではないことも明白だ。アジアやアフリカの遊牧民を見るがよい。したがって、分業の問題の解決は、政治経済学と道徳がともに必要とすることであり、両者の絶対的な要請なのである。であるのに、経済学者はいったい何をしているのか。三〇年以上も前に文人のルモンティが〔一八〇一年『理性・狂気』所収論文「分業の道徳的影響」で〕スミスの見解を発展させて、分業がひとの心を荒廃させ、ひとの命すら奪うものであることを明らかにしたが、経済学者はこれにどう応えたか。どういう研究をしてきたか。どういう方策を提案したか。そもそも問題を理解していたのか。

経済学者は毎年、ヨーロッパ諸国の商品流通について正確な報告書をだす。正確さは賞賛に値するが、経済学者のしごとは報告書づくりで終わってしまう。毛織物が何メートル、絹地が何反《たん》、鉄が何キログラム製造されたか、小麦・ワイン・砂糖・肉の一人あたりの消費量はどれだけか、かれらは知っている。どうやら経済学者にとっては、詳細な財産目録をつくるのがその科学の終点らしい。そして、自分がその国の財務長官になることが最終の目的らしい。データを山ほど集めながら、研究にすばらしい展望が開けることもない。いったい何が発見されたというのだ。データの山からあたらしい原理が出てきたか。古くからの問題のかずかずに、そこから何らかの解決が得られたか。研究にあたらしい方向性が与えられたか。

それを判断するうえで、絶好の目安となる問題がすでに用意されている。貧困の問題がそれである。貧困はいま、文明社会の事件のうちで一番よく知られている問題である。われわれはそれがどこから、いつ、どのようにして到来したか、またどれほどきびしいものなのか、だいたいのことはわかっている。文明の諸段階における貧困の度合いもわかっている。しかし同時に、貧困を撲滅しようとするこれまでの手立てがすべて無力であったこともすでに常識だ。貧困の様態は、科学的に属・種・変種に分類されてきた。貧困はそれでひとつの完全な博物学であり、人類学のもっとも重要な一部門である。ところがどうだ。つぎの事実は、集められたすべての事実から絶対に否定しがたいものとしてあらわれてくるのに、ひとびとはそれを見たがらず、経済学者はひたすら黙殺しようとする。それは、貧困が社会の慢性的な体質そのものだということである。労働と資本の対立が存在するかぎり、そして、政治経済学の絶対的な否定によってこの対立がなくならないかぎり、この体質は解消されない。こうした迷路からの出口を、経済学者はどこに見出したのであろうか。

われわれはこの点にもうしばらくこだわってみたい。

私が前節で示したような貧困は、原始共同体では一般的なふつうの状態であった。

この貧困に宣戦布告したのが労働である。

労働は、まず分業によって、それから機械、さらには競争などなどによって自己を組織する。しかし、政治経済学が明らかにしたように、そうした労働の組織化は一部分の貧困を解消するが、同時に他の部分の貧困をかならず激化させる。それが労働の組織化の本質なのではないか。われわれが知るべきはそれだ。貧困の問題は、まさにこういう形で提起されねばならない。そして、われわれはまさしくそういうアプローチで貧困の問題に取り組みはじめたのである。

貧困というと経済学者はいつでも労働者自身のせいにする。すなわち、貯蓄心のなさ、怠惰、自尊心の欠如、無知、身持ちの悪さ、早婚などをもちだす。こんな駄弁に何の意味があろう。こうした不道徳、不品行はすべて貧困の外観にすぎないのだ。ならば原因はどこにある。人類の五分の四をいやおうなく汚辱のなかにとじこめている根本原因はどこにあるのか。自然はもともとすべての人間をひとしく粗野で、ぐうたらで、卑猥で、野蛮なものとしてつくったのではないのか。貴族もプロレタリアも同じ泥土のなかから出てきたのではないのか。では、何世紀ものあいだに産業・科学・技術の驚異的な発展がつみかさなったにもかかわらず、豊かさや上品さが万人のものにならなかった理由はどこにあるのか。社会の繁栄の中心地であるパリやロンドンで、いまだにカエサルやアグリコラ〔古代ローマの軍人〕の時代と変わらない悲惨な貧困が存在する理由はどこにあるのか。教養によって洗練された貴族がいる一方で、どうして大衆はあれほど無教養のままでいるのか。民衆は不道徳だと言われるが、不道徳の点では上流階級も負けてはいないように思われる。むしろ上流階級のほうがもっと不道徳かもしれない。原罪を背負っているのは万人に平等のはずだ。ならば、もう一度たずねるが、文明の洗礼が万人に平等におよばなかった理由はどこにあるのか。進歩それ自身がひとつの特権なのではないか。荷車も馬ももたない人間は、永遠にぬかるみを徒歩で行くことを強いられるのではないか。はっきり言おう。人間は完全に無一物になると、救済を求める気持ちさえ浮かんでこない。どん底まで落ちてしまうと、はいあがろうという意欲さえ心のなかから失せてしまうのである。

デュノワイエ氏のつぎの見解は、きわめて理にかなっている。「個人がもつべき美徳のうちでもっとも必要なもの、それをもてば他のすべての美徳もつぎつぎと身につくようになるもの、それは豊かな暮らしをもとめる情熱である。貧しさやみじめな暮らしから脱却しようという激しい欲望である。劣悪な生活に満足することを許さない自尊心と競争心を同時にそなえることである。……しかし、この感情はごく当たり前の感情のように見えるかもしれないが、じっさいには不幸にも思いのほか、きわめてまれなものなのだ。禁欲を説くモラリストは安楽を求める意欲が強すぎる人間を非難するが、人間の大多数にはそういう非難は当たらない。逆に、安楽を求める意欲が弱すぎると大多数を非難するのであれば、それは大当たりである。……人間の本性として大いに注目すべきは、教養や財産に乏しい人間ほどそれを得ようとする欲望も乏しくなることである。もっとも貧しく、もっとも無教養なひとびとは、意欲をいだかせるのがもっともむずかしく、われわれがどうがんばってもかれらはなかなかその境遇から脱却したがらない。したがって、人間はあらかじめ労働によってある程度の豊かさを獲得していないかぎり、生活を改善したいとか、暮らし向きを良くしたいとか、私のことばで言えば豊かさ志向はかれの心にわいてこないのである」（『労働の自由』二巻八〇頁）。

このように、労働者階級の貧しさは一般にかれらの精神と頭脳の欠陥に由来する。あるいはパッシ氏がどこかで述べているように、かれらの道徳的・知的能力の弱さ、その能力が働かないことに由来する。その能力が働かないのは、労働者階級がいまだに半ば未開の状態にあり、生活改善の意欲も十分に活性化しないことから来る。これはまさにデュノワイエ氏が指摘しているとおりである。しかし、意欲の欠如そのものは貧困の結果であるから、したがって、貧困と無気力は相互に原因でもあり結果でもあることになる。そして、プロレタリアートはこの因果の円環のなかをぐるぐると回っている。

そこから脱出するためには、ある程度の豊かさが必要になる。すなわち、賃金が少しずつ上昇していかなければならない。あるいは、ある程度の知性や気力が必要であろう。すなわち、能力が少しずつ向上していかなければならない。この二つのことがらは、分業の自然な結果である精神と肉体の退化とまっこうから対立する。したがって、プロレタリアートの不幸はまったく自然の摂理であり、不幸をなくそうと企てることは、政治経済学のことばを借りて言うならば、革命の旋風をまきおこすことになろう。

とにかく、レバーやバネといった部品程度の役目しかできない者に、人並みの報酬はとても与えられないというのが、一般の意識なのである。金持ちはそのエゴイズムによってそれを表明し、プロレタリアートはその無関心さによってそれを表明する。それはきわめて高尚な道徳観にも根ざしており、立派な根拠があるとされる。ありえない話であるが、かりに末端の単純労働者でも物質的な豊かさが味わえるようになったら、世の中にはとんでもなく恐ろしい光景が生じるであろう。かつてローマ人は世界の富をむさぼりながら、愚鈍化した知性のせいであたらしい楽しみをつくりだすことさえできなくなった。これからは、くだらないしごとに従事する労働者がかつてのローマ人のようになるのだ。教育ぬきの豊かさは民衆を愚鈍化させ、礼節を失わせる。これは大昔のことばにもあるとおりだ。「肥え太ると足蹴にする」と旧約聖書『申命記』〔三二章一五節〕にある。おまけに、単純労働者は自分でもこう判断する。パンが手に入り、粗末でもベッドで寝られ、日曜に酔っぱらえれば十分だ、と。じっさい、それ以上は労働者のためにならないし、公共の秩序を乱すことになる。

実例としてリヨンの話をしよう。リヨンには、市が認めた独占のおかげで、大学の教授や省庁の局長よりも高い賃金を得ている一階級が存在する。船荷をかつぐ仲仕たちである。リヨンの船着き場での貨物のつみおろし代は、仲仕の組合「リグ」が設けた料金表によれば、一〇〇キロあたり三〇サンチームだ。この値段だと一日一二フラン、一五フラン、あるいは二〇フラン稼ぐ者もざらにいる。船から倉庫まで四〇袋から五〇袋運ぶだけでよい。だから数時間のしごとだ。稼ぎが良くて、ゆとりもできると人間の徳性も向上するはずだというなら、ここには子どもにとっても父親にとっても知性を向上させる絶好の条件がそろっている。ところが、少しもそうはならない。リヨンの仲仕たちはいまでもあいかわらず酒飲みで、下劣で、粗暴で、破廉恥で、エゴイストで、卑怯なままだ。これは言うのもつらいことだが、しかし、そこに真実があるかぎり、私は義務としてはっきり述べておきたい。すなわち、労働者階級のあいだで第一になされるべき改革のひとつは、一部の労働者の賃金を引き下げて、同時にほかの労働者の賃金を引き上げることである。民衆の下層階級がとる方策として、しごとの独占は最低の策だ。とりわけ、それが愚劣な利己主義を助長するだけのばあいはなおさらである。リヨンの絹織工が反乱をおこしたとき〔一八三一年〕、仲仕をはじめ河岸で働く者たちはほとんど全員が、その反乱に共感を示すどころか、むしろ敵対した。河岸以外の場所で起こることには少しも心を動かされない。専制のために働く家畜と化しているので、自分たちの特権が維持されるかぎり、政治にかかわったりはしない。しかし、少しかれらを弁護するようなことも言わねばなるまい。しばらく前から競争のために料金を値下げせざるをえなくなっており、そのせいで、本性が鈍重なかれらにも社会的な感情が目覚めはじめた、あと何回か値下げが続き、それがさらに貧困で味つけがされれば、リヨンの仲仕組合「リグ」は、あらたなバスチーユ攻撃が必要となったときに、その戦闘の精鋭部隊となるであろう。

要するに、今日のような社会体制のもとでは、プロレタリアートが教育によって豊かさを手に入れることも、また豊かさによって教育を手に入れることも、どちらもありえないのである。ありていに言えば、人間＝機械であるプロレタリアは、安楽な暮らしにも教育にも耐えられないのだ。それはともかく、賃金は上昇せず、むしろたえず下落していくものだし、また、教養を身につける機会があっても、かれらにとって教養など何の役にも立たないことは明らかである。したがって、プロレタリアはたえず野蛮と貧困にむかって引きよせられていく。ここ数年、フランスやイギリスでは、貧困層の生活を改善すべく、児童労働、女性労働、そして初等教育にかんしてさまざまの対策が講じられてきた。根底に何かしらラディカルな考えかたがあってのことかもしれない。しかし、それはけっきょく、経済学の与件や既成の思い込みをみごとにくつがえしてしまった。労働者大衆にとって進歩とは、いぜんとして七つの封印で閉じられた巻物のままなのである。とんちんかんな立法措置をしても無慈悲な謎を解くことはできない。

さて、経済学者は長いあいだルーチンをくりかえしているうちに、とうとう社会の事象を把握する力を失ってしまったが、社会主義者のほうも、分業がひきおこすアンチノミーを上手に解決できたとは言えない。いや、もっとひどい。社会主義者はただ反対を唱えただけだった。たとえば、細分化された労働の画一化に反対して、どの労働者も一日に一〇回、一二回、あるいは二〇回、好きなようにしごとを変えられる、いわゆるしごとのヴァラエティを主張する社会主義もあったが、これもやはり否定の域を出ない。

末端作業の内容を一日一〇回、一二回、二〇回チェンジすれば、それで労働は総合的なものになるのだろうか。つまり、単純労働の断片を二〇ピース集めると、芸術家の一労働日にひとしくなるのだろうか。かりにそういう芸当ができるとしても、労働者に責任をもたせ、それぞれのしごとを自分のしごととして引き受けさせる必要があるから、そういう細工はそもそも話にならない。そんな細工をしても、労働者の肉体的・精神的・知的な向上は得られまい。ひとつのことに集中できないのは労働者として無能であり、とても一人前にはなれないという証明にすぎない。共産主義者やその他の組織者たちも似たようなことを言う。かれらは分業のアンチノミーの解消などほとんど主張せず、全員が労働のヒエラルキーを組織化の本質的な条件として承認する。すなわち、末端の単純労働者と総合職をつとめる労働者への分類を認める。そして、能力の格差は財産の不平等の基盤であり、つねにその口実にされるが、それはあらゆるユートピアにおいても社会の基軸として認められる。改革者たちのプランは、ただそのロジックで評判を得ようとした。かれらは、まず労働の単純さ、単調さ、画一性、断片性を否定し、そのあとで多元性を**総合**として提示してみせたのである。そういう着想にはすでに評価が下されている。かれらは学校に戻って出なおすしかない。

しかし、それならおまえはどうなのだ。読者はおそらく私にそう問いかけるだろう。おまえは批判ばかりしているが、おまえ自身の解決法はどうなのだ。労働者の責任、労働者の人格、一言でいうなら労働者の専門性、それを保持しながら、労働の極端な分割と最大化されたそのヴァラエティをひとつの調和のとれた複合的な全体としてまとめるような、そういう総合を示せ。

よろしい。私の答えはこうだ。事実に向かいあおう。人類に尋ねよう。われわれは人類以上に良いガイドを得ることはできない。価値の振動のつぎに見えてくる分業は、利潤と賃金にたいして歴然とした影響を与える経済的な事実である。分業は、神が産業という大地にうちこんだ最初の道しるべだ。われわれの大がかりな三角測量はここを出発点とする。そして測量の究極において、われわれ一人ひとりの、そしてわれわれ全員の権利と義務が確定されるにちがいない。だから、われわれは標識にそって進んでいこう。それをはずれれば、われわれは道を失って途方に暮れるしかないだろう。

「その足跡まことにありがたく、どこまでもあとを追うべし」。

〔スタティウス作の叙事詩『テーバイス』一二巻八一八行〕

第四章　第二段階——機械

「わが国の工業地帯で**苦しみが続いている**ことを、深く残念に思います」。

英国議会におけるヴィクトリア女王のことばである。

いずれの国であれ君主が深く残念に思うべきは、社会のしくみからしても、また権力の本質からしても、君主はひとびとの災難のたんなる傍観者にすぎず、民衆の苦しみをいやすことは絶対にできないということである。それに心をとらわれることすら許されない。労働や賃金の問題に権力はいっさい関与すべきではないと、経済学の代表的な理論家たちは口をそろえて言う。国王、支配者、君主、権力者など、すべての神兵は、神にさずけられた栄光ある領分の高みから、社会の苦しみを眺めるだけで、その嵐に近づくことさえできない。かれらの力は、風や波にはおよばないのである。国王は地上の人間を救済するために何をすることもできない。そして、理論家がそう述べるのはまったく理にかなっている。君主は社会を革命するためではなく、現状を維持するためにその座につけられた。ユートピアを実現するためではなく、現実を守るためなのだ。君主は相対立する原理の一方を代表する。調和がつくりだされれば、自分は消えてしまう。だから、かれにとって、そんなことは絶対にあってはならないことだし、不条理なことなのである。

しかし、さまざまの現状擁護論を無視して、思想の進歩は制度の外観をたえず変化させていく。立法者が望みもせず予想もしなかったものを、つぎつぎと必要なものにする。たとえば、租税の問題は分配の問題になる。公益の問題は国民の労働と産業組織の問題に、財政の問題は金融機関の問題に、国際法の問題は関税と販路の問題になる。そういうものは日に日に統治の対象となっており、しかもその動きは止められないにもかかわらず、理論にしたがえば、君主はけっしてそういうものに関与してはならない。つまり、ひとが何と言おうとも、君主はその産みの親である神と同様、ひとつの仮説、ひとつのフィクションにすぎず、またフィクションでしかありえない。それは一貫して言えることである。

だが、君主および君主が守っている利益は、あらたな原理の登場や、あらたな権利の確立によって、あっさり後退したり、消滅したりするはずがない。したがって、進歩はまず目に見えない動きとして精神において成就したあと、社会においては一足飛びに実現する。いろいろ非難を浴びようとも、まさしく力こそが改革にとって不可欠の条件なのである。反乱する勢力が抑えつけられている社会はすべて、進歩の可能性がない社会なのだ。歴史によってこれほどみごとに証明された真実はない。

立憲君主制で言えることは、代議制民主主義でもやはり真実である。社会契約はいたるところで権力を束縛し、その存続を終わらせようとした。立法者が自分自身の目的に反する働きかたをする場面は見られず、またそれ以外のことが起こる可能性もなかったからである。

議会というコメディのへたくそな役者である君主や議員の諸君よ、諸君の正体はつまりは未来を封じようとする魔よけの札にすぎない。毎年、民衆のうめき声があなたの耳にとどく。解決を求められると、それを無視するのがあなたの賢さだ。そういう特権を守る必要があるだろうか。特権、すなわち強者の権利はあなたたちをつくりだしたが、たえず変化する。そういうものを後生大事にする必要があるのか。あなたが首を一振りすれば、巨大な軍隊がすぐに出動し、戦闘態勢に入る。しかし、民衆が働いて働いてなお、いや働けば働くほど生活が苦しくなると訴えても、また社会全体から生活の要求がだされても、あなたはただ慈悲の祈りをささげてみせるだけだ。あなたの全精力は、いっさいが変化しないようにするために注がれ、あなたの徳は、民衆の願いを放置することですべて消え去る。あなたはファリサイ人《びと》と同じで、父親のために祈りはするが、父親を養ったりはしない。ああ、ずばり言ってしまおう。あなたの秘密の使命はばれている。あなたはわれわれの生活の妨げでしかない。「ならば支配者の資格なし」〔ローマ皇帝ハドリアヌスが市民の苦情を聞かずに通りすぎようとしたとき市民から浴びせられた叱声〕。とっとと去りたまえ……。

権力によって何をなすべきか、それをわれわれはまったくべつの観点でとらえる。われわれが望む政府がとくになすべきことは、まさしく未来をきりひらき、進歩を追求し、万人に自由と平等と健康と豊かさを獲得させることである。もちろん、われわれは勇気をもって批判の作業を続けていく。社会の害悪の原因、狂乱の動因、動乱の契機をあからさまにしていく。問題を解決する力がかならずわれわれにはあるはずだ。

第一節　機械の役割——自由とのかかわりにおいて

機械は、分業の法則に対抗するものとして、そして分業の法則によって大きく損なわれた均衡を回復させるものとして産業に導入される。機械の導入がおよぶ範囲を見定め、その精神をつかまえるには、いくつかの総合的な考察が必要となる。

近代の哲学者たちは、過去の哲学論文を収集・分類したが、そうした作業の性質によって必然的に歴史をあつかうことになった。そして、かれら自身が驚いたことに、哲学の歴史は根底において歴史の哲学と同じものだと知る。哲学史と歴史哲学は見かけはまったく異なるが、この二つはやはり形而上学の諸概念が活躍する学問、つまり哲学そのものにほかならなかった。

また、広汎な歴史の素材は数学、博物学、社会経済学など、あれこれの学問分野に分けられるが、よく見れば、そのそれぞれが形而上学を含んでいる。歴史全体をどこまで下位区分しても、同じことが言える。したがって、自然現象であれ人間のいとなみであれ、その根底には完全な哲学があるのである。それは素材の大小や性質のちがいをとわず、公平に存在する。それぞれが最高次元の概念に到達するために用いられるパラダイムは、いずれも対等である。つまり、理性を正しく働かせることは、普遍性の高い科学においても、日常の小さないとなみにおいてもひとしく必要なことなのだ。すべての職人を哲学者にするためには、すなわち、すべての職人にものごとを一般化し総合する力を身につけさせるためには、教育すればよいのである。何の教育か。それは各自の職業教育である。

たしかにこれまでは、哲学は、富と同じく一部の階級だけのものであった。歴史哲学、法哲学、その他もろもろの哲学は、いまなお一部の占有物であり、高貴な家柄に属するあれこれとともに占有は消滅すべきである。しかし、この大がかりな平等化をなしとげるには、まず労働の哲学から始めなければならない。そして、そのあとで労働者は一人ひとりがそれぞれ自分なりの哲学に取り組めるようになるだろう。

じっさい、あらゆる工芸品、産業製品、あらゆる政治体制、宗教組織は、あらゆる有機物、無機物と同様に、すべて哲学の現実化、哲学の自然で実践的な応用にほかならない。そのことから、自然と理性、存在と観念は同一の法則にしたがうと言える。われわれの問題として言うならば、経済の現象はつねに純粋な思考の法則に合致する。人間にかんすることがらにおいて、現実と理念は等価である。このことが明らかにされれば、われわれはただこの絶対的な証明を個々のケースでくりかえすだけでよい。

これにはもう少し説明が必要だろう。

価値の確定は、富の生産と分配を価値そのものにおいて組織することであるが、それをおこなうさい、社会はちょうど理性が概念を生成するときとまったく同じことをする。社会はまず分業を初源の事実とし、最初の仮説を立てる。分業はまさしくアンチノミーそのものであり、アンチノミーが精神においてもたらすものと同じように、社会経済に二つの相互対立的な結果をもたらす。そこで産業の運動は、まったく理念の流れにしたがって、二つに分かれる。一方は有益な結果につながり、他方は破壊的な結果につながるが、両方とも必然であり、同じひとつの法則にのっとって生まれたものである。こうした二面性をもつものを調和的な原理として構築し、もとのアンチノミーを解消するために、社会は第二のアンチノミーを登場させる。しかし、第二のアンチノミーのすぐあとに第三のアンチノミーが続く。社会の矛盾をすべて検討しつくすまで——人類における矛盾に限界があるとすればの話だが、限界があると証明されているわけではない——、社会という天才はこうした歩みを続けるだろう。そして、先行するすべての段階へ一挙に舞い戻り、すべての問題をたったひとつの公式でいっぺんに解決する。

本書において、われわれはこのように現実と理念をパラレルに展開する方法をとる。これには二重のメリットがある。第一に、しばしば経済学者にむけられる唯物論という非難をまぬがれることができる。たしかに経済学者にとって、事実はひとえに事実、物質的な事実であるが真実である。われわれの見解は逆だ。事実は物質ではない。そもそも、われわれは物質ということばが何を意味するか、知らない。われわれにとって事実とは、目に見えない理念が目に見えるものとしてあらわれることである。したがって、事実の真実性はそれが表象する理念によってのみ測られる。経済学者がそのいずれにも絶対的な権威を認めた使用価値や交換価値、さらには分業そのものを、われわれは非合法的なもの、不確かなものとして否定したが、その理由もここにある。

第二に、唯心論、観念論、神秘主義だと非難されることもない。われわれは理念が外的に表出したもののみを考察の出発点として認める。理念は表象されるものでないかぎり、われわれが知りえないものであり、存在しないものである。それはたとえば太陽だけが無限の真空のなかにぽつんと浮かんでいるかぎり、光というものは無にひとしいのと同様である。また、われわれは神の起源とか宇宙の起源といったアプリオリにいっさい頼らない。実体とか原因とか自我とか非自我とかの探求はいっさいおこなわない。われわれはただ存在の法則を求めたいだけである。そして、存在が表出するシステムを、理性がおよぶところまで追うにとどめる。

たしかに、あらゆる認識はぎりぎりまでいくと神秘にぶちあたる。たとえば物質と精神がそれだ。われわれはこの二つを、あらゆる現象を下からささえる未知なる本質として認める。しかし、だからといって、神秘こそが認識の出発点であるとか、神秘主義こそ論理の必要条件だということにはならない。まったく逆である。神秘主義はわれわれの理性の自発性によって後退の一途をたどっている。あらゆる神秘はまさしくアプリオリに否定される。なぜなら、神秘とは否定されてはじめて神秘らしくなるものであり、しかも、神秘主義の否定は理性が経験を必要とせずにおこないうる唯一のことがらだからである。

要するに、人間にかかわる事実はいずれも人間の理念の体現である。したがって、社会経済の法則を研究することは、理性の法則を理論化することであり、哲学を創造することである。ここから、ようやくわれわれは本来の研究のみちすじをたどることができる。

前章は、労働者と分業の法則がぶつかりあうことを述べたままで終わった。あのスフィンクスの謎を解いたオイディプスならこの謎の解明にどう取り組むだろうか。

社会において機械が続けざまに出現すること、これは分業のアンチテーゼ、分業の逆をいく公式である。労働の殺人的な細分化にたいし、産業の天才が示す抗議である。機械とはじっさいに何なのか。分業によってバラバラに断片化させられた労働をふたたび集合させる方法だ。機械というものはすべてつぎのように定義できる。すなわち、複数の作業の集約、動力の一元化、労働の凝縮、コストの削減。これらがすべてかかわりあって、機械は分業の対極をなす。したがって、細分化された末端労働者は機械のおかげで元気を取り戻す。労働者の苦しみは軽減し、生産物の価格は下がり、価値どうしの関係に動きが生じ、あらたな発見にむかっての進歩が起こり、社会全体の豊かさが増大する。

ひとつの公式の発見が幾何学にあらたな可能性をもたらすのと同様に、ひとつの機械の発明は肉体労働を省略させて生産者の力を増大させる。分業のアンチノミーは、すっかり解消するわけではないにせよ、機械によってバランスがとれ、中和されると考えられる。シュヴァリエ氏の講義録を読めば、機械の使用は数えきれないほどのメリットを社会にもたらすことがよくわかる。なかなかおもしろいので、一読をおすすめする。

機械は、政治経済学においては分業に対立するものであるが、人間の精神のなかでは分析にたいしての総合を表象する。少し先回りして言うと、分業と機械ですでに政治経済学の全体が見てとれるように、分析と総合、これが論理のすべてであり、哲学のすべてなのである。労働する人間はかならず分業と道具の使用を交互におこなうが、同様に、ものを考える人間はかならず分析と総合を交互におこなう。それがすべてであり、それ以上のことは絶対に何もしない。労働も理性も、けっしてそれから先に進むことはないだろう。プロメテウスもネプチューンも、三歩で世界の端に達してしまうのだ。

この原理は、数学の定理のように単純明快だが、そこからじつにたくさんのことが導き出される。

知性の働きにおいて分析と総合は本質的に不可分であり、また、理論はきちんと経験をふまえているばあいにのみ正しいとされる。そして、労働はまさしく、分析と総合をあわせたものであり、理論と経験をひとつの連続した活動として統一したものである。したがって、労働とは論理の外的な形態であり、現実と理念をひとつにまとめたものなのである。このことから、労働があらたに教育の普遍的なシステムとして考えられる。諺にもあるとおり、ひとは「鉄を打ちながら鍛冶屋になる」のである。あらゆる教育システムのなかで一番バカげているのは、知能と実践を分離し、一個の人間を半分は空論家、半分は自動人形にしようとする空疎な方式である。だからこそ、われわれはシュヴァリエ氏やデュノワイエ氏その他、大学教育の改革をもとめるひとびとのまっとうな訴えに賛同する。また、こうした改革が成果をもたらすとわれわれが期待した根拠もここにある。教育は、体験と実践をとりわけ大事にしなければならない。講義はただ労働を説明し、要約し、調整するためのものでしかない。想像力や記憶力で学ぶことのできない者でも、目で見て、手を動かせば学ぶことができる。このような教育がおこなわれれば、やがて、さまざまの形態の労働によってひとびとの能力は増大するであろう。誰もが、何かしらについて理論を深め、それによって哲学のことばづかいを身につけるだろう。たとえ一生に一度だけだとしても、チャンスがあればわれわれは誰でも、ものを創造し、修正し、完成させて、自分の英知と理解力を証明し、自分なりの傑作を生み出すことができる。一言でいえば、人間であるあかしを示すことができるだろう。記憶力は不平等でも、人間としての能力が互いに等価であることになんら変わりはない。天才というのは、もはやその実体でしか見えなくなってしまう。すなわち、天才とは精神が健康だということにすぎない。

一八世紀の才人たちは、天才とはどういうものか、才能とどうちがうのか、精神とは何か、などについて長談義をしてきた。かれらは、社会において人間を分けへだてるのと同じ区別を、知的領域にもちこむ。かれらによれば、国王や支配者の天才があり、大公の天才、大臣の天才がある。それから貴族の精神、ブルジョワの精神がある。さらに、都会の才能、田舎の才能がある。社会の最下層にいる無教養な勤労者大衆は、エリートの輝きなどもたず、荒削りの魂しかもっていないと言うのであった。今日でも、ことばだけは上品になったものの、中身はあいかわらず無礼な考えが語られている。国王は自分の利益のため、文人は自分たちの虚栄心のため、そして社会主義者は善人ぶりたいために、こういう考えかたを広めようとする。かれらは、国民の奴隷状態を永続化させ、ものごとには序列があると言いたいのである。

しかし、どうだろう。精神の働きはすべて分析と総合の二つに帰着するが、この二つはべつべつのものでありながら、互いに切り離せない。したがって、しごとや学問は無限に多様でも、人間の知性は何においても、かならず白地のキャンバスに向かうことから始めざるをえない。だとすれば、天才とはたんに健全な人間をさす。たくさん働き、たくさんのことを考え、たくさん分析・比較・分類・要約・結論してきたひとのことをさす。一方、才能が頭打ちのひとは、自分の能力を発展させず、いつもどおりのルーチンにひたって、無気力で機械的な生きかたをして自分の知性を殺してしまったひとである。年齢のちがいにすぎないものを性質のちがいとして区別するのはバカげている。また、成長の度合いのちがいや、自然の偶然性によるものは、労働や教育によって日ごとに消滅していくものだから、そうしたちがいを特権に変えたり、排除の理由にするのはバカげている。

心理学者はことば巧みに、人間の心を王族・貴族・ブルジョワ家族・プロレタリアートに分けたが、天才については、そうした一般的な分けかたはできないと見た。天才は専門的なものだと言う。かれらによれば、詩人ホメーロス、哲学者プラトン、彫刻家フェイディアス、数学者アルキメデス、軍人カエサルなどはみんな、それぞれの分野の第一人者だと思われるので、それぞれに独立した王国の支配者として平等なのだと言う。自己矛盾もはなはだしい主張だ。天才の専門性は、知性は平等だという法則をあからさまにするものではないか。また、天才の作品の輝きが時代を超えて続くのは、天才が無自覚のまま、その作品の成功を保証する原理に忠実・正確にしたがっていることの証明ではないか。天才が花を開かせるのは、人間がどこまでも成長可能であることの輝かしい証明にほかならないのではないか。そうでなければ、天才の栄光とは、大半の人間の生まれつきの愚かさに乗じて、自分たちのホラを信じさせようとする心理学者の白昼夢にすぎない。

さて、労働の能力が区分され、分業によって全体の均衡が準備される。そのあとで、機械が登場し、あえて言うなら知性の武装を完成させる。ときには経済の原理どうしの対立による異変もあるが、歴史の証言や科学的な分析にしたがうなら、人間の知性は、その強さや明晰さや広さに差があるのではない。知性の差は、まず第一に、各人の専門のちがいにある。スコラ的な言いかたをすれば、質の確定にある。第二は、訓練と教育の差である。したがって、個としての人間においても集合としての人間においても、知性とは、しだいにもたらされ、形成され、発達していく能力であり、「作られるもの」なのである。けっして学習以前にすっかり完成したものとして存在する実体、いわゆるエンテレケイアではない。理性、あるいは天才とか才能とか手腕などと名づけられるものは、出発点においては活力も何もないたんなる潜在能力にすぎない。それは少しずつ大きくなり、強くなり、色がつき、形をなし、奥の深い陰影もそなえるようになる。それをどれだけ身につけたかによって、つまり元手をどれだけ貯めこんだかによって、知性は個人ごとに異なっているし、成長とともにさらに異なるだろう。しかし、潜在能力として初源的には平等であったように、社会の進歩は教育方法をたえず改善して、知性をふたたび万人平等なものにしなければならない。そうしないかぎり、労働は一部の人間にとっては特権、その他の人間にとっては懲罰であり続けるであろう。

すでに見たように、能力の均衡は分業において開始された。しかし、能力を均衡させることが機械のはたすべき使命のすべてではない。神のまなざしはもっと遠くにまでおよぶ。経済への機械の導入は**自由**にむかっての跳躍となる。

機械とは、人間の自由のシンボル、人間による自然支配のしるし、人間の力の表象、人間の権利の表現、人間の人間らしさの標識である。自由と知性、これが人間のすべてだ。なぜなら、人間存在を実体（精神とか物質）の観点から考察したものはすべて神秘的で不可解な空論でしかなく、これを排除すれば、人間存在を示すものとしてはもはや二つのカテゴリーしか残らない。ひとつには感覚・意志・情念・引力・本能・感情などと名づけられるものすべて、もうひとつには集中力・記憶力・想像力・比較・判断・推理などという名で分類されるものすべてが含まれる。人体というのも、この二種類の能力の基礎とか原理とかではなく、二つの能力の総合的・積極的な実現、生き生きと調和した表現としてとらえられねばならない。社会の組織化は、人類の何世紀にもわたる原理の敵対をへて実現せざるをえないものであるが、人間というものもまたまったく同様に、二つの系列の潜在能力の合成として考えられなければならない。

こうして、社会経済学ははじめは論理の学としてあらわれるが、研究をすすめていくと心理の学となる。知性と自由を育てること、つまり人間を豊かにすること、これはまったく同義の表現である。そして、それを政治経済学と哲学は共通の目的とする。富の生産と分配の法則を明らかにすることとは、理性と自由の法則を客観的・具体的な姿で明らかにすることであり、哲学と人権をアポステリオリにつくりだすことである。すなわち、われわれはどちらをむいても、完全に形而上学のなかにいるのである。

ではこれから、心理学と政治経済学の両方のデータにもとづいて、自由の定義を試みよう。

人間の理性は、本来キラキラすきとおっている原子のようなもので、最初はまったく無地だが、やがては全宇宙を表象できるようになる、と考えられる。とすれば、自由もそれと同様に、意識の発端においてはたんなる元気、「動点」、あいまいで盲目的で、外部については無関心な自発性にすぎないが、やがては外部のあらゆる印象や意向や傾向を受けいれられるようになる、と考えてよいだろう。自由とは行動する能力であり、行動しない能力である。選択あるいは決断により（私がここで言う決断は、積極的なものと受動的なものの両方をさす）、自由はいずれにせよ無関心から脱して、意志となる。

したがって、私に言わせれば、自由は知性と同様に、そもそもは不確定で不定形な能力であるが、のちに外部の力によって価値と性格をそなえるようになる。つまり、最初は消極的な能力だが、訓練によって、すなわち教育によって少しずつしっかりと形が整った能力となる。

自由についての私の考えをわかってもらうために、私の知るかぎりでの自由《リベルテ》ということばの語源を紹介しておきたい。その語根はラテン語のリベット＝「喜ばしい」（ちなみにドイツ語でもリーベン＝「愛する」）である。これから派生したのがリベリ＝「子どもたち」、すなわち、われわれにとって愛しい者たち、父親にとっての子どもたち。リベルタス＝「高い身分に生まれた者の性質、性格、気質」。リビドー＝「奴隷の情念」で、神も法も祖国も知らない者の情念をさし、リケンティア＝「勝手気まま」の同義語である。そこから、自発性が有益で高潔で善良なものであれば、それはリベルタスと呼ばれ、反対に、自発性が有害で邪悪で卑劣で悪辣なものであれば、それはリビドーと呼ばれることになった。

聡明な経済学者であるデュノワイエ氏による自由の定義もこれに近い。われわれの定義を補完するために、引用しよう。

「私が自由と呼ぶのは、人間が自分の活動にとっての障害を克服していくにつれて自分の力をますます自在に活用できるようになることである。つまり、その活用をさまたげていた原因から解放されるにつれて、あるいはそうした原因から遠ざかるにつれて、あるいは自分の活動範囲を拡げてスムーズに動けるようになるにつれて……、人間はますます自由になる。じっさい、あのひとは自由な精神をもっているとか、精神の自由をおおいに楽しんでいるとか言われるのは、そのひとの知性が外部のいかなる暴力にもわずらわされないばあいはもちろんだが、それだけではない。その知性が酒のせいで曇るとか、病気のせいでゆがむとか、訓練不足のせいで無力のままだとか、そういうことがないばあいである」。

たしかに、デュノワイエ氏はたんに自由の一面、障害がないことを意味する消極的な自由しか見ていない。そこだけなら、自由は人間に内在する能力ではないことになる。つまり、何ものでもないことになる。しかし、デュノワイエ氏はその不完全な定義にこだわりながらも、つぎのように言うとき、ものごとの真実の面をとらえている。すなわち、人間は機械を発明することによって自由を発動させる、と言うのだ。ただし、それはわれわれが言うように、人間が自由を決定づけるからではなく、デュノワイエ氏の言い回しによれば、これで人間がその分だけ面倒をまぬがれられるからにすぎない。「じっさい、身体言語よりも音声言語のほうが道具としては便利だ。身ぶりよりも口をつかったほうが、自分の考えをもっと自由に表現できるし、相手の心に刷りこむことができる。文字は、音声よりもさらに強力な道具である。たんに口で話すよりも、ことばを目に見える形であらわすほうが、ひとびとの心をもっと自由に動かすことができる。さらに、手書きのものよりも印刷した文字のほうが道具として二、三〇〇倍も強力だ。したがって、考えを広めるためには手紙より印刷物のほうが、二、三〇〇倍も自由に他者との関係をつくることができる」。

こうした自由のとらえかたには不正確で非論理的なところがあるけれども、私はそれをあげつらいたいわけではない。たしかに、コンディヤック哲学の最後の代表者であるデステュット・ド・トラシ以後、フランスの経済学者のあいだでは哲学の精神はすっかり衰えてしまった。かれらはイデオロギー〔トラシの造語〕を恐れるあまりことばまでゆがんだ。かれらが書いたものを読むと、事実をありがたがるあまり理論のセンスまで失っていることがわかる。しかし、デュノワイエ氏も、そして政治経済学も自由の本質を見誤ったわけではないことを、私ははっきり言っておきたい。自由とは、あらゆる活動にそれ自体としては無関心で、したがって善にも悪にも、益にも害にもなりうるような力、エネルギー、自発性なのである。デュノワイエ氏がつぎのように書くとき、かれは真理をつかみかけていた。「私は、自由をドグマとして考えるのではなく、ひとつの成果として提示したい。自由は人間の属性ではなく、文明の属性なのだと言いたい。自由を確立してくれる政府の形態をあれこれ想像するのでなく、自由は「われわれの進歩のなかからしか生まれない」ものであることを全力で明らかにしたい」。

そのあとに続くかれのことばにもうなずけるものがある。

「私の方法がドグマティックな哲学者たちの方法とどれほど異なっているか、みなさんもすぐに気づかれるだろう。かれらは何かにつけて権利と義務をもちだす。しかも、それは政府にはなすべき義務があり、国民にはそれを要求する権利がある、というものだ。一方、私はけっして大上段に、人間は自由である権利を有する、などと言わない。私はただ、いかにして人間は自由になるのかを問うにとどめる」。

こうした発言にもとづくなら、デュノワイエ氏が書き上げようとした著作は数行で要約できるだろう。すなわち、それは自由を抑制するかずかずの障害と、自由を促進する手立て（道具・方法・思想・慣習・宗教・政府など）についての**再吟味**なのである。そういう部分を省かなければ、デュノワイエ氏の著作はまさしく政治経済学の哲学になったはずだ。

政治経済学は自由の問題を提起したあとで、自由について、心理学による定義にも、ことばの類似性にもとづく語源的な定義にも完全に合致するような定義をほどこす。こうして人間の研究は、自我を熟視することからしだいに現実を観察することへと移っていくのである。

さて、人間の理性は限定されると理念と呼ばれるようになる（アプリオリに想定される包括的な理念、すなわち原理・概念・カテゴリーと、副次的な理念、すなわち経験によって個別に獲得されるものがある）。――まったく同様に、自由も限定されると意志・感情・慣習・習俗と呼ばれるようになる。それから、ことばはもともと具体的であり、最初の心理学はそういうことばで成り立っていたが、やがてひとびとは、理念にはそれが存立する場あるいは能力として知性ということばをあてがい、意志や感情には意識ということばをあてがうのが習慣化した。こうした抽象的なものを哲学者たちは長いあいだ現実と見なしてきた。心的な能力に生まれつきの差があるというのは幻想にすぎず、そんな心理学は幻覚にすぎないのに、哲学者は誰ひとり、そのことに気づかなかった。
それはともかく、われわれの考えによれば、限定の対象である理性と自由の二つが、ひとつの生きた人格、合理的で自由な人間として有機的に結びつき、融合する。そう考えるならばすぐに理解できるように、理性と自由は互いに助けあい、相互に影響しあうものなのである。かりに理性のまちがいや不注意によって、もともと盲目的な自由が不正で有害な習慣につながれば、理性そのものもやがてその影響をこうむるだろう。理性は、ものごとの自然な関係に合致した正しい理念をもつのではなく、偏見だけをもつようになる。しかも、偏見というのはひとが年をとるごとにますます意識になじんでくるので、知性から取り除くのもますますむずかしくなる。そうなると、理性も自由もちぢこまる。理性は成長を阻害され、自由は発展を抑圧される。人間は道を踏みはずす。よこしまになると同時に、不幸になる。

じっさい、矛盾した認識と不完全な経験のせいで、理性は経済学者の口を借りて、価値のルールなど存在しないとか、需要と供給だけが市場の法則なのだと言い放った。そして、自由は、野望やエゴイズムやギャンブルの横行につながった。商業はときどき取り締まりを受ける賭けごとのひとつにすぎなくなった。貧困は富の源泉のなかから出てきた。社会主義は、それ自身が慣習の奴隷であり、原因に立ち向かったりせず、ただ結果に文句を言うことしかできなかった。理性は、これほど多くの悪を目撃したのだから、自分がまちがった道を歩んでいると自覚すべきであった。

理性と自由がならんで歩むばかりでなく、その歩みをけっして止めずに前進してこそ、はじめて人間は豊かな暮らしに到達しうる。ところで、自由の進歩も理性の進歩も、ともに限界をもたず、しかもこの二つの力は互いに分かちがたく、しっかりと結びついている。したがって、こう結論しなければならない。すなわち、自由は理性の法則、ものごとの法則にそって自己を限定すればするほど完全なものになれる。理性が無限であれば、自由そのものも無限になる。言いかえれば、理性が全面開花することによって自由も全面開花するのである。「全き自由は全き理性のうちにある」。

以上は、機械の役割をただしく評価し、経済の進化の連鎖を明らかにするための前提として欠かせないものであった。これにかんして、読者には覚えておいてほしい。つまり、われわれの語る歴史は時間の順序ではなく、理念が継起する順序にしたがう。経済のさまざまの局面やカテゴリーは、あるときには同時にあらわれ、あるときには順序が逆になってあらわれる。これがあるから、経済学者は自分の考えを体系化しようとするときに、かならず大変苦労させられる。アダム・スミス、リカード、J・B・セイといった非凡な方々の著作にさえ混乱が見られるのも、理由はこれだ。しかし、経済学のかずかずの理論はそれでもやはり論理的に前後のつながりがあり、全体として知の系列をなす。その順序を発見したことがわれわれの自慢なのである。そして、本書はまさにこの順序にしたがうことによって、哲学の書であると同時に歴史の書でもあることになる。

第二節　機械の矛盾――資本と賃労働の起源

機械は労働者の苦痛を減少させる。まさにそのことによって機械は労働を短縮させ、減少させる。そして、それによって労働は日に日に供給が過剰となり、需要が減っていく。たしかに、価格が下がれば消費が増えるので、ふたたびつりあいがとれて、労働者は職場に呼び戻される。しかし、産業の改善はやすむことなく重ねられ、人間の作業を続けざまに機械に代替させていくから、恒常的な傾向として、しごとの一部はカットされ、したがって労働者たちは生産から排除されていく。だが、経済の道理は宗教の道理と似たところがある。教会がなければ救済は得られないのと同様に、労働がなければ食物は得られないのである。社会も自然も、ともに無慈悲であり、こういうあらたな死刑の判決をいっしょになって執行する。

J・B・セイはこう述べている。「あたらしい機械、あるいはもっと一般的にいえば、何によらず効率の良い手段があらわれて、それまでの人間のしごとを迅速に処理するようになると、それは人手を使うよりも便利なので、人間にはやるしごとがなくなる。――したがって、あたらしい機械は一部の労働者のしごとを取り上げるが、生産されるものの量は減らさない。だからこそ、ひとびとは機械の導入に警戒する。機械で収入が奪われるからである。しかし、最終的にはどうしても機械のほうに分がある。なぜなら、生産物の増大とコストの削減は物価の下落をもたらすので、消費者、すなわち世間の全体がその恩恵をこうむることになるからである」。

こういうセイの楽観論は、論理にも事実にも反する。ここでは、三〇〇〇年のあいだにひとつ、二つ、あるいは三つほどの、機械の導入が起こした少数の事件を問題にしているのではない。ここで問題にしているのは、規則的で恒常的で一般的な現象である。セイが言うように、収入は機械によって奪われるが、それは一回では終わらない。そのあとにまたべつの機械があらわれ、さらにそのあとにまたべつの機械があらわれる。そこになすべきしごとがあるかぎり、そして交換のチャンスがあるかぎり、かならずあたらしい機械があらわれる。現象はこのように提示すべきであり、そのようなものとして直視しなければならない。しかし、その外観は奇妙に変化するものであることも承知しておきたい。収入が奪われ、労働や賃金が抑えつけられるのは、周期的で永遠不滅の天災・疫病のようなものである。この災禍は、グーテンベルク〔活版印刷の発明者〕とかアークライト〔水力紡織機の発明者〕といった人物の姿であらわれる。その人物にはジャカール〔織機の開発者〕、ジェームズ・ワット〔蒸気機関の発明者〕、ジュフロワ・ダバン〔蒸気船の発明者〕の名をあてはめてもよい。怪物はひとつの姿でしばらくのあいだ猛威をふるう。それが終わると、姿を変えてまたあらわれるものなのだ。ところが経済学者たちは、怪物は去ったと思いこんで、「たいしたことなかったな」と叫ぶ。弁証法の重点を、問題の肯定的な側面のみにおいているかぎり、かれらはのんきでいられる。問題の否定的な側面には目をつぶっている。しかし、貧困はどうなんだと問われると、かれらはふたたびいつもの説教を始める。つまり、貧困は労働者が先のことを考えずに暮らしているせいだとか、酒ばかり飲んでいるせいだというのである。

デュノワイエ氏が書いたものを読むと、この種の愚論のほどがよくわかる。かれは言う。

「一七五〇年当時、ランカスター公国の人口は三〇万人であった」。

「一八〇一年には、紡績機のおかげでその人口は六七万二〇〇〇人になった」。

「一八三一年には、一三三万六〇〇〇人になった」。

「紡績工業の労働者数は当初四万人、それが紡績機の発明以後は一五〇万人となる」。

デュノワイエ氏によれば、このしごとに雇われる労働者の数がめざましく増大した時期には、労働の価格が一・五倍に上昇した。人口の増加は産業の発展を後追いしただけであり、その増加はノーマルで、非難しがたい事実である。いや、それどころか、まことにけっこうな事実とされる。なにしろ、それは機械制の発達の輝かしい成果として紹介されているからだ。ところが、デュノワイエ氏はとつぜん態度を変えて、こう言う。紡績機の数が増えると、その分だけしごとがなくなるので、賃金は必然的に下がった。ひとびとは機械によって呼び寄せられたが、こんどは機械によって放り出された。ここにいたって、デュノワイエ氏の言い分はこうだ。貧困の原因は労働者が結婚に走りすぎることにある。

イギリスの商業は、たくさんの顧客からの要請があるかぎり、あちこちから労働者を呼びよせる。結婚も促す。しごとがたくさんあるかぎり、結婚はおおいにけっこうなことなのだ。機械制の利点を言うときにも、こうした成果が好んで引用される。しかし、顧客は移り気だ。与えるしごとや賃金がなくなると、結婚はむやみにすべきものではないと叫び、労働者は先のことを少しも考えてないと非難しはじめる。政治経済学、すなわち所有者の独裁制はけっしてまちがうはずがないから、まちがっているのはプロレタリアートのほうでなければならないのだ。

楽観論の立場でよく引用されるのが印刷機の例である。今日、製本で生計を立てている人間の数は、グーテンベルク以前の写字生や彩色画家の数のおそらく一〇〇〇倍をはるかに上回るであろう。したがって、印刷機は誰にとっても悪いものではなかった、と楽観論者は満足げに結論する。似たような事実はいくらでも列挙できる。それらはいずれも否定しがたい事実であるが、しかし、事実を列挙したからといって問題が先へ進むわけでもない。もう一度言うが、さまざまの機械が社会全体に豊かさをもたらしたことは誰も否定しない。しかし、私はこの否定しがたい事実を直視しながら、経済学者たちはまちがっていると断言したい。経済学者は、「生産方法の簡略化が、結果的に、何らかの産業に雇用される人手を減少させたことはまったくない」と言い切るが、そういう経済学者は真実を見落としている。事実をきちんと眺めるなら、経済学者はこう言うべきであろう。すなわち、機械は分業と同じく、今日の社会経済のシステムにおいては、富の源泉であると同時に、貧困の永遠に宿命的な原因でもある。

「一八三六年、マンチェスターのある工場では、各三二四個の紡錘がついた紡績機九台が、四人の紡績工によって操作されていた。その後、キャリッジの長さが二倍になり、各機の紡錘数も六四八個になったが、操作する人間の数は二人で十分となっている」。

まさに、これが機械による労働者削減の実態である。しかけがほんの少し変わっただけで、労働者は四人に三人が追い出されるのだ。これから五〇年後、世界の人口が二倍になり、イギリスの顧客が四倍になり、いろいろあたらしい機械がつくられても、イギリスの製造業者は労働者を呼び戻すだろうか。経済学者は機械を礼賛しながら、人口の増大も良いことだと言うのだろうか。もしそうなら経済学者はマルサスの理論を捨てなければならない。結婚による子どものつくりすぎをもはや非難してはいけない。

「この流れはまだ続く。機械はさらに改良されて、それまで四人がかりでやっていたしごとが労働者一人でできるようになる」。――これでまた人手の四分の三が削減され、けっきょく人間による労働は一六分の一五削減される。

「ボルトンの一製造業者の報告によれば、一八三七年には三五人の紡績工を雇っていたが、紡績機の紡錘《ぼうすい》台車を長くしたことで、いまは二六人の雇用ですむようになった」。――労働者にたいする処刑が続いている。四人に一人が犠牲となる。

以上は一八四二年の『経済評論』からの抜粋だが、似たような話は誰でも知っているはずだ。私も印刷機の導入に立ち会ったことがある。印刷工にとってそれがどれほど災難であったか、私はこの目で見たと言える。印刷機が設置されて一五年、あるいは二〇年のあいだに、労働者の一部は植字に戻されたが、ほかのひとびとは職を失い、そして貧しさゆえに死んだひともいる。産業の革新はこのように労働者を職場から追い出すのである。――二〇年前の運河船は馬にひかれて運航していた。リヨンとボーケール間を四八隻が行き来していたが、二〇隻の蒸気船がそのすべてを一掃する。たしかに交易はおかげで盛んになった。しかし、馬ひきの船で働いていたひとびとはどうなったか。蒸気船で働くようになったか。いや、ちがう。かれらは没落した産業がかならずたどる道をたどった。すなわち、消えてなくなったのである。

さて、もうしばらく『経済評論』からの引用を続ける。産業の発展が労働者の境遇に与えた影響について、もっと積極的な考えが述べられている。

「マンチェスターでは、労働者の週給は平均して一二・五フラン（一〇シリング）である。週給が二五フランのものは、四五〇人中、四〇人もいない」。——この論文の筆者が用心深く付言していることによれば、イギリス人の消費はフランス人より五倍も多い。ということは、フランス人は一週あたり二・五フランでよいことになる。

一八三五年の『エディンバラ評論』によれば、「マンチェスターのシャープとロバートによる精紡機の発明は、労働者たちが（賃金引き下げに反対して）結束したおかげである。そして、軽率に徒党を組んだ者たちはこの発明によってきびしく罰された」。——要するに、罰される者は罰されるに値する、というわけだ。マンチェスターのシャープとロバートの発明は、時代の産物であって、労働者が賃金引き下げに反対したことはたんにその決定的なチャンスだったにすぎない。『エディンバラ評論』の反労働者的な口調に乗せられて、機械にはそれ以前のことまで罰する効果があると思わないようにしよう。

つぎは、イギリスの製造業者の発言である。「労働者はなにかにつけて反抗的なので、われわれは労働者なしでやっていく手を考えた。人間より従順な道具に人間のしごとを代行させようと、思いつくかぎり知恵をしぼり、努力した。そして、ついに目的を達成した。機械によって、資本は労働の圧迫から解放されたのである。いまはまだ人間を雇っているところでも、それは機械が発明されてその人間が不要になるまでの、ほんの一時的なものにすぎない」。

なんともあきれた考えかただ。人間を相手に商売をしていながら、社会から人間がいなくなるのを楽しみにしている。「機械によって資本は労働の圧迫から解放された」とは何だ。それは内閣が納税者の圧迫から解放されて、勝手に予算の編成を企てるようなものだ。ナンセンスのきわみである。労働者はあなたにとってコストであるとしても、労働者はあなたの商品の買い手でもある。あなたが労働者を追い払えば、かれらはもはや商品を買うことができない。そのとき、あなたは自分の商品をどう始末するつもりか。機械は労働者を踏みつぶしたあと、はねかえる力でこんどは雇い主に打撃を与える。生産が消費を停止させれば、生産そのものもすぐに停止せざるをえなくなる。

「一八四一年の年末、イギリスのある工業都市で大きな破産が四件あり、一七二〇人もの人間が路頭に迷うことになった」。——この破産はいずれも生産過剰が原因であった。すなわち、販路の不足、ひとびとの貧しさが原因であった。まことに残念ながら、機械によって資本が消費者の圧迫から解放されることもありえないのだ。不幸なことに、機械は自分がつくった繊維を買ってはくれない。この世に人間がひとりもいなくても、商業や農業や工業がちゃんと発展する社会、それが理想なのか。

「ヨークーシャーのある町では、労働者たちはこの九ヵ月、週に二日しか働いていない」。——機械のせいだ。

「ジェストンでは、評価額六万ポンドの二つの工場が二万六〇〇〇ポンドで売却された。この工場は生産量が販売の量を上回っていた」。——機械のせいだ。

「一八四一年には、工場で働く一三歳未満の子どもの数が減少した。一三歳以上の子どもに職を奪われたからである」。——機械のせいだ。機械のせいで大人の労働者もふたたび見習いに戻る。子どもに戻るのだ。この結果は分業の局面ですでに予想されていた。分業でも見られたように、労働者の質は産業の成長につれて低下していくものなのである。

この報告を書いた記者は、最後にこう述べる。「一八三六年以後、紡績業は後退している」。——すなわち、この産業はほかの産業と歩調をともにしていない。これも、価値の比例性の理論によってすでに予見されていた。

今日、労働者の結束やストライキはイギリスのどの町からも消えたように思われる。もちろん、経済学者はこうした秩序への回帰、あるいは良識への回帰と言ってもよいが、それを歓迎する。しかし、労働者が機械によって貧しくなったうえに、さらに自発的失業によって貧しくなることがなくなるからといって（私もそうなることを望むが）、状況に変化は生じるのだろうか。もし状況がまったく変化しないのであれば、未来はあいかわらず悲しいことに過去のコピーにすぎないのではないか。

経済学者は、社会全体が豊かになったことを表で示して心を安らげたがる。そして、経済学者が経済学者として認められるのも、また経済学者どうしで互いに評価しあうのも、もっぱらそれのおかげである。しかし、かれらは同時に、陰鬱で病的な想像力もそなえている。社会がますます繁栄するという物語にたいして、貧困はなおも続くという証拠をさしだす用意もできている。

テオドール・フィックス氏は、一八四四年一二月、社会の全般的な状況をこう要約している。

「一九世紀初めまでは食糧不足や飢饉が頻発し、恐ろしい混乱をひきおこしてきたが、いまではどの国も食生活はもはやそうした問題にさらされることがない。農作物の多様化と農業技術の改良によって、この二重の災害はほぼ完全に遠ざけることができた。ある計算によれば、一七九一年のフランスにおける小麦の総生産量はおよそ四七〇〇万ヘクトリットル。種麦をさしひけば、一人あたり一・六五ヘクトリットルであった。一八四〇年には、小麦の総生産量は七〇〇〇万ヘクトリットル。一人あたり一・八二ヘクトリットルである。耕地面積は革命前とほとんど変わっていない……。工業製品は食糧以上の比率で増大した。たとえば織物全体は五〇年前の二倍ないし三倍になっている。技術の改善がこうした成果をもたらしたのである……」。

「今世紀初頭にくらべると、平均寿命も二、三年延びた。これは暮らしぶりが良くなったというか、貧困が軽減されたことの動かぬ証拠である」。

「二〇年間に間接収入の数字は、税率を上げるなどの法改正が一度もないのに、五億四〇〇〇万から七億二〇〇〇万フランに伸びた。財政の進歩というよりも、経済の進歩があったことを示す」。

「一八四四年一月一日の時点で、預金供託公庫は各地の貯蓄金庫から三億五一五〇万フランをあずかっていた。そのうち一億五〇〇万はパリの分である。しかし、この制度はわずか一二年前にできたものにすぎず、また、いま貯蓄金庫からあずかっているこの三億五一五〇万フランがじっさいの貯蓄の全体をなすものではないことにも留意したい。なぜなら、蓄積された資本はべつの方面にも向けられるからである……。一八四三年には、首都に住む三二万人の労働者と八万人の家事使用人のうち、九万人の労働者が二五四万七〇〇〇フラン、三万四〇〇〇人の使用人が一二六万八〇〇〇フランを貯蓄金庫に預金していた」。

たしかに、以上のことがらは完全に真実である。それは機械制の肯定にもつながるが、これ以上に確かな真実はない。じっさい、機械は社会全体の豊かさを力強く推進するものであった。しかし、われわれが以下で追求していくことがらも、やはり真実である。機械制を否定するような結論がそこから出てくるが、それもやはり正しい。機械はたえず貧困を生み出す一因なのである。フィックス氏自身が挙げた数字で示そう。

パリに住む三二万人の労働者と八万人の使用人のうち、前者の二三万、後者の四万六〇〇〇、あわせて二七万六〇〇〇人は貯蓄金庫に預金していない。この二七万六〇〇〇人はムダづかいをする不良たちで、自らすすんで貧乏になっているとはとても言えない。倹約をしてもなお貧しく劣悪な生活をせざるをえないひとびともいる。かれらにとって貯蓄金庫は、貧困と放蕩から一時的にまぬがれるものにすぎない。したがって、こう結論しよう。自分の労働で生活しているひとびとのうち、およそ四分の三は、貯蓄金庫にお金をあずけたりしない浅はかで遊び好きの怠け者であるか、あるいは倹約する余裕もないほどに貧しすぎる者であるかのどちらかである。この二つ以外に選択肢はない。しかし、ひいきでなく常識で考えても、労働者階級が全体としてダメなのだとは言えない。したがって、欠陥はわれわれの経済体制にあると言わざるをえない。どうしてフィックス氏は、自分の挙げた数字そのものが問題を告発していることに気づかなかったのだろうか。

やがていつかは労働者全員が、あるいはほぼ全員が貯蓄金庫に預金するようになるだろうと期待するむきもある。この期待には根拠があるのだろうか。それはやがて証明されるなどと悠長に構える必要がない。それはいますぐこの場で確かめられる。

パリ五区の区長、ヴェー氏の証言によれば、「福祉事務所の名簿に記載されている貧窮者の戸数は三万、人数にすれば六万五〇〇〇人である」。一八四六年の初めにおこなわれた調査によれば、八万八四七四戸であった。――しかし、名簿に記載されていない貧窮家庭の数はどれだけあるだろうか。――ほぼ同数だろう。とすれば、正式に認定されてはいないが、それでも疑いなく存在する貧窮家庭の数は一八万戸にのぼると言えよう。では、安楽な暮らしにほど遠く、金に困って生活しているひとびとの全体数はどれだけになるか。――戸数に二をかけるとよい。つまり、パリでは総数三六万人が苦しい生活をしているのである。

ほかにも経済学者のルイ・ルクレール氏がこう主張している。「小麦ばかり話題にされるが、パンなしで生活しているひとびともたくさんいるのではないか。ほかの国ではなくこの国でも、トウモロコシやそば粉や栗の実しか食べられないひとびとがいるのではないか」。

ルクレール氏は事実をあばいている。それを解釈してみよう。まず疑いようのないことだが、人口の増大は主として大都会において感知される。そこはすなわち小麦の最大の消費地である。とすれば、社会全体の状態が改善されなくても、一人あたり平均の消費量は大きくなりうる。つまり、平均値ほど嘘をつくものはない。

ルクレール氏のことばは続く。「混ぜものの横行が話題になっている。パリ名物の水増しは罪がないと言い張るのはむなしい。ごまかしは存在するし、その元締めがいて、腕ききもいる。文献もあるし、古典的な教科書もある。……フランスはきわめて上等なワインの国である。それがどうなったか。このすばらしい富はどうなったか。プロブス〔俗称ワイン皇帝〕以来、わが国民の才能がつくりあげてきた宝はどこにいったか。値段が高くて、とても日常的には用いられないところでは、ワインは余計なものとさえ見なされるようになる。上等なワインの王国の首都パリで、民衆が飲んでいるのはなんともえたいの知れない不純な混ぜもの、胸の悪くなるような最低の飲み物だし、裕福なひとびとが自宅で飲み、また高級レストランで文句も言わずに飲んでいるのは、ワインと称せられながら、味も月並みでまずい紫色の濁った飲みものにすぎない。それは、ワインの産地ブルゴーニュやトゥーレーヌなら、もっとも貧しい農民でさえ、ぞっとするほどのひどさである。正直な話、これを見てアルコールがわれわれの体にとって絶対に必要な飲みものだと思えるか……」。

やや長い引用であったが、それはその文章が、機械の問題点について語るべきすべてのことがらをひとつの特殊なケースにおいて要約しているからである。民衆にとって、ワインの話は織物にもあてはまる。さらに拡げて、貧しい階級が消費するすべての製品・商品にあてはまる。いずれについても、もとの一般的原理は、何らかの方法で製造の費用を下げることである。コスト削減の目的は、第一に、のんびりかまえている同業者との競争上の優位を保つためであり、第二に、品質よりも値段のみを気にする無数の貧しい顧客に買ってもらうためである。通常の方法で製造されたワインは、値段が高すぎて消費者大衆にはとても買えない。酒屋の地下倉庫で眠ったままになりかねない。ワインの製造業者はそうならないようにしなければならない。醸造は機械化できないので、できあがったワインに何かを加えて、この貴重な液体をどの家庭にもいきわたらせるような方法を見つけだす。食べるものがないとき、未開人は土を食べるが、文明社会の労働者は水を飲むのである。まことにマルサスは偉大な天才であった。

社会が豊かになった指標として平均寿命の延びがあげられる。なるほどそれは事実として正しい。しかし、私としては同時に、平均の見かたには問題があると言いたい。それを説明しよう。人口は一〇〇〇万人だと仮定する。何らかの原因によって、そのうち一〇〇万人の平均寿命が五年延び、残りの九〇〇万人は以前と変わらぬ死亡率のままであれば、この増分を全体でならすと、全体の平均寿命は六ヵ月延びたことになるのだ。平均寿命と同じことは、平均の教養についても言える。知識の水準はたしかにたえず上昇しているが、今日のフランスにおいて、なおも無教養なままの人間の数がフランソワ一世の時代より減ったわけではない。鉄道で一山あてようともくろむペテン師たちは、機関車が思想の伝播のために重要だと大声でわめいた。そして、経済学者たちは文明と名がつけばどんな愚行でも賛成する立場なので、当然こうしたたわごとに唱和した。思想が遠くへ拡がっていくにはどうしても機関車が必要だと言ったのである。だとすれば、同じパリ市内の学問所から場末のサン・タントワーヌ街やサン・マルソー街への思想の伝播を妨げているものは何なのか。シテ島やマレー地区の狭くて汚い路地裏へ、つまり、パンを欠くよりももっと深刻な思想を欠いた大衆の居住地域へ、思想が拡がらないのはなぜか。乗合馬車や郵便があるにもかかわらず、同じパリに住む人間どうしのへだたりが、一四世紀より現代のほうが三倍も大きいのはなぜなのか。

機械は、社会の経済と労働者の生活に有害な影響を与える。その様態はじつにさまざまだが、すべて互いに結びつき、互いに呼応しあう。すなわち、失業、賃金引き下げ、過剰生産、過剰在庫、品質悪化、製品規格のごまかし、破産、労働者の地位の下落、人間としての堕落、そして最後には病気と死。

テオドール・フィックス氏の指摘によれば、フランス人の平均身長はこの五〇年で何ミリメートルも縮んだ。この指摘は先に紹介したかれのことばと同じ問題を提起する。すなわち、平均身長の低下は何と関係するものなのか。

一八四一年三月二二日の法律〔児童労働を制限したフランス最初の工場法〕がもたらした結果にかんして、道徳科学アカデミーで読み上げられた報告書で、レオン・フォーシェ氏はこう述べている。「若年労働者たちは顔色も体格も悪く、身長も低い。動作ものろく、頭の働きもにぶい。年齢は一四、五歳でも、みかけたところ、ふつうに育った九歳から一〇歳の子ども程度にしか成長していない。知的・道徳的発達にかんしても、かれらは一三歳になっても神の観念をしらず、自分の義務など聞いたこともないようだ。かれらが道徳をはじめてまなぶ学校は刑務所であった」。

立法をすすめてきた貴族院議員シャルル・デュパン氏にはきわめて不愉快な結果だが、レオン・フォーシェ氏がじっさいに見た現実はこれである。しかも、この現実は三月二二日の法律で改善することもできないとフォーシェ氏は宣告する。議員の無能さに憤慨してもしょうがない。

悪はわれわれにとって太陽と同じくらい必然的な原因に由来するのだ。わだちに踏み入ってしまえば、どんなに腹を立てても、あわてて対応しても、それは状況をいっそう悪化させるだけである。たしかに科学や産業はめざましく進歩している。しかしその反面、文明の重心がとつぜん変化しないかぎり、プロレタリアートの知性と暮らし向きはともに下降していくのが必然だ。富裕な階級の寿命は延び、生活はますます良くなる一方で、貧乏人たちの寿命は短くなり、生活も悪化していくのが宿命だ。以上の結論は、ものごとをもっともよく考えた方々、私に言わせればもっとも楽観的な方々が書いたものにもとづいている。

ド・モローグ氏〔農学者〕によれば、年間の生活費が九一フランだけのひとが、フランスに七五〇万人もいる。一日あたり二五サンチームである。つまり、「五スー、わずか五スーだ」。この憎々しげなことばのくりかえしには、なにかしら予言めいたものがある。

イギリス（スコットランドとアイルランドは除く）における救貧税の伸びは以下のとおり。

一八〇一年——四〇七万八八九一ポンド　人口　八八七万二九八〇人
一八一八年——七八七万〇八〇一ポンド　人口　一一九七万八八七五人
一八三三年——八〇〇万ポンド　人口　一四〇〇万人

ごらんのとおり、貧困の進行のほうが人口の増加より速い。こうした事実を前にすると、マルサスの仮説はいったいどうなるのだろう。——だがしかし、この時期に平均の豊かさが増大しているのも疑えない事実である。この統計は何を意味するのだろうか。

パリ一区の住民の死亡率は五二人あたりに一人、一二区では二六人あたりに一人である。扶助が必要な生活困窮者は、一区で二八人に一人、一二区で七人に一人である。それでもやはり、フィックス氏が明言しているとおり、パリでさえ平均寿命は延びている。

ミュールーズでは、富裕層の子どもの平均余命は二九歳、労働者の子どもは**二歳**である。──一八一二年には、この地方の住民の平均寿命は二五歳九ヵ月と一二日であったが、一八二七年には、二一歳九ヵ月になってしまった。しかし、フランス全土でみれば平均寿命は延びている。これはいったい何を意味するのか。

アドルフ・ブランキ氏は、ものすごい繁栄とものすごい貧困を同時に説明することができず、こんな悲鳴をもらしている。「生産の増大は富が増大することではない、……むしろ反対に、貧困は産業が集中するにつれてますます拡がる。資本にとっても労働にとってもまったく安全が保障されないようなシステム、生産者に生産の増大を強要すると同時にその苦悩まで増大させるようなシステム、そんなシステムには何かしら根本的な欠陥があるにちがいない」。

いや、そこに根本的な欠陥はない。ブランキ氏を困らせている問題は、かれも属するアカデミーが論文コンクールの課題としたあの問題にほかならない。すなわち、**価値**の確定の問題である。価値は経済という時計の振り子であり、全体の等式が成立するときの鐘が鳴るまで、善と悪の両方に一定の動きで交互に揺れる。またべつのたとえで言えば、人類の歩みは兵士たちの縦列行進に似ている。はじめは規則正しい太鼓の音にあわせて、同じ歩幅、同じタイミングで歩いているが、しだいに前後の間隔が乱れてくる。全体としては前進しているが、先頭と後尾のあいだの距離はたえず開いていく。そして、そのなかから落伍者や道に迷う者が出てくるのは、こうした運動の必然的な結果なのである。

しかし、このアンチノミーはもっと奥まで入りこんでいかなければならない。機械はわれわれに富の増大を約束した。約束は守られたが、機械はそれと同時にわれわれに貧困の増大をもたらした。――機械はわれわれに自由を約束した。しかし、機械がわれわれにもたらしたのは隷従であった。私はそれを証明しよう。

すでに述べたように、価値の確定は、またそれとともに社会の苦難は、分業から始まった。もちろん、分業がなければ交換も存在せず、富も進歩も存在しない。さて、われわれがいまたどっている段階、すなわち機械の段階はまた独自の性格によって特徴づけられる。それは**賃労働**である。

賃労働は、機械が用いられるようになったことから直線的に生じた。私の考えを私なりに一般化して表現するならば、賃労働は資本を生産の一要因と見なす経済のフィクションから生まれた。そして、分業と交換のあとにあらわれる賃労働は、何が何でもやるべきものとしてのコスト削減の理論と必然的に相関する。賃労働の発生の経路は、わずかのことばでは語りきれないほど興味深い。

最初の機械制、そのもっともシンプルでもっとも力強いシステムは工場である。

分業はただ労働をさまざまのパートに分けただけだった、労働者はそれぞれ勝手に自分の専門をつくる。工場は、それらのパートがひとつの全体をなすように、そうした労働者を集める。まさにこれが価値のバランスのもっとも基本的な形態なのである。経済学者たちが見落としている点もこれだ。しかし、工場によって生産は増えるけれども、同時に赤字も増える。

あるとき、ひとりの人間が気づいた。労働をさまざまのパートに分け、そのそれぞれを専門の労働者に担当させると、それは労働が分割されないばあいより、同じ人数の労働量でも生産量ははるかに上回るほどに生産力が増大するのだ。

このアイデアの糸をたぐりながら、かれはこうつぶやく。自分がねらいとする特定の目的のために労働者をそろえ、集団としてきちんと組織すれば、生産はより安定し、より大量に、しかもより低コストでできるようになるだろう、と。だが、労働者を一ヵ所に集めるのは絶対の要件ではない。工場の設立は労働者の接触を本質としたものではない。工場は、異なる労働と労働を関係づけ、バランスさせ、それらを共通の考えで指導する必要から生まれた。なるほど、同じ場所に労働者を集めることにはさまざまの利点があり、そのことはけっして無視してはならないのだけれども、端的に言うなら、それが工場を設立させたものではない。

そこへ投機家が登場し、自分への協力を求めて、対象者にこう提案する。「あなたの製品の買い手、もしくは仲買人として私を承認していただけるなら、私はあなたの製品をどこまでも引き受けると約束します」。この取引はいかにも魅力的なので、提案は同意されないはずがない。労働者はしごとが続けられるし、価格の固定と生活の安全をそこに見出す。一方、企業者は販売がますます好調になる。安く生産できれば価格も安くすることができるからである。そして、投資の額が大きくなれば利潤も相当な額になる。一般大衆も役人も、企業者がこうしたやりかたで社会の富を増進させたことを喜び、企業者に賛辞でお返しをするだろう。

しかし、第一に、コストを削減するというのは、しごとが減るということなのだ。たしかに、それはあたらしい工場での話ではない。しかし、工場の外にいる同じ職種の労働者たちはしごとが減る。また、隣接する職種の労働者も多くは、将来的にしごとの需要がだんだん減っていくだろう。したがって、工場の設立はかならず労働者を追い立てることにつながる。この断定は、まったく矛盾した発言のように見えるかもしれないが、機械のばあいと同じくらい工場にかんしても正しいのである。

経済学者もこれを認めるが、ここでもあいかわらず例の御託をくりかえす。すなわち、一定の時間がたてば、生産物の需要は価格の低下に応じて上昇してくるので、労働の需要もけっきょくは前より大きくなるだろう、と言う。なるほど、**時間とともに**均衡は回復するだろう。しかし、もう一度言うが、均衡はこの時点で回復しても、かならずすぐにくずれる。なぜなら、労働の停止がありえないのと同様に、発明の精神もけっして停止するものではないからである。そもそも、労働者の大量殺戮がこうしていつまでも続くことを正当化しうるような理論があるだろうか。シスモンディ氏はこう書いている。「汗水たらして働くひとの数を減らして、現在の四分の一、あるいは五分の一にしたら、僧侶や医者も四分の一、あるいは五分の一しか要らなくなる。働くひとの数を完全にゼロにしたら、われわれは人類なしでも十分にうまくやっていけるだろう」。機械は消費のニーズにあわせて働くようにすること、すなわち、これまでくずれ続けた価値の均衡を回復させること、まさにそういうことのために、あたらしい機械がたえずつくりだされ、あたらしい販路が開拓され、その結果、しごとの種類が増え、人手をよそへ移動させるというのであればよい。もし、そうでなければ、シスモンディ氏の言ったとおりになるだろう。一方の側に産業と富、もう一方の側に人口と貧困があり、これらはいわば前後の列をなし、たえず一方が他方を引っぱる形で前へ進んでいる。

すでに指摘したように、産業の初期においては、企業者はしごと仲間と対等につきあっていたが、このしごと仲間はやがてかれの労働者になる。じっさい目撃されているとおり、雇う側の立場の優位性と賃金で働く側の従属性によって、初期の平等はたちまちのうちに消滅せざるをえなかった。たしかに、法律ではすべてのひとに企業の権利が保証され、また、ひとりで働き、自分の製品を直接販売する権利も保証される。しかし、いまそういう法律をもちだしてもむなしい。そもそも前提にしたがうなら、ひとりで働く権利は行使不能なのである。なぜなら、工場はひとがひとりだけでは働けないようにすることを目的にしていたからだ。では、自分で鋤を取り土地を耕して暮らしを立てる権利についてはどうか。じつは農業も工業と似たようなもので、耕したを知っているだけでは何にもならない。誰よりも先にその場所にいなければならない。土地もそうだが、商店を開くのも、最初にその場にいた者に権利がある。企業が余裕をもって発展し、基盤を拡大し、資本をたっぷりもち、顧客を確保してしまっているとき、自分の腕一本しかもたない労働者は、この強大な力に対抗して何ができるだろうか。事実、中世にギルドや親方制が確立したのは、けっして王権力の専制的な働きかけによるものでも、偶発的で粗暴な横領によるものでもない。それは王の勅令で法的に承認されるよりもずっと以前に、事物の力によってつくりだされた。そして、八九年の改革にもかかわらず、それはいまわれわれが目撃しているように、以前の一〇〇倍もの恐るべきエネルギーで再確立されつつある。労働をすっかり自然の傾向にゆだねてしまえば、人類の四分の三は確実に奴隷化していくだろう。

しかも、話はそれで終わるわけではない。機械あるいは工場は、労働者の上に主人をおいて労働者の地位を下落させたあと、労働者の品位も、職人の列から人足の列へと下落させる。

かつて、ソーヌ河・ローヌ河岸に住むひとの多くは船頭であり、かれらはみんな船を馬でひいたり、オールでこいだりして、船を操作することに通じていた。現在では、ほとんどどこでも蒸気船が動いており、船頭の多くは船頭として生活することができなくなっている。一年の四分の三を失業状態ですごすか、そうでなければ蒸気船の釜たきになる。

貧困がいやなら落ちぶれるしかない。機械制が労働者におしつける選択肢はこれしかない。ひとつの機械は砲兵隊をしたがえるひとつの大砲のようなもので、隊長以外の兵隊はみんなその下僕、奴隷なのである。

大規模なマニュファクチュアができて以来、家庭内でいとなまれてきた小規模の産業の多くが消滅した。五〇サンチーム、七五サンチームの賃金で働く労働者に、かれらの祖父たちと同じ程度の知性がそなわると思えるか。

デュノワイエ氏はこんなことを言う。「パリとサン・ジェルマン間に鉄道ができて以来、終点の町ル・ペックとその周辺の多数の町のあいだに、おびただしい数の乗合馬車や荷馬車がとおるようになった。これはまったく予想に反して、鉄道は馬の使用をぐんと増大させたのである」。

まったく予想に反してと言うが、それを予想できなかったのはひとりの経済学者だけである。機械を増やせば、きつくて不快な労働も増える。ノアの大洪水以来このかた、これほど確かな格言はない。「おまえは今世紀最高の発明にたいし悪意をいだいているのか」と、私を非難したければするがよい。どんなに非難されても私は断固としてこう言うつもりだ。鉄道がもたらした主な成果は、零細な産業を屈服させたうえで、道路工夫、街路清掃人夫、荷積人夫、運搬人夫、荷車引き、守衛、門番、計量係、注油係、掃除係、ボイラー係、ポンプ係などに身を落とした労働者の一群をつくりだしたことである。鉄道の長さが四〇〇〇キロになれば、それはフランスに五万人の奴隷をあらたにもたらすことになる。シュヴァリエ氏がつくりたがっている職業学校も、そういうひとびとのためのものではなさそうだ。

また、こんなことを言うひともいるだろう。運送するものの量は、日雇い労働者の増加をはるかに上回る勢いで増加しており、その差が鉄道の利点をあらわす。つまり、全体としてみれば、そこに進歩があると言うのだ。また、鉄道について言えることは一般化でき、同じ理屈をすべての産業にあてはめることができるとも言う。

しかし、まさにこうした現象の一般性が労働者の奴隷化を生むのである。機械が産業の主役となり、人間は脇役となる。天才は労働をとおして花を開かせたが、その天才がプロレタリアートを愚鈍化させるものに転ずる。四〇〇〇万人の住民の大半、三五〇〇万もの人間がたんなる雑役夫、下級事務員、召使いになりはててしまうときに、われわれの国はこのうえない栄光で満たされるのだ。

機械制および工場とともに、神聖なる権利、すなわち権威の原理が政治経済学のなかに入りこんでくる。経済学の用語である資本・支配・特権・独占・合資会社・信用・所有などは、かつて権力・権威・主権・律法・天啓・宗教、そして最終的には神と名づけられたもの、私にとっては正体不明なあれこれの別名である。それらが現代社会におけるあらゆる貧困、あらゆる犯罪の原因であり、原理なのだ。そして、われわれがその正体をつかまえようと努力すればするほど、それはわれわれの手からするりと逃れる。

とすれば、ヒエラルキー構造をもつ工場と機械が、もっとも人数の少ない階級、もっとも労働と縁のない階級、もっとも裕福な階級の利益にのみ奉仕するのでなく、社会全体を良くするために用いられることは、現段階の社会においては不可能なのであろうか。

それを、われわれはこれから検討していきたい。

第三節　機械による災厄への予防

人手を減らすことは価格が下がることであり、したがって、市場の拡大と同義である。なぜなら消費者は、ものの値段が安くなれば、もっとたくさん買うようになるからだ。

反面、人手を減らすことは市場の縮小と同義である。なぜなら生産者は、所得が減れば、ものをあまり買えなくなるからだ。そして、現実の事態はそのように動いている。機械制は、工場における力の集中度を高め、生産への資本参加を強めて、過剰生産と生活困窮を同時に生み出している。火事や疫病よりももっと恐ろしいこの二つの災いは、いまやいたるところで大規模に、そしてものすごい勢いで拡がっている。しかしながら、われわれは後退することができない。生産はしなければならない。たえず生産し、安く生産しなければならない。そうしなければ社会の存立はあやうい。労働者は、先に分業の原理によって愚鈍化の危険にさらされ、それを逃れるために多くのすばらしい機械をつくりだしたが、いま、まさに自分自身がつくりだしたものによって無一物となるか、もしくはその支配に屈するか、そのせとぎわにある。どちらもいやだというのであれば、どのような手段が講じられるのであろうか。

シスモンディ氏は、シンプルな生活をよしとするひとびとに唱和して、分業も機械も工場も廃棄したいと考える。すべての家族が分業以前の原始的なシステムに回帰すればよいと望む。「各自が自分で、各自が自分のために」のスローガンをまったく文字どおり実現しようとする。——これは逆行であり、不可能である。

ブランキ氏は、労働者を経営に参加させ、集団としての労働者のためにすべての産業を合資会社にするという自分のプランを、くりかえし主張する。——その計画は、私がすでに指摘したように、労働者の境遇の改善にほとんどつながらないばかりか、公共の財産を食いつぶしかねない。そういう不安はブランキ氏自身も覚えているようだ。実際問題として、労働者を利潤に関与させるのは、発明家や経営者や資本家たちの権利とどのように折り合うのであろうか。発明家は、長いあいだのねばりづよい努力とかなりの額の前払いにたいして報酬を受ける権利がある。経営者は、自分の財産をたえず危険にさらし、起業のチャンスに自分の責任で乗り出すが、結果は運しだいのところがある。資本家は、利潤率が低下すれば、とにかく自分のたくわえに欠損が生じることを覚悟する。つまり、会社の経営者や出資者や発明家には奪いとりがたい優位性があり、そして純粋にそのおかげでかれらは排他的に利潤を取得しているわけなのである。そういう優位性をもつ経営者たちと労働者は平等であるべきだというのは、いったいどういう根拠によるのであろうか。法律によって労働者の全員に利潤を配分するのは、社会の解体を宣告するにひとしい。経済学者たちはみんな、それをはっきりと感じとったので、はじめは計画の形で提示していたものを、最終的には経営者への勧告という形に変えた。しかし、賃労働者が利潤の一部にありつけるのはただ経営者のお情けしだいであるかぎり、賃労働者は永遠に貧困のままだと考えてよい。貧困からの脱却は、労働の担い手の側でどうにかできるものではないからである。

さらにまた、労働者と経営者の和合という考えかたがおおいに賞賛されているが、それはつぎのような共産主義的な結論、明らかに前提からまちがっている結論へと向かう。すなわち、機械制の最終目的は人間が労働しなくても豊かになり、幸せになることにある。したがって、自然の働きはすべてわれわれのために役立ち、機械はすべて国家に属するものでなければならない。ゆえに、進歩の目的は共有である。

この共産主義的な理論については、あとでくわしく検討することにしよう。

ただ、このユートピアの賛同者にたいして、いますぐ警告しておくべきことがある。諸君が機械にたいしていだく希望は、経済学者たちの幻想にすぎない。それは永久機関のようなもので、ひとびとがたえず求めながら、けっして見出しえないものである。つまり、かなうはずのない夢を追い求めている。機械はけっしてひとりでには動かない。機械が動き続けるためには、周囲から組織的にたくさんのサービスを受けなければならない。けっきょく、まわりに道具が増えれば増えるほど、人間はますます多くのしごとを自分でつくりだす。機械制にともなう人間の大きなしごとは、その生産物を配分することではなく、機械がたえず動くようにすること、すなわち、機械に動力を補給し続けることである。その動力とは空気でも水、蒸気、電気でもない。動力は人間の労働であり、すなわち、商品の販路である。

鉄道はその路線上のすべての町から、駅馬車、馬具製造人、鞍工、車大工、宿屋を消滅させた。鉄道が敷かれたあとに何が起こるか、私はそれを事実として知っている。ここでかりに国家が、鉄道のせいで没落した業者を生きのびらせるため、あるいは損害賠償の原則にしたがって、かれらを鉄道の所有者もしくは経営者にしたらどうなるだろうか。鉄道によって、ものの運賃は二五パーセント安くなると想定すると（安くならないのであれば鉄道をつくる意味がない）、これらの業者全体の収入も同じ割合で少なくなるだろう。つまり、かつて運送業で生活していたひとびとの四分の一は、国家の寛大な措置にもかかわらず、文字どおり無一文になるのだ。こうした損失に直面したとき、かれらは、鉄道による運送の量が二五パーセント増えるか、もしくは自分がべつの業種に雇ってもらうのを希望するしかない。しかし、それはとても実現不能だと思われる。なぜなら、仮定においても事実においても、雇用はどこにおいても充足しており、つりあいはいたるところで保たれ、供給は需要を満たしているからである。

運送量の増大を望むのであれば、ほかの産業においてあらたに労働を促進する動きがなくてはならない。だが、失業した労働者をこうした過剰生産に雇い入れるようにするとしても、また、かれらを多様な職種に再配分することが頭で考えるのと同じくらい簡単に実行できるとしても、まだ計算があわない。そもそも、流通に従事する人員と生産に従事する人員の比は一〇〇対一〇〇である。流通が四分の一安くなれば、言いかえると四分の一強化されれば、流通関係者がそれまでと同じ収入を得るためには生産も四分の一強化されなければならないわけだが、農業生産・工業生産の軍勢に加えるべき人員は、運送業のほうの数字をもとにした二五ではなく、一〇〇の四分の一、つまり二五〇だ。しかも、この成果を得るためにはさらに機械をつくる必要がある。もっと悪いことに、人間をさらにつくる必要がある。こうして問題はたえずふりだしに戻る。矛盾のうえに矛盾がかさなる。機械が増えると人間にとっては働き口がなくなるだけではない。人間の数が少なくて消費の力が不十分であると、機械にとっては人間が足りないことになる。したがって、均衡が確立するまでは、働き口の不足と働き手の不足、生産の不足と販路の不足がまったく同時に存在するのである。鉄道について語ってきたことは、すべての産業において真実だと言える。人間と機械はつねに互いに前後して進みながら、人間は安心して休める状態にたどりつけず、機械もけっしてこれでよしという状態に達しえない。

したがって、機械技術がどれほど進歩し、ミュール精紡機やストッキング織機や圧延機より一〇〇倍すばらしい機械が発明されても、蒸気より一〇〇倍つよい力が発見されても、けっして人間が解放されることはない。人間に余暇が生じることもない。あらゆるものがタダで生産されることもない。機械の進歩がもたらすのは、たんに労働の増大、人口増加の奨励、隷属の強化、生活費の高騰にすぎない。そして、ひとに命令して楽しむ階級と、ひとに服従して苦しむ階級とのあいだの溝がますます深まるばかりだ。

さて、こうした問題がすべて克服されたと仮定しよう。労働者が鉄道によって職を失っても、機関車を動かすのに必要なしごとが増えるので、また職を得ることができると仮定しよう。そういうばあい、失職はなんら悲惨なことではなく、ちゃんとほかのしごとにつくことができ、誰も苦しまない。それどころか、鉄道運送の普及による利益の一部にあずかれるおかげで、誰もがますます豊かになっていくだろう。ならば、なぜ、という問いも出てくるだろう。なぜ、ものごとはそのようにきちんと正しく推移しないのか。何がそれを妨げているのか。知的な政府なら、産業間の移動をすべてきちんとコントロールすること以上にたやすいことがあるだろうか。

私がなるべく極端な仮定をしてみせたのは、ひとつには人類が向かっている方向を示すためであり、もうひとつにはそこへいたるまでに克服すべき問題点を明らかにするためであった。たしかに必然の流れにそえば、機械制にかんしては、私が述べてきたような形で進歩はなしとげられる。しかし、社会がそうした歩みを妨げられ、ひとつの難所を逃れてもべつの難所に遭遇することになるのは、まさしく社会がまったく組織化されていないからである。われわれはまだ社会の進化の二番目の段階にしか達していないのに、すでにその途上で二つもの深淵に遭遇した。分業と機械である。この二つの深淵はいずれも飛びこえがたいもののように見える。第一に、労働の細分化は、知性をそなえた人間をも愚鈍にしてしまうが、どうすればそれを避けられるのだろうか。あるいは、すでに愚鈍化した労働者は、どうすればふたたび知性を取り戻せるのだろうか。第二に、労働者たちは分業によって分かたれ、賃金、知性、自由の度合いによって分かたれ、要するにエゴイズムによって徹底的に分かたれているときに、どうすればかれらのなかに利害の連帯を生み出せるのであろうか。しかし、この連帯がなければ、産業の進歩はその一歩ごとに悲劇を生まずにはおかないのである。第三に、すでに達成された進歩によって非和解的になったものを、どうすれば和解させられるだろうか。共有とか友愛とかに訴えるのは、まだ早すぎる。分業や機械の使用のなかで育った人間たちのあいだには、共有されるものは何もなく、友愛も存在するわけがない。少なくとも現在のところ、われわれが解決を求めるべきはそちらの方向ではない。

だからこそだ、という声が聞こえてくる。その声は言う。たしかに欠陥はシステムにあるというよりも、まだまだ人間の知性が足りないことにある。だからこそ、教育に目を向けるべきだ。民衆の教育に努めるべきだ、と言う。

教育が役立つものとなるためには、あるいはそもそも教育が受けられるようにするためには、何よりもまず生徒が自由でなければならない。それはちょうど、畑に種をまく前には、土地を鋤でほりおこして灌木や雑草を取りのぞいておかねばならないのと同様である。さらに言えば、教育の方法で最良のものは職業教育だろう。職業教育は哲学や道徳を教えることについてさえ最良のものである。ならば、あらためて問いたい。そうした職業教育は、労働の細分化や機械化とどのように折り合うのか。労働の結果、人間は奴隷と化し、あるいはたんなる道具、たんなるモノと化してしまっているとき、はたして人間は同じ労働によって、つまり同じことをそのまま続けながら、ふたたび人間に戻れるものなのだろうか。そういう考えかたはどのみち嫌われることがどうしてわからないのか。万一、プロレタリアートがある程度の知性を身につけてしまったら、その知性はまず社会を革命することに用いられるだろう。市民関係、産業関係をまるごと変革することに用いられるだろう。いや、私はけっして誇張した絵空事を語っているのではない。パリその他の大都市における労働者階級は、二五年前よりもはるかに高等な思想をもつようになっている。この階級がけっして力をみなぎらせたり革命的にはならないなどと言えるだろうか。労働者階級は、正義と秩序の観念を身につけ、とくに所有のメカニズムを理解するようになればなるほど、ますます革命的になるのである。

私はここでまた語源にからめてことばの話をさせていただく。サービスということばは、あえて言うなら労働者が工業によって非人間化されたのちの、労働者の社会的な立場を純然と示すもののように思われるからである。ラテン語で言うセルウス、すなわち奴隷の観念は、人間をモノ以下と見なすものである。のちに封建制下の法律がセルフ〔農奴〕は土地に属すると宣言したとき、それはもとのセルウスの意味を受けついでいる（*10）。したがって、労働者は人間としての尊厳を喪失していることが、科学によって確認されるよりも以前に、天然の理、宿命そのものの託宣によって労働者の劣位は定められていたのだ。とすれば、天によって見捨てられたひとびとのために、博愛主義者がどんなに努力しても、いったい何ができるであろうか。

労働はわれわれが自由であることを教え育てる。古代のひとびとはこの真理の深い意味をつかんでいた。かれらが奴隷の技芸《アール・セルビル》と自由人の学芸《アール・リベロー》を区別したのもそのためだ。職業が異なれば思想も異なる。思想が異なれば生きる態度も異なるのである。奴隷の立場に身をおけば、習慣も趣味も、性質も感情も快楽も、すべてが下劣なものとなる。奴隷と自由人ではすべてが逆になる。貧しい階級にたいする教育こそが大事だというが、教育はこの階級のすさんだ心にたいへんな葛藤を生じさせる。教育がかれらにふきこむのは、労働をたえがたいものと思う考えかたである。教育のせいで、かれらは自分たちの劣悪な境遇を受けいれがたいものと感じるようになり、鈍っていた快の感覚にめざめるようになる。そういう計画が成功するならば、労働者は人間になるというより悪魔になってしまうだろう。だから、われわれは監獄や徒刑場に入っているひとびとの生態を研究すべきである。そこにいるひとびとの大半は、美しさ・優雅さ・富・豊かさ・誇り・科学など、人間の尊厳につながるものにはほとんどいっさい縁がなく、また、そういうものに目が開けば気分は落ちこんで生きていけなくなるのではないか。それを問うべきである。

「少なくとも賃金は固定すべきである」と、穏健なひとびとは言う。「あらゆる業種にわたって、雇用主も労働者も納得する賃金表をつくるべきだ」と言う。

こうした救済プランを引きあいに出したのはフィックス氏で、かれはそれを見下すような調子でこう答える。

「賃金表なら、かつてイギリスやその他の国でつくられたことがある。だから、それがどれほどのものかも知られている。雇用主と労働者の両方から受けいれられたものは、どこでもたちまち両方から破られてしまった」。

賃金表が破られた原因は容易につかみとれる。原因は機械にある。工業生産の方法や組み合わせがたえず更新されることにある。ひとつの賃金表はひとつの時点にしか適合しない。そこへ突然あたらしい発明がなされると、商品の価格を引き下げる手段を発明者は得るわけだ。そのとき、ほかの経営者はどうするか。製造を中止して労働者を解雇するか、もしくは、労働者に賃金の引き下げを申し出るだろう。自分もあたらしい方法を見出して、賃金の率を下げなくても競争相手より安価に生産ができるようになるまでは、こういう態度しかとれない。しかし、このあたらしい方法の発見は、やはり労働者を抑圧するものでしかない。

レオン・フォーシェ氏は何らかの補償のシステムを設けるべきだと考えているようである。かれは言う。

「社会全体の願望を代弁する国家が、何らかの利益のために、ひとつの産業に犠牲を強いることはありうる。われわれもそれは理解する」。——フォーシェ氏は、あらゆる産業に生産の自由を認め、その自由をあらゆる攻撃から守り保護する立場にたつので、国家の介入はかならず強制と見なされる。引用を続けよう。「しかし、それは極端な手段であり、つねに危険をともなう実験である。個人にたいしては最大限の配慮をしなければならない。国家には、労働によって生活している市民の一階級からその労働を取り上げる権利などない。それをするばあいには、あらかじめ、かれらがべつのやりかたで暮らしが立てられるようにしておくか、あたらしい産業のなかでかれらの頭脳や手腕がもちいられるよう保証しておかなければならない。たとえ公共の利益のためでも、政府はあらかじめ所有者に正当な見返りを約束したうえでなければ、そのひとの財産を取り上げることはできない。それが文明国の原則である。ところが、労働は田畑や家屋敷と同じくらい正当で神聖な財産であるのに、労働はなんの賠償も受けずに取りあげられている。われわれには理解できないことである……」。

「政府が社会の全体における労働の配置を決める、という考えかたは、われわれに言わせれば空想の域を出ない。公益の名による労働の移動はすべて、何らかの補償をともなうか、あるいはほんの一時的なものでなければならない。個人であれ階級であれ、国家目的のために犠牲になってはならない。われわれが思うに、そういうことこそが正しく、しかも大切なのである。まっとうな国においては、権力は社会の部分的な苦しみをやわらげるために、つねに時間とお金をかける。産業を生み出すのは国家ではなく、市民一人ひとりの自由な動きのもとで生まれ育っていくものなのだ。まさに、だからこそ政府がその動きに迷惑をかけたときには、賠償ないし補償のようなものを提供しなければならないわけである」。

これぞ金言である。レオン・フォーシェ氏はどう弁解しようとも、かれが求めているのはじつは労働の組織化なのである。「労働の移動はすべて、何らかの補償をともなうか、あるいはほんの一時的なものでなければならない。個人であれ階級であれ、国家目的のために犠牲になってはならない」とかれは言う。つまり、国家の最高法規である産業の進歩と企業の自由、そのための犠牲になってはならない、と言うのだ。それを実行することは、具体的なやりかたは未来において決定されるにせよ、ともかく「政府が社会の全体における労働の配置を決め」、賃金を守る係になるということにほかならない。また、すでに何度もくりかえし確認してきたように、産業の進歩、すなわち社会における諸階級の解体と再編のいとなみはとどまるところをしらない。したがって、われわれが見出すべきは、個々の技術革新に対応した個別の一時的な変化ではなく、できるかぎりすべてのケースにあてはまり、しかも独自の結果を生み出すような変化の一般原理、変化の有機的な法則である。レオン・フォーシェ氏は、この法則を明らかにして、われわれが描いてきた多様な対立を和解へ導くことができるだろうか。いや、できまい。かれは補償でよしとする考えかたにとどまっているからだ。「まっとうな国においては、権力は社会の部分的な苦しみをやわらげるために、つねに時間とお金をかける」と言う。フォーシェ氏の寛大な志にとっては残念なことながら、それは根本的に実現不可能だと私には思われる。

権力がもちいる時間とお金は、納税者からまきあげたもの。没落した業者に税金をつかって補償金を支払うのは、あらたな発明をおさえつけ、銃剣によって共産主義をつくりだすようなものである。それは問題を解決することではない。国家による賠償にこれ以上こだわるのは無益だ。フォーシェ氏が期待するとおりに補償をおこなえば、それはエジプト太守ムハンマド＝アリーの政府のような産業独裁に行きつくか、もしくはあらたな救貧税、すなわち実りのない偽善に堕落してしまうのがおちだ。人類にとって良かれと思うのであれば補償などしないほうがよい。労働は自由に放任し、どこまでも自立を求めさせるのがよい。

するると、こんなことを言うひとがいる。失職した労働者を、民営の産業がまだ存在しないところ、個々の企業が手を出せないでいるところに移すのが政府のしごとだ。わが国にはまだまだ植林すべき山がたくさんある。開墾すべき土地が五、六〇〇ヘクタールもある。運河もつくらなければならない。とにかく、社会全体にとって直接有益なのに、まだ手をつけられていないものが無数にある、と言うのである。

これについてはフィックス氏が答えてくれる。「読者には申し訳ないが、われわれはここでもやはり資本の参加に期待せざるをえない。いくつかの公有地を除けば、これらの土地は開墾されないままとなろう。なぜなら、開墾しても純生産物が得られないからである。耕作の費用すら取り戻せないことも多い。この土地の所有者は、そこを開墾するのに必要な資本をもっているか、あるいはその余裕がないか、どちらかである。資本をもっている所有者なら、その土地の開墾にのりだすばあい、最小限の利潤でもあがればいいと思っているはずだ。その土地では地代というものは、たぶん得られないだろうとあきらめている。さて、耕作にのりだしてみると、最初の資本さえ失ってしまいそうだと気づいた。さらに計算してみると、生産物を売っても耕作の費用すらカバーできないとわかった……。このように、あらゆることが勘案されて、この土地は耕されることなく放置される。そこに資本を投下しても、まったく利潤が得られないばかりか、元手さえ失ってしまうからである。逆に、もし利潤が得られるようなら、そういう土地でもたちまち耕作が始まる。いまはべつの方面に向けられている貯蓄が、ある程度は土地の開発に向けられるにちがいない。なぜなら、資本は感情をもたない。資本にとって大事なのは利益である。資本は、もっとも確実で、もっとも金になるような使われかたをたえず求めている」。

しごくもっともな考えかたである。この考えかたにそって言うならば、フランスは荒れ地を開発すべき段階にまだ到達していない。それはコイコイ人などのアフリカ人がまだ鉄道をもてる段階に到達していないのと同様である。第二章でも述べたように、社会において開発はまずもっとも簡単なもの、もっとも確実なもの、もっとも必要なもの、もっとも費用のかからないものから始まる。それから少しずつ、相対的に生産性の低いものを利用するようになる。人類がこの地上で苦しみを覚えるようになって以来、人類はひたすら開発ばかりしてきた。人類にとっての心配事はつねにひとつ、すなわち、生活の糧を見つけに行って、それを確保することである。ただし、そういう開発が危険な賭け、貧困の一原因になってはいけない。言いかえれば、開発は実行してよいものでなければならない。そのためには、われわれの資本と機械がなおいっそう増大し、あたらしい方法がつぎつぎに発見され、分業がもっとよく整備されなければならない。ところが、そのイニシアティヴを政府に期待するのは、嵐が近づくとあわてて神に祈りはじめ、聖人に加護をもとめる農民たちの姿そのままだ。これは今日、何度くりかえし強調しても強調しすぎることにはならないと思うが、政府というのはどういう政府であれ、つねに神の代理人なのである。天の報復の下手人だと言ったほうが私の本音に近い。政府はけっしてわれわれの味方ではありえない。たとえばイギリスの政府は、ワークハウス〔救貧院〕に逃れてきた不幸なひとびとに、きちんとした労働を与えることができるだろうか。かりにできるとしても、政府をそれをあえて実行するだろうか。「天は自ら助くる者を助く」ということばがある。このことばは、民衆にとって神は信用できないことをあらわし、同時に、われわれが権力に何を期待すべきかをあらわす。すなわち……何も期待すべきではない。

われわれは試練の道の二つ目のステーションにたどりついた。不毛な瞑想にふけるのではなく、運命の教えをますます深く学びとろう。われわれの自由の保証は、われわれの苦しみの進歩のなかにあるのだ。

第五章　第三段階——競争

人類は、分業という一〇〇の首をもつ大蛇ヒュドラーと、機械という無敵のドラゴンのあいだにはさまれて、いったいどうなるのであろう。これは二〇〇〇年以上前に、ある預言者が言ったことばだが、サタンは自分の犠牲者を見つめ、そして争いの火を燃えあがらせる。「かれは見渡して、ひとびとを争わせる」〔旧約聖書『ハバクク書』三章六節〕。われわれを飢饉とペストという二つの災厄から救うために、天はわれわれに争いをもたらすのだ。

競争はまさにそうした哲学の時代を表象する。その時代は、理性のアンチノミーについての理解が十分でなく、詭弁の術しか育たず、真と偽の区別も正しくできなかった。そこにあったのはまともな学説ではなく、ひとをもてあそぶ精神的な遊戯であった。産業の動きは哲学の動きを忠実になぞる。社会経済の歴史はすべて、哲学者たちの書いたもののなかにある。われわれはこれから、この興味深い段階を研究していきたい。この段階の特徴でもっとも衝撃的なのは、信じる者も反対する者も、ともに判断力を失っていることである。

第一節　競争の必要性

ルイ・レイボー氏は小説を書くのが本職だが、ときには経済学者でもある。社会改革を風刺してきたおかげで道徳・政治科学アカデミーからお墨つきをいただいた。そして、このごろでは社会主義思想に強く反対する著述家のひとりとなっている。ところが、このルイ・レイボー氏は、表面上はともかく、内面では深く社会主義思想を信じているのである。反対を叫んではいるが、それはかれの心にもなく、頭のなかにもないことなのだ。行動のうえでそう見えるにすぎない。

かれの著作『現代の社会改革者の研究』の初版〔一八四二年〕を見ると、レイボー氏は社会が苦しむ光景に心を痛め、社会主義の始祖たち〔サン＝シモン、フーリエ、オーウェン〕の勇気に感動している。これらの社会主義者たちは過度なまでに感傷的で、この世の改革は可能だと信じていた。レイボー氏は、そうした社会主義システムの魅力的な点は**アソシアシオン**であるという意見を公式に表明した。レイボー氏の業績を審査したデュノワイエ氏はその講評において、軽い皮肉をまじえながら、こんな誉めことばを贈っている。

「レイボー氏は、アカデミー・フランセーズから受賞した著作において、三つの主要な社会改革システムそれぞれの欠陥を、鋭い才覚でみごとに明らかにした。ただし、かれはそれらに共通する原理、それらの基礎をなす原理、すなわちアソシアシオンには好意的だ。――かれの見るところ、アソシアシオンこそ現代の最大問題である。かれはそう明言する。かれによれば、アソシアシオンは労働の果実の分配問題を解決するために必要なのだ。この問題は解決しなければならないのに、政府は何もできない。アソシアシオンなら何でもできる。そう述べるレイボー氏は、あたかもファランステール〔フーリエ主義共同体〕に属する作家さながらである」。

なるほど、レイボー氏は行きすぎてしまった。危険区域がわからないほど鈍感でも不まじめでもなかったので、かれは道を誤ったとすぐに気づき、後ずさりを始めた。私はかれのそうした転向を犯罪視するものではない。レイボー氏というのは、悪気がないので変なたとえ話をしても許されるタイプの人間なのである。深く考えずにしゃべってしまったので、そのことばを撤回する。きわめて自然なことである。社会主義者がそのことで誰かを非難しなければならないとしたら、その相手はデュノワイエ氏だろう。デュノワイエ氏による独特の誉めことばが、レイボー氏の改宗につながったからである。

デュノワイエ氏は、自分のことばが相手の耳に届いたことをほどなく確認する。かれは健全な原理の勝利をよろこび、こう語る。『現代の社会改革者の研究』の第二版では、レイボー氏は初版の断定的な表現を自覚的にやわらげている。つまり、何でもできるというのを、できることが多いに変えた」。

これはまさしくデュノワイエ氏もはっきり見てとったとおり、重要な変更である。しかし、レイボー氏はまだこんなことを書く。「こうした症状は深刻である。それは組織が乱れているからだと診断される。組織のなかにバランスと秩序が欠けているので、労働がそれを求めるのである……。そうした努力の根底には、かならずひとつの原理がかくれている。アソシアシオンである。それはいびつな形で表出することもあるが、だからといってこの原理を非難するのはまちがいだろう」。

けっきょく、レイボー氏は競争を賛美する立場を高らかに宣言した。アソシアシオンの原理をはっきりと捨て去ったのである。アソシアシオンというのが、商法で定められた結社の形態としてのみ理解すべきものであり、トロロン氏とドラングル氏〔ともに法律家でアカデミー会員〕がその哲学を簡潔に要約してみせたようなものであるならば、社会主義者と経済学者の区別はきわめて簡単になる。前者はアソシアシオンをこれから求めようとする者であり、後者はアソシアシオンなら現に存在すると主張する者であるにすぎない。

レイボー氏は、自分にまだ明確な考えがないような問題にも、軽々しくウイとノンで答える。しかし、そのことで、私がかれを社会主義の空論家と同列に見ていると思わないでいただきたい。社会主義の空論家たちは世間をたぶらかすことばを吐いたら、すぐに退散しはじめる。自分たちの思想をいったん公のものにしたら、あとはもうなりゆきまかせというわけだ。レイボー氏は、私に言わせれば、むしろだまされる側に属する。じっさい、たくさんの善良なひとびとと、かなり頭の良いひとたちがだまされる側にいるのである。したがって、私の見るところ、レイボー氏は「能弁なる善人」、筆の立つ良心的な作家であることに変わりはない。つまり、すぐにたぶらかされるが、自分の目で見たこと、体験したこと以外のことは書かない。しかも、レイボー氏が経済思想の領域に入ると支離滅裂になるのも、じつはかれが明晰な知性と鋭い理性の持ち主だからなのである。ここで、読者のみなさんにも、ちょっとした奇妙な体験をしてもらおう。

もしレイボー氏が私の話を聞いてくれるのであれば、私はかれにこう言いたい。競争に賛成する側につくのは、まちがいだ。競争に反対する側につくのも、やはりまちがいだ。ということは、あなたはつねにそのままでいて正しいのである。だから、もしあなたが著作の第一版でも第四版でもまちがったことは書かないという自信をもち、自分の気持ちを知的に表現することができるならば、私はあなたをチュルゴーやアダム・スミスと同列の天才的な経済学者と見なそう。しかし、警告しておく。あなたはアダム・スミスが何者なのか、あまりご存じないだろうが、もしあなたがアダム・スミスに似てきたら、あなたは平等主義者になってしまう。さあ、どうします。

レイボー氏はレイボー氏のままでけっこう、と言うためには、あらかじめつぎのように言っておくことが必要だろう。すなわち、ふつうなら意見をころころ変えるのは非難と軽蔑に値するが、かれのばあいは書いた本人が裏切っているのではなく、かれが描こうとした事実そのものが裏切っているのである。

一八四四年三月、レイボー氏は植物油にかんする論文を発表した。このテーマはかれの故郷マルセイユにとっての関心事である。その論文でかれは自由競争とゴマ油を熱烈に賛美する。かれが収集したデータは正確なものと思われるが、それによれば、ゴマは四五—四六パーセントが油になるのにたいし、ケシや菜種は二五—三〇パーセント、オリーブはわずか二〇—二二パーセントにすぎない。それを理由に、北部の製造業者はゴマを嫌い、その輸入禁止を要求して実現させた。ところがイギリスは、待ってましたとばかりに、この貴重な貿易部門を全部いただこうとかまえている。レイボー氏が言うには、ゴマそのものの輸入を禁じても、ゴマの油は石けんなどに混じってわが国に入ってくる。つまり、輸入禁止でわれわれは製造による利潤を失う、しかも、その貿易を守るのはわが国の海運業の利益でもある。その輸入量が少なくとも四万トンだとすると、海上輸送のために三〇〇隻の船、三〇〇〇人の海員が必要だと考えられる。

これらの事実は決定的である。製油率二五パーセントでなく四五パーセント。国産のどの油よりも上質の油。生活必需品の価格の引き下げ。消費者にとっての節約。三〇〇隻の船に三〇〇〇人の船員。これが貿易の自由化によって得られるのだ。だから、競争万歳、ゴマの輸入万歳なのである。

それから、レイボー氏は以上の輝かしい成果をより確かなものにするために、愛国心にもかりたてられて、自分の考えをストレートにおしすすめる。フランス国民としてはしごくもっともな考えではあるが、政府は今後、輸送にかんする互恵条約を全面的に破棄すべきだと言うのである。フランスの船舶に、フランスの貿易における輸出と同じくらい輸入のしごとをさせるべきだという。「交易の互恵性なるものは、ひとつのフィクションにすぎない。じっさいには安いコストで海運ができる側だけが利益を得る。ところがフランスは、ほかの海洋国にくらべて、船舶の値段、船員の賃金、艤装費、燃料費など航海の基本費用があまりにも高くなりすぎている。したがって、互恵をうたう条約はすべてわが国に引退を求めるにひとしい。われわれは、相互に便宜をはかるという条項に同意するかわりに、あえて、あるいは無自覚のまま、一方的に犠牲となる」。——ここでレイボー氏は互恵性のひどい実態をならべてみせる。「フランスは五〇万梱《こり》の綿を消費するが、それを港まで運んでくるのはアメリカ人である。わが国ではものすごい量の石炭が使われているが、その運搬をおこなっているのはイギリス人。鉄や木材はスウェーデン人やノルウェー人が自分たちの国から直接運んでくる。オランダ人は特産のチーズを、ロシア人は麻や小麦、ジェノヴァ人は米、スペイン人は油、シシリア人は硫黄、ギリシア人とアルメニア人は地中海・黒海のあらゆる産品を自分たちで運んでくる」。

明らかに、ゆゆしき事態である。フランスの海運が没落してしまう。急いで造船所に戻ろう。このままでは外国船の安さに負けて、フランス船が海上から消えてしまう。フランスの港から外国船をしめだそう。少なくとも、高い関税をかけて打ちのめそう。したがって、競争には反対、競争相手の船は打倒しようというわけだ。

このようにレイボー氏は経済学と社会主義のあいだで揺れる。しかし、それは本人が思っているよりもはるかに罪のないことだ。私の説明でそれが飲みこめてくるだろうか。それまでかれは良心を痛めていただろうが、私のおかげで楽になったはずだ。レイボー氏は私に感謝すべきだろう。

レイボー氏がおおいに不満とする互恵性は、自由貿易のひとつの形態にほかならない。商取引の自由が完全なものとなり、全面的に拡がれば、フランス産の油は大陸から放逐され、フランス国旗をかかげた船は海上から放逐される。もしわれわれが国産品でまかなうことに固執すれば、われわれは油を買うのに高い金をはらわねばならない。もしわれわれが自国の船で輸送したいのであれば、フランスの植民地の産品の値段も高くなる。値段を安くするためには、われわれは国産の油を放棄し、さらに自国の船も放棄しなければなるまい。それに続けて、国産の綿布、麻布、インド更紗《さらさ》、鉄もただちに放棄しなければならない。また、孤立した産業はどうしても値段が高くなりすぎるので、フランス特産のワインも小麦も飼い葉も放棄しよう。あなたが選ぶのは特権か、自由か。どちらを選んでも、あなたはいっさいが不可能な不条理にいたる。

おそらく、どこかで妥協させる原理が存在するだろう。しかし、それはまったく独裁的なものであってはならない。そのためには、この原理が自由そのものよりも上位の法則から出てくるものでなければならない。しかし、この法則はまだ少しも明らかになっていないのである。経済学者が、もし本当に経済の科学者であるならば、この法則を明らかにすべきだと思う。もしそのひとが、どれほど善意のひとであれ、またどれほどすぐれた才知の持ち主であっても、一五行おきに自由の勧めと独占の勧めを交互におこなうようなら、私はそのひとを学者として認めることができない。

競争は競争によって滅びる。これはただちに、そして直感的に明らかなことだろう。幾何学のなかにさえ、これほど絶対的で確固たる定理はないだろう。では、いったいどういう条件で、どのような意味において、自分で自分を否定するような原理が科学のなかに入りこめたのであろうか。どのようにして、それは社会の有機的な法則となりえたのであろうか。競争が必要なものであり、経済学者が言うように生産の第一原理であるとするならば、どうしてそこから荒廃がもたらされるのだろうか。また、自分が生み出したものを自分で失うのが、競争のもっとも確かな帰結だとすれば、どうして競争は有益なものになるのだろうか。それは、競争にともなう欠点と、競争がもたらす利点は、どちらも人間のしわざによって偶発的に生じるものではないからである。どちらも原理のなかから論理必然的に生じ、真正面からぶつかりあいながら、どちらも対等の資格で存続するものだからである……。

そもそも競争は、分業と同じくらい労働にとって必要不可欠なものだ。競争は、べつの形態をとってあらわれた分業そのもの、あるいはむしろ、もう一段高次化した分業なのである。分業といっても、それは経済発展の第一段階の分業のように、集合的なパワーにつながるものではない。つまり、工場のなかに労働者の個性を吸い取ってしまうものではない。競争は自由を生み出すものである。末端の分業にも、ひとつひとつに主権を与え、人間に力と独立がそなわるようにする。一言でいえば、競争とは分業における自由、分割されたあらゆる部分における自由である。その自由は、最初はもっとも上級の包括的な作業において実現されるが、しだいに下級の分業の末端においても実現されるようになる。

と、ここで共産主義者から反論が出る。なにものにも善用と悪用があり、それを区別しなければならない、と言うのである。競争にも、有用で賞賛される道徳的なものがある。心を育て、思考力を育てる競争、高邁で高潔な競争、つまり良い意味での競争である。そういう競争なら全体の向上を目的としないはずがない……。一方、またべつの競争がある。有害で不道徳で反社会的な競争、他人をねたみ、憎悪し、殺すような競争、つまりエゴイズムによる競争である。

これが共産主義のことばである。一年ほど前、日刊紙『レフォルム』は、その社会的信条を語る論説のなかで、このように述べた。

私と根が同じ思想のひとびとに反対するのは嫌なものだが、私はどうしてもこの種の弁証法を受けいれることができない。『レフォルム』紙は、あらゆることを現実的というより文法的に区別すれば妥協は見出しうると信じ、なんの疑問もいだかずに、中間での妥協を図った。すなわち、最悪の外交的手段を選んだのである。その論法は、分業についてロッシ氏が用いたものとまるで同じ。すなわち、ロッシ氏は経済的な誘因を、その時その時の必要性に応じておさえつけること、いわば道徳によって抑制することを主張したが、それと同様に、競争と道徳を互いに対立させて、互いの行きすぎを防ごうという。私はロッシ氏にむかって、富の科学と義務の科学はともに科学であるのにどうして合致しないのか、という単純な質問をなげかけて反駁した。私は同じような質問を、こんどは共産主義者にむかってなげかけたい。どうして、ひとつの原理の発展が、明らかに有益でありながら同時に有害でもありうるのか。

こんな答えがある。競いあい〔良い意味の競争〕は競争ではない、と言うのだ。私に言わせれば、そういう区別は、たんに原理の帰結の多様性にもとづくものにすぎない。ひとはそれを原理の多様性と取りちがえ、そこに二つの原理が存在すると思い込んでいる。競いあいもやはり競争にほかならない。ひとは抽象論をお好みのようなので、私も喜んで抽象論で答えよう。競いあいは目的があるからこそ起きる。それは、対象が見えてこそ情熱がわくのと同様である。あらゆる情熱の対象は、かならず情熱そのものの同類だ。恋多き男にとっては女、野心家にとっては権力、貪欲な者にとっては金、詩人にとっては桂冠である。したがって、産業における競いあいの対象は利潤にきまっている。

いや、ちがう、と共産主義者は言う。労働者が競いあう対象は全体の幸せ、友愛、愛である、と言う。

しかし、いま問題にされているのは個としての人間だが、社会というのであれば、われわれは集合としての人間のほうを問題にしたい。そのうえで私は、この社会それ自体の労働はやはり富をめざすものである、と言いたい。自らが豊かになること、自らの幸せ、それが唯一の対象なのである。では、なぜ社会について正しいことが個人については正しくないことになるのであろうか。社会もけっきょくは人間だし、人類も個々の人間の内部で類として生きているではないか。競いあいの直接的な対象は、産業においては個人的な幸せであり、これはわかりやすい。それをどうしてわざわざ、全体の幸せなどというわかりにくくて、よそよそしいモチーフに置き換えねばならないのであろうか。そもそも全体の幸せは個人の幸せがなければ無意味だし、個人の幸せがあってはじめて得られるものではないか。

共産主義者は、おしなべて奇妙な幻想をいだいている。権力の狂信者であるかれらは、労働者の幸せも中央の権力によってもたらされると主張する。いまここで問題になっているケースで言えば、集合的な富からもたらされるという。労働者たちがつくりだした富を、権力がいわば還流の形で労働者にさずけるのだ。まるで個人より先に社会が存在し、個人は社会のあとから生まれたかのようである。社会主義者は体制を非難するが、自分では気づかぬうちに社会体制の伝統に支配されている。しかもそれは、あとで見るように、このテーマにかぎったことではない。

しかし、くだくだしく語る必要はないだろう。共産主義者がものの名前を「正しい名前」〔サルステルイウス『カティリナ戦記』五二節）に変えたら、それは暗黙のうちに自分の無能を認めることであり、議論から脱落することである。したがって、共産主義者にたいする返答はつぎの一言だけですむ。「競争を否定すると、あなたは主張すべきものを自ら失い、以後は議論に加われない」。全体の利益のためにひとはどこまで自己を犠牲にすべきか、という問題はまたべつの機会に考えることにしよう。当面のテーマは、競争の問題を解決することである。すなわち、エゴイズムを最高度に満足させながら、同時に、社会の要請も満たすようにすることである。ただし、ここで道徳の話はご勘弁願いたい。

競争は、価値の構成に必要である。分配の原理そのものにとって必要であり、したがって平等の実現のために必要である。ひとつの生産物がたったひとりの製造者によってつくられているかぎり、その生産物の本当の価値は謎のままだ。その生産者は自由にごまかせるし、ごまかしはしなくても、商品の原価をその限界まで下げたいと思うはずもなく、下げられるはずもない。じっさい、生産の特権は社会にとって現実の損失である。産業の開放は、労働者の競争と同様に必要なのである。空想された、あるいは空想されうるいかなるユートピアも、この法則からまぬがれることはできない。

たしかに、労働や賃金は保証されうるし、保証されねばならない。私もそれを否定するつもりはない。むしろ、それが保証される時代が早く来ればいいのにと思う。しかし同時に、私は言いたい。賃金の保証は、価値についての正しい理解がなければ不可能だ。そして、この価値は競争によってのみ発見される。けっして共産主義の制度や人民の名による命令などで得られるものではない。なぜなら、そこには立法者や市民たちの意志よりももっと強力な何かがある。自分で責任をもつことがいっさいなければ、人間が義務をはたすことも絶対にありえない。そして、労働を自分の責任でおこなうことは、必然的に他者との競争を意味する。かりに来年の一八四七年一月一日から、労働者の全員にしごとと賃金を保証すると定めよう。するとたちまち、産業からぴりぴりとした緊張がなくなり、弛緩《しかん》した空気が拡がるだろう。ものの現実の価値は急速に名目価値以下に下落するだろう。金属貨幣は、誰の肖像が刻まれていようと、また何の認証がついていようと、アッシニア紙幣と同じ運命をたどるだろう。商人は少し渡して、たくさん受けとりたがるだろう。貧困という地獄のなかで、競争はまだその三番目の層にすぎないのに、われわれは早くもそれより下へ落ちてしまうだろう。

一部の社会主義者は、労働にそなわる引力がやがては利潤の追求とは無縁の上品な競いあいを育てていくと言う。そのことばにうなずきたいところだが、現段階の問題を考えるうえで、そんなユートピアがいったい何の役に立つのだろう。いまはまだ経済発展の第三段階、労働の構成の第三段階にすぎない。すなわち、労働がひとを引きつける力をまだもっていない段階である。労働の引力は、労働者が肉体的にも道徳的にも知的にも高度に成長してはじめて得られる成果なのである。まさしく、われわれが社会経済のさまざまの矛盾を踏破して獲得しようとしている目標こそ、こうした労働者の成長そのものであり、産業による人間教育なのだ。したがって、労働の引力はまだわれわれにとって目標、目的にすぎないのに、どうしてそれをいまの問題を解決するための原理やテコとして用いることができるだろうか。

なるほど、労働は、人間の生命と知性と自由を最高度に表現するものであり、それ自体に引力がそなわることは否定できない。しかし、この引力を有用性というモチーフからすっかり切り離し、したがってエゴイズムの復活からも切り離すことができるというなら、私はそれを否定する。つまり、私は労働のための労働を否定する。それは私が、文体のための文体、愛のための愛、芸術のための芸術を否定するのと同様である。文体のための文体は、今日の安直な小説と深みのない即興詩を生んだ。愛のための愛は、男色とオナニズムと売春につながる。芸術のための芸術は、小細工やカリカチュアや悪趣味に行きつく。人間が労働に作業の楽しさばかり求めるようになると、かれは働くのをやめて、遊びはじめる。こうした堕落を証明する事実は、歴史のなかにあふれている。古代ギリシアのオリンピア、ピュティア、イストミア、ネメアで開かれた競技祭を見よ。すべての生産を奴隷がおこなっている社会で、ひとががんばっておこなうものといえばこれだ。スパルタや古代クレタ島のひとびとの生きかたが模範とされた。アテネ人には体育館、運動場、競馬場、演説広場があった。プラトンは共和国の兵士にそれなりのしごとを割り当てたが、それはその時代の趣味を表現したものにすぎない。また、封建時代のフランス社会にも騎馬試合や槍試合があった。以上のほかにも、トロイア戦争のときにギリシアの知将パラメデスが発明したとされるチェスから、シャルル六世のためにグランゴヌールが絵をつけたタロットにいたるまで、私がここであげないでおいた実例はかずかずあるが、これらの発明はすべて、労働が有用性というまじめな動機を失ったらどうなるかを如実に示す。労働、本当の労働、富を生み出し科学をもたらす労働は、規律と忍耐と自己犠牲を必要とするものであるから、「フーリエの言う」情念とは親和しにくい。情念は本質的にうつろいやすく、不安定で無秩序なものだからである。労働には高尚で、理想的で、哲学的なところがあるから、それをたんなる快楽や娯楽にしてしまうことはできない。つまり、神秘性や感性のみにつなげてはいけない。人間は労働するという能力によってほかの動物と区別され、この能力のみなもとは理性のもっとも深い部分にある。だから、労働はわれわれの生の表現であるとか、われわれの感性の官能的な反応であると、単純に言いきれるはずがない。

それとも、歴史的に先例がないほど、また今日にいたるまで思いもおよばなかったほど、われわれの本性は変わってしまったのだろうか。そういう仮説に逃げる手もあるが、そんな仮説は主張する本人たちでさえ理解しがたい空想にすぎない。進歩の順序を逆にし、経済科学の確かな法則を否定する。したがって、私はそんな仮説ははなから無視する。これが私の答えだ。

あくまでも事実にこだわろう。事実のみが意味をもち、われわれにとって有用だからである。フランス革命は、政治的自由ばかりでなく産業の自由を求めた。一七八九年のフランスは、自分が実現しようとしている原理の帰結については、まったく無自覚であったが、自分が何を願い、何を期待すべきかについてはまちがわなかった。このことは声を大にして言いたい。私に言わせれば、それを否定しようとする者はそれを批判する権利を失う。二五〇〇万の人間がすすんでまちがいを犯したと見なし、そこから議論を組み立てるひとと、私は言い争うつもりもない。

一八世紀末のフランスはさまざまの特権によって疲弊していた。だから、何が何でもフランスは、麻痺している同業組合をゆさぶり、労働者に自由を与えて、労働者の尊厳を高めようとした。

フランス全土で労働を束縛から解放し、才能を活性化させる必要があった。産業者には多数の競争相手を与え、また責任を与えて、産業者が怠惰で無知で不誠実なばあい、その結果の責任を本人ひとりに背負わせる必要があった。じつは八九年以前から、フランスは変化への用意がすっかりできていたのだ。そして、その最初の一歩を踏み出したという栄誉はチュルゴーに与えられる。

競争は、革命前からすでに社会経済の原則であり、定められた宿命であり、ひとの心の必然であった。であったからこそ、ひとびとは同業組合、職人組合、親方制を手なおしでなく廃止したのではないか。社会の改良では満足せず、革命をおこなったのではないか。修正で十分なら、どうして体制は否定されたのか。とくに当時は、ブルジョワジーがいだく保守的な思想に中間階級はこぞって引きよせられていた。共産主義も、半ば社会主義的な民主主義も、競争の原理にかんしては中庸の立場である。つまり、われしらずのうちに反革命的な思想となる。はたしてそういう共産主義に、フランス国民がどうして革命に賛成したのか、その説明ができるだろうか。

さらに言えば、現実の動きが競争の理論を確証した。チュルゴーが大臣になって以来、国民のあいだで経済活動が活発化し、豊かさも増大しはじめたのだ。決定的な証拠がそろったように見えたので、競争はその後の議会からたて続けに承認された。フランスでは国のありかたとして、商工業の自由が政治的な自由と同列にならぶ。そして、フランスが以後六〇年にわたって富を増進させ続けているのも、まさにこの商工業の自由のおかげなのである……。

競争の必要性をおおいに納得させるこの主要な事実に加えて、私はもう三つ四つ、べつのややマイナーな事実も紹介してみたい。私が擁護する原理がどのような影響をおよぼすか、これでいっそう明瞭になるだろう。

まず、農業についてである。フランスの産業のうち、なぜ農業は異常なまでに遅れているのか。国民労働の大切な部門でありながら、きわめて多くの地方で、どうして昔ながらの習慣や野蛮さがいまなお残っているのか。いろいろ原因はあげられるだろうが、私の見るところ、その第一は競争の欠如である。農民たちは土地のきれはしを争い、公証人の前で競いあうが、田畑では競わない。ためしに、かれらにむかって生産の競争とか公益とかを語ってみたまえ。かれらはただ口をぽかんと開けたままだろう。——かれらに言わせれば、王さま（農民にとって王は国家、公益、社会と同義）は王さまのしごと、おれたちはおれたちのしごとをするだけさ。これが農民の哲学であり、農民の郷土愛なのである。ああ、それなら王さまが農民に競争をさせればよいのだが、残念ながらそれは不可能である。商工業では、自由と所有から競争が生じるのに、農業では逆に、自由と所有が競争を直接さまたげる。農民の報酬は、かれの労働や知性に応じてでなく、土壌の質や神の思《おぼ》し召しによって決まる。だから、農民が畑を耕しながら考えることは、雇い人の賃金をできるだけ下げ、前払いの金をできるだけ少なくすることだけだ。自分の生産物はかならず売れるにきまっているので、農民は土地の改良や生産物の質の向上でなく、コストの削減ばかりを追求する。かれは種をまき、あとは神さまにおまかせなのである。農民階級が知っている唯一の競争は、土地の賃貸をめぐる競争である。そして、その競争がフランスにおいて、たとえばボースといった穀倉地帯で、有益な結果をもたらしたことは否定できない。しかし、この競争の原理はいわば副次的なものにすぎない。けっして耕作者の自由や所有から直接出てきたものではない。

したがって、土地の賃貸がなくなれば競争もなくなる。ということは、多くの地方で農業の衰退を決定づけたいなら、あるいは少なくとも農業の進歩を止めたいなら、小作農を土地の所有者に変えるだけでよいことになる……。

つぎは公共土木事業についてである。それは集団労働のもうひとつの分野であり、ここ数年、激しい議論の対象となっている。たとえば、デュノワイエ氏もきびしく言う。「道路建設を監督するのは、理工科学校を出た高給取りの技師なんかより、工兵や馬車の御者のほうがはるかに適任だ」。この指摘の正しさをじっさいに証明したひとはいないが、うなずけることばである。

フランスでもっとも美しい川、内陸水運でも重要な川に、あたらしく橋がかけられることになった。工事が始まると、水運の関係者たちはアーチが低すぎると気づいた。最高水位のとき船がとおれそうにない。作業の監督をしている技師にそれを注意すると、かれはひどく偉そうにこう答えたという。「橋は上をとおるためのものであって、下をとおるためのものではない」。このことばはひとびとのあいだで流行した。しかし、愚かなまちがいは放置できず、政府も工事のやりなおしが必要だと感じた。そして、私がこれを書いているいま、そのアーチは持ち上げられている最中だ。そこの水運に関心のある業者が自分のリスクで工事を請け負っていたら、そんな再工事をするようなはめになっただろうか。理工科学校を出てすぐに終身雇用され、もはや競争と縁がなくなった頭脳優秀な若者が、似たような事業で大失敗を犯した例は枚挙にいとまがない。

さらに、タバコ産業の公社のケースがある。この例は、国家に経営能力がある証拠としてもちだされ、したがって競争は完全になくすことができると言うためにもちだされる。――そこにおいては、ごまかしも、もめごとも、破産も、貧困もないと言う。そこの労働者は給料も良く、よく教育され、よく言い聞かされて行儀も良く、積み立てにより退職後の保障もあるので、民間企業で働く圧倒的多数の労働者とは比較にならないほど恵まれた環境にある、と言うのだ。

それは全部本当かもしれないが、私が知らない話ばかりである。タバコ産業公社の内情について、私は何も知らない。管理者からも労働者からも話を聞いたことがないし、聞きたいとも思わない。公社が売るタバコの価格はどれだけか。そのタバコの価値はどれだけか。最初の問いには誰でも答えられる。もよりの店で聞けばよい。しかし、二番目の問いには誰も答えられまい。なぜなら、比較の基準がないし、国営のものは原価がそのとおりなのか確かめてみることも禁じられており、したがってうのみにすることもできないからである。独占企業であるタバコ産業は、それが社会にもたらす便益よりも、その費用のほうがかならず高くつく。この産業は製品の売り上げだけではやっていけず、国の補助金で生きている。当然のことながら、こういう産業はわれわれにとってのモデルとなりえない。それどころか、打撃を与えて改めるべき大きな悪弊のひとつなのである。

私がタバコ製造には改革を導入すべきだと言うとき、それはたんに製品の価値の三倍、四倍という法外な税金を考えてのことではない。また、役立たずのくせに高給をもらっている管理職と、下役に固定された絶望的な低賃金労働者に分かれるヒエラルキー構造のことを言っているのでもない。さらにまた、タバコ販売店の特権と、それに寄生して生きているひとびとのことを語りたいわけでもない。私が眼目としたいのは有用な労働、すなわち労働者の労働である。管理労働者は競争を知らず、利潤にも損失にも無関係である。つまり、かれは自由ではない。まさにこのことだけからも、かれの生産性は必然的にゼロに近く、かれの俸給は高すぎると言える。それについて政府は、国営企業の労働者には良い給料を与え、かれらの福祉にも気づかっていると言う。何の不思議もない、と言うのだ。しかし、われわれにはすぐに見えるように、こうした特権の費用を負担しているのは民間の自由企業である。これはありえない仮定だが、万一、すべての産業がタバコ産業みたいにおいしい目にあえるならば、補助金の源泉は枯れはて、国の歳入と歳出はバランスがとれず、国家は破産するだろう。

さて、つぎは外国製品についてである。——ある学者のことばを引用しよう。政治経済学には門外漢であるが、ドイツの化学者ユストゥス・リービッヒ氏はこう述べている。「かつてフランスはスペインから毎年、二〇〇〇万から三〇〇〇万フラン分のソーダを輸入していた。スペインのソーダは品質が最高だったからである。イギリスとの戦争中、ソーダの値段は上がり、したがって石けんやガラスの値段も上がり続けた。フランスの製造業は困りはてていた。まさにそのときである。ふつうの塩からソーダをつくりだす方法をルブランが発明した。その方法はフランスにとって富の源泉となる。ソーダの製造はめざましく増大した。しかし、ルブランもナポレオンもその発明の利潤にはあずかれなかった。復古した王政は、大陸封鎖を引き起こした人物にたいする民衆の怒りに乗じて、皇帝の借金の返済を拒否した。そのなかにはルブランへのごほうびの約束も含まれていた……」。

「数年前、ナポリ国王がシチリアの硫黄の取引を独占しようと企てたとき、この硫黄の大量消費国であるイギリスはナポリ国王に、独占が続けば戦争も辞さないと警告した。こうして二つの国が外交文書をかわしているあいだに、イギリスでは石灰や黄鉄鉱など自国に豊富な鉱物から硫酸を製造する方法が、一五件も発明され特許申請されている。しかし、ナポリ国王とのもめごとがおさまると、これらの発明は具体化されないままとなった。かずかずの実験結果からみても、あたらしい方法による硫酸の製造はきっと成功したはずで、シチリアの硫黄の取引をおそらくゼロにしただろう」。

かりに、イギリスとの戦争がなかったとしたら、また、ナポリ国王に独占の野望がなかったとしたらどうだろう。フランス人は、海水からソーダをつくろうと思わず、イギリス人は、国内に埋蔵された大量の石灰や黄鉄鉱から硫酸をつくろうと思いもしなかっただろう。まさしく、産業においては競争がこれと同じ働きをするのである。人間は必要にせまられて、はじめて怠惰からぬけだす。逆に、人間から心配のたねがまったくなくなれば、人間から天才のひらめきも消えてしまう。つまり、人間をだめにする一番確実な方法は、人間を全面的な平和、恒久の平和で包み、人間の無為怠惰の責任をすべて国家に背負わせて、人間から利益志向や社会的栄誉欲を失わせることである。

そう、平和が一番だとする現代の風潮にさからって、はっきり言おう。ひとが生きることはひとつの永久戦争である。欠乏との戦い、自然との戦い、同じ人間との戦い、したがって自分自身との戦いである。友愛と自己犠牲にもとづく平和な平等を唱える理論は、この世における財産と快楽の放棄を説くカトリックの教えの模造品にすぎない。乞食の原理、貧困の礼賛にほかならない。人間は人間を死ぬほど愛することはできるかもしれないが、ひとのために働くほどには愛していないのだ。

自己犠牲を説く理論が、このように理論的にも事実のうえでも否定されると、競争反対論者は最初とは逆のことを言いはじめる。バランスの中心点である真理を知らない者は、相矛盾する両極端のあいだで揺れるのが精神の法則だからである。競争反対を唱える社会主義が向かうあたらしい理論は、奨励の理論だ。

労働と産業の奨励。一見、これ以上に社会的で進歩的なものがあるだろうか。じっさい、民主主義者はみんな、これを権力のもっとも美しい属性と見るし、ユートピストはこぞってこれを、幸福を組織する最良の手段のひとつにかぞえる。しかし、そもそも政府には労働をどうにかできる力などないし、政府が与える報奨金はすべて国民の金庫からくすねたものにほかならない。この推論はレイボー氏によって補完される。

かれはこんなふうに言う。「輸出を促進するための報奨金は、原料の輸入にかけられる税金の額にひとしい。そのメリットはゼロのままであり、むしろ大がかりな密輸の奨励に役立つにすぎない」。

レイボー氏の言うとおりの結果になることはさけられない。輸入関税を廃止すれば、前にゴマ油のケースで見たように、国内の産業が打撃を受ける。関税をそのままにしても、輸出奨励金を与えなければ、フランスの商業は外国の市場で負けてしまう。では、こうした不都合を防止するために、やはり報奨金が必要なのだろうか。それは右手で受けとったものを左手で返すようなものだ。せいぜい不正行為を助長するだけである。産業を奨励しても、そこから得られるものは何の役にもたたないカスにすぎない。したがって、生産物の自然価格をそこねるような労働奨励金や産業への報奨金はすべて、無償の贈与である。すなわち、権力が消費者からまきあげた金を、何の見返りもなしに自分のお気に入りの業者にわたす賄賂である。ゆえに、産業の奨励は根本において怠惰の奨励なのだ。つまり、一種のペテンである。

政府は、フランスの海軍のためだとして、海運会社の経営者に、船員の数に応じて報奨金を与える必要があると考えた。これについてもレイボー氏のことばを引用したい。「新大陸行きの船には六〇名から七〇名ほどの船員が乗る。そのうち、ほんものの船乗りは一二名。残りは、ついこのあいだまで畑を耕していた田舎者ばかりである。かれらは魚の加工のために日雇いで採用された。船のしごとにはまったくの素人で、船乗りと同じなのは足と胃袋だけ。ところが、かれらも会員名簿に登録され、ほんものの船乗りをがっかりさせている。ただし、報奨金の制度をまもる段になると、かれらも数のうちに入るので、おおいに役立っているわけだ」。

汚いペテンじゃないかと、素朴な社会改革者なら叫ぶだろう。それはそのとおりだとしても、われわれは事実を冷静に分析したい。そして、そのなかから一般理念を引き出したい。

労働を刺激するものとして科学が原理的に承認しうるのは、利潤、これのみである。なぜなら、労働への報酬がその労働の生産物のなかになければ、ひとからどれだけ励まされても、そういう労働は長続きしないだろう。また、この労働が純生産物をもたらすならば、この純生産物のうえにさらにごほうびを加えて、サービスの価値を過大にふくらませるのは不条理である。したがって、私はこの原理に則して、こう言いたい。海運業界が必要とする船員が一万人なら、それを一万五〇〇〇人にしてくれと頼む必要はない。政府にとって一番簡単な策は、国が保有する船に素人ばかりを五〇〇〇人乗せて、かれらに殿様のような豪華旅行を楽しませることだ。海運業にたいする奨励は、不正行為を国が直接そそのかすことにほかならないのではないか。しごとをしなくても賃金がもらえるようにすることだからである。こうした無用の人員を加えることは、船員のしごとや規律など、商船の運航に必要な条件をすべて満たすはずがない。それでも、不要の人員を船に乗せると、政府からたんまり報奨金がもらえると知らされたばあい、船主にできることは決まっているのではないか。大臣が国庫の金銀を路上にばらまくのに、それを拾った者が罪になるはずがない……。

このように、奨励の理論は自己犠牲を説く理論から直線的に出てくる。そこは注意しておきたい点である。競争の反対者たちは、人間に責任があるとは思いたくないので、自分たちの考えかたの矛盾そのままに、人間をあるときは神、あるときは獣と見なす。そして、自分たちがどんなに叫んでも社会が少しも動じないので驚いたりする。まったく子どもである。おおかたの人間は将来、現在よりも、あるいはこれまでのどの時代よりも、善良になるわけでも、悪くなるわけでもない。自分だけの利益が目の前にちらつけば、全体の利益には背を向けるものだ。ほめられたことではないが、しかし、少なくとも弁解は聞くに値する。貸した分より多く取り立てようとするのもまちがいだが、働かなくても報酬を支払うと言ってひとの欲望を刺激するのもまちがいである。人間は自分が自分であること以上に貴重なものをもたないし、したがって、自分のことは自分で責任をとるということ以外に戒律をもたない。自己犠牲を説く理論は、奨励の理論と同様に、社会を破壊し道徳を破壊するペテン師の理論なのである。ひとの自己犠牲によって、あるいはひとに特権をさずけることによって秩序を維持しようとすれば、まさにそのことが社会にあらたな対立を生じさせる。一人ひとりの自由な活動からハーモニーを生み出すのではなく、個人と国家を互いに疎遠なものにする。団結を命じながら、不和の種をまくのである。

要するに、競争を否定すれば、二つの選択肢しか残らない。ひとつは奨励、すなわちごまかし、もうひとつは自己犠牲、すなわち偽善、この二つしかない。

したがって、その原理において分析するならば、競争は正義の活力である。しかしながら、われわれがこれから見ていくように、競争はその結果において不正義なのである。

第二節　競争の逆効果。自由の破壊

福音書は言う。「天の国は力ずくで襲われており、激しく襲う者がそれを奪い取ろうとしている」〔新約聖書『マタイによる福音書』一一章一二節〕。これは社会の姿を寓意的に物語る。労働によって成り立つ社会では、威厳・富・名誉が競いあわれ、強者がそれを勝利の報酬として手に入れる。とすると、競争はものごとを力できめる制度だと定義できる。この矛盾を、昔の経済学者はそもそも気づかず、現代の経済学者はいやおうなしに認めざるをえなかった。

たとえば、アダム・スミスはこう書いた。「ひとびとの生活を、最低の野蛮から最高の富裕にひきあげるために必要なのは、平和、安い税金、穏当な法律、この三つだけである。これさえあれば、あとはものごとの自然の流れでうまくいく」。

一方、スミス『国富論』の最近のフランス語版で、アドルフ・ブランキ氏はつぎのような陰鬱な解説を書いている。「われわれは、ものごとの自然の流れがかずかずの悲惨な結果を生むのを眺めてきた。それは生産における無秩序を生み、販路をめぐる戦争を生み、競争のなかでの海賊行為を生んだ。分業と機械の発達は、人類の大半を占める労働者のために、ある程度の余暇と人間としての尊厳をもたらすはずのものであった。が、じっさいには多くのところで愚鈍化と貧困を生み出しただけだった……。アダム・スミスがこれを書いた時代には、自由はまだ問題や欠点をともなっていなかったのだ。グラスゴー大学教授の目には、自由の美点しか見えていなかった……。かりにスミスがわれわれと同時代に生まれ、今日のアイルランドや、イギリスの工業地帯の悲惨な状態をその目で眺めていたならば、かれはおそらくシスモンディ氏とおなじようなことを書いたにちがいない……」。

さて、民衆を教え導くのを使命とする文学者、政治家、新聞記者、カトリック信者および半信者の諸君よ。エレミヤ書の現代語訳かと思わせるこのことばが、諸君の耳に聞こえるか。諸君は、自分たちが文明をどこへ導こうとしているか、自分でわかっているのか。いま不安に満ちたこの社会、この国に、諸君はどういう助言ができるか。

しかし、私が語りかけている相手は誰だ。大臣、ジャーナリスト、教会の堂守、学者気取りの者たちだ。はたしてこういう面々は社会経済の問題で心をわずらわせたりするだろうか。競争などというものを耳にしたことがあるだろうか。

さて、リヨンの生まれで、商売は戦争だと信じている人物がいる。かれはイタリア旅行でトスカーナをおとずれ、そこでは毎年五、六〇〇万個の麦わら帽子が製造されていること、そして全体として四、五〇〇〇万フランの価値がつくりだされていることを知った。この産業はその地方でほとんど唯一の飯のタネであった。かれは考えた。「麦づくりと帽子づくりはこれほど簡単に儲かるのに、トスカーナと同じ気候のプロバンスやラングドックでどうしておこなわれなかったのだろう」。――しかし、経済学者は同じ問題をつぎのように考える。この産業をトスカーナの農民から取り上げたら、かれらはどうやって暮らしが支えられるのだろう。

黒色の絹布はフィレンツェの特産品で、製法は大事な秘密とされてきた。例のリヨン人は、自慢気にこう指摘する。「リヨンからひとりの有能な製造業者がフィレンツェに移り住み、そこで染織の独特の技法をつかまえた。この発明はたぶんフィレンツェの輸出量を減らすことになるだろう」（ジャン＝クロード・フュルシロン氏の著作『イタリア旅行記』より）。

かつて、蚕《かいこ》の飼育はトスカーナの農民のしごととされ、かれらの生活を助けていた。ところが、「農業会社がいくつもつくられた。それまで蚕は農民が寝起きする部屋で飼われていたが、そこでは換気も十分でなく、適温を保つこともできないとされた。蚕の飼育が専門の労働者とくらべると、農民たちでは十分な世話もできない。そこで当然、裕福で知的で気前の良い市民たちは、ビガッティエールという名の蚕飼育施設（ビガッティとは蚕のこと）を建てて、民衆から賞賛された」(シスモンディ氏)。

では、これまでの養蚕農家、黒色絹布の製造業者、そして麦わら帽子の製造業者は、そのしごとを失うことになるのだろうか。——もちろん、そうなる。しかし、かれらはこうした生産物を自分でつくる費用よりも安い値段で買えるようになるのだから、そこを考えればそれほど悪い話ではないと、かれらは言い聞かされる。まさしくこれが競争というものなのである。

競争は、その殺人本能によって労働者階級全体からパンを取り上げ、これを改善と見なし、節約と見なす。——競争は、よそから秘密をこっそり盗み、それを自分の発見であるかのように吹聴する。——競争は、住民全体を犠牲にして本来の生産地からべつのところに変え、この変更は気候の利点を活用したにすぎないと主張する。競争は、公正や正義といった観念をすべてひっくりかえす。投下資本を不必要に増やして、じっさいの生産コストを上昇させ、生産物価格の高騰と暴落を交互にひきおこす。すべてを博打に変え、まっとうな生きかたを否定し、公衆の良心を堕落させる。いたるところで恐怖と不信を育てる。

しかし、である。こういう恐ろしい性格をなくせば、競争はその最良の成果をも失ってしまうのだ。売買から気まぐれがなくなり、市場から不安がなくなれば、つぎつぎにあたらしいものをつくろうとする労働の意欲もなくなる。追い立てられるような気持ちがなくなれば、生産の驚異的な発展もありえなくなる。競争は、その原理の有用性そのものから悪を生じさせ、そして、まさにその悪からあらたに善を引き出すのである。有用性は破壊から生まれ、均衡は動乱によってつくりだされる。サムソンが打ち倒したライオンの腹から蜂蜜があらわれたという話があるが、そのときのサムソンのことばを、われわれは競争についても言うことができる。「人間を食べようとするものから食べものが出た。強いものから甘いものが出た」〔旧約聖書『士師記』一四章一四節〕。まったく、人間の科学の領域で政治経済学ほどわれわれを驚かせるものはないのではないか。

いや、われわれは皮肉を言って、それで満足しないようにしよう。皮肉だけでは、たんなる的はずれの悪口を言ったのと変わりがなくなる。経済科学の本当のしごとは、かずかずの矛盾のなかから確かなものを発見することである。そして、経済学者たちの誤りはそれを理解できなかったことにつきる。かれらが競争について語る段になると、とたんに批判はお粗末になり、思考の乱れは悲惨そのものとなる。自分の良心にしたがえば黙秘したいのに、拷問によって無理やり口を割らされた証人のようなものだ。ここで私は読者のみなさんを、経済学者たちのいわば秘密の会合にご招待しよう。かれらのあいだで自由競争がどのように議論されているか、自分の目で確かめていただきたい。

デュノワイエ氏が議論の口火をきる。

氏は、経済学者のうちでもっともエネルギッシュに競争の肯定面を言いたて、したがって当然にと言うべきか、競争の否定面が一番わかっていない人物である。デュノワイエ氏は、自分の原則なるものについてはかたくなで、政治経済学における事実は肯定することと否定することが、どちらも同時に、そして同程度に真であることがかれには思いもおよばない。かれの名誉のために言えば、かれがそういう考えかたを拒絶するのは、自分の学説に率直で誠実であるからこそなのである。政治経済学のすべてのカテゴリーに矛盾があることは、私にとっては太陽の存在と同じくらい確かな真実なのだが、かれのように純粋で、しかも頑迷な人間にそれを飲みこませるのはいかにも無理だろう。かれは実践と理論の和解をもとめて不毛な努力をかさねる。この世には良いこともあれば悪いこともあると、バカげた言いわけをして満足する。それがやめられたならば、デュノワイエ氏はすべてのアンチノミーを解決する総合的な思想を追求するはずだ。現在のようなパラドキシカルな保守主義者でなく、われわれとともに断固として首尾一貫した革命家になるであろう。

さて、デュノワイエ氏は言う。「もしも競争がまちがった原理なら、人類は二〇〇〇年ものあいだまちがった道を歩んできたことになる」。

いや、ちがう。そういう理屈にはならない。あなたのそういうかたよった考えは進歩の理論そのものによって反駁される。人類はさまざまの原理をつぎつぎに、ときには長いインターバルをはさんで提示してきた。原理は、内容はけっして放棄されなかったが、表現や形式はくりかえし破壊されてきた。こうした破壊は否定と呼ばれる。なぜなら、一般理性はつねに進歩し、それまでの理念がもうしぶんなく完全であることをたえず否定していくからである。競争についてもそれが言える。競争は価値を構成する段階のひとつであり、社会を総合する要素のひとつであるから、それは原理においては滅ぼしうるものではない。しかし、現在の形においては、競争は滅ぼすべきものであり、否定すべきものである。この命題はどちらも正しい。だから、ここで誰かが歴史にそむいていると言うなら、それはあなただ。

「競争を非難する声があるが、私はそれについてぜひとも指摘しておきたい点がいくつかある。まず第一に、競争の体制は、良いものであれ悪いものであれ、社会を崩壊させるものであれ繁栄させるものであれ、いずれにしても現実にはまだ存在していない。それは例外的にしか、そしてまったく不完全な形でしかあらわれていない」。

この第一点目の指摘は意味をなさない。われわれが本章のはじめのところで述べたように、競争は競争によって滅びるのである。このアフォリズムは、ひとつの定義と見なしうる。とすれば、そもそも競争は完全ではありえないものなのだ。――しかも、競争がまだ十全な姿では存在しないというのを認めるとしても、それはただ競争が内包する力、他を駆逐する力が全面的に作動していないことを示すにすぎない。ともかく競争の矛盾した本質はいささかも変わることがない。競争が発展するにつれて、競争に参加する者の数は減っていくという真理を知るために、われわれはさらに三〇〇〇年も待たなければならないというのか。

「第二に、ひとびとがいだいている競争のイメージは悪すぎる。競争が社会全体をますます豊かにし、労働者階級さえも競争のおかげで豊かになれたことが、十分には理解されていない」。

たしかに一部の社会主義者は競争の有益な側面を見落としているが、あなたは逆に競争の有害な結果についてまったく言及しない。あなたの証言を、あなたの敵の証言で補完させれば、競争はその全体像が明らかになる。つまり、二つの嘘から真実がわれわれの前にあらわれるのである。――競争による害の重大さについては、少しあとでしっかりと眺めたい。

「第三に、労働者階級がこうむっている苦しみの、本当の原因はべつのところにある」。

なるほど貧困の原因は、競争のほかにもある。しかし、だからといって、競争を貧困の原因から除外できるわけではない。競争のせいで破産した工場主は毎年ひとりだけだったとしても、その破産が競争という原理の必然的な結果であったと認められるならば、競争は原理的に廃止されるべきだろう。

「第四に、その弊害を予防するとされる主要な方策は、どれもまったく的はずれである」。それはそうかもしれないが、それなら結論はこうなる。予防策とされる手段がどれも不十分だというならば、あなたにはあらたな義務が課せられることになる。まさしく競争の弊害を予防するのにもっとも適した手段を、あなたは探求する義務がある。

「最後に、第五として、悪は法によって正すことが可能であるかぎり、悪にたいする本当の救済策は、まさに悪の源と非難される体制そのもののうちにある。すなわち、ますます現実化している自由と競争の体制のうちにある」。

そうだ。私が望んでいるのもそれだ。あなたによれば、競争への救済策は競争を普遍化することにある。しかし、競争を普遍化するには、競争の手段を全員がもっていなければならない。労働にたいする資本の支配が打倒され、あるいは修正され、雇用主と労働者の関係が変化していなければならない。一言でいえば、分業のアンチノミーと機械制のアンチノミーが解決されなければならない。**労働が組織されて**いなければならない。あなたからこうした解決が出されるだろうか。

デュノワイエ氏は普遍的な競争というかれのユートピアを、しゃにむに展開する。そして迷路に入りこむ。かれは一足ごとにつまずき、自己矛盾におちいる。

「競争は多数の障害と出会う」とデュノワイエ氏は言う。

じっさい、競争は多数の強大な障害と出会うが、そうした障害はあまりにも強大であるために、競争それ自体が不可能となるのだ。なぜなら、障害は社会の構造に組み込まれており、したがって競争そのものと不可分のものなので、これに打ち勝てるはずがない。

「たしかに、政府が多少なりとも独占的に引き受けるべき職種が、公共事業のほかにもいくつかある。また、一定数の個人に独占が法的に認められている職種は、さらに数多く存在する。競争にゆだねられた職種は、さまざまの規則や制約があり、無数のわずらわしさにたえねばならない。それが多くのひとびとの競争への参入をさまたげている。したがって、競争は無制限であるとはなかなか言えない。要するに、たいていのばあいさまざまの重い負担をともなう。それはおそらく不可避のこと……」。

これはいったい何を意味するのか。デュノワイエ氏はおそらく、社会には政府や役所、警察や租税や大学が必要だと思っている。つまり、社会には社会を成り立たせるものがなくてはならないと考えている。したがって、社会にはかならず競争の例外が存在するので、普遍的な競争という仮説はたんなる妄想だ。普遍的な競争とは、何でもやりたい放題の体制にわれわれをふたたび連れ戻すことである。それは競争の定義によって当然そうなる。そんなデュノワイエ氏の主張はまったくふまじめなものだとは言えないか。

かつての立派な科学者たちは、ものごとの研究にさいして、いっさいの予断をしりぞけ、事実をけっしてゆがめたり隠したりせずに、その一般法則をつかまえようと心がけてきた。アダム・スミスの研究は、当時としては最高の知性と英知の傑作である。ケネーの経済表は、まったく理解しがたいものに見えるけれども、すべてを総合しようとする気持ちの深さを見せてくれる。J・B・セイの大著の序文は、もっぱら政治経済学の科学性を主張し、著者がどれほど絶対的な概念を必要と感じているか、その一行ごとに明らかにする。たしかに、前世紀の経済学者は経済の科学をつくりあげるまでにはいたらなかった。しかし、かれらにはそれをつくりあげようと努力する熱意と真心があった。

今日、われわれはこうした気高い志から遠くへだたる。経済学者が求めているのはもはや科学ではない。かれらは王室と特権階級の利益を守ろうとする。無能であるがゆえに、ますますかたくなにルーチンを守る。不健全な諸現象にいつわりの真実性を付与するために、世間であがめられているひとの名前を利用する。事実による告発は非常識な意見だと非難する。いまの時代の傾向をけなす。あなたの理屈で考えてみましょうと言われることほど経済学者をいらだたせるものはない。

デュノワイエ氏はまったく不愉快そうに、こう叫ぶ。「いまの時代に特徴的なのは、あらゆる階級がざわついていることである。どの階級も不安に満ち、満足できる線を知らず、けっして満足することができない。恵まれないひとびとの不満をじっさいに減らしていこうと社会が努力をすればするほど、かれらの不満は高まる。努力のむなしさはまさに地獄である」。

なるほど。政治経済学をつっつきまわす社会主義は地獄の鬼の化身というわけだ。じっさい、プロレタリアが労働や賃金で不当なあつかいを受けていることや、いまの環境のもとでは貧困は解消しえないことを、プロレタリアに教えるのは神にたいする冒瀆にほかならない。

レイボー氏は、師匠であるデュノワイエ氏の嘆きを、さらに強い調子でくりかえす。二人がそろって競争を賛美するさまは『イザヤ書』〔六章三節〕に描かれた天使さながらである。レイボー氏は、一八四四年六月に出した『現代の社会改革者の研究』第四版で、心の底から苦々しげにこう書いている。「ひとびとが労働の組織だの労働の権利だのと口にするようになったのは社会主義者のせいだ。社会主義者は国民監視体制の推進者である。……海峡をはさむ両国の議会でも、かれらの影響力が少しずつ強くなっている。……こうしてユートピアがこの地上にのさばりはじめる……」。さらにレイボー氏は、社会主義が知識人にもひそかに影響をおよぼしていると嘆く。社会主義と闘ってきたひとびとにさえ無自覚な感染が見られると非難する。この恨みの深さを見よ。かれは、邪悪な連中に正義の高みから最後の審判をくだすために、あたらしい著作を出すつもりだと言う。そのタイトルは『労働の法則』だそうだ。その本でかれは（いまの考えに何の進化もなければ）、労働の法則は労働の権利や労働の組織などとまったく共通性をもたないこと、自由放任こそが最良の改革であることを証明するらしい。レイボー氏は言う。「したがって、政治経済学はもはや理論にではなく実践へと向かう。科学の抽象的な部分は今後変化しないと思われる。学者のあいだでの定義のくいちがいはまったく、あるいはほとんどなくなる。価値、資本、需要と供給、賃金、租税、機械、地代、人口増大、生産物の過剰、販路、銀行、独占などなどについては、すでに偉大な経済学者たちによる研究がある。こうして理論的な研究の限界は確定されているように思われる。これまでの研究で経済学説の全体をなし、それを超えるものはほとんど期待できない」。

口は達者だが、理屈になっていないとは、モンテスキューが社会経済学の創始者たちの奇妙な演説にくだした結論である〔『法の精神』二三編一一章〕。ところがレイボー氏は「**科学は完成した**」と宣誓する。そして、かれが重々しく宣告したこのことばは、アカデミーでも大学でも、政府の審議会でも議会でも復唱される。新聞にも載る。国王も新年の詔勅で同じことを言い、体制を批判する者はこのことばにしたがって法廷で裁かれる。

科学は完成した。だから、社会主義者諸君、明るい真っ昼間に太陽を探したり、ランタンをかざして太陽のまぶしさに抗議したりするのは、狂気の沙汰だ。と、あなたがたはおっしゃる。

しかし、そうおっしゃっても、私はまだ腑に落ちない。まことに申し訳ないが、自分ではまったく納得できないので、ぜひとももう少し私に説明してくださるようお願いしたい。あなたにはこの世の悪を正すことができないとしても、せめてわれわれにその説明をしてほしい。きちんと証明してほしい。そして、われわれをあきらめの境地に導いてほしい。

「今日、誰の目にも明らかなように、富はかつてないほど適正に分配されている」とデュノワイエ氏は言う。――「苦と快はかならずこの世でのバランスの回復に向かう」とレイボー氏がすぐさま応答する。

えっ、何だ。「富の適正な分配」、「バランスの回復」と本気でおっしゃるのか。それならばお願いしたい。適正な分配について説明をしてほしい。平等が実現したのか。不平等が消え去ったのか。社会の連帯が深まったのか。競争が減少したのか。答えを聞くまで私はあなたを離さないぞ。「くっついたら離れないヒル」〔ホラティウス『詩編』四七六行〕のようになるぞ。あなたの言うバランスの回復と適正な分配がどういう原因によるものであれ、私はそれをしっかりと受けとめ、そしてそれを最終的な結果にいたるまで追求するつもりだからである。一八三〇年以前は（年は私が任意に選んだ）、富の分配は不適正であった。それはどうしてか。そして、あなたたちによれば、今日では適正に分配されている。それはなぜなのか。私が何を求めているか、あなたにはおわかりのはずだ。分配がまだ完全に公正ではなく、バランスも絶対に正しくとれていないとき、そのバランスを妨げているものは何か。そして同時に私が問いたいのは、どのような原理によって、人類は最悪の状態からやや悪い状態へ、そしてより良い状態から最良の状態へ移ることができるのか。私がそういうことを問う理由はこうだ。社会を改善する秘密の原理は、競争ではない。機械制でもなく、分業でもない。需要と供給でもない。これらの原理はいずれも、価値を振動させるレバーにすぎない。そのことは道徳科学アカデミーも先刻承知のことがらである。では、いったい何が社会を豊かにする最高法則なのだろうか。それを踏みはずしていることが貧困の永遠の原因であるような、社会進歩のルール、規範、規準があるはずだが、それはいったい何か。それをずばり語ってほしい。長ったらしいお説教はもういらない。

富は適正に分配されている、と言う。あなたたちの証明を見ていこう。

まず、デュノワイエ氏。

「公的な資料によれば、不動産税のかかる区画はほぼ一一〇〇万。この税を支払っている土地所有者の数は六〇〇万人とされるから、一家四人として、人口三四〇〇万人のうち二四〇〇万人は土地所有にあずかっていることになる」。

それならば、少なく見積もっても、フランスには一〇〇〇万のプロレタリアがいるわけだ。人口のおよそ三分の一だ。これについては何も言わなくていいのか。しかも、所有者二四〇〇万人の半数も、プロレタリア一〇〇〇万人の側に加えてよい。かれらの土地は借金の抵当になっているし、零細で、貧しく悲惨な状態にあり、とても土地所有者としてはやっていけない。そのほかにも、あなたはまだその数をつかんでいないが、一時的な土地所有者も多い。

「二四〇〇万の土地所有者の数は、目に見えてどんどん増えている」。

いや、私はむしろその数は目に見えてどんどん減っていると言いたい。不動産税を課せられているが、土地は借金の抵当で名目ばかりの所有者と、地代で稼いでいる債権者とでは、どちらが本当の土地所有者だと言えるか。今日、アルザスのあちこちの土地の本当の所有者は、バーゼルに住むユダヤ人の金貸したちである。この金貸したちの頭の良さは、土地を自分で使うことなど少しも考えないことにある。かれらにとって土地は投資の対象にすぎない。

「土地所有者のほかに、およそ一五〇万人もの営業税支払者がいる。一家四人とすれば、六〇〇万ものひとびとが独立自営の商工業にかかわる」。

しかし、まず第一に、このひとびとの大半は土地所有者でもあるから、これでは二重計算になる。第二に、営業税を支払う商工業者のうち、儲けがあるのはせいぜい四分の一、収支がトントンなのが四分の一、残りはたえず赤字だ。したがって、本当の所有者一二〇〇万人(この数もかなり怪しいが）に付加できるいわゆる事業主の数は六〇〇万でなく、その半数がいいところだろう。つまり、自分の教育、努力、資本、信用、所有によって競争に参加できるフランス国民の数は、合計一五〇〇万人ということになる。残る国民一九〇〇万人にとって、競争とはアンリ四世が言った鶏の丸煮のようなものだ〔アンリ四世は、貧乏人にも鶏の丸煮を食べさせたいと言った〕。すなわち、金が払える階級のためにつくられ、つくった本人たちは手をつけることができない料理のようなものだ。

問題はまだある。競争に参加できないこの一九〇〇万人は、競争に参加している者たちの傭兵なのである。かつての奴隷と同様に、主人のために闘うのであり、自分の旗印をかかげることも、勝手に戦をしかけることもできない。しかし、競争がそもそも社会全体の共通条件とはなりえないのであれば、危険の矢面に立つ傭兵は当然雇い主に保証を求めるのではないか。そして、この保証を雇い主は拒否できないのであれば、それは競争にとっての障害になるしかないのではないか。それは封建領主たちが戦争をしていた時代に、教会が出した神の休戦命令のようなもので、戦を不可能にする。私が先に述べたように、社会の成り立ちそのものから、競争は例外的なことがらであり、ひとつの特権なのである。そこでいま私はあらためて問う。この特権は、はたして権利の平等と共存可能なものなのであろうか。

私は、消費者および賃金労働者のために、競争にたいする保証を求めるが、あなたたちはそれを社会主義者の夢想と思うのか。あなたたちの側の、超有名な二人の発言を聞こう。かれらのことばなら、とんでもない話をこしらえたとあなたたちから非難されることもあるまい。

ペッレグリーノ・ロッシ氏はその著『政治経済学講義』一巻一六課〔産業の自由〕で、「危険が大きいのに保証が不十分なとき」、これはすなわち常時ということになるが、国家には労働を統制する権利があると認める。立法者は原則と法律によって公共の秩序を得なければならないからである。専横的な手段で抑圧しなければならないような不測の事態が生じては困るのだ。——また、この教授は第二巻の七三—七七頁で、度を超えた競争は金融貴族・土地貴族をたえずつくりだし、やがて小所有をおしつぶしてしまうだろうと指摘し、警鐘を鳴らす。もうひとりのブランキ氏は、いまや労働の組織化が経済科学のテーマであると宣告する（前言撤回はお得意だ）。労働者の利潤への関与と、労働者集合体の実現を説く。資本の独占・保護・専制を、たえず激しく非難する。「聞く耳のある者は聞くがよい」〔新約聖書『マルコによる福音書』四章九節〕。ロッシ氏は刑法学者として、競争は強盗行為だと判定し、ブランキ氏は予審判事として、罪人を告発する。二人は先ほどのレイボー氏とデュノワイエ氏と対位法によって合唱する。レイボー氏らが競争を賛美して「幸いあれ《ホザンナ》」と叫ぶのにたいし、ブランキ氏らは公会議の司教たちのように「災いあれ《アナテマ》」と応えるのである。

しかし、こんなことを言うひとがいるかもしれない。ブランキ氏やロッシ氏は競争の弊害のみを叩きたがっているのであって、競争の原理まで排斥しようとは思っていない。全体としては、二人はレイボー氏やデュノワイエ氏と完全に一致しているのである、と。

とんでもない。私は二人の名声を守る立場にたって、こうした区別には反対したい。

じっさい、競争の弊害は社会全体におよび、例外が規則に変わってしまった。法律学者のレイモン＝テオドール・トロロン氏は、すべての経済学者とともに商業の自由は大事だとしながら、運送業者の結託を認めてしまうのである。業者の結託は社会経済のもっとも健全な観念に反するものと思われるが、立法府の力では絶対にどうすることもできない事実のひとつだと言う。それでもトロロン氏は、そういう事実はまったく例外的なものであり、けっして一般化するはずがないとつぶやいて、自分を慰めた。あいにくながら、その事実はすでに一般化している。今日、運送（陸路・鉄路・水路）、小麦や小麦粉、ワインや蒸留酒、木材、石炭、油、鉄、織物、塩、化学製品など、絶対にすべてが競争をへて独占されるにいたった。どんなに保守的な法律学者でも、窓に額をつけて外を眺めれば、それはすぐに見てとれる現実だ。政治経済学の双子の姉妹である法学にとって、自分が大事だと思っている原理がこうもあっさりと否定されるのを見るのは悲惨だ。しかし、もっと悲惨なのは国民のほうである。国民はこういうお粗末な学者たちにひきまわされている。それでも連中が書いた書物の山のなかから、なんとか使えそうなアイデアを拾い集めなければならない。

理論的には、すでに明らかにしたように、競争はその有用な側面を普遍化し、そして最高度に強めなければならない。しかし、その否定的な側面は、あとかたも残さぬよう徹底的に消去しなければならない。はたして経済学者に、こうした消去作業ができるだろうか。経済学者はそうした作業の結末を予測できるだろうか。作業のむずかしさを推し測ることができるだろうか。もし、できるというのであれば、つぎのようなケースはどう解決すべきか、経済学者にあえて問う。

同盟《コアリシオン》の協定、というか協同《アソシアシオン》の協定（この二つがどうちがうかは裁判所もおおいに判断に苦しむところだ）によって、ロワール地方のすべての炭鉱が合併して、ひとつの会社になった。リヨンとサンテチエンヌ両市からの苦情を受けて、政府はこの恐ろしく巨大化した会社の性格と傾向を調査する特別委員会をたちあげた。まさに私はこれを問題にしたいのである。すなわち、民法と政治経済学をふりかざして権力がここで介入して、いったい何ができるのであろうか。

同盟はいけないと言う。しかし、鉱山の所有者たちが協力しあって、諸経費や採掘コストを減らし、きちんとした連携作業によって、より利益のあがる炭鉱経営をめざそうとするのを、妨げてよいものだろうか。それとも、かれらにふたたび戦争をおこなわせ、コストの増大、ムダづかい、過剰生産、混乱、価格下落によって、自滅せよと命ずるのか。そんなことはすべてバカげている。

資本の利子を出すために石炭の価格を上げるのはいけないと言う。それなら、労働者の側からの賃上げの要求にも反対しなければならない。合資会社にかんする法律も改正し、株の売買も禁止しなければならない。こうした手だてがすべてとられたばあい、炭鉱を所有する資本家はそれ以前に投じた資本を、ある意味では不当にも失わされることになるので、その賠償をしなければならない。

石炭の価格は公定にせよと言うのか。フランス革命時の最高価格法の再現である。それをするのであれば、国家が経営者になりかわって資本や利子や事務経費の計算をしなければならない。炭坑夫の賃金、技師や監督の給料、採掘のために用いる材木の値段、器材の費用、そして、最終的には利潤の穏当で標準的な数値も国家が定めなければならない。こうしたことすべてをおこなうのに、政令ではすませられない。法律が必要である。立法府は特定の一産業のためにあえてフランス人全体におよぶ公法を改正し、国家権力をその所有者の地位にすえようとするだろうか。

そのばあい、つぎの二つからひとつを選ばなければならない。ひとつは、石炭の売買も国家が一手に引き受けること。もうひとつは、石炭産業において自由と秩序を折り合わせる手段を国家が整えること。後者のばあい、社会主義者からこんな要求が出る。すなわち、一ヵ所で実行されたならいたるところで模倣されてよいはずだ、と。

ロワール地方の炭鉱の同盟は、もはやにっちもさっちもいかない形で社会の問題を提示した。すなわち、われわれが競争を選べば、それはけっきょく独占につながる。われわれが国家による経営を選べば、それは労働の価格の高騰と以後の窮乏化につながる。国家による経営とは、平等主義による解決であり、べつのことばで言えばこれが労働の組織化なのである。政治経済学の否定と所有の終焉がそこに含まれる。

しかし、経済学者はこんな荒っぽい論理で話を進めたりしない。かれらは必然性にそって歩んでいくことを好む。かれらにむかって、シャルル・デュパン氏は（一八四三年六月一〇日に開かれた道徳・政治科学アカデミーの会合で）こんな意見を述べている。「国内での競争は有益なものかもしれないが、国と国との競争は抑制すべきです」。

抑制か放任か。この二者択一が経済学者の永遠の問題である。かれらの頭脳活動はそれから先には進まない。かれらにむかって、全面的な抑制か全面的な放任かが問題なのではないと叫んでも、それはむなしい。かれらに求められているもの、社会が期待しているもの、それは折り合いなのだが、かれらにはそれがわからない。折り合いという二面的な観念は、かれらの頭のなかには入らない。

デュパン氏にたいして、デュノワイエ氏はこう答える。「理論と実践は区別しなければなりません」。

いかにも、かれらしい答えだ。よく知られているとおり、デュノワイエ氏は著作においてはきわめて原則的だが、国の委員会などでの実践ではきわめて柔軟な人物である。しかし、かれには一度でいいから、まじめにこう自問してほしい。なぜ自分はいつも理論と実践を区別しなければいけないのか。なぜ理論は実践と折り合えないのか。

ブランキ氏は穏和な性格のひとなので、学識者デュノワイエ氏を支持する。すなわち、理論を支持する。一方で、ブランキ氏はデュパン氏と一緒になって、すなわち実践を重視して、競争は非難をまぬがれないとも言う。このようにブランキ氏は、ひとのことを悪く言ってことを荒立てるのを恐れる。

デュパン氏はかたくなに自分の意見をつらぬく。競争の弊害を言うために、かれは詐欺行為や、重量の不正表示による販売や、悲惨な幼年労働をもちだす。もちろん、かれはそうしたものすべてを、国内での競争なら有益かもしれないということの証拠にも用いるにちがいない。

イポリット・パッシ氏は、例の凡庸な論法で、いつの世にも不正直な連中がかならずいる、などと言う。——非難されるべきは人間の性質だ。けっして競争ではない、と言い張る。

パッシ氏のロジックは、そもそも最初からすでに論点がずれている。競争が非難されるのは、競争の本質に由来する弊害がかずかずあるからであって、競争が人間に不正の口実や機会を与えているからではない。工場主は、日当が三フランの男性労働者のかわりに日当一フランの女性を働かせる手段を見つけだす。工場主にとって、これは価格競争で生き残り、工場経営を持続させる唯一の手段なのである。やがて女性に続けて児童も働き手に加えよう。さらに、戦いの必要上、賃金の引き下げと労働時間の延長も少しずつ進めよう。このやりかたのどこが悪い。と、これが何度もくりかえされる論法である。人間の性質は少しも非難されず、この論法があらゆる産業に適用される。

パッシ氏自身もそれを認めざるをえず、こう述べる。「児童が強制的に働かされているとすれば、その罪は親にある」。——それはそのとおりだ。しかし、親に罪を犯させる原因はどこにあるのか。

パッシ氏の発言は続く。「アイルランドでは競争がまったくないのに、すさまじい貧困がある」。この点、パッシ氏はおそるべき記憶力不足のせいで、得意のロジックも破綻する。アイルランドには、土地の完全で全面的な独占と同時に、小作人にとっては激烈で無制限の競争が存在するのだ。競争と独占は、不幸なアイルランドが両足をうごかすたびに引きずっていかねばならない二つの鉄球である。

経済学者は労働者家族の親たちの強欲や、過激な連中の騒動を嘆き、人間の性質を非難するが、それに疲れてくると、こんどはプロレタリアートの幸せぶりを描いて楽しむ。しかし、経済学者はここでもそれぞれちがうことを言い、自分自身でも矛盾したことを言う。そうしたかれらの考えかたの混乱こそが、競争のアナーキーを一番よく描きだす。

「今日では職人の妻でさえ、前世紀の貴族の奥方が好んだようなエレガントな服を着ている」

（ミシェル・シュヴァリエ『政治経済学講義』一八四一―四二年度）四課）。そんなことを言うシュヴァリエ氏だが、同時にかれ自身の計算によると、国民の総所得は一日一人あたりにならせば六五サンチームにすぎない。べつの経済学者によれば、その数値は五五サンチームにまで下がる。また、国民総所得のうちには大金持ちの分も入っているので、ここはアカデミー会員ド・モローグ氏の計算にしたがえば、フランス人の半数は日収が二五サンチーム以下だと言えよう。

「しかし」と、ここでまたしてもシュヴァリエ氏が怪しいことを言う。「人間の幸せは、欲望と充足の調和、欲求と満足の均衡にあるのではないか。つまり、幸せは人間の心のありかたによる。心のありかたを変化させるのは政治経済学のしごとではない。心に平穏を生み出すのは政治経済学のしごとではない。それは宗教や哲学のしごとである」。――ホラティウスが生きていたら、かれはシュヴァリエ氏にむかって、こう言っただろう。経済学者よ、あなたは私の財布のなかだけを考えなさい。私の心のなかのことは、私にまかせなさい。「命だけを与えよ。富だけを与えよ。心の平穏は私が自分でそなえる」〔ホラティウス『書簡詩』一巻一八歌一一二行〕。

ここでふたたびデュノワイエ氏が口をはさむ。

「多くの都市で、祭日のとき、労働者階級とブルジョワ階級が区別不能にまじりあうのはよくある光景だ（しかし、階級が分かれているのはなぜだ）。そのとき、労働者階級の服装はたいへん洗練されている。食生活もおおいに進歩した。食べものは量も増え、質も上がり、種類も豊かになった。パンはどこでも上等になった。多くの工業都市では、肉やスープや白パンが昔とくらべるとはるかに日常化した。そして、平均寿命も三五歳から四〇歳へと延びた」。

このデュノワイエ氏は、マーシャルによりながらイギリス人のふところ事情も紹介している。それを信じるなら、イギリスでは二五〇万世帯の年収は一二〇〇フランにすぎない。イギリスでの一二〇〇フランは、フランスでは七三〇フランに相当する。一家族四人とすると、一人あたり一八二フラン五〇サンチームで、一日あたりなら五〇サンチームとなる。これはシュヴァリエ氏のあげた数字、フランス人一日一人あたり六五サンチームと大差ない。フランス人のほうがやや上なのは、フランスのほうが豊かさの発展がやや遅れ、その分だけ貧困の度合いが少ないことによる。経済学者による華麗な描写、あるいはかれらのあげた数値から、われわれは何を信じるべきだろう。

ブランキ氏は正直に言う。「イギリスでは窮乏化がますます進行している。そのためイギリス政府は、けっきょくあの悪名高いワークハウスに頼るしかなかった……」。じっさい、ワークハウスというのは愚劣で無意味な作業をやらせる場所であり、ひとが何と言おうと、あそこは拷問部屋にすぎない。小麦をわたさずに挽き臼をまわさせる作業をイメージしてほしい。そういう作業は理性をそなえた人間にとっては拷問だ。ワークハウスの目的は、しごとをさせることではなく、ただ休息をさせないことにある。

ブランキ氏のことばは続く。「この（競争の）組織化は、労働の果実をすべて資本の手にわたすことにつながる……。ランス、ミュールーズ、サンカンタンでも、イギリスのマンチェスターやリーズやスピタフィールズと同様に、労働者の生活はきわめて不安定なのである……」。そして、労働者の貧しさを赤裸々に描き出す。男たち、女たち、子どもたち、若い娘たちは、みんなお腹をすかし、顔色が悪く、ボロを身にまとい、病気持ちで、無愛想だ。そして、しめくくりはこうだ。「製造業の労働者はもはや兵隊募集の身体検査にさえ合格できない」。デュノワイエ氏が言うようなスープや白パンは、労働者階級の健康増進には役立たなかったようである。

元医者だったヴィレルメ氏は、働く若い娘たちの性の乱れを不可避のものと見なす。身持ちの悪さは彼女らのふつうの状態なのだ。彼女らは雇い主や事務員や学生たちからすっかり金で買われる。たしかに一般的には、ブルジョワジーよりも民衆のほうが結婚をしたがるものだ。しかし、マルサス主義者は知らないようだが、プロレタリアの多くは家族を恐れつつ、ただ気持ちの勢いにまかせる。こうして、男の労働者がいつでも兵隊になれるように、女の労働者はいつでも売春婦になれる。なぜ女たちが日曜日にエレガントな服を着るのか、これで説明がつく。こうした女たちがブルジョワの奥方より身持ちをかたくしなければならない理由が、どこにあろう。

アカデミーから表彰されたビュレ氏はこんなことを言う。「はっきり言って、労働者階級は身も心も産業の言いなりだ」。べつのところではこうも言う。「パンの値段を半キロあたり五サンチーム以上変化させるには、投機のわずかの動きでたりる。これは三四〇〇万人にとっては、六億二〇五〇万フランに相当する」。ただし、ついでに言えば、このおおいに同情すべきビュレ氏は独占者の存在をたんなる民衆の偏見と見なしている。しかし、独占者と投機家を区別する学者気取りのむなしさ。ものごとの本質が理解できれば、名前はどちらでもいいのだ。

さて、引用をもっと重ねて、本を分厚くしてもよいが、本書の目的は経済学者の矛盾を語ることではない。また、いろいろなひとを相手に実りのない戦いを展開することでもない。われわれの目的は、まったくそういうものではなくて、もっと高邁なものである。本書の目的は経済の矛盾の体系を明らかにすることにある。したがって、競争の悲惨な面についての紹介はこのへんでやめよう。ただ、競争の欠点にたいしてはさまざまの方策が提起されているので、章を終える前にそれをちょっと眺めてみることにしよう。

第三節　競争への対策

労働における競争はなくすことができるか。

この問いは、人格や自由や個人責任を抹消できるかと問うのと同じぐらい良い問いである。じっさい、競争は集合体としての人間の活動を表現する。それはきわめて高度の意味合いでの賃金が、個としての労働者のメリットとデメリットを表現し、一言でいうなら労働者の責任を表現するのと同様である。自由と規律は労働の二つの本質的な形態であり、これにたいしては非難するのも反抗するのもむなしい。賃金の理論がなければ、正しい分配はありえず、正義もありえない。競争の組織化がなされなければ、社会の安定もありえず、したがって連帯もありえないのである。

社会主義者は、本質的にまったく異なる二つのものを混ぜあわせてしまった。家庭における和合と産業における競争を対立させ、社会をまさしくひとつの大家族のように組み立てることはできないだろうかと問うたのである。家族は、すべての構成員が血縁と情愛によって結びついているものであり、各人が利害の法則にしたがってそこにとどまっている同盟のようなものではないのだ。

私に言わせれば、家族は社会という有機体を構成する分子ではない。ド・ボナール氏がみごとに指摘したとおり、家族においてはただひとつの道徳的なありかた、ただひとつの精神、ただひとつの魂しか存在しない。聖書のことばを借りるならば、ただひとつの肉体しか存在しない。家族は王制や貴族制の基型であり、起源である。権威や主権の観念は、いまではだんだん国家においては薄れているが、家族のなかには存在し、保持されている。じっさい、すべての古代社会と封建社会は家族をモデルとして組織された。そして、まさしくそうした古い家父長的な体制にたいして、近代のデモクラシーは異議を申し立て、反抗した。

社会を構成する単位は、工場である。

工場はかならず全体の利益と個々人の利益をともに重視する。そこにいるのはひとつの人間集合体であり、かつ多数の個人である。このことから工場は、家族にはまったく見られない複雑な関係の体系をなす。その第一の項は、工場主が代表する集合意志と、賃労働者が代表する個人意志との対立である。そのつぎの項は、工場と工場の関係、資本と資本の関係である。言いかえれば競争と協同の関係である。競争と協同はもたれあう。どちらも他方がなければ存在しない。排除しあうどころか、両者は離れることとさえない。競争を語るものは、お互いのあいだにすでに共通の目的があることを想定している。したがって、競争とはエゴイズムではない。社会主義のもっとも嘆かわしい誤りは、競争を社会混乱の元凶と見なしたことにある。だから、競争をなくすことはここでの問題とはなりえない。それは自由をなくすことと同様に不可能なのだ。ここで重要なのは均衡を見出すことである。私なりにあえて言うなら、取り締まることである。なぜなら、個人のものであれ集団のものであれ、あらゆる力、あらゆる自発性はそれなりに限定されなければならない。それは知性や自由についても言えるし、競争についても言える。では、社会において平穏を保ちながら競争を限定するには、どうすればよいのであろうか。

デュノワイエ氏が政治経済学の立場から出した答えは、すでに紹介した。競争は競争によって限定されるはずだ、と言う。デュノワイエ氏はほかの経済学者とともに、さらにこう言いなおす。競争の弊害をただすのはやはり競争である、と。いかにも政治経済学は所有の理論、すなわち、ものを使用し乱用する絶対的な権利の理論であるから、それ以外に答えかたを知らない。そんな答えかたは、自由の教育は自由をとおしておこなうべしとか、精神の鍛錬は精神をとおして、価値の決定は価値をとおしておこなうべしと言うのと変わらない。つまり、明らかに同義反復にすぎず、無内容である。

そして、じっさい目下のテーマに限定して言えば、競争のために競争すること、他者と折り合わずにただ漠然とした独立を維持するためにのみ競争すること、そこには着地点がない。それは明白だ。揺れは永遠に続く。競争において、競いあわれるのは資本であり、機械であり、生産工程であり、才能であり、経験である。総じて言えば、いずれも資本である。それらをそろえた大資本が勝利するにきまっている。競争が個人的な利益のためにのみおこなわれ、その社会的な成果を科学が確定するわけでもなく、国家が保持するわけでもないばあい、競争は民主主義と同じ道をたどるだろう。すなわち、内乱状態から少数者支配へ、さらには独裁制へ向かい、それが崩壊すると、ふたたび内乱が始まる。この傾向は果てしなく続き、やすむこともなく無限にくりかえされる。したがって、競争をそのまま放任すれば、競争の正しいありかたはけっして構成されないのである。それは価値の構成のばあいと同様に、自分を社会化し、自分を限定するような、より上位の原理を必要とする。このことは確たる事実であるから、われわれは以後、批判の武器として用いることができるし、くだくだしい説明を省略することもできる。競争の統制にかんして、政治経済学は競争そのものをその手段とすると言うだけだし、それ以外の方法を知らないので、けっきょくは明らかに無力である。

そこで残る課題は、社会主義がいかなる解決策を提示したかを調べることである。社会主義によるあれこれの手段がどれほど有効かを知るには、ただひとつの例をみれば十分であろう。社会主義の結論はすべて、そのひとつに集約されていると言えるからだ。

現代のすべての社会主義者のうちで、才気があふれ、その本で大衆の心をもっともひきつけた人物といえば、やはりルイ・ブラン氏であろう。かれはその著『労働の組織』で、協同《アソシアシオン》の問題を競争の一点に集中させたうえで、ためらうことなく競争の廃絶を主張する。ふだんはきわめて慎重なひとが、そこまで大胆に主張できるのは、この著者がいだく幻想のせいだと言える。かれは政治経済学をどこまでも大きなものと感じ、しかも同時に社会主義の有効性をどこまでも信じている。だが、その一方でブラン氏は、根拠不明な自説にこだわり、すべてを現下の状況のせいにして、大きく歴史的にとらえることをせず、政治経済学を内容も形式もきれいさっぱり投げ捨て、そうして労働の組織の素材そのものを投げ捨てる。また、どれも過去の遺物にすぎないものに斬新さを覚え、あるはずがないリアリティをそこに見ようとする。そして、社会主義の本質はあくまでも現実にたいする批判にあるのに、それを誤解している。つまり、われわれにとってブラン氏は、ありえないものにすぐ飛びつき、想像力だけはたくましい夢想家の見本である。かれは天才の直感を信じていたが、科学が即興で組み立てられるものではないことを承知すべきだった。アドルフ・ボワイエ〔『労働者の状態と労働の組織によるその改善』一八四一年の著者〕、ルイ・ブラン、あるいはジャン＝ジャック・ルソーといったひとびとは、体験しえないものはけっして理解しえないことを知るべきだった。

　さて、ブラン氏はまず最初にこう宣言する。「正反対の二原理を、不思議なことに結合できると考えたひとびとがいるが、われわれにはとても理解できない。競争に協同を接《つ》ぎ木するというのは、おそまつな考えかたである。それは宦官を半陰陽の人間と置き換えることである」。

　この数行の文章はブラン氏を永遠に後悔させる。その本の第四版の時点で、かれは政治経済学にかんしてもロジックにかんしてもほとんど前進していない。かれは色覚に異常があるひとと同様、どちらについても色あいを正しくつかめない。このことが、この文章から明らかだ。政治における半陰陽はまさしく排除されることに意味がある。なぜなら、排除とは、排除された思想を何らかの形で、そして同じような程度でかならず復活させるものだからである。しかも、本当の半陰陽、二つの性をあわせもつ著作家は、まさにブラン氏のことだと言ってあげたら、本人も意表をつかれて驚くだろう。かれの著作には、正反対の原理がいつも混在している。権威と権利、所有と共有、貴族制と平等、労働と資本、報酬と献身、自由と専制、柔軟な思考と固い信念、これらが混在している。ブラン氏は民主主義と社会主義の境界線上に立つ。共和主義より一段下、オディロン・バロー氏より二段下、アドルフ・ティエール氏より三段下だ。そして、かれが何を語り、どういう行動をしようと、かれはフランソワ・ギゾー氏の四代目の後継者にほかならない。すなわち、純理論家にほかならない。

ブラン氏は叫ぶ。「たしかに、われわれは権威の原理を非難する者ではない。この原理への愚劣な批判はもちろん、痛烈な批判にたいして、われわれは何千回もこれを弁護してきた。社会を組織する力が社会のどこにも存在しないと、いたるところで独裁が横行することをわれわれは知っている……」。

じっさい、ブラン氏によれば、競争にたいする救済策、というより競争を廃止する方法は、権威にすがることにある。個人の自由をなくし国家の統制にまかせることにある。これは経済学者の主張とはまさしく逆のシステムだ。

ブラン氏の社会主義的な傾向はよく知られている。私は、そういう人物に反論して、敵を利するような戦いをおこなっていると氏から責められそうだが、それはまことに遺憾なことである。私は、氏のやさしい心根を正当に評価する。私はかれの本の愛読者である。とくに『一〇年史――一八三〇―一八四〇年』は、民衆の絶望的なまでの貧窮をみごとに示してくれた。本当にありがたい。しかし、自分がかんたんにだまされる愚か者みたいに思われて平気なひとはいないだろう。そこで、人柄のことは度外視して考えてみたい。社会主義とは、現状にたいする全般的な抗議であり、ブラン氏の共和主義は、さまざまの古い偏見のごった煮である。両者のあいだに共通点がありうるだろうか。ブラン氏はたえず権威を要請するが、社会主義は公然とアナーキーであることを宣言する。ブラン氏は権力を社会の上に置くが、社会主義は権力を社会の下に置こうとする。ブラン氏は社会生活を上から下されるものと見るが、社会主義は社会生活を下から生じるもの、下で育つものと見る。ブラン氏は政治を追い求め、社会主義は科学を探求する。私は氏に、もう偽善はやめなさいと言いたい。たしかにあなたはカトリックも王制も貴族制も求めてはいないが、それでもあなたは一種の神、宗教を必要とし、独裁、検閲、ヒエラルキー、差別、身分を必要とする。一方、私はあなたにとって大事な神、権威、権力、法治国家を否定する。普通選挙制といったあらゆるごまかしもすべて否定する。私はロベスピエールの威光もマラーの指揮棒もほしくない。あなたが唱える半陰陽の民主主義にしたがうよりも、私はむしろ現状を支持する。一六年間、あなたの党派は進歩に逆らい、世論をおさえてきた。一六年間、あなたの党派は中央の左端で権力に追随し、自らの専制的な出自を露呈してきた。もはや舞台からしりぞくべきである。もしくは、正体をすっかりあらわすべきである。権威に執着する理論家として、あなたたちはいまの政府に何をさせたいと考えているのか。あなたたちが戦いを挑んでいる政府に、あなたたちよりももっと過激に独裁的でなければできないことをやらせようとしているのか。

ブラン氏の**システム**はつぎの三点に要約される。

（1）権力に強大な決定力をもたせる。ふつうのことばで言えば、ユートピアを実現するためなら、権力は自由にどんなことでもできるようにする。

（2）国立の工場をつくり、国の予算で運営する。

（3）私企業は国営企業と競争させて消滅させる。

以上の三つだけである。

ブラン氏は価値の問題にアプローチしたか。価値の問題は、ほかの問題をすべて包含するような根本問題であるのに、氏はそういう問題をかすかにも意識しない。――氏は分配の理論を組み立てたか。答えは否である。――氏は労働者の無知と不道徳と貧困の永遠の原因である分業のアンチノミーを解決したか。否である。――機械と賃労働者の矛盾を解消したか。協同の権利と自由の権利の対立を和解させたか。いや、ブラン氏はまったく逆に、その矛盾を神聖化する。氏は、国家の専制的な保護のもとでの身分と賃金の不平等を原則的に承認し、その埋めあわせとして投票権を認める。しかし、自分たちの規則を投票で決め、自分たちの親方を指名できる労働者は自由ではないのか。投票をおこなう労働者は、自分たちのあいだにはいっさいの支配権を認めず、給料の差も認めないことになりそうだ。それぞれの産業的能力を満足させるようなものはいっさい与えられず、ただ政治的平等が保持されていれば、工場内での結びつきはなくなるだろう。そして、取り締まりの介入がなくても、みんなそれぞれのしごとに戻るだろう。そうした恐れをブラン氏は深刻には考えず、根拠のあるものとも考えていないようだ。氏はただ試練の日を静かに待っている。もちろん社会は何の遠慮もなく氏をあっさり否定するだろう。

では、税金、信用、国際貿易、所有、相続といった複雑でややこしい問題を、ブラン氏は探求したか。人口の問題を解決したか。否、否、否、どれについても否である。ブラン氏にとって解けない問題は、そもそも問題として存在しないものとされる。たとえば、人口にかんして氏はこう述べる。「貧困のみが子だくさんにつながるのであり、そして国立の工場ができれば貧困は消滅するので、人口の問題は考えるにおよばない」。

シスモンディ氏は一般的な経験を根拠にして、ブラン氏にむかってこう叫ぶが、その声も届かない。「権力を委託されて行使する連中は、まったく信頼できない。個人的な利害にもとづいて活動するひとびとの事業にくらべれば、団体の事業はどうしても活力に乏しい。法人の経営者というのは無責任で、外見ばかり気にし、腐敗しやすく、縁故主義に走り、がんばりがきかない。私的な財産ではなくて公的な財産を管理するばあいによく見られる弊害のすべてが、ここでも観察される。さらに、株主総会でも不注意と気まぐれと怠慢しか見かけられない。また、商業の会社は商売人の話しあいによって運営されるかぎり、つねに妥協をかさね、やがて滅びるだろう」。そんな叫びもブラン氏には届かない。自分が出す大声のせいでほかの音はまったく聞こえないのだ。かれは私的な利害を否定し、公共への献身を主張する。競争を否定し、がんばれば報われることを主張する。かれは神、権威、精霊を信じ、その必然的な帰結として産業のヒエラルキーを原則として承認する。その結果、かれは自分の心情と想像力を偶像化して、その神秘的なパワーに自分でおぼれる。

こうしてブラン氏はクーデターに走る。かれ自身の言い草をかりれば、権力にそなわるはずの強大な決定力を発動させようとする。プロレタリアートに資本を供給するために、金持ちにはとんでもなく高い税金を課す。ブラン氏の論理はきわめて単純である。それは共和主義だ。すなわち、権力は民衆が欲することを実行し、そして民衆が欲することはつねに正しいとする。まったく奇妙な社会改革のやりかたである。それは、社会のもっとも自発的な動きを抑えつけ、社会のもっとも真正なあらわれかたを否定する。社会の伝統の正常な発展によって豊かな暮らしを全体化するのではなく、労働と収入を操作して豊かさを全体化しようとする。しかし、そういうごまかしに、本当のところ何か良い点があるのだろうか。どうしてそんな遠回りをする必要があろう。いますぐ土地均分法を採用したほうがはるかに簡単ではないか。権力は、その強大な決定力を発揮して、ただちにすべての資本と労働用具を国有化すると宣言すればよいのではないか。ただ過渡的に、いまの所有者には賠償を支払ってもよい。とにかく、こうした強引な、しかし正直で率直な手段をもちいれば、経済の領域はきれいにかたづく。ユートピアには何の負担もかからない。そして、ブラン氏は社会の組織化にむかって、何の妨害にもあわず、スムーズに前進できただろう。

しかし、問題は組織化だ。ブラン氏による組織化のいとなみのすべては、全国規模の強制収用にある。もう少し穏やかに言えば、所有者の置き換えにある。企業の主が置き換えられ、国民全体のものとなり、国家による独占が完成すれば、生産は国民が望むとおりにおこなわれるはずだ、とブラン氏は信じて疑わない。かれが自分のシステムと称するものが、ひとびとにとって唯一の難問とされることは、かれの理解を超える。かれの本でもっとも奇妙な部分は、かれにたいして懐疑的なひとびとが唱える反論をいくつか選び、それに再反論してみせ、そしてみなさんの想像を裏切らず、勝ちほこってみせる箇所である。かれが受けとめた批判は、いわゆるブラン氏のシステムを論じるとしながら、数学で言う点の重さや形や次元を論じていることが見えていない。そこで、ブラン氏はそれへの反撃をとおして、自分が考えていた以上のことを発見することになる。もし批判がさらに続いていたら、かれは自分が発明したと思っているもの、すなわち労働の組織まで発見することになっただろうと思われる。

だが、ブラン氏が追求していた目的、すなわち競争の廃止と国営企業の成功保証は、たとえ限定的にでも、けっきょく達成されたのであろうか。——これについては、有能な経済学者ジョゼフ・ガルニエ氏による考察を引用したい。そして、その引用のあとに私なりのコメントを付け加えさせていただく。

「ブラン氏によれば、その政府はやる気のある労働者を選び、かれらにけっこうな給料を与える」。というより、ブラン氏の目の前にはおあつらえ向きのひとびとしかいない。ブラン氏は自分がひとを気質にもとづいて選ぶ人間だとは思ってはいない。給料にかんしては、労働者にけっこうな給料を約束するが、それはその尺度をきちんと定めるよりも簡単なことだからだ。

「ブラン氏は、そういう工場が純生産物をもたらすこと、さらにその工場は私企業と良い競争をし、けっきょく私企業も国立工場に変わってしまうこと、これを仮説として認める」。

もし国立工場のコストが民間の工場のコストより高いとしたら、はたしてそういうことが起こりうるだろうか。私が本書の第三章で述べたように、労働者数三〇〇人の製糸工場は、経営者が労働者全体に二万フランの安定的な純収入をわたすほどの生産をあげることはない。かりに二万フランをわたせるとしても、三〇〇人の労働者で割れば、一日あたりの増分はわずか一八サンチームにすぎない。しかも、これはすべての産業について言えることである。国立工場は労働者にけっこうな給料をわたすことになっているが、はたしてそこで生じる赤字をどのようにして埋めるのであろうか。がんばって埋める、とブラン氏は言う。

ブラン氏は、ルクレール社を実例として喜んでもちだす。ルクレール社は、建物の塗装労働者たちがつくった会社で大繁盛しており、ブラン氏はそれを自分のシステムの最良の実例とする。似たような会社はほかにもたくさんあり、ルクレール社のかわりにそれらをもちだすこともできただろうが、それはつまり、どれをだしても大差ないということでもある。ルクレール社はひとつの独占的な団体であり、それを含む大きな会社によって運営されている。そこで問題なのは、この会社全体がブラン氏の言う意味での独占、ルクレール社を模範とする独占となりうるかである。私はそれをはっきりと否定したい。しかし、われわれが考察すべき問題にもっともかかわりのあることがらで、しかもブラン氏が考えもしなかったことがらは、ルクレール社が提示した利益分配報告書から見えてくるものである。すなわち、ルクレール社の給料は社会全体の平均よりはるかに高いので、社会を再組織化するには、何よりもまずこのルクレール社に社員どうしの競争、そしてほかの会社との競争をおこなわせなければならないということである。

「給料は政府によって統制される。国立工場の給料は従業員の要求どおりにきまる。共同生活のすばらしさは否定しがたく、それは作業の協同から楽しみかたの積極的な協同を生み出すことにならう」。

ブラン氏は共産主義者なのか。かれには、もったいぶらずに白状しろ、と言いたい。もし共産主義らしさのせいでかれがよく理解できないのであれば、少なくともかれが何を望んでいるかを知ろう。

「ブラン氏が新聞各紙からの批判と戦うために提示した補足資料を読むと、かれの考えかたがまだ不十分だったことがよく見えてくる。かれの思想は少なくとも三人の父親から生まれた娘なのだ。父親はサン＝シモン主義とフーリエ主義と共産主義である。出産を介助したのは政治であり、そしてごくわずかながら政治経済学もそこに加わる」。

「かれの説明によれば、きたるべき国家は産業の調整者、立法者、保護者にすぎず、けっして全体的な製造者、生産者ではない。しかし、国家は国立工場のみを保護して、私企業を滅ぼすので、必然的に国家が産業を独占することになり、少なくとも生産にかんしては心ならずもサン＝シモン主義の理論を実践する」。

これはブラン氏も否定できまい。かれのシステムは私企業に対抗するものであり、かれにとって権力は絶対的な決定力をもち、個人の自主的な活動を一掃し、自由な労働を禁止するはずのものだからである。対立物の両立という考えかたは、ブラン氏にとってはおぞましい。したがって、かれが協同のために競争を犠牲にし、それからさらに自由を犠牲にするのは明白だ。私が思うに、かれは家族の廃絶にまで進むだろう。

「とはいえ、選択の原理があればかならずヒエラルキーが生じる。それはフーリエ主義においても立憲政体においても同様だ。では、国立工場どうしのあいだではどうだろう。国立工場は法律によって統制されるので、同職組合のようなものにほかならないのではないか。同職組合どうしを結びつけるものは何か。法律である。その法律を誰がつくるのか。政府である。それは良いことだと考えられるか。とんでもない。経験が示すように、政府はとても産業における無数のアクシデントを統制できたものではない。なるほど、政府は利潤や賃金の相場を定めたりはする。また、利潤や賃金の相場を定めれば、労働者や資本が国立工場へ逃れてくるようにできるのではないか、と期待したりする。しかし、ファランステールのような共同生活を志向する国立工場どうしを、どのように均衡させればよいのか。あなたはその答えを教えてはくれない。国立工場はどのようにして内部の競争および外部との競争を回避できるのか。国立工場は、資本にくらべて人員が過剰になることにどうそなえるのか。製造業の国立工場は、農業およびその他のものとどのようにちがうのか。それについてもあなたは何も答えない。いや、答えるとすればこんなふうに答えるだろうと私にはわかっている。つまり、法律の特別の働きによって解決できる、と。しかし、あなたの政府、あなたの国家がそういう法律のつくりかたを知らないとしたらどうだ。あなたは下り坂をころげ落ちていくのではないか。現行法とそっくりのものをつかまえるはめになるのではないか。あなたは自分のシステムにあてはめることのできる権力を創出しようと一途に努力している。それはあなたの本を読めばよくわかる。しかし、私はあなたの本を注意深く読んだうえで、はっきりとこう言いたい。私が思うに、あなたはあなたにとって必要なことがらについて、明確で正しい観念をいまだにもっていない。あなたに欠けているもの、またそれはわれわれみんなにも欠けているものだが、それは自由と平等についての正しい観念である。あなたはそれにたいしてどれほど警戒的であろうと、それをもちたくないはずがないし、また何が何でももたねばならない」。

「あなたは、権力の本質や機能を知らず、単純な説明のためにあえて心をくだくこともなく、ちょっとした例証を示すことすらしなかった」。

「国立工場がものの生産においては機能することを認めてもよい。この生産物を流通させ、交換を実現させるための国立工場もあらわれるだろう。しかし、そのとき誰が価格を定めるのか。やはりここでも法律か。ならば、私も本当のことを言おう。あなたは〔モーセが神から十戒をさずかったという〕シナイ山にもういちど登る必要があるだろう。そこでお告げが得られなければ、あなたたち、国務院も国会も最高裁もけっして問題を解決するにはいたらないだろう」。

以上の考察はすべて疑いの余地もなく正しい。国家による社会の組織化を唱えるブラン氏がたよるべき理論は、そもそもかれ自身が最初に組み立てておくべきだったのに、その努力を怠ったために存在しない。『経済科学の研究』という著作はつくられないままとなった。氏にたいする批判がそれをみごとに言いあてる。「ブラン氏は政治的な戦略を、まったく政治になじまない問題にあてはめようとして、重大な誤りを犯してしまった」。つまり、氏は政府を動かして何でもやらせようとした。そしてそれはただ、演壇で長広舌をふるいあう議会制民主主義が社会主義とはまったくあいいれないものであることを、ますます明確に実証したにすぎない。ブラン氏が書いたパンフレットは、どの頁も雄弁なことばで彩られ、かれの文才を誇らしく証明している。ただ、かれの著作の哲学的な価値について言えば、それはどの頁も「私は反抗する」の一行のみ大書されているだけの本と絶対的に等価である。

要約しよう。

経済発展の一段階ないし一局面としての競争は、その起源において考察すれば、機械の導入、工場の設立、経費削減の理論からの必然的な帰結である。その固有の意義およびその傾向において考察すれば、競争は集団の活動のあらわれであり、その実践の様態であり、社会の自発性の表現であり、民主主義と平等の象徴であり、価値の構成のもっともエネルギッシュな道具であり、協同の支えである。——個人の力をはじけさせるバネとして、競争は一人ひとりの自由の保証であり、ひとびとの調和の最初のモメントであり、全体を統一し連帯させる責任の形態である。

しかし、自由に放任され、より上位の有効な原理によって導かれることがなければ、競争はあいまいな運動にすぎない。産業の力が無目的のまま振動し、どちらも有害な二つの極のあいだで永遠に揺れ続けることである。つまり、一方の極は封建的な同職組合と親方制で、われわれがすでに見たように工場制はそこから生まれた。そして、もう一方の極は独占である。これはつぎの第六章で問題とする。

社会主義は、こうしたアナーキーな競争にたいする抗議としては納得できる。しかし、それを規制するうえではまだ満足できるような提案はいっさいしなかった。その証拠に、これまでに描かれたユートピアはどれも、価値の確定、すなわち価値の社会化については恣意的な操作にゆだねたし、あらゆる改革はヒエラルキー構造のままの同職組合に行きつくか、もしくは国家独占、つまり共産主義の独裁に行きつくのである。

第六章　第四段階――独占

独占、それはものを排他的に取引したり、利用したり、享受したりすることである。独占は当然ながら競争の反対物である。競争の廃絶を唱えるユートピア思想は、協同とか友愛が競争の反対物だとするが、すでに指摘したとおり、そういうユートピアを打ちのめすにはこの単純な定義を示すだけでたりる。競争は集合存在に動きを与える生命力である。競争をなくしてしまうことは、かりにそういう想定が可能であるとしても、それは社会を殺すにひとしい。

しかし、競争の必要性が認められた瞬間から、競争には独占の理念が含まれるようになる。なぜなら、個々人が競争しあって落ち着く先が独占だからである。さまざまの経済学者によって証明され、そしてロッシ氏によって公式に承認されたように、独占とは社会的な所有の形態なのである。独占がなければ、労働もなく生産物もなく交換もなく富もありえない。土地の所有はその土地を独占することにほかならない。産業によるユートピアはかならず自らを独占体にする。この二つのカテゴリーに含まれないその他の機能についても、同じことが言えるはずだ。

したがって、独占それ自体は不正義の理念とまったく無縁である。それどころか、社会による独占であれ個人による独占であれ、独占はそれ自体のうちに自己を正当化する何ものかが含まれているのだ。まさにそれこそが、われわれがこれから検討していく原理の肯定的な側面なのである。

しかしながら、独占は競争と同じく、反社会的で有害なものにもなる。どうしてであろうか。権利の乱用によってである、と経済学者は答える。そして、司法官は独占の乱用を限定し抑制するよう努力する。経済学のあたらしい学派は、独占を告発することを誇りとする。

われわれは、独占のいわゆる乱用がまっとうな独占の否定的な意味での発展形にほかならないことを、これから明らかにしていきたい。独占の乱用は独占の原理から切り離すことができず、乱用を切り離せば原理そのものも滅びる。したがって、乱用は法律によって規制できるようなものではないし、そうした抑圧はすべてでたらめで、不正である。つまり、独占は社会の構成原理であり、富の増進の条件であると同時に、そしてまたそれと同じ程度に、富の強奪と社会窮乏化の原理なのである。独占は善を生み出すと同時に、それと同じ分だけ悪をもたらす。独占がなければ進歩はストップするが、独占があれば労働は停滞し、文明はしぼんでいく。

第一節　独占の必要性

じっさい、独占は競争の果てにかならず生ずる。競争はたえざる自己否定によって独占を生み出す。独占のこうした出自をみれば、すでにそれだけで独占は正当なものと言える。なぜなら、生命体には運動が不可欠であるのと同様に、社会には競争が不可欠であり、そして独占は競争の目的・終点としてそのあとに続くものだからである。競争もそういう目的があったからこそ広くおこなわれたのである。独占は競争があるかぎり正当であり、それは未来においても変わらない。あたらしい機械やあたらしい産業手段の出現、また分業や価値の構成が必然であり、法則であるかぎり、独占は正当である。

したがって、独占は論理必然的に発生したという事実だけでも、正当なものだと言える。しかしながら、もし独占がそれ自体ではひとつの原理として成り立ちえないのであれば、こうした正当化はほとんど説得力をもたず、むしろ競争をさらに力強く否定するための口実になってしまう。

われわれが前章までに見てきたものをおさらいすれば、分業は、労働者の能力をとくに知性の面で特化する。あたらしい機械、あたらしい工場の組織は、労働者の自由を表現する。人間あるいは人間の知的な自由は、競争によって発動する。そこで、独占は自由の勝利を表現する。独占は闘争のごほうびであり、才能の賞賛である。世界の起源以後の、すべての進歩を励ましてきた最強の刺激剤である。であるからこそ、われわれがすでに述べたように、社会は独占とともには存続しえないが、独占がなければ社会はそもそも成り立たなかったであろう。

では、独占はいったいどこからこうした特殊な力を得たのだろうか。独占ということばの語源や、ものごとのあいまいな外観からは、なかなかそれが見えてこない。

根本のところでは、独占とは人間が自分で自分を支配することである。自分の能力を自分の好きなように用いること、自分の思考を自分の好きな方向へ飛躍させること、自分がもっている資質を自分が専門として選んだ分野へ全力で投じること、自分がつくった道具や倹約してためた資本を自分で勝手に使うこと、そういうことは自然がすべての生産者に認めた独裁的な権利なのだ。生産者は、自分でリスクをおかすにたると判断した経営のために資本をためる。新発見や冒険の見返りとして、その成果を自分ひとりで享受できることを明白な条件として経営にのりだすのである。

この独裁的な権利は自由の本質そのものであるから、それを否定することは人間の体と心に、そして運動の能力にも損傷を与えることである。社会は、個人が自由に飛躍することによってのみ進歩するものであるから、そこに冒険者がいなくなれば、すぐにその歩みを止めてしまう。

以上のような考えかたを具体的に理解していただくために、じっさいにあった話をまず紹介しよう。

私の知るある村の話である。その村には大昔から道が一本もなく、あたらしく土地を開墾することも、外部と交流することもなかった。一年の四分の三は、生活物資のもちこみももちだしもいっさいできなかった。泥のぬかるみと沼がこの小さな聖地を、外部の侵略から守り、村人の流出をも防いできた。きれいな道があれば、やせた馬一頭でも運べる荷物のために、この村では天気が良い日にも馬六頭が必要だった。村長は、ついに忠告を無視して外に通じる道をつくろうと決めた。村長は長いあいだ村人から愚弄され、呪われ、嫌悪された。外に通じる道がなくても、これまでずっとうまくやってきたではないか、と言うのだ。村の金をムダにつかう必要があるのか。道づくりのために村人にいろんな労役を課し、かれらの時間をうばう必要があるのか。村長はただ、町の友人に村まで足を運んでいただくために、貧しい村人をこきつかってきれいな道をつくりたいだけではないのか……。いろいろあったが、けっきょく道ができた。すると農民たちは大喜び。これはたいした変わりようだ、とかれらは言う。これまでは三〇袋の荷物を市場に運ぶのに馬八頭が必要で、しかも三日がかりだった。いまでは馬二頭で朝出発して、夕方には戻れる。──ところが、かれらのあいだではもはや村長が話題になることはない。村長はやはり正しかったということで、それ以上はもう何も言うことがないのである。村人の多くは村長のことをよく思っていないのが実情で、私はそれを知っている。

この村長は、アテネの政治家アリスティデスのような正義のひととしてふるまった。しかし、もしもかれが村人のおろかな怒声にうんざりして、道路は自分の負担でつくる方針だと村人に提案したら、どうだっただろう。ただし、その道路をつかう者からは以後五〇年間、通行料を徴収する。もちろん、これまでどおり原っぱを横切るのであれば金はかからない。この取引のどこに不正があるのだろう。

ここから、社会と独占者の話となる。

道路や機械をつくって、それを社会に無償でプレゼントできるひとなどいない。通常のばあい、発明家は自分の健康と財産を犠牲にしたのだから、その見返りを期待する。アークライトやワットやジャカールといった発明家を笑いものにし、発明者としての特権など認めないとしたらどうなるか。かれらはただ閉じこもってしごとをするようになり、自分の秘密はおそらく墓場までもっていくだろう。入植者が土地を開墾しても、その土地の所有を認められなかったら、土地を開墾しようとする者はいなくなるだろう。

しかし、これに反論するひともいる。つまり、それこそが本当の権利、社会の権利、友愛の権利ではないか、と言うのだ。独占は、原始共産制のあと必然性の結果としてあらわれたものではあるが、過渡的なものにすぎず、人間と社会の権利および義務についての理解がさらに大きく拡がれば、消滅せざるをえない、と言う。

私はそんな仮説にはひるまない。事実を見つめよう。現実認識を深めよう。私に反対するひとびとでさえ、文明の第一段階ではものごとはそのようにしか推移しえなかったと述べている。それは私にとってすでに大きなポイントとなる。残る問題は、その段階で成立した制度はじっさいのところ、かれらの言うとおり過渡的なものにすぎないのか、それとも社会に内在する永遠の法則の成果なのかということである。ところが、いささかむずかしい問題もある。私がここで肯定的に主張している形のテーゼは、社会の一般的な傾向とは直接的に対立し、しかも、私自身がこれからの論述で、その矛盾を明らかにしてテーゼを逆転してみせたいからだ。

そこで、私は反対者に教えを乞いたい。社会それ自身が連帯と友愛にもとづく取引をいっさい認めないときに、友愛と連帯と社交の原理に訴えることが可能なのかどうか、教えてほしい。どんな産業もそれが誕生するとき、また発明の最初のひらめきがあるときには、その創造者は世間から排斥される。社会はそのひとを見捨て、動きを起こさず背景にとどまる。もっとはっきり言えば、このひとが思いつき、その実現を追求した理念にかんして、そのひとはひとりだけで社会の全体となる。そのひとには仲間がいない。協力者もいない。保証人もいない。誰もかれには近寄らない。したがって、冒険の責任はかれひとりが担い、成功の利益もかれひとりのものとなる。

それでもまだ反対の声が聞こえる。将来の豊かさという自分たちのもっとも神聖な権利と利益を放棄するのは、社会が盲目のせいだ。発明者のほうも、もっと世間に通じ、もっと幸せであれば、独占の利益を自分が社会全体の無知のせいで獲得するのは不正だと思うにちがいない、と言う。

私に言わせれば、現在において、社会のそうした態度は思慮分別のある行為にほかならない。そして将来においても社会はその分別を失わないことを、私はこれから明らかにしたい。私がすでに第二章で、価値のアンチノミーの解決によって示したように、あらゆる有用な発明は、発明家がどれほどのことをしようと、発明家本人よりもはるかに社会全体のための利益となる。そのことを私は数学的な厳密さで証明した。以下では、私はさらにつぎのことを示したい。すなわち、社会はあらゆる発明・発見の恩恵を受けとるばかりではない。それに加えて、社会は一時的ないし永続的に譲渡した種々の特権にたいし、さまざまの形でお返しを請求する。それは個人の財産の過剰なふくれあがりを大きく抑制し、全体のバランスのすみやかな回復という効果をもたらす。いや、結論を急ぐまい。

ともかく私の見るところ、社会生活には二つの表情がある。それは保守と発展である。

発展は、個人のエネルギーの自由な発散によって実現する。マスとしての人間は、その本性において受動的で、何も生まず、あたらしいことにはことごとく敵対する。あえてたとえるなら、それ自体では妊娠しえない子宮のようなものである。個人の活動が胚をつくり、そこへ着床する。社会は雌雄同体であり、そこでは個人の活動がまさしく男性生殖器の機能をはたす。

しかし社会は、個人的な冒険との連帯を避け、イノベーションはすべて絶対的に個人のリスクでおこなわせて、ようやく自らを保守する。そもそも世の役に立つ発明のリストは数頁でたりるだろう。首尾よく成功した企業も数えるほどだ。日々、人間の頭のなかで孵化するまちがった考えや軽はずみな試みの数は、これは多すぎてとても数えられまい。健康で正しいアイデアをひとつ思いつくために数千のとんでもない妄想を生み出すのは、ひとりの発明家、ひとりの労働者だけの話ではない。理性の一瞬のひらめきを得るために無数の煙のうずを生じさせるのは、ひとりの知識人だけの話ではない。人間の理性の産物はすべて二つの種類のどちらかに入るとしよう。一方は世の役に立つ働きをしたもの、もう一方は、さんざん体力と知力と資本と時間を費やしながらけっきょくまちがってしまったものだ。この二つに分けると、恐ろしいことに、後者の数のほうが前者よりもたぶん一〇〇〇万倍も多い。では、この巨額の負債は社会に返済の義務があるとしたら、そして破産はすべて社会が始末すべきものだとしたら、社会はどうなるだろうか。また、労働者は社会保障によって守られ、自分の思いつきでどんなことでもリスクなしにでき、のべつ人類の存在を危険にさらしても平気でいられるとしたら、労働者の責任とか尊厳はどうなるだろうか。

以上から、私はこう結論する。最初の段階からおこなわれてきたことは最終段階までおこなわれ続けるだろう。何ごとについてもそうだが、この点についても、われわれは妥協をめざすべきなら、現に存在するものを何でも廃絶可能と考えるのは不条理である。なぜなら、観念の世界も自然の世界と同様に無限であり、そして人間は昔もいまも好んで冒険にのりだすものである。つまり、誤りを犯すものである。個人にはつねに冒険への誘惑があり、そして社会には冒険を警戒し、それを防ごうとする理性がある。であるからこそ、独占はつねにその素材に事欠くことがない。

このジレンマを脱するために、どういう提案がなされるか。社会による買い戻しか。いや、そもそも買い戻しは不可能である。価値のあるものはすべて独占されていれば、社会はいったい何によって独占者から買い戻しができるのであろうか。何を担保にするのであろうか。しかもまた、買い戻しはおこなえたとしても、まったくムダに終わる。すべての独占を社会が買い戻しても、その産業を組織化する作業がまだ残る。そのシステムはどこにあるのか。何がどうなれば世論は納得するのか。どういう問題が解決されたのか。組織がヒエラルキー構造のままであれば、われわれは独占体制に逆戻りすることになる。組織が民主的なものであれば、われわれはふたたび出発点に戻ることになる。つまり、買い戻された産業はどれも開かれた領域に置かれ、競争の世界に入る。したがって、ふたたび少しずつ独占されるようになる。——ならば、組織を共産主義的な構造にすればどうだ。そのばあい、われわれはあらたな不可能へと移行するにすぎない。共産主義についてはのちに一章を設けて詳述するが、とにかく共産主義は競争や独占と同様にアンチノミーをはらみ、存在しえないものなのである。

社会の富が無制限の、したがって危険な連帯に取りこまれないようにするためには、発明の精神、企業の精神にルールを課せば十分だというのか。検閲を設けて、天才と愚か者を区別することができるというのか。それはまさに、社会は発見すべきものをあらかじめ知っている、と想定することだ。企業者《アントルプルヌール》の計画を事前に検証するというのは、あらゆる運動をアプリオリに禁ずるにひとしい。なぜなら、前にも一度述べたように、産業者が追求した目的にかんしては、その産業者ひとりで社会そのものを代表し、ほかのひとびと全員を集めてもかれより遠くが、かれよりはっきりと見えているひとはいないという、そういう場面があるからだ。しかも、かれは自分に見えていることを説明できず、あるいは見えていることを理解できずにいることさえ、しばしばある。ニュートンの先輩にあたるコペルニクスやケプラーやガリレイが、教会によって代表されるキリスト教社会で、「聖書はまちがっている。地球が動き、太陽は動かない」と唱えたとき、かれらは社会に対立したが正しかった。社会は感覚を信用し、伝統を重んじて、かれらに反対したのだ。では、社会はコペルニクスの体系とも連帯することができたであろうか。それはほとんど不可能であった。コペルニクスの説は社会の公認の信仰と明らかに矛盾する。地動説の責任ある発見者のひとり、ガリレイは理性と信仰の合致を期待しながら、あたらしい思想の証人として拷問を受けたのである。現代のひとびとは、私が思うに昔の人間より寛容だが、その寛容さが示すのは、天才により多くの自由を与えるということで、考えの浅さでは昔と大差ない。発明特許は降る雨のように数は多いが、政府からの保証はまったくない。所有の証書は市民が保管するものとされるが、土地台帳も証文もその価値を保証するものではない。価値をもたらすのは労働である。また、学術調査などについても、政府はしばしば研究者に資金も与えずに平気でいるが、それは一種の横領であり、汚職である。

じっさいにも、社会は誰にたいしてであれ、アイデアの実験に必要な資本を保証できない。権利のうえでも、社会は自分が支援もしなかった企業の成果を要求できない。したがって、独占を解体することはできない。おまけに、社会の連帯は何の役にもたたない。なぜなら、誰もが自分の幻想のために全体の連帯を要求できるとすれば、そして、政府の白紙委任をひとしく得られるとすれば、すぐさまいたるところで自分勝手なふるまいが横行するようになる。これは単純明快に現状そのものにほかならない。

私としても心苦しい言いかたになるのだが、一部の社会主義者はじつに不幸なことに、いかにもキリスト教徒らしい空想に支配されて、社会の問題はつぎのような美しい格言にしたがって解決できると信じていた。――「能力の不平等は義務の不平等をあらわす」。――「自然の恵みが多かったひとは、同胞にたくさん与えなさい」。――ほかにも耳に心地よく感動的なフレーズがいくつもある。それらは、頭がからっぽのひとに効果があるが、われわれが想像しうるもっとも無邪気なものでもある。こうした立派な格言から導き出される実践的な決まりはこうなる。まず、労働者はみなその人生をすべて社会に負う。そして、社会はそのかわり、労働者の欲求を満たすのに必要なものを、社会が処分しうる資源の範囲内で、すべての労働者にわたす。

私の友人の共産主義者たちには、きびしい言いかたになるが許してほしい。私は理性においても心情においても、堅く確信するものがあるからこそ、かれらの思想にたいしてきびしくならざるをえないのである。つまり、共産主義や共和主義、そしてすべての社会的・政治的・宗教的なユートピアは、事実や批判を受けいれず、いまでは進歩によって打ち砕かれるべき最大の障害になっている、と私は確信する。友愛は正義によってしか成り立ちえないことを、どうしてひとびとは理解しようとしないのだろうか。まさしく正義のみが自由と友愛の条件であり、手段であり、法則なのだ。本書の目的もこの正義の探求にある。われわれは正義を細部にわたって確定し、定式化することを、たゆまずに追求しなければならない。才能の突出は欲求の突出と同義であることを、経済学の用語に通じた著述家たちはどうして忘れているのだろうか。ふつうのひとよりも、壮健なひとにより多くを期待するのではなく、マスとしての人間はすでに大いに苦労して、受けとり分をすべて戻したのであるから、社会は個々の労働者が提供した分をちゃんと取り戻しているかどうかを、つねに監視しなければならないのだ。そこを見忘れてはいけない。われわれはどの方向であれ、好きなほうに進んでかまわないが、とにかく金銭出納帳はつけなければならない。収入と支出をきちんと計算しなければならない。それは大手の消費者にたいしても、また小生産者にたいしても、唯一の保証となる。労働者はたえず前払いによって生産にあたる。労働者は信用借りをし、負債を背負い、破産に向かうのが通常の傾向である。したがって、労働者はつねにJ・B・セイの金言を思い出す必要がある。すなわち、「生産物は生産物によってのみ買われる」。

　能力が高い労働者は、能力が低い労働者たちのために、自分の給料は半分でよいと言い、社会のため、主権者のため、あるいは自分の同胞のために、労働を無償で提供し、俗語で言えば「ただ働き」で生産するようになるかもしれない、と想像する向きがある。それは、やさしい気持ちを社会の土台にすることである。私は、それはとても人間にできることではない、とは言わない。しかし、それをシステムの原則にまで祀《まつ》り上げると、やさしさはまちがった美徳、危険な偽善にすぎないものとなる。慈善は、事故で体が不自由になった仲間への償いとして奨励される。私も、そういう観点から慈善は組織されてもよいと思う。慈善がひとびとの連帯のなかから出てきたものであれば、それは単純に正義であると言えると思う。しかし、慈善を平等の道具にしたり、均衡の法則にしたりすれば、それは社会を崩壊させる。ひとびとのあいだに平等をもたらすものは、厳密かつ柔軟な労働の法則であり、価値の比例性であり、交換の誠実さであり、しごとの重みのひとしさである。一言でいえば、あらゆる対立の数学的な解決である。

慈善は、キリスト教徒の第一の美徳であり、社会主義者の標準的な希望であり、経済学者のあらゆる努力の目的であるが、それが社会の構成原理、社会の法則とされたとたんに、社会の悪に転ずる。その理由はもうおわかりだろう。慈善は合法的におこなわれても、それは所有者による横領より社会にとって有害であると、一部の経済学者は主張した。この主張にもそれなりの根拠があったわけだ。個人も社会も、つねに当座勘定で日々をすごす。自分が消費するものは、すべて自分で生産しなければならない。それが一般の規則である。それを免れようとする者は当然のことながらかならず名誉を失い、あるいは詐欺師あつかいされざるをえない。慈善というのは、友愛を口実にひとびとの大半は相対的に劣った存在であると宣告するものであり、本当に奇妙な理念である。このようなみごとな宣告をしたあとでは、その結果をだまって引き受けるしかない。友愛のおかげで、やがて貴族制〔すぐれた者による支配〕が復活するのである。

労働者の標準賃金を二倍にしたらどうなるか。労働者を怠惰にするだけだ。労働者の尊厳を奪い、労働者の意識を堕落させる。——労働者たちのそれぞれの努力に正当な対価を支払わなかったらどうなるか。ある労働者には怒りの感情、ある労働者には自尊心が高まる。どちらの側でも友愛の感情はうすれる。では反対に、労働そのものを楽しいものにしたらどうなるか。それはひとびとを結びあわせるために、自然があらかじめ用意した様式であり、それによってひとびとはみんな善良になり、幸せになる。そして、それは「生産物は生産物によってのみ買われる」という経済の分配法則に行きつく。共産主義について、私はこれまでもさんざん不満を述べてきたが、やはり共産主義は社会をその土台から否定するものにほかならない。社会の土台をなすのは、しごとの大切さや人間の才能がしだいにひとしくなるということである。共産主義者は、あらゆる社会主義の理想の姿であるが、かれらは自然と教育の力による平等というものをまったく信じない。共産主義者は権力をとって、上からの命令で不平等を補おうとする。しかし、どうがんばっても、それは実行できない。共産主義者は、事実の関係のなかに正義をもとめるのでなく、自分たちの感情のなかで正義をつかもうとする。かれらにとって隣人愛と思われるものをすべて正義と呼ぶ。そして、理性に属するものと感情に属するものをたえず混同する。

いったいなぜ経済の問題に、友愛とか慈善とか献身とか神がもちこまれるのであろうか。それはただたんにユートピストにとって、社会の諸現象をまじめに研究するよりも、こうした大言をもてあそぶほうが簡単だからではないのか。

友愛！　お好みなら兄弟愛と言ってもよい。私が兄で、あなたは弟なら、私たちの母である社会は、私への割り当てを二倍にすることで私の長男としての役目を尊重してくれるのだろうか。——あなたはあなたの財力に応じて私に生活必需品を授けると言う。私としては、自分の働きに応じて授かるほうがよい。でなければ、私は働くのをやめる。

慈善！　私は慈善を否定する。慈善などはまやかしだ。あなたは私に友愛とか愛を語るが、それはいかにも空虚だ。あなたは私を少しも愛してはいない。私のその確信はゆるがない。また、私はあなたを愛していない。それが私の本当の気持ちだ。あなたの親切さはたんなる見せかけにすぎない。あなたが私に親切なのは、そこに利益があるからだ。私はただ自分が投じたコストの分を取り戻したい。コストの分だけ戻ればよい。なぜあなたはそういうことを拒否するのか。

献身！　私は献身を否定する。献身などはまやかしだ。むしろ借りと貸しということばを使ってほしい。私の目には、それこそが社会における正と不正、善と悪の唯一の基準なのである。「各人にはそれぞれの働きに応じて」、これがまず大事だ。もし私が、たまたまあなたを援助するはめになったら、私は自分でそうしたいからそうするであろう。しかし、けっして私はそれを強制されたくない。私に献身を強要するのは、私に私を殺せということである。

神！　私は神をまったく知らない。神もまたまやかしである。あなたが私に何かを語りたいのであれば、神ということばをまったく使わないでほしい。人類三〇〇〇年の歴史から私が学んだことは、ひとにむかって神の名をもちだすのは、ひとの自由か、もしくはひとの財布を奪おうとする連中だということだ。あなたは私にどれだけ借りがあるか。私はあなたにどれだけ借りがあるか。こう問うのが私の宗教であり、私の神なのである。

独占は自然に、そして同時に人間によって存在する。独占の根源は、われわれの意識の最深部にあると同時に、われわれが個として自立していく外的な事実のなかにある。われわれは身体においても知性においても、誰もが特殊性と固有性をもつ。したがって、それと同様に、われわれの労働も固有で特殊な性格をおびてあらわれ、そこからものの性質と価値が構成されるのである。また、労働は素材があってはじめて、すなわち働きかけの対象があってはじめて成り立つものであるから、人間はかならず物体をもとめる。時間が過去から未来に向かうものとして成り立つように、独占は絶対にまちがいなく主体から客体に向かうものとして成り立つ。蜜蜂や蟻など、社会をなして生活している生き物は、個体としても自動機械的な性質しかもたないように見える。かれらの魂とか本能は、ほぼ完全に集団的である。であるからこそ、こうした生き物たちのあいだでは特権も独占もありえない。かれらのいとなみは、どれほど精緻なものであっても、互いの相談とか熟慮によるものではない。一方、人間は多数をなしていても個性をもっているから、人間はどうしても独占者となる。独占者でなければ、人間は何者でもない。したがって社会の問題は、いかにして独占を廃絶するかではなく、いかにしてすべての独占を和解させられるか、それを知ることにある。

独占のもっとも注目すべき、そしてもっとも直接的な成果はつぎの点にある。

(1)　政治の面で、人類は家族、部族、都市、国民、国家に分類されるが、独占は労働者を人種、言語、習俗、気候によって区別して、グループおよび下位グループにまとめ、それを人類の基本区分とする。そしてまた、独占によって人類が地球の所有者となり、協同によって完全にその主権者となる。

独占の政治的な市民権は、すべての立法者によって例外なく認められ、さまざまの法律家によって公式化されたが、それは社会というものが愛郷心にもとづき国民的に組織されたことから生まれた。そして、この権利こそが一連の社会的矛盾のなかで筆頭格の、一大部門をなす。この一部門の研究だけで、アカデミーが提起した産業経済にかんする問題の研究より、四倍以上の時間を必要とするだろう。

（2）　経済の面で、独占は富の増進に貢献する。それはまず、生産手段の改善によって全体の富を増やし、つぎに生産手段を**資本化**することによって富を増やす。資本化とは、分業や機械や競争によって得られた労働の成果をしっかり固定することである。こうした独占の成果から、つぎのような経済のフィクションが生まれる。すなわち、資本家は生産者と見なされ、資本は生産の要素と見なされる。そして、このフィクションから、純生産物と粗生産物の理論が生まれる。
この理論にかんしては、いくつかの考察を紹介する必要があるだろう。まず、J・B・セイのことばを引用する。

「生産された価値は粗生産物であり、そこから生産費を差し引いたものが純生産物である」。

「国民をマスとして考えれば、それは純生産物をもたない。なぜなら、生産物はちょうどその生産費にひとしい価値しかもたないので、そこから生産費を差し引けば、生産物の価値はまったくなくなるからである。国民生産、年間生産はしたがってつねに粗生産額として理解しなければならない」。

「歳入は粗収入である」。

「純生産とは、生産者の利益をほかの生産者の利益と対比するときに使うことばである。企業者は生産された価値から消費された価値を差し引いて、それを自分の収益とする。しかし、企業者にとって消費された価値は、生産的サービスの購入費であり、そして、その生産的サービスの提供者にとっては自分の所得の一部である」(『政治経済学概論』〔第六版、一八四一年〕)。

これらの定義には非の打ちどころがない。しかし不幸なことに、J・B・セイはその意味の深さを十分には感得しておらず、またコレージュ・ド・フランスで自分のあとをついだ者から批判される日が来ようとは予想もしていなかった。J・B・セイの定義はロッシ氏から反駁されたのである。セイは「一国民にとって純生産物は粗生産物にほかならない」と言ったが、これにたいしてロッシ氏はこう言う。国民も、企業者と同様に、前払いがなければ何も生産しない。もしJ・B・セイのことばが正しければ、「無から何も生じない」という古来の金言は正しくないことになる、と言うのである。

そうだろうか。じっさいに起こっていることを言うならば、人類は、神にならって、すべてを無から生じさせる。思考が無から生じるように、人類自身も無から生まれたもの、「無の産物」なのである。ロッシ氏も、重農主義者《フィジオクラート》みたいに産業界の産物を動物、植物、鉱物界の産物と混同したりしなければ、ああいうあやまちを犯すはずがなかった。政治経済学は労働とともに始まり、労働によって発展する。労働にもとづかないものはすべて、純然たる効用に属する。すなわち、人間の行動に支配されるが、まだ労働によって交換可能なものになっていないというカテゴリーに属する。したがって、労働にもとづかないものは政治経済学とは根本的に無縁のままである。独占それ自体は、集合的意志の純粋な働きによって成立したものであり、こうした関係を少しも変化させせない。なぜなら、歴史的にも、成文法によっても、経済理論によっても、独占は労働が登場したあとでのみ存在するもの、あるいは存在すると見なされるものだからである。

とにかく、セイの学説はなかなか堅固である。企業者は、つねにその特殊性によってほかの産業者と協力しあい、かれの利得は生産された価値から消費された価値を差し引いた残りである。企業者の賃金というか給料は、この消費された価値のなかに含まれると理解しなければならない。一方、社会はありとあらゆる特殊性を自分のうちに包含し、社会にとって純生産物は粗生産物にひとしい。

しかし、私がセイやその他の経済学者に説明を求めても、どうしてもかれらからは答えが得られなかった問題がある。それは、純生産物の現実性と正当性はどうやって成り立つのか、という点である。販売価格がそのままなら、労働者の賃金と消費される価値の割合を上げれば、純生産物はすぐに消えてなくなる。それは簡単にわかる話だ。とすると、純生産物はみんなの賃金からの天引き、あるいは消費者からの巻きあげと言ってもよいが、それと区別がつかないもののように思われる。したがって、純生産物とはまったく力ずくでおこなわれて、少しも合法性の様相をもたない一種の強奪にしか見えない。

じつは、この問題はすでに示した価値の比例性の理論によって、あらかじめ解決されている。この理論によれば、機械やアイデアや資本の創出者は、費用を増やさないで生産量を増やしたひと、また、時間を節約して社会の富を増やしたひとだと考えねばならない。したがって、純生産物を正当なものとする原理は、事前に採用された方法のなかにある。つまり、あたらしいやりかたが成功すれば、価値に増分が生まれ、結果として利益が生ずる。これが純生産物である。企業がまちがった土台にのっかっていれば、粗生産物に欠損が生じ、けっきょく経営が破綻し、破産する。そして、これは一番よくあるケースだが、企業者によるイノベーションがまったくないばあいでも、事業の成功は企業としての経営に依存するので、純生産物のルールはやはりあてはまる。そこで、企業の経営はかならず企業者が全責任を負う、という独占の本質にしたがって、純生産物は、ひとびとのあいだでもっとも神聖なものとして承認されている二つの資格、すなわち労働と知性によって企業者に帰属するとされるのだ。

あらためて言うまでもないことだが、純生産物は、不正な手口で賃金から天引きするなどの方法で、しばしば度がすぎることがある。そうしたゆきすぎは、純生産物の原理によるものではなく、人間の貪欲さによるものであり、経済学の理論の領域に属する話ではない。私は第二章第二節で「価値の構成」を論じたさい、すでにつぎのことを示した。（1）純生産物は、生産手段の不平等による差額を超えない。（2）個々のあたらしい発明が社会にもたらす恩恵は、それが企業者にもたらす恩恵よりも、はるかに大きい。この問題はすでに語りつくしたので、もうこれ以上語るまい。ただ、私はこれだけは指摘しておきたい。産業の進歩によって、社会の豊かさは増大していくが、その一方で、独創的な企業者にもたらされる純生産物は、しだいに減少する。それはちょうど樹木の幹を構成する同心円の層が、樹木の成長につれて、そしてまた円の中心から離れるにつれて、薄くなっていくのに似ている。

独占の結果は、純生産物が労働者への当然の報酬としてあらわれることもそうだが、さまざまの価値が資本化されることも、独占のもっとも肯定的な成果のひとつである。価値の資本化によって、もうひとつべつの種類の利潤、すなわち資本の利子、資本の使用料が生まれる。――利子としばしば混同されるものとして、地代（レント）がある。じっさい地代は利潤や利子とともに、俗に言う**収益**ということばでひとくくりにされるが、地代と利子は別物である。地代は独占からではなく、所有から発生するものなのだ。そして所有は特別の理論に属するので、これについてはのちに一章を設けて論じることにしたい。

では、資本の利子あるいは資本の賃貸料と名づけられるものは、いったいどのようなリアリティがあるのか。そのリアリティはどこの国でも認められながら、いまだにきちんと定義されていない。資本の生産性なるフィクションを生み出したのもこれである。

周知のとおり、ふつう企業者は生産のコストを三つのカテゴリーに分けて考える。すなわち、（1）消費された価値と金が支払われるサービス、（2）従業員の給料、（3）減価償却と資本の利子、である。生産コストの三つ目のカテゴリーは、企業者と資本家の区別によって生じる。とはいえ、企業者と資本家は資格は異なるが、ともに独占という同じひとつの能力をあらわす。

そこで、資本の利子しか支払えず、純生産物ゼロの企業は、まったく無意味な企業である。この企業は価値の形態を変化させるだけで、富の増大をまったくもたらさない。つまり、それはもはや存在する価値もなく、たちまち捨て去られる。では、この資本の利子が純生産物の一端と見なされないのはなぜだろうか。どうして資本の利子それ自体は純生産物ではないのだろうか。

ここもまた、経済学者に哲学が欠如している部分である。かれらは高利での金貸しを弁護するために、資本は生産的なものだと主張し、たんなるメタファーをリアリティに変化させた。所有に反対する社会主義者は、こうした詭弁を苦もなくくつがえした。そしてこの論争の結果、資本の理論はひどく疎んじられるようになり、今日のひとびとのあいだでは資本家は怠け者と同義である。もちろん、私はここで、私自身がこれまで多数説を支持してきたことを取り消すつもりもなければ、自分たちの義務をなぜか認識できないでいるひとつの市民階級を復権させるつもりもない。しかし、科学の利益とプロレタリアート自身の利益を考えれば、私は自分の初期の主張を補足説明しながら、本当の原理をきちんとつらぬく義務がある。

（1）　生産はすべて消費を視野にいれて実行される。すなわち、生産物が享受されることをめざす。社会においては、生産と消費、および純生産物と粗生産物という対語は、完全に同一のものをさす。したがって、労働者が純生産物を実現させても、それを生活向上のために用いず、かつかつの収入で暮らしている多くのひとびとと同様に、生活は賃金の枠内でおこない、自分が実現した超過分はかならずあたらしい生産のために用いるようにすれば、生産は無限に増大するだろう。ただし、生活の豊かさは変わらない。また、社会の観点で推理すれば、人口は現状のまま維持されるだろう。ところで、純生産物の蓄積によって少しずつ形成され、企業の生産活動に投下された資本には利子がつく。それは生産を増大する必要と生活を豊かにする必要とのあいだの、一種の妥協である。資本に利子がつくのは純生産物の再生産とその消費を同時におこなう方法なのである。企業がまだ何も生産していないのに、株主にあらかじめ配当金を支払う会社が存在する理由もここにある。人生は短い。成功はすぐには得られない。人間は働かねばならないが、同時に人間は楽しみたい。こうした要請はいずれも大事なものだからこそ、純生産物は生産に投じられるが、そのあいだ（ラテン語で言えばインテレア、あるいはインテレッセ）、すなわちあたらしい生産物が得られるまでのあいだも、資本家は楽しむのである。

このように、純生産物の数値は富の増進を示し、資本の利子は豊かさの増進を示す。また、そもそも資本の利子がなければ、純生産物は無意味であり、存在すらしなくなるだろう。ひとびとのあいだで成立する統治の形態が何であれ、また、ひとびとが独占によって生きようと共有によって生きようと、また、個々の労働者が自分で簿記をつけながらやりくりしようと、共同体からしごとも娯楽も提供されようと、これまでわれわれが明らかにしてきた法則はつねに貫徹されるだろう。利子にかんするわれわれの指摘は、それを証明するものにほかならない。

（2）　純生産物によってつくられた価値は、蓄えのなかに入り、もっともすぐれて交換可能な形態として資本化される。それはもっとも価値下落がありえず、そしてもっとも自由なものである。一言でいえば、それは正金の形をとった唯一の構成された価値である。では、この資本が自由を離脱し、機械や建物といった形で自らに縛りをかけたらどうなるだろう。それでもやはり交換可能ではあるが、それまでよりもはるかに需要と供給の振動にさらされることになるだろう。そして、いったん投下されたら、縛りから解放されるのはむずかしい。資本の所有者にとって唯一の方策は、それを利用しつくすことである。それを利用することによってのみ、投下された資本はその名目価値を保つことが可能となる。ただし、もとより増えることもあれば、減ることもある。このように形を変えた資本は、昔の海洋貿易の会社と同じようなリスクを背負う。利子は資本にかけられた保険である。その保険料は、資本の豊かさ、あるいは少なさに応じて、高くなったり低くなったりする。

保険料と資本の利子のちがいについては、あとでまた論じたい。そして、その区別からまたあたらしい事実が見えてくるだろう。じっさい人類の歴史は、頭に浮かんださまざまの概念がたえず区別され続けていくことにほかならない。

（3） 資本の利子は、労働者に苦労の成果を享受させ、その貯蓄を保証する。それればかりではない。生産者に報酬をもたらしながらも、かれに労働を続けさせ、ストップするわけにはいかないようにする。そして、それこそが資本の利子のもっともすばらしい成果なのである。

企業者自身が資本家であるばあい、投じた資本の利子も自分の利得とすることができる。しかし、それを利得にしてしまうと、その企業はもはや成長できず、したがって確実に業績は悪化する。じつは、これは資本家が企業者でないばあいに見られることである。なぜならそのばあい、利子を支払うと製造者の手元にはまったく何も残らず、かれにとって企業はつねに危うい。だから、できるだけすばやく企業を手放すことが肝心だ。社会の豊かさは不断に進歩する形で発展しなければならないのと同様、たえず超過分を実現させるのが生産者の掟である。それがなければ、生産者の生活はつねに不安定で、単調で、しかも骨がおれるばかりだ。生産者が資本家に支払うべき利子は、植民地の白人が居眠りする奴隷の頭をたたく鞭のようなものである。それは「進め、進め、働け、働け」と叫ぶ進歩の声である。自分で自分の背中を押して幸せの方向へ進むのが人間の定めであり、であるからこそ、人間は宿命的に休息が許されない。

（4）最後に、金銭にたいする利子は、資本が流通するための条件であり、産業における連帯の主たる動機である。これについては、経済学者の誰もがすでによくわかっている。そこで、われわれはのちに信用を論じるさい、独自のやりかたでこれをあつかいたい。

以上で私が明らかにしたこと、そして私が思うに、これまでの誰よりもクリアに証明したことをまとめておこう。

まず、独占は必然である。なぜなら、それは競争の対立物だからである。

そして、独占は社会にとって必要不可欠である。なぜなら、それがなければ社会はいつまでも原始の森から脱出できなかったし、また、それがなければ社会はこれから急速に退歩していくはずだからである。

最後に、独占は生産者の栄冠である。生産の場にあらわれた純生産物として、あるいは資本の利子として、それは独占者の先見性と努力にふさわしい豊かさの増幅を、独占者にもたらす。

では、それならば私は経済学者といっしょになって、独占万歳と叫ぶべきだろうか。大金持ちの保守主義者を喜ばせるために、独占を祀り上げるべきだろうか。できればそうしてあげたい。ただしそれは、独占が登場するまでの事情に合理性があると言えたように、独占がこれからもたらすことにも合理性があると言えたらの話である。

第二節　独占がもたらす労働の災厄と思想の堕落

独占も競争と同じく、ことばにおいて、そして定義において矛盾がある。じっさい、消費と生産は社会的には同一のものであり、売ることとは買うことである。販売あるいは開発の特権を語る者は、必然的に購入と消費の特権を語り、けっきょく両方の否定にいたる。こうして、独占者は賃金生活者にたいして生産を禁じ、同時に消費を禁ずる。競争は市民戦争であり、独占は捕虜の虐殺である。

これらの命題は、物理的・数学的・哲学的な、あらゆる種類の証拠にもとづく。私がこれから付け加えようとするのは、たんにそれを大声で言いなおしたものにすぎない。それは表明すること自体がその証明になる。

いずれの社会も、経済関係において考察すれば、自然に資本家と労働者、企業者と賃金生活者に分かれる。そして、階層構造をなす社会において、各人はその所得に応じていずれかの層に帰属する。所得は賃金、利潤、利子、地代、配当金からなる。

人間にも所得にもこうしたヒエラルキーがあるために、先述した「国民にとって純生産物は粗生産物にひとしい」というセイの原理はもはや正しいとは言えない。なぜなら、独占の結果、販売価格の数値は原価の数値をはるかに上回るからである。ところが現実に、ものの売り手が国民なら、ものの買い手も国民自身であるから、販売価格はまさしく原価によって支払われざるをえない。したがって、交換は不可能であり、流通も生活も不可能である。

私は六年前の著作『所有とは何か』の第四章でこう書いた。「フランスでは、二〇〇〇万人の労働者が科学・芸術・産業のあらゆる分野にちらばり、人間の生活に必要なものすべてを生産している。その賃金の総計は二〇〇億フランと見積もられるが、独占者が手にする利得（純生産物と利子）のために、生産物の売価の総計は二五〇億フランとなる。その国におけるものの買い手は、賃金生活者とその雇用者以外にはいない。雇用者が他人の生活費を払うわけではなく、また、販売価格は誰にたいしても同一であるから、ものが流通するためには労働者は四の収入で五の支払いをしなければならない」。

まさにこのことから、富裕と貧困は、観念においてのみでなく事実においても互いに相関し、互いに不可分となる。両者は競いあって存在することになる。金持ちが貧乏人より多く所有するのは、貧乏人からそれをだましとったからだ、と賃金生活者が主張する権利もここから得られる。まず独占者がコストや利潤や利子で損得を計算し、賃金生活者＝消費者はそのあとで自分たちの分を計算する。そのとき、賃金生活者は労働の契約で一〇〇もらう約束だったのに、じっさいには七五しかもらっていないことに気づく。したがって、独占者は賃金生活者を破産においこむ。独占者が労働者のものを横領して生きていることは、動かしがたい真実なのである。

私は六年前に、こうした恐ろしい矛盾を明らかにした。どうしてそれは新聞での反響がなかったのだろうか。どうして有名な先生方は世論を喚起しなかったのだろうか。労働者の政治的権利を要求するひとびとは、どうして労働者が盗みにあっていることを労働者に語らないのだろうか。どうして経済学者は沈黙したままなのだろうか。どうしてだ。

フランスの革命的民主主義は、まさしく革命におびえて大騒ぎしている。革命の危機を直視せず、そういうものが存在しないかのようにふるまって、かえって危機を増大させている。ブランキ氏の言うとおり、「われわれは安全弁をふさいで、蒸気圧を高まらせている機関士に似ている」。独占の犠牲者の諸君、心を安らげたまえ。諸君を苦しめる者たちが耳を傾けようともしないのは、神がかれらを罰することをすでに決めているからだ。聖書にも言う。「かれらは耳を傾けようともしなかった。主がかれらを殺そうとされたからである」〔旧約聖書『サムエル記上』二章二五節〕。

販売が独占の条件を満たせば、売れ残りの山ができる。労働は、その賃金で一五ヵ月以上かけねば消費しきれない分を、一年間で生産してしまう。したがって、三ヵ月は失業せざるをえない。しかし、失業中は稼ぎがゼロとなる。そのあいだはどうやってものが買えるのだろうか。また、もし独占者が自分の生産物を処分できなければ、その企業はどうやって生き残れるだろうか。工場のまわりは、こうして論理的に解決不能の矛盾であふれる。それを証明する事実はいたるところにある。

『イギリスとフランスにおける労働者階級の貧困』〔一八四二年〕を書いたユジェーヌ・ビュレによれば、「イギリスのニット編み工は、せいぜい二日に一度しか食べられないようになった。しかも、その状態は一八ヵ月も続いた」。——ビュレは似たような証拠を多数ならべている。

しかし、独占の結果としてあらわれる光景のうちで、胸を苦しくさせる光景は、恵まれない労働者たちが貧しさを自分たちのせいにして、お互いに責めあうことである。そして、互いに団結して支えあえば、賃金の下落を阻止できると思い込んでいることである。ある評論家はこう言う。「アイルランド人はイギリスの労働者階級に有害な教訓を与えた。……かれらがイギリスの労働者に教えたのは、生活に必要な経費は動物的生活のレベルにまで下げられること、そして、野蛮人のように、生きのびるための最低限の生活手段があれば満足できること、という恐ろしい秘密であった。……労働者階級はこうした恐ろしい実例に学び、そして部分的には必然性によってしかたなく、あのうるわしい自尊心を失った。自分たちの住まいにきちんとした家具をおき、見られて恥ずかしくない品々を身のまわりにそろえて幸せを感じる、あの自尊心を失った」。

私はこれ以上に嘆かわしく、愚かしい文章を読んだことがない。いったいこの筆者は労働者に何をどうしろと言うのか。アイルランド人が有害な実例としてあらわれたと言う。ならば、かれらを皆殺しにすべきだったのか。賃金が下がったと言う。ならば、それを拒絶して死ぬべきだったのか。必然性は避けられない、とあなたは言う。こうして病気、身体障害、退化、愚鈍化その他、産業奴隷であることのしるしがことごとく無限にあらわれ続ける。こうした災厄はすべて独占から、そして悲しいことに、それに先行する競争や機械制や分業から生まれたものである。なのに、あなたはそれをすべてアイルランド人のせいにする。

かつて労働者たちはわが身の不運を嘆き、忍耐するしかないと考えた。かれらに働き口がたくさんあり、賃金もたっぷりもらえるとき、かれらはそれを神様のおかげとありがたがり、逆のばあいは運が悪かったのである。

『ジュルナル・デ・ゼコノミスト』誌（一八四五年九月号）掲載のレオン・フォーシェ氏の論文によれば、イギリスの労働者はかなり前から団結の習慣をなくしている。かれに言わせれば、それはたしかに祝福すべき進歩であるが、労働者にそうした道徳的な成長をもたらしたのはとりわけ経済的な教訓のおかげである。ボルトンで開かれた集会での一紡績工の演説が引用されている。「賃金を決定するのは工場主ではない。不景気のとき、経営者はいわば必然性にせまられて鞭となる。好むと好まざるとにかかわらず、その鞭をふるわざるをえないのである。それを制御する原理は需要と供給の関係であり、経営者の力でどうこうできるものではない。……したがって、われわれは慎重に行動しよう。運が悪いときはちゃんとあきらめ、運が良いときはしっかり利用できるようにしよう。わが国の産業の進歩をささえることによって、われわれは自分自身のみならず、国全体にとって役立つ人間になろう。（拍手）」。

まことにけっこう。きわめてしつけの良い労働者、模範的な労働者がここにいる。賃金を制御する原理は需要と供給だから、不平も言わずに必然性の鞭を甘受しようと呼びかける紡績工は、まことにできた人間だ。レオン・フォーシェ氏は愛すべき素朴さでこう付け加える。「イギリスの労働者というのは頑固に理屈的なところがある。いったんまちがった原理から出発すると、かれらは少しもためらわず何もおそれず、あたかも真理の勝利へと向かっているかのように、数学的に一直線に不条理にまでつきすすむ」。そこで私はフランスのことを考える。経済学者はこちらでも似たような大宣伝をやっているが、フランスの労働者はけっしてあちらほどかたくなな理屈屋にはならないだろうと思う。需要と供給とか必然性の鞭といった概念は、フランスの労働者の心をとらえるものではなかった。この概念の貧困はイギリスにはなかったものだ。そして、今後も海峡を越えることはないだろう。

独占は、分業・機械制・純生産物・利子の相乗効果で、ますます勢いを増して征服範囲を拡げている。その発展は商業や工業ばかりでなく農業も飲みこみ、あらゆる種類の生産物におよぶ。「ラティフンディアがイタリアを滅ぼした」とプリニウスは言った〔『博物誌』〕。すなわち大土地所有がイタリアを没落させたという。このことばは誰もが知っている。まさにこの独占がいままたローマ平野を荒廃させ、ひとの住めない土地に変えているのである。そして、イギリスで急激に大問題となっている悪循環の元凶もこれだ。民族戦争のあと暴力的に確立された独占が、アイルランドのすべての悪を生み出した。民族運動の指導者ダニエル・オコンネルに多大な苦難を与えている。かれがどんなに弁舌をふるってもイギリスとの併合に反対するひとびとをそうした迷路からの脱出へ導くことはできない。情に訴えたり、レトリックを駆使したりするのは、社会の悪をただす方法としては最悪のものなのだ。ダニエル・オコンネルは、アイルランド人を支配している独占を自分の弁舌によって打倒するよりも、この島とアイルランド人をまるごと北海から南太平洋へ移してしまうほうがよほど簡単だろう。宗教的な交わりも説話もやはり役に立たない。宗教的な感情だけがいまなおアイルランド人のモラルの支えであるとしても、子羊たちを牧者の杖では守りきれないとき、子羊たちを助けにくるのは教会が嫌う世俗的な科学だろう。いまこそわずかな力でも科学が役に立つときなのだ。

独占が商業でも工業でもはびこっていることは、証拠を集める必要もないほど周知の事実である。また、結果が雄弁に物語ってくれていることをくだくだと論じる必要があるだろうか。ユジェーヌ・ビュレが描き出した労働者階級の貧困ぶりは、まさかこれが現実とは思いがたく、読んでいて胸が苦しくなり、恐ろしくなる。さまざまの証明書や公的な報告書によって裏づけられたものでありながら、描き出された光景は想像力を働かせてもなかなか信じられない。夫婦も子どもも着る服がなく、家具もなにもない暗がりの奥に隠れて暮らす。みんな、ほとんど裸なので、日曜に教会へ行くこともない。死んでも遺体は一週間以上、埋葬もされず、放置される。遺産などないので、遺族は埋葬しようにも遺体をつつむ布を買えず、墓掘人への謝礼のビールも買えないからだ（一方、司教の年収は四〇万―五〇万フランである）。――どぶの上の小屋で数家族が豚といっしょにすし詰めになり、腐敗臭を放ちながら暮らしている。あるいは下水の穴のなかで暮らし、みんな白皮症のようになっている。高齢者は木の板のうえに裸のまま寝かされている。生娘も娼婦も裸同然の姿で死んでいく。いたるところに絶望があり、ひとびとはやつれはて、飢えている。本当の飢餓がそこにある。……これらのひとびとは、雇い主たちの罪を償わされているのだ。それなのに反逆さえおこさない。天罰を下す女神ネメシスもここには登場しない。ひとびとが仕返しをしようともしないのであれば、神の出番もないのである。

独占によって大量殺戮がおこなわれているのに、いまだにどの詩人も心を動かさない。フランスの詩人は現実世界のできごとに無関心で、プロレタリアートに心底同情することもなく、あいかわらず月にむかってメランコリックな気分をもらすだけである。しかしながら、独占が生み出す貧困は深い黙想のテーマなのだ。

スコットランドの作家ウォルター・スコットはこう語っている。

「かつて、すでに何年も昔の話だが、村人はみんなそれぞれ牛と豚を飼い、家のまわりに菜園をもっていた。現在たった一人の農民が耕作している土地は、かつては三〇人の小農が耕して生活していた土地だ。したがって、この一人の農民はかつての三〇人の小農より、たしかに豊かになっている。しかし今日、この一人を除く二九人は貧しい日雇い人夫となり、頭のしごとはもちろん手足のしごとでさえ、なかなか働き口がない。しかも、その半数はまったく過剰である。かれらがはたしうる唯一の有益なしごとは、自分の住むあばら屋のために年額六〇シリングの家賃を払えるのであれば払うこと、それだけだ」。

ユジェーヌ・ビュレが引用している現代の詩は、独占がもたらす寂しさをうたう。

谷間に紡《つむ》ぎ車の音は聞こえず
家族の気配も消えた
かぼそい煙に手をかざす古老の
心はその暖炉のように虚《うつ》ろだ

イギリスの議会に提出された報告書の記述は、こうした作家のことばや現代詩に負けていない。

「ダンディーの谷にあるグレンシール村の住民は、かつては周辺のどの村人よりも身体的に優れていた。男は背が高く、胸が厚く、活動的で、勇敢であった。女は愛想が良く、優雅であった。男も女も、詩や音楽ですばらしい才能があった。ところがいまはどうだ。長く続く貧困にうちひしがれ、十分な栄養がとれない期間も長引き、まともな服も着られない。かつてはあれほど美しかったひとびとが、すっかり衰えはててしまった」。

まさにこれは、われわれが分業と機械にかんする二つの章で示した人間の宿命的な堕落の実例である。ところが、フランスの文学者は現在おきていることがらには才能が反応しないらしく、もっぱら過去のこまごまとしたことがらに執着する。かれらのうちで、この地獄への道へ最初に足を踏み入れた者は、仲間のあいだでスキャンダルとなる。かれらはみんな卑怯なおべっか使いであり、散文や韻文の卑しい密売人であり、芸術の神アポロンに負けたマルシュアスのように全身の皮をはがれて当然の連中だ。ああ、私が諸君を軽蔑し続けるかぎり諸君の責め苦も続くとすれば、諸君は地獄が永遠に続くものと信じずにはいられないだろう。

前節において、独占は正義にもとづくものに見えたが、じつは独占はそれだけにますます不正なのである。独占は賃金をつかみどころのないものにするばかりでなく、虚偽の資格、虚偽の能力で労働者と相対し、賃金の評価そのものにおいて労働者をあざむく。

シスモンディ氏はその著『社会科学研究』のどこかでこう述べている。商人がもっている価値物とひきかえに銀行家が銀行券をわたすとき、銀行家はこの商人に信用を与えるのではなく、まったく反対に、商人から信用を受けとるのである。シスモンディ氏はさらに言う。「この信用は本当に短期的なので、商人は信用を与えるよりも信用を受けとりたいのに、その銀行家をきちんと吟味する時間がほとんどない」。

シスモンディ氏によれば、銀行券の発行において、銀行家と商人の役割はこのように逆転する。商人が債権者で、銀行家は債務者となる。

独占者と賃労働者とのあいだでも似たようなことが起きる。

事実のうえでは、労働者が、銀行における商人と同様に、自分の労働の割引をもとめる。権利のうえでは、経営者が保証と担保を与える。もう少しくわしく説明しよう。

あらゆる経営において、それがどのようなジャンルのものであれ、経営者が正当に要求しうるのは、経営者自身の労働の対価のほかは、かれの**アイデア**の対価のみである。その**実行**、すなわち多数の労働者の協働の成果にかんして言えば、それはまさしく集合力の結果にほかならない。集合力の担い手は、その働きにおいて親方と同様に自由であっても、自分に無償で帰属すべきものは何ひとつ生産することができない。そしていま問題なのは、経営者が個々の労働者に支払った賃金の総和が、この集合力の成果にひとしいかどうかである。もしひとしくなければ、「生産物の価値はそのコストにひとしい」というセイの金言が否定されたことになる。

私も『所有とは何か』の第三章でこう述べた。「資本家は労働者も合意した額の日当を支払ったのだから、労働者にたいしていっさい借りはない、との説がある。ものごとを正確に表現したいのであれば、資本家は雇用した労働者の数だけ日当を支払った、と言うべきであった。なぜなら、それとこれはべつものだからである。労働者集団の結合、かれらの労働の集中と調和から、巨大な力があらわれる。工場における労働編成によって、莫大な費用の節約ができる。労働者の自由な力の発揮によって実現される生産物の増大は、じっさいに経営者が期待していたものである。こうした成果にたいして、資本家はいっさい支払わなかった。二〇〇人の精鋭兵が、一人の技師の指図で作業したら、数時間で立派な方尖塔《オベリスク》をちゃんと建てることができたという。たった一人の人間でも二〇〇日をかけたら同じことができるだろうか。それはとても考えられない。ところが、経営者の計算では、賃金の合計はどちらのケースでも同じなのである。なぜなら、経営者は集合力の恩恵を自分のものにする。けっきょく、真実は二つのうちのどちらかだ。つまり、これは経営者による強奪か、もしくは計算まちがいである」。

ミュール紡績機を適切に稼働させるためには、機械技師、建築技師、事務職員、あらゆる種類の男女の労働者集団が必要であった。労働者たちは自分の自由、生活の安全、自分たちの未来、そして子どもたちの未来のために、製糸工場に雇われたので、おとなしくふるまわざるをえなかった。労働者が企業者に手渡した信用状はどこにあるのだろう。労働者が企業者から受けとった保証はどこにあるのだろう。なんということだ。数百万ものひとびとが、契約の内容もよくわからぬまま自分の腕を売り渡し、自分の自由を譲渡したのである。安定した雇用と満足できる報酬が得られると信じて契約したのである。雇用主が期待するとおりのしごとを、自分の手で実行したのである。こうした協働によって、その企業の協力者となったのである。ところが、独占はそれと交換できるもの、あるいは交換したいものをもたなくなると、製造を中止し、この数百万の労働者を工場から手ぶらのまま放り出す。かれらは労働者に、ただ「しごとを辞めてもらう」と言うだけである。生産方法があたらしくなると、労働者はそれまでの一〇日分の労働から九日分を失う。そして、それは必然性という鞭がふるわれただけだと言って慰められる。そればかりではない。労働者が安い賃金で働くのを拒んだりすると、痛い目にあうのはやはり労働者自身であることが証明される。提示された額の賃金を受けとれば、労働者は労働者としての気高い自尊心を失う。ちゃんとしたふつうの暮らしができることが労働者に幸福と誇りをもたらし、金持ちとも共感できる根拠を与えるのだ。この労働者たちが賃金値上げのために団結すると、投獄の憂き目にあう。そして、自分たちの搾取者を裁判で訴えると、裁判所は逆に労働者のほうを、商業の自由の侵害者として罰する。労働者は独占の犠牲者であるのに、独占者が背負うべき罪を背負わされる。これが裁判をつかさどる連中の正義だ。裁きの女神のかっこうで仮装した愚かな娼婦よ、おまえはいったいいつまで、虐殺されたプロレタリアの血をすすり続けるのだ。

独占は、土地も労働も労働用具も、生産物も生産物の分配も、ありとあらゆるものを征服した。政治経済学もそのことを認めないわけにはいかなかった。ペッレグリーノ・ロッシ氏もこう述べる。「ほとんど毎日、どこを歩いても独占と出会う。純粋に労働のみからなると見なしうるような生産物はほとんどない。じっさい、ものの価格は生産の費用に比例するという経済法則は、けっして完全には成り立たない。その公式は、生産の道具をひとつないし複数の独占が支配しているという事実によって、根本的に修正される」（『政治経済学講義』一巻一四三頁）。

ロッシ氏は高位の官職についているせいで、独占を問題にするとき科学が求める正確さをそのまま表現することができない。あれこれ配慮しながら「経済の公式は修正される」と言うにとどまる。それは労働と交換の根本法則が長期にわたって悲惨なまでに侵害されるということにほかならない。社会において、純生産物は粗生産物のうえに加算されるので、全体としての労働者は自分たちが生産したものをそのコスト以上の値段で買い戻さねばならない。それは矛盾であり、不可能であるが、これが独占による結果なのである。——独占の結果はまだある。生産と消費の自然なバランスがこわれる。労働者は賃金の額においても、その支払いの場面でもごまかされる。社会の豊かさの増進は、労働者にとっては貧困のたえざる増進に変わる。すべて独占がもたらすものである。けっきょく、交換的正義の概念はすべてゆがめられてしまう。本来は実証的な科学である社会経済学は、まったくのユートピアになる。

独占の影響のもとで政治経済学がこのようにゆがんでいったことは、社会思想の歴史においてきわめて注目すべき事実であるから、ぜひともいくつか例をあげて説明させていただきたい。

まず、独占の観点では、価値はもはや特定の有用物と富全体との関係をあらわす総合的な概念ではなくなる。独占は、ものの価値を社会にとってどうかではなく、自分にとってどうかで決めるので、価値は社会的な性格を失い、あいまいで、恣意的で、エゴイスティックで、本質的に不安定な関係にすぎなくなる。独占者は、この原則から出発することによって、あらゆる種類の隷属奉仕にまで生産物という呼称を拡大し、劣情や悪徳が開拓した下品で恥ずべき産業にまで資本という概念をあてはめる。セイによれば、娼婦の色香もひとつの資本であり、その生産物は価値の一般法則、すなわち需要と供給にしたがう。政治経済学の著作の大半は、その応用であふれている。しかし、売春や売春を発生させる隷属奉仕は道徳によって非難されるものなので、ロッシ氏はやはりわれわれに注意を促す。つまり、政治経済学は独占に影響されて公式を修正したあと、さらにまたべつの矯正にしたがわざるをえないだろう、と言う。政治経済学そのものは、どういう結論であれ非難されるべきものではないのだが、それでも矯正されざるをえない、と言う。なぜなら、ロッシ氏によれば、政治経済学は道徳とまったく共通点をもたないものだからだ。経済学の公式を受けいれたり、修正したり、矯正したりするのは、われわれの主体性である。われわれは自分なりの善、社会の善、道徳への配慮が求めるものにしたがって、そのようないとなみをするのだ、と言う。政治経済学と真理とのあいだには、いやはや、なんともたくさんのものが介在するのである。

同様に、純生産物の理論にも変化が生じる。純生産物の理論はもともと、すぐれて社会的であり、進歩的であると同時に保守的なものであったが、私に言わせれば、それもまた独占のせいで個人主義化してしまった。そして、社会に豊かさをもたらすはずの原理が、社会の破滅の原因となる。独占者は、純生産物を可能なかぎり最大化することばかりを追求し、もはや社会の一員として社会の利益のために行動することをしない。ただひたすら自分の利益のためにのみ行動する。それが社会の利益に反するものであろうとなかろうと、そこには頓着しない。まさしくこうした視点の変化こそ、シスモンディ氏がローマの農村地帯の過疎化の原因と見たものである。いわゆるアグロ・ロマーノ〔ローマ周辺の平野地帯〕の生産物について、その土地が耕されているか、牧草地のまま放置されているかで比較すると、粗生産物の量は前者のほうが後者より一二倍も大きい。しかし、土地を耕すのはそうとう大勢の人手を要するので、そうすると純生産物はむしろ少なくなる。こういう計算は、当然所有者もしないはずがない。その結果、土地は耕さないまま放置するのが習慣として固まり、そして、ローマの農村地帯からひとがいなくなる。

シスモンディ氏は、さらにこう述べる。「ローマ周辺の各地のようすを見てみると、どこでも中世のころの繁栄の痕跡と今日の荒廃とのコントラストがはっきり浮かび上がる。セレスの町は、マルセイユをシャルル五世から守りジュネーヴをサヴォワ公爵から守った傭兵隊長レンツォ・ディ・チェリで有名だが、いまではさびれはてている。かつて権勢を誇ったオルシーニ家やコロンナ家の領地にはひとの影がない。美しいヴィーコ湖を囲む森には住む人間がまったくいない。一四世紀にローマをしばしば震え上がらせた恐るべきヴィーコの総督の兵士たちは、子孫をまったく残していない。カストロやロンチリオーネは荒れ果てている……」(『政治経済学研究』)。

じっさい、社会が求めるのは粗生産物をできるかぎり増やすことであり、したがって働く人口を増やすことである。なぜなら、社会にとって粗生産物と純生産物は同一のものだからだ。しかし、独占は逆に、たえず純生産物の最大化を求める。それは人類の絶滅によってのみ獲得されるものにほかならない。

さて、資本の利子もまた、やはり独占の影響のもとに元の観念を変質させ、社会にとって死の原理となった。すでに説明したように、資本の利子は、一面において、労働者が自分の純生産物をあらたな創造に投じて自分のために役立てる形式である。しかし他面において、資本の利子は、富の増進という一点で生産者たちが団結する、その物質的な絆である。前者のばあい、利子の総額が資本の総額を上回ることなどありえない。後者のばあい、利子は償還の費用のほかに、提供されたサービスの報酬として謝礼金が加わる。どちらのばあいも、永続的なものではない。

しかし独占は、人間のいとなみの産物としか言えない資本の観念を、自然が万人にさずけた利用可能の資産と混同する。そのうえで、万人に属するはずのものが社会のアナーキーな状態によって私物化してよいものとされ、そしてその所有は、排他的で絶対的で永続的という条件でのみ成立しうるものとされる。――資本は土地や動物や植物と同様、それ自身で勝手に動くものである、と独占はそれこそ勝手に想像し、それを原則とした。資本家は資本をほかのものに交換する必要もなくなり、工場内での労働にも参加しなくてよいことになった。利子を意味するギリシア語の「トコス」も、こうしたまちがった資本の観念からきている。トコスの原義は「子ども」で、利息はまさに資本の子ども、すなわち資本の増分だというのだ。そこで、アリストテレスはこんな冗談を言った。「貨幣は子どもなんか生まない」。しかし、利子を資本の子どもにたとえる考えかたは、スタゲイラのひと〔アリストテレス〕の風刺的な軽口をものともせずに普及していった。利子は、その模倣とも言うべき地代とともに、永続的な権利だと宣言された。利子が、もとの原理に半分後戻りして、償還の観念を再生させたのは、ずっとあとのこと……。

まさに利子という謎で、その意味をめぐって神学者や法律家のあいだで何度も騒ぎが起きた。キリスト教の教会も、二度にわたって揺れた。一度目は、あらゆる種類の利子を禁じた。二度目は、経済学者たちに深く同調し、自らのかつての根本原理を投げ捨てた。利子、すなわちひとから勝手にまきあげる権利は、独占そのものの表現であると同時に、独占にたいする有罪の宣告である。利子は、組織化され合法化された資本による労働の横領である。古代社会では、経済の破壊につながるものとしてもっとも強く非難されたものである。資本家階級はまったく不正にも利子をとりたて続けたがゆえに、資本家階級全体が突然、そして何の補償もなく無産者に変えられても、それは正当とされるだろう。

独占の影響について、最後にもう一点。独占は、一種の保存本能によって協同《アソシアシオン》の観念まで堕落させてしまった。協同は協同の観念に反するものとなり、もっとはっきり言うと、協同は協同を生み出しえないものとなった。

今日、ひとびとにとって結社《ソシエテ》のあるべき姿がちゃんと定義できるようなひとはいるだろうか。法律では、民事会社は二つの種と四つの変種に区別され、商事会社も単純合資会社から株式会社にいたるまで同様に区別される。私は、あらゆる形態の結社について書かれたきわめて信頼できる報告書をいくつも読んだが、私がそこで発見したのは独占の定式の応用にすぎない。二人または数人がいっしょになって、生産や消費、発明や交換、生成や消滅などすべてのことがらにたいして、自分たちの資本や努力を結びあわせているのである。あらゆる会社にとって絶対不可欠の要件は資本である。資本の存在のみが会社を成り立たせ、そこに土台を与える。会社の目的は独占である、すなわち、ほかの労働者と資本家をすべて排除することであり、したがって、人間にかんしては社会の一体性を否定することである。

じっさい、民法典の定義にしたがうなら、原則として外国人でも希望すれば参加でき、参加すればすぐにメンバーとしての特権、さらには理事としての特権さえ得られるような商事会社はもはや会社ではない。そういう会社には裁判所がすぐ正式に解散・消滅を命じるであろう。また、会社の定款が、設立時社員による出資を明記せず、さらにまた、各人に競争の権利をひかえさせ、ただ労働と賃金をそれぞれ保証するにとどめ、その事業の内容、資本や利子、利得や損失については何も語っていないばあい、そういう定款は文面において矛盾があると思われる。そもそも結社の目的も理由も書かれていない。社員の誰かが不服を申し立てたら、裁判所はすぐに定款の無効を宣告するだろう。そのような内容の契約は、まともな判断力のある行為とは見なされない。世界中のすべての人間と手を組むというのは、誰とも手を組まないというにひとしいとも考えられる。社会的資産にはまったく言及せず、事業の目的も示さないまま、社員が互いに保証しあい、かつ競争しあうとする条文は、理屈も何も超越した大ぼらと見なされよう。そして、そんなことを公言するやつは、裁判所の判事から全員一致で狂人と見なされ、ビセートル刑務所に送りこまれるのが落ちだろう。

しかし、つぎのことがらは歴史および社会経済によってまったく真正な事実として証明されている。すなわち、人類はそもそも資本も何ももたず、丸裸でこの大地に投げ出され、大地を開拓していった。したがって、すべての富をこれまでつくりだし、いまも毎日つくりだしているのはわれわれ人類である。この人類における独占とは、労働者がその富を一定の条件で享受できる度合いを示す相対的な目安にすぎない。進歩というのは、生産物を無限に増大させながら、その比例関係を確定すること、すなわち、分業・機械・工場・教育・競争によって労働と豊かさをきちんと組織していくことなのである。現象面をどれほど深く研究してもそれ以上のことはわからない。——他方、政治や民法において、人類がことごとく一体化する傾向にあることも明らかである。つまり、フランスの民法がはっきりと示すように、社会の観念は完全に変化する方向にむかっている。

そこで私はこう結論する。結社の条項には、メンバーの貢献を規定するものがない。それは経済の理論によれば、どのメンバーも参加のさいには絶対に何も所有していないことが前提とされるからである。結社の条項が規定するのは、労働および交換の諸条件であり、そのことによって関心のあるすべてのひとびとが参加できるようになるのである。つまり、私の言いたいことはこうだ。このような結社の条項はまったく合理的で科学的なものにほかならない。なぜなら、それは進歩の表現そのものであり、労働の有機的な構造式だからである。いわば、それは人類の成り立ちの根本原理を示し、人類の本来の姿を開示するものだからである。

では、この壮大で、しかもきわめて単純な観念に、千里のへだたりから近づこうとした法学者や経済学者が、はたしていただろうか。アカデミー会員の法学者レイモン＝テオドール・トロロン氏はこう述べる。「私はけっして、協同《アソシアシオン》の精神が、過去や現在までに実現したものよりすばらしいものを将来もたらすはずだとは考えない。……また、正直な話、私はそうした希望を実現するための努力はしたことがない。それはほとんど夢物語だからだ。……協同しても乗り越えられない正しい限界というものが存在する。じっさい、フランスにおいてすべてを統治するものとして協同は求められてはいない。個人の精神の自由な飛躍もまたフランス国民の生命力であり、そのオリジナリティの原因でもあるのだ……」。

「結社《アソシアシオン》の観念はけっしてあたらしいものではない。……古代ローマにおいても、商事会社が独占や横領、共謀や連携、詐欺や買収といった道具立てとともにすでに存在した。……合資は中世の民法、商法、海事法に沿うものであった。その時代、合資は労働のもっとも積極的な活動の道具として会社の形で組織されたものであった。……株式会社が形成されたのは一四世紀の半ばからである。そしてジョン・ローの失墜のときまで、それは増加し続けた。……これは実話である。今日でも、鉱山や工場、発明特許や新聞が株式で保有されていることに驚くひとがいるが、二世紀前は島や王国、さらには半球のほぼ全体まで株式で保有されていたのだ。ひとつの企業に数百人の株式応募者が集まると、われわれはそれは奇跡だと叫んだりするが、すでに一四世紀においては、フィレンツェの街全体が数人の商人に投資していた。それは起業の精神をできるだけ遠ざけてしまうものであった。——そして、自分の思惑がはずれると、それが自分の無謀さ、軽率さ、だまされやすさのせいだったとしても、われわれは立法者につまらないことで文句を言い、差し止めや無効を要求する。われわれは、すでに成文化されていることでさえ、さらにとことん規制したがり、また法律の文言を再吟味し訂正し補足して、あらゆることを束縛したがり、商売の運不運についてさえ、すべてを管理したがる。われわれにはそういう性癖があるので、すでにたくさんの法律が整っていてもなお、大声でこう叫ぶ。まだまだ足りない、と……」。

トロロン氏は神の摂理を信じているが、あいにくながら、かれはそれを語るにふさわしい人間ではない。トロロン氏が一覧表を示して解説しているような、結託や横領の慣習のすべてに今日のひとびとはうんざりし、あたらしい協同の形を求めているのだが、その形を発見してくれるのはトロロン氏ではない。法律の文書であらゆることがらを束縛したがるひとびとにたいして、トロロン氏が憤るのはもっともである。ところが、そのトロロン氏自身が、未来を五〇条ほどの条文で束縛しようとする。それらの条文は、どんなに賢明で理性的なひとが読んでも、そこには経済科学のきらめきも哲学の影も見つからない。かれは大声で言う。われわれは、**すでに成文化されていることでさえ**、さらにとことん規制したがる性癖がある、と……。私が思うに、トロロン氏のこの表現ほど法学者や経済学者の姿をひとまとめに一筆ですっきりと描き出したものはない。

ナポレオン法典ができたら、はしごをはずせ……。

トロロン氏のことばは続く。「一八三七年と三八年に大騒ぎをひきおこした改革プランはどれも、幸いなことに、いまではすっかり忘れられている。提案どうしのぶつかりあいと、改革の意見のアナーキーさのせいで、けっきょくは否定的な結果に終わった。投機家にたいする反発が生じると同時に、大衆の良識はかずかずの公的な組織プランをすべてお粗末なものと判定した。すなわち、どのプランも既存の法律より出来が悪く、現実の商習慣とうまく調和せず、一八三〇年以後なのに帝政時代の国務院の考えかたよりも自由主義的ではない。今日、秩序は全面的に回復した。商法はその十全性を保っている。そのすぐれた十全性を保っている。商業にその必要があるばあいには、合名会社、合資会社、株式会社のほかに、匿名組合を設けることができる。それは出資者が刑法上の背任罪などには抵触せず、自分の打算だけで行動できる形態である」（トロロン著『民事会社と商事会社の契約について』〔一八四三年〕の序文より）。

改革のこころみの失敗を喜び、研究心の否定的な結果を自分の勝利にカウントするような哲学、いやはやなんともおぞましい。しかし、われわれはトロロン氏が二巻の大著であつかった民事会社と商事会社について、当面はもはや徹底的な批判に入ることができない。このテーマについては、われわれが経済の諸矛盾にかんする理論を完成させ、経済全体のバランスのなかで協同のプログラムを明らかにするときのためにとっておこう。そして、そのときこのテーマを先人たちの実践や旧来のさまざまな考えかたと対比させながら、一冊の本にしたい。

ただ、合資会社について、一言だけ。

合資会社という形態は、その拡張力とそれにともなう変化への対応力によって、一国民全体をまきこむ形で商工業のあらゆる関係に普及しうる、と誰でも最初はすぐにそう思うだろう。しかし、合資会社はその構造を表面的に検討しただけでも、それが株主の数にかんしてもちうる拡大能力には、ひとびとの社会的な連帯の拡大となんら共通するものがないことは明らかだ。

第一、合資会社はその他のすべての商事会社と同様、活動分野がかならずひとつに限定される。ひとつに限定したうえで、合資会社はほかのすべての産業から自分の固有の分野を排他的に守る。限定しないのであれば、合資会社は根本的に変質する。まったくあたらしいべつの形態の会社に変わる。その会社はもはや特別に利益の追求を旨とせず、労働の配分と交換の諸条件をコントロールするようなものとなる。それはまさしくトロロン氏が否定し、独占の法学が排除しようとする協同《アソシアシオン》にほかならない。

合資会社を構成する社員にかんして言えば、それは当然、理事と株主という二つのカテゴリーに分かれる。理事はごく少人数で、企業の創始者、組織者、パトロンのなかから選ばれる。正確に言えば、理事のみが本当の社員である。全権をゆだねられて会社を運営するこの小さな政府にたいし、株主はいわば納税者大衆として存在する。株主たちは互いに他人どうしであり、会社にたいし影響力もなければ責任もなく、ただ自分が出したお金の分しか事業にかかわらない。かれらは特別配当付きの債権者にすぎず、メンバーではない。

こうしてみると、王国のあらゆる産業は合資会社によって運営することが可能であるとわかる。そして、どの市民も株を買い足すことができれば、こうした合資会社のすべて、あるいはその大部分に関係することができる。ただし、それによって自分の生活がかならずしも向上するわけではない。それどころか、ますます危険にまきこまれる可能性すらある。なぜなら、もう一度言うが、株主はたんなるカモである。企業が搾り取る利益の原材料にすぎない。こういう会社がつくられるのはけっして市民のためではない。協同が現実のものとなるためには、それに参加する人間はギャンブラーとしてではなく、自ら企業者として参加しなければならない。それを運営する理事会での審議権をもたなければならない。社名に自分の名前が明示、ないし暗示されていなければならない。そして、自分にかんするすべてのことがらはまったく公平にあつかわれなければならない。しかし、以上の条件はまさしく労働の組織化の条件である。つまり、それは民法がまったく予想もしなかったものである。それは政治経済学にとっては**今後の**考察の対象となる。したがって、それは前提とすべき条件ではなく、これからつくりだすべき条件である。そして、まさにそういうものとして、以上の条件は独占と根本的にあいいれないものなのである。

さて、社会主義はその立派な名前にもかかわらず、社会《ソシエテ》〔あるいは会社〕の定義においてはこれまでのところ独占よりも上等だったわけではない。それどころか、組織化のプランのすべてにおいて、社会主義が一貫して政治経済学による定義を盗み取りしていることは明白だとさえ言える。ルイ・ブラン氏がいい例だ。すでに競争にかんする前章で紹介したとおり、かれはヒエラルキーの原理の賛同者であり、不平等の公然たる支持者であり、共産主義の説教者である。矛盾の法則を自分が理解できないという理由であっさり否定したひとである。そして、ただひたすら権力を自分のシステムの最終的なよりどころとして求めたひとである。まさにルイ・ブラン氏は、何も考えずに政治経済学を無断でコピーし、所有の悪循環のなかをぐるぐる回り続ける社会主義者の妙な実例として、ふたたびわれわれの前にあらわれる。たしかに心のうちでは、ルイ・ブラン氏は資本の支配を否定する。また、健全な経済理論に合致するものであっても、生産において資本が労働と対等の要素であることさえ否定する。しかしながら、かれは資本なしでどうすべきかわからず、どうすることもできない。かれはやはり資本を経済の出発点とする。そして、国家に出資を求める。つまり、かれは資本家たちの前でひざまずくのだ。そして、独占の主権を承認するのである。ここからかれ独特の奇妙でアクロバティックな弁証法が始まる。読者のみなさん、私が社会主義にたいしてもきびしく人物批評をするのを許していただきたい。社会主義も、政治経済学と同様、何人かの著作家の人物によって体現されているものなので、私はそうしたひとびとの文章を引用するしかない。

ルイ・ブラン氏がまず、かれの著作『労働の組織』において、フーリエ主義者の評論誌『ファランジュ』からつぎの文章を引用する。「資本も生産に貢献する能力として、ほかの生産的な能力とともに正当性があるのだろうか、ないのだろうか。もし正当性がなければ、資本が生産物の分け前を要求するのも不当であり、資本はそこから排除されなければならない。分け前の受けとりに関与できない。しかし、反対に正当性があるのであれば、資本が利益への関与から、すなわち資本の貢献による増分への関与から排除されるのは正当ではありえない」〔『ファランジュ』一八四〇年九月二三日号〕。

この引用文に示された問いかけは、まったく明瞭そのものである。ところがルイ・ブラン氏は逆に、これをきわめて思考が混乱したままの問いかけだと見る。つまり、かれはこの問いに大いに困惑し、問いかけの意味がわからず、悩まされたというのである。

まず、かれは設問をこう取りちがえた。「生産の利益にかんして、資本家にも労働者への分け前にひとしい分け前を認めるのは公正か」。ルイ・ブラン氏は問いをこのように受けとめたうえで、ためらうことなく、それは不正であると答える。

しかしながら、フーリエ主義者が問いかけたのは、資本家にも労働者への分け前にひとしい分け前を認めるべきかどうか、ではない。フーリエ主義者はただたんに、資本家も何らかの分け前を受けとるのかどうかを知りたかったのである。そして、それについてはルイ・ブラン氏は何も答えない。

ルイ・ブラン氏の混乱は続く。かれは問いを受けとめる。「生産にとって、資本は労働そのものと同様に不可欠のものなのか」。——ルイ・ブラン氏はここではことばを区別して、こう答える。資本は労働と同じように不可欠だが、労働と同じくらい不可欠のものではない。

やはり誤読である。フーリエ主義者は量ではなく、権利を問題にしているのである。

つぎの問いもルイ・ブラン氏が自分で立てる。「資本家も全員が労働せずに遊んでばかりいるわけではないと考えてよいか」。ルイ・ブラン氏は、労働する資本家には寛大で、ただ労働しない資本家への分け前がなぜあんなに多いのかを問う。そして、生産における資本家の非個人的なサービスと労働者の個人的なサービスについて雄弁をふるい、最後は神の摂理がくだるのを要請してしめくくる。

同じ問いが三度続く。「資本が生産にとって不可欠だと言うのであれば、資本が利得に関与するのも正当と言えるか」。

最終的にルイ・ブラン氏は、かねてから理解していたことであるが、それをはっきりと答えにしようと決断する。すなわち、自分が資本に利子を認めるのは、過渡的な手段としてであり、転落していかざるをえない資本家の下り坂の傾きをやわらげるためなのだ。さらにまた、自分の計画においては私的資本がすべて協同《アソシアシオン》に吸収されるのは不可避であるが、それ以上のことを求めるのは愚かであり、原則の放棄である。と、このように述べるルイ・ブラン氏だが、もしかれが自分の問題をきちんと研究していたならば、かれの答えは「私は資本を否定する」、この一言だけですんだはずである。

こうしてルイ・ブラン氏は（私はかれの名前で社会主義の全体をさしているつもりだ）、著書のタイトルにもなっている**労働の組織化**によって第一の矛盾におちいる。資本は生産において不可欠であるから、労働と同様に組織化され、利潤に関与しなければならない、と言う。——それでいながら、第二の矛盾として、組織化のための資本を投げ捨て、そういう資本の承認さえ拒否する。——第三の矛盾として、かれは軍人の勲章や貴族の称号をあざ笑いながら、祖国の価値を高めた文学者や発明家や芸術家には、市民の栄冠と報奨金と勲章をさずける。こうしたひとびとには、それぞれのグレードや重みに応じて賃金を支払う。こうしたことは、かならずしも数学的にぴったり重なるものではないにせよ、まさしく利子や純生産物のようなものとして、資本を現実的に復元させる。——第四の矛盾として、ルイ・ブラン氏は平等の原理にもとづいてあたらしい貴族制をうちたてる。すなわち、平等で自由なメンバーにひとを支配する力を与え、労働者に働かずに怠ける特権を与え、そして収奪された者に収奪する権利を与える。——第五の矛盾として、かれはものすごい強制力をそなえた権力をこの平等主義的な貴族制の土台にすえようとする。すなわち、独占の別形態である独裁制をその土台にしようとする。——第六の矛盾として、かれは職人技や労働を深めることを奨励し、報酬は各人のサービスに比例するように（これは独占のスタイルだ）、賃金は能力に比例するように（これも独占のスタイル）つとめたあとで、今度は共同生活の賛美、共同労働や共同消費の賛美をしはじめる。それでもかれは、まじめで立派な作家たちには、国民の共同の生産物から天引きした奨励金を与えるといった手段で、かれらの作品が横ならびの平板さにおちいるのを避けられると期待する。かれらの共通の読者である国民はそんなことは気にしないのだが。——第七の矛盾として……、いや、もうよそう。矛盾は七七を数えても終わらないのだから。

聞くところによると、ルイ・ブラン氏はただいまフランス革命史を準備中で、政治経済学をまじめに勉強しはじめたそうだ。その勉強はかならず、当人の著作『労働の組織』の書きなおしにつながるはずだし、権威や政府についての当人の考えかた全体をあらためることにつながるはずだと私は信じて疑わない。その成果があがれば、ルイ・ブラン氏の『フランス革命史』は本当に有益でオリジナルな本になるだろう。

とにかく、社会主義者はいずれのセクトも例外なく、同じ偏見にとりつかれている。全員が、知らぬ間に経済の矛盾に影響され、資本の必然性にたいして自分たちは無力だと白状している。全員が、自分たちの思想を実現するためには、権力とお金を手中におさめねばならないと考える。協同《アソシアシオン》という社会主義のユートピアは、われわれがすでに語った真理をさらに一段と明瞭にあらわす。すなわち、政治経済学のなかにないものは社会主義のなかにもけっして見出せないのである。どちらもどちらというか、両者はたえず盗み取りしあい、その罪は取り消すことができない。あれこれの経済のカテゴリーを火花とともに生み出した、そのアイデアの母体はどちらの側なのか、誰にもわからない。協同の最上位の様式は、個人的な打算の対象である資本とは何の関係もない。それはただ富の増進の唯一無二の源泉である生産のバランス、交換の諸条件、原価の低減にのみかかわる。社会主義者は、産業と産業、労働者と労働者、地方と地方、国民と国民のあいだの関係を確定しようとはせず、ただ資本をどう調達するか、そればかりを考える。かれらはつねに労働者の連帯の問題を、あらたな独占体制の設立と似たような問題として考える。世界、人類、資本、産業、事業経営はすでに存在する。今後の課題は、まさにその哲学を探求することにある。言いかえれば、それらを組織することにある。であるのに、社会主義者が探求しているのは資本だ。かれらはあいかわらず現実の外側にいる。かれらに現実が見えていないのは驚くほどのことだろうか。

こうして、ルイ・ブラン氏は国家に出資をあおぎ、国立工場の設立を追求する。フーリエは六〇〇万フラン必要だと言ったし、フーリエの弟子たちはいまでもその額を集めるのにやっきになっている。共産主義者は革命が自分らに権威と財貨をもたらしてくれると期待し、役に立たない賛成署名を待ちながらくたびれはてる。資本と権力は社会の副次的な要素であるのに、社会主義はつねにこの二つを神のようにあがめる。もしも資本と権力が存在しないのであれば、社会主義がそれを発明するだろう。社会主義は資本と権力に夢中になり、自分がそもそも体制に反抗していることの意味を完全に見失っている。それどころか、じっさいにやってきたように経済の慣習にどっぷりとつかって、体制に反抗する権利までも自分で捨ててきた。敵対であふれる社会を告発しながら、まさにその敵対によって社会の改革を追求する。社会主義は貧しい労働者たちのために資本を求めるのだと言う。しかし第一に、労働者の貧しさは、まさしく資本どうしの競争によってもたらされたものではないのか。また、労働と資本の不自然な対立に由来するものではないのか。第二に、資本が創出される以前は社会全体の均衡が問題であったし、それはこれからもそうであるのに、社会主義は今日では資本の創出以前と問題の質が変わったと言うのか。そして最後に、われわれは何度も同じことを、しかもうんざりするほどくりかえして言うが、これからの問題は文明が発した原理のすべてを総合することにつきるのに、そうではないと言うのか。この総合は世界を導く理念であり、それが認知されたならば資本や国家が介入する必要などないのに、社会主義はそれを明らかにするために資本や国家が必要だと言うのか。

社会主義は大言壮語やユートピアに熱中して、批判精神を捨て去った。政治的陰謀や宗教的陰謀に加担して、自分の使命を裏切り、今世紀の性格を見誤った。一八三〇年の革命はわれわれの元気を失わせ、社会主義はわれわれを女性みたいに軟弱にした。政治経済学は自分の矛盾をただ反復するばかりであり、社会主義も知性の運動を満足させることができない。社会主義はもはや、それに魅了されているひとびとについて言えば、打ち砕かれるべきあらたな偏見にすぎず、それを広めているひとびとについて言えば、暴露されるべきまやかしにすぎない。社会主義はほとんどつねにまじめなものであるから、その分だけ一段と危険なものなのである。

第七章　第五段階——警察あるいは税金

人類は、あたかも何かの絶対的な命令にしたがっているかのように、自分の原理の立場をけっして後戻りさせない。曲がりくねった斜面を、深い谷底から高い山の頂までジグザグの道にそって、ぐんぐん登っていく旅人にもたとえられる。決然とした足どりで自分の目的にむかって、後悔もせず立ち止まりもせずに歩いていく。社会の守護神は、独占のレベルに到達すると、悲しげなまなざしで後ろをふりかえり、深い反省をこめて、こうつぶやく。

「独占は、雇われて働く貧しいひとびとからすべてを奪った。パンや衣服や住居を奪い、教育も自由も安全も奪った。だから、私は独占者に寄付を求めよう。その寄付金とひきかえに、独占者は特権を保持できるようになる」。

「土地、鉱山、森、泉は人間が最初に領有するものであるが、それらはすべてプロレタリアには禁じられる。私は領有者によるその利用に介入し、私にも生産物の分け前がもらえれば、土地の独占を許そう」。

「工業は封建的に諸侯によって分有されるが、かれらの上に立つ宗主は私である。諸侯は私にお金を献納し、そのほうびとして資本の利潤を自分のものにできる」。

「商業は消費者をカモにして暴利をむさぼっている。私は商業の通り道のあちこちに料金所を設け、商業の手形に印紙をはらせ、発送状に査証をつけさせよう。商業はそうしてようやく活動ができる」。

「資本は労働を知力で圧倒した。だから、私は学校を開設しよう。労働者も学校で学んで知力をのばせば、労働者自身が資本家になれる」。

「生産物は流通がとどこおり、社会生活は苦しくなっている。私は道路や橋や運河をつくり、市場や劇場や寺院を建てよう。そうすれば、働く場と富と販路がいっぺんに生まれる」。

「金持ちはのうのうと豊かに暮らし、労働者は飢えに泣く。私はパン、ワイン、肉、塩、蜂蜜に税を課そう。生活必需品にも贅沢品にも税を課す。その税収によって、貧乏人へ施しができるようになる」。

「そして私は、水源や森や田畑や鉱山や道路を守るために番人を置く。税のために徴税人を、そして子どもたちのために教師を派遣する。手に負えない連中に対抗するために軍隊を、かれらを裁くために裁判所を、かれらを罰するために牢獄を、かれらを呪うために聖職者をそろえる。こうしたしごとはすべてプロレタリアートの働き口となり、その給料は独占者たちが支払う」。

「以上が私の確かな意志であり、実行につながる意志である」。

われわれは、これが社会がおこなう最良の思考であり、かつ最悪の行動であることを証明したい。それがここでの考察の目的である。社会の問題があらたな光で照らし出されるだろう、と私は期待する。

一般警察が用いる手段、行政や商業にかんする規制はいずれも、課税についての法律と同様、根本においては昔、貴族とプロレタリアートがかわした無数の取り決めの条項のひとつにすぎない。それらはたえず破られ、たえず書き換えられたものである。そうしたことについては社会階層のどの部分も、またその代表者たちもまったく無知であった。かれらは自分たちの政治的なありようについては、しばしばまったくべつの観点から眺めることはあった。しかし、それはわれわれにとってどうでもよいことである。われわれはけっして立法者とか君主といった人間に着目して社会の行動の意味を探るのではない。われわれはまさしく社会の行動そのものにおいて、その意味を探るのである。

第一節　税の総合的な概念――その始点と発展

これから展開する話をもっとよく理解してもらうために、私はわれわれのこれまでの方法をいわば逆転させる。まず、税にかんする高度の理論を示す。そしてそれから、その生成を語る。最後に、その矛盾と帰結を明らかにする。ただし、税はその総合的な概念はもちろん、初源的な概念についても、全面的に展開するには相当な材料が必要である。そこで、私はただたんにさまざまの命題を表明するだけ、その証明もごく簡略におこなうだけになるだろう。

税は、その本質およびその積極的な使途においては、アダム・スミスが「不生産的な労働者」と呼んだ官吏たちに現金を配分する形態である。不生産的と呼んでいるが、アダム・スミスは官吏を人間として認め、また官吏の労働の有用性も、さらにはその社会的な必要性さえも認めていた。アダム・スミスという天才は、ものの本質をことごとく見てとりながら、それを解明するしごとはすべてわれわれにゆだねる。かれが「不生産的」と形容したのは、官吏という労働者の生産物は具体的なものではないことを意味する。それはけっして何も生産しないということではない。したがって、官吏にかんしては、労働の成果の配分は交換と異なる方法にしたがう。

では、じっさいに集団労働の四大分野、自然物採取・工業・商業・農業で起こったことがらを、配分の観点から考察してみよう。どの生産者もそれぞれの現実の生産物を市場にもっていく。その生産物は、量が測られ、質が評価され、価格が議論され、そして価値がその他のサービスや商品にたいして、あるいは現金で割り引かれる。したがって、これらの四大産業における配分は、価値の比例性の法則にしたがっておこなわれる生産物の相互交換にほかならない。

ところが、いわゆる公務にたずさわる官吏のばあい、配分はまったくそういうものではない。官吏が自分も生活に必要なお金をもらう権利があるというのは、具体的な有用物の生産によってではなく、まさに不生産的な働きそのものによってである。不生産性はかれの欠点ではなく、かれの本領なのだ。官吏のばあい、比例性の法則は逆向きになる。ふつう、社会の富は四大産業分野から出てくる生産物の量、多様性、割合に直接比例して形成され、増加するものである。ところが、社会の富を社会の秩序の向上と同義と見るならば、警察の人員にかんして、それは向きが逆になり、しだいしだいにどこまでも減少していくと社会の富は反対に増加する。したがって、国家の役人こそがまさしく本当の意味で不生産的なひとびとである。これについてはJ・B・セイも、アダム・スミスに同感する。セイがこの問題にかんしてスミスの説と異なっている部分、そして愚かにも一般にはそれがセイの功績だとされている部分はすべて、簡単に見てとれるように、ひとつの誤解にもとづくものにすぎない。一言でいえば、政府に雇われているひとびとへの賃金は、社会にとってはロスである。それは損失として計算されなければならない。産業の組織であれば、そういう損失はたえず少なくしていくことがめざされるはずだ。こうしてみると、アダム・スミスが用いた「不生産的」ということばは、まさに権力者を形容するときに一番ぴったりくる。

このように、具体的な生産物をもたらさないので、通常の形で報酬を支払うことができないカテゴリーのサービスがある。そういうサービスは、交換の法則にはなじまず、個人的な投機や競争や共同出資など、いかなる種類の商業活動の対象にもなりえない。また、そういうサービスは、理論的には特段の条件もなしに社会の誰にでも開かれているものだが、じっさいには分業の法則のおかげで、少数の特別のひとびとにのみ排他的にゆだねられている。こういうサービスにも報酬が支払われねばならないのである。歴史がそれを一般的な事実として確証する。人間の知性は、どんな問題にも答えを与えようとするものであるから、公務のしごとも交換にしたがわせようとしてきた。フランスでは長いあいだ、裁判官は公証人などと同様に、謝礼金だけで生活してきた。

しかし、経験が証明したことによれば、不生産的なひとびとにこうした配分の方法を用いると、それはあまりにも払いすぎになる。民衆にとって、それはあまりにも不都合なことであるから、けっきょく廃止されざるをえなかった。

不生産的なサービスの組織化は、社会全体の福祉にさまざまな形で貢献する。まず第一に、本来は公共のことには社会の成員の全員が参加すべきであり、したがって全員が多少なりとも社会の奴隷なのであるが、官吏の組織は生産者をそうした役務から解放する。第二に、すべての産業が連帯する未来の原型および先駆けとして、人工的な中央集権を社会のなかにつくりだす。第三に、社会に落ち着きと規律をもたらす最初の試みとなる。

そこで、われわれもJ・B・セイとともに、裁判官やその他の公権力の役人たちの有用性を認めよう。しかし、われわれはやはりかれらの有用性をまったくネガティヴなものと見る。したがって、われわれは役人にたいしてアダム・スミスが与えた不生産的労働者という肩書きをそのまま用いる。つまり、それはけっして軽蔑的な感情によるものではなく、ただ役人を生産者のカテゴリーに含めるのは実質的に不可能であるという理由による。セイの学派の経済学者、J・ガルニエ氏はみごとにこう述べている。「税とは一種の剝奪であるから、社会の必要と折り合うまで、われわれはできるかぎりその軽減を追求しなければならない」。もしも、このガルニエ氏が自分のことばの意味を深く考えたならば、かれが使った「剝奪」ということばは「不生産」と同義だとわかっただろう。したがって、集められた税金を自分の収益とするひとびとが、本当の意味での「不生産的な」ひとびとなのである。

私としてはこの定義にこだわりたい。ことばについてはいろいろな議論があっても、それがさすものについては全員が一致するだけに、ますますこの定義には異論の余地がないと思われる。そして何よりも、私がこの定義にこだわるのは、それがこの世界で実現されるべき最大の革命の萌芽をはらむものだからである。その革命とは、不生産的な機能が生産的な機能に従属すること、一言でいうなら、権力が市民に従属することである。それは、これまでつねに求められながらけっして実現されることがなかった。

社会における秩序がまず最初に逆転してあらわれるのは、経済の矛盾が発展した結果である。上にあるべきものが下にある。浮き上がるべきものが沈んでいる。光があたるべきものが闇のなかにある。じっさい、権力は本質的には資本と同様、労働を補助する従属物なのに、社会に敵対関係があることによって、生産的な諸機能を偵察し、判定し、上から支配するものとなる。もとは劣位にあるものが自分への服従を命じる。王、君主とはこういう権力なのである。

労働者階級はどの時代においても、公認の特権階級に反対し、こうしたアンチノミーの解決を求めてきた（その解決の鍵は、経済科学のみが与えうる）。権力にたいする労働の闘いが生み出す動揺、すなわち政治的な混乱は、あるばあいには中央の力を弱め、社会の存在そのものまで危うくさせる。また、あるばあいには中央の力を法外に強め、専制政治を生み出す。そして、命令を発する者の特権、それが野心や自尊心に与える無限の喜び、これがあるから不生産的な役職は誰もが熱望する対象となる。しかし同時に、あたらしい不和の種が社会に入りこむ。社会はすでに資本家と賃労働者に分かれ、あるいは生産者と不生産者に分かれているが、あらたに権力への姿勢にかんして君主制主義者と民主主義者に分かれる。王制と共和制の対立は、エピソードとして語れば、これほどおもしろく興味深いものはないだろう。しかし、本章のテーマを考えるなら、われわれは本筋から脱線した話を長々とするわけにはいかない。人間が犯すあやまちの巨大な路線図において、それはひとつのあらたな分岐点であることを指摘するにとどめよう。われわれのテーマは税である。それを語るうえで、われわれはもっぱら経済の問題に話を限定しよう。

さて、ともかく以上が税にかんする総合理論のもっとも簡略なまとめである。税金は、あえてひらたくたとえるなら、人類という荷車の五番目の車輪である。この荷車はガタゴトと騒がしい音を立てて前に進む。統治の用語においては、それは国家と呼ばれる。――国家、警察、あるいはそれらの存立手段である税金、これは(もう一度くりかえして言うが)政治経済学において不生産的と呼ばれる階級、一言でいえば社会の使用人たちの公式の名称なのである。

しかし、一般大衆の理性は、この単純な理念に一足飛びにはたどりつかない。この理念は何世紀ものあいだ、超越的な概念のままにとどまった。文明がこの頂点を乗り越えるためには、その前に恐ろしい嵐と無数の革命を突き抜けねばならない。そのひとつひとつにおいて、文明はたっぷり血を浴びて元気になる、とも言える。そして最終的に、資本によって代表される生産が、不生産的な機関である国家を完全に従属させるにいたると思われる。この最終的な場面において、社会は憤って立ち上がる。労働はもうすぐ自由になれると涙ぐむ。民主主義は権力の失墜を見てふるえる。正義はけしからぬことだと叫ぶ。神々は立ち去りぎわに、聖地が憎むべき者によって荒らされていると言い、この世の終わりが来たと恐ろしげに告げる。いやはや、まったくの話、人類は自分が求めるものをけっして望めず、ほんのちょっとした進歩でさえ、かならずひとびとのあいだにパニックを生じさせるのだ。

では、この進展のなかで、社会の出発点は何だろう。そして、社会はどういう回り道をとおって政治的な改革にたどりつくのか。すなわち、自力による経済、税の配分の平等、産業への権力の従属にたどりつくのか。しかし、これについては、ここでは短くふれるにとどめよう。詳しくはあとでたっぷりと展開したい。

税の根源的な理念は**買い戻し**である。

モーセの律法によれば、最初に生まれた子どもはイェホヴァのものであるから、親は奉納によって買い戻さなければならない。それと同様に、税は、そもそも本人にのみ属すると思われるものから得られる利益を、主権者から毎年買い戻すものである。それは教会の一〇分の一税や、王の特権といった形態をとる。さらに言えば、こうした税の理論は、社会契約と呼ばれるものの特別な条項のひとつにすぎない。

強者にたいして弱者が反発するのは、社会の公正なありようである。これについては古代人も近代人も、表現の明快さには差があれ、おしなべて意見が一致する。プラトンの著作全体もこの考えかたによって支配されている。とくに『ゴルギアス』で、プラトンは暴力よりも法が優位することを、すなわち戦士や貴族の専制よりも法律の専制が優位することを、論理的にというよりむしろことば巧みに主張した。議論しあう両者はどちらも同じくらい論拠がはっきりしており、なかなかきわどい論争であったが、プラトンはただ古代人全体の感情を表現したにすぎない。プラトンよりずっと以前に、モーセは土地を分割し、その資産は譲渡不能と宣言し、あらゆる抵当は五〇年たてば何の見返りもなしにすべて解消されるとして、力による征服に障壁を設けた。聖書は全体がそうした**正義**の賛歌である。すなわち、貧しいひとへのいたわり、弱者にたいする強者の穏和さ、力の特権の自主的な放棄を、ユダヤ教の文体で奨励した。古代アテネの政治家ソロンは、貧乏人の借金をすべて帳消しにすることから立法者としてのキャリアを出発させたが、借金の再生をさまたげるためにさまざまの権利や制限を設け、やはり反動的な政治家であった。スパルタの立法者リュクルゴスは、もっと先まで進んだ。かれは個人的な所有を禁じ、人間が国家に吸収されることを試み、ひとびとの平等を保つためにひとびとの自由をなくしてしまった。ホッブズは、きわめて合理的に法の体系を戦争状態から導き出した。そして、べつの経路をとおり、平等を唯一の例外である独裁制にもとづいて構築するにいたる。かれの著作『リヴァイアサン』はさんざん中傷されたが、こうした古典的なアンチノミーを展開したものにほかならない。フランスの一八三〇年憲章は、貴族にたいする平民の八九年の反乱を承認し、法の前での平等を抽象的に宣告した。じっさいに動いている社会システムの本当の基盤は、力と才能の現実的な不平等なのだが、それでも三〇年憲章は富者にたいする貧者の、大きい者にたいする小さい者の、社会的な抗議声明なのである。販売・購入・貸借・所有・貸付・抵当・時効取得・相続・贈与・遺言・持参金・未成年・後見等々にかんする人類の法律はすべて、力の支配にたいして法の支配がうちたてた本当の防壁である。契約の尊重、ことばへの忠誠、誓いの信仰は、あの有名なスパルタの将軍リュサンドロスがいみじくも語ったように、すべてフィクションであり、お手玉遊びの道具である。社会はそれを用いて強者をあざむき、束縛するのだ。

税は、アダム・スミスが警察という語で総称した予防・強制・抑圧・懲罰の制度の一群に属する。この制度群は、すでに述べたように、その根源的な概念においては強者にたいする弱者の反発にほかならない。それは税のあいだで自然に区別がなされたことを見ればわかる。税にかんする歴史的証言は豊富に存在するが、われわれはもっぱら経済的な証明に限定しよう。税の区別についても、歴史的な証言の全体からは独立させて眺める。

税はすべて二つのカテゴリーに大別される。（1）比例税、あるいは特権への税。これはもっとも古くからの税である。——（2）消費税、あるいは一律税。これは、社会の成員全員のあいだで公的な負担を平等にしようとするもので、しだいに前者と合体していく。

第一の種類の税には、フランスにおいては土地税、家の扉や窓の税、人頭税、動産税、家賃税、特許税、譲渡税、不動産取得税、通行税、資格税が含まれる。この税は、主権者が認可ないし許容する独占に、主権者がかならず求めるロイヤリティである。あるいは、これもすでに述べたように、税は貧乏人にたいする賠償金であり、所有者に与えられる通行許可証である。古来の王制においては、これが税の形であり、税の精神であった。封建制はその美しい理想型であった。その体制において、税は国全体の所有者にしてスポンサーである国王にたいして土地などの保有者がさしだす貢ぎ物にすぎない。

もっとあとになって、公共の権利の発展によって、主権の家父長的形態である王制にも民主主義の精神が影響を与えはじめると、税は、すべての納税者が国家にたいして支払うべき分担金となる。そして、そのお金は国王の手中にではなく、国庫のなかに入る。こうした発展のなかでも、税の原理は変化をこうむらない。つまり、税は変化していく制度ではまだない。ただ主権が仮想の主権者から現実の主権者にひきつがれただけである。税が国王の手中に入るか、もしくは公共の負債を清算するために使われるが、いずれにせよそれは社会が特権にたいして要求することにほかならない。そうでなければ、なぜ税は財産に比例して課せられるのか、その理由の説明ができない。

私は『所有とは何か』でこんな考えかたを紹介した。「公共の経費は全員で負担するのが、もっとも公正である。では、なぜ金持ちは貧乏人より多く負担しなければならないのか。金持ちは多く所有しているから多く負担させるのは正しい、と言うひとがいる。――はっきり言って、私にはそれを正しいと言うのが理解できない。正しいのはつぎの二つのうちのどちらかだ。比例税は多額納税者に特権を保証する、もしくは、そのこと自体が不正である。なぜなら、九三年の宣言が望んでいるように、所有が自然権ならば、この自然権によって私に属するものは、私の人格と同じくらい神聖なものだからだ。それは私の血であり、私の命であり、私そのものである。それに手を出す者は私の瞳を傷つけるにひとしい。私の一〇万フランの収入は女工の七五サンチームの日当と同じくらい不可侵である。私が住む広いアパートも女工の住む屋根裏部屋と同じくらい不可侵である。税は、ひとの体力や体格や才能に比例して課せられるものではないのと同様に、いやそれ以上に、ひとの財産に比例して課せられるものではありえない」（『所有とは何か』二章）。

比例税に反対する立場での記述だが、その反対原理がじっさいに適用された時代もあったので、この記述はそれなりに正しい。比例税は、歴史的には封建制下の封臣の義務よりずっとあとのものである。それは現実の賦課金をともなわないが、義務への忠実をシンプルにあらわした。

さて、第二の種類の税は、一般に酒、塩、タバコや関税など、要するに商品のみを対象とし、商品に**直接**あてがわれるが、一種の反語法で間接税と呼ばれるもののすべてを含む。名称は逆を意味するこの税だが、その原理は第一の種類の税よりも問題なく上等に理論的な根拠があり、より公正な傾向がある。大衆は自分に害を与えるものばかりでなく、自分の役に立つものについてもつねに思いちがいをする。私はそうした大衆とは意見が異なる。私は、この税のみがまっとうであると、ためらうことなく宣言する。ただし、この税の割り当てかたや集めかたについてはべつである。しかし、いまここではそれは論じない。

ともかく先ほど説明したように、税の真の本質は、通常の交換の形態になじまないサービスにたいして、特殊な賃金の様式でお金を支払うことである。であるとすれば、あらゆる生産者は、そうしたサービスをそれぞれが平等に享受するばあい、その支払いにかんしてもやはり平等に同額を負担すべきだということになる。各人が支払う分は各自の交換可能な生産物の一部分であろう。言いかえれば、各人が消費にあてる価値を控除したものであろう。しかし、独占の体制の下では、そして土地税が徴収されるところでは、税務署は生産物が交換の過程に入る前に、あるいはまだ生産されてもいないのに、生産物に手を出す。こういう環境においては、税金は結果的にすべて生産費用に組み込まれる。したがって、税金は消費者が負担するものとなり、独占はその負担から解放される。

比例課税や一律課税がどういう意味であろうと、確かなことがひとつだけあり、われわれにとってはそれを知ることがとくに重要である。それはこうだ。課税の比例性によって主権者がもくろんだのは、公共の費用を市民に負担させるやりかたとして、もはや昔の封建的な原則、すなわちたんなる頭割りによらず、資本に比例させることであった。頭割りによるやりかたは、税収が納税者の財産にもとづいてでなく、納税者の人数にもとづいて計算されるという考えかたを含む。一方、資本に比例させるやりかたは、資本というものがそれぞれの資本家よりも上にあるひとつの権威に本来は属するものだという考えかたによる。ひとびとはみんな一様に、かつ直感的に、そういう割り当ては正しい、と考える。したがって、ひとびとはみんな一様に、かつ直感的に、税金は社会による取り戻しであり、独占による一種の罪ほろぼしである、と考える。イギリスがとくにその衝撃的な実例を示す。イギリスでは特殊な法律によって、土地の所有者や製造業者はそれぞれの所得に比例して、二億フランもの税金を支払う。それは貧民税と呼ばれる。

端的に言えば、税金のじっさいの目的、かつ公認の目的は、民衆の利益のために金持ちにたいして、その資本に比例した償いをさせることである。

ところが、分析と事実はつぎのことを証明する。

比例税、独占税を支払っているのは財産の持ち主ではなく、いわゆる無産者がそのほとんどすべてを支払っている。

消費税は、生産者と消費者を切り離し、もっぱら消費者にだけ税を負担させる。そして、あたかも財産が絶対的に平等であるかのように、資本家にも個人的な支払いの分だけ支払えばよいとする。

軍隊、裁判所、警察、学校、病院、養老院、保護施設、自立支援施設、公共土木事業、あるいは宗教そのもの、これらはすべてプロレタリアを保護し、解放し、救援するためにつくられたものであり、最初はプロレタリアが費用を負担し、維持してきた。ところが、それらすべてがプロレタリアに反対するもの、あるいはプロレタリアにとっては存在しないにひとしいものとなる。こうして、プロレタリアートは自分たちを食いものにする階級、すなわち資本家階級のためにのみ働いてきたが、これからはさらに、自分たちを罰する階級、すなわち不生産的な階級のために働かねばならないのである。

こうした事実はすでによく知られている。そして、私が大いに参考にさせていただいた経済学者たちによって、これらの事実はきわめて明瞭に示されているので、私はその証明を根本からやりなおそうとは思わない。そもそも、いまではそれに反対するひとはもはや誰もいない。そこで、私が明らかにしたいと思うこと、そして経済学者たちが十分に理解しているとは思われないことは、つぎの点である。すなわち、社会経済のこうしたあたらしい局面が労働者たちにもたらした環境は、少しも改善される可能性がないこと。産業の組織化とそれに続く政治の改革が財産の平等につながらないのであれば、警察の制度とこの制度の大本にある慈善の思想は根本において悪であること。そして最後に、**国家**は貴族制であれ神政であれ、君主制であれ共和制であれ、とにかくいかなる形態のものであっても、平等な社会に素直にしたがう機関にならないのであれば、国家とは民衆にとって逃れようのない地獄だということ。私がすでにほのめかしたように、民衆がそういう地獄におちるのは当然の報いである。

第二節　税のアンチノミー

私にもときどき聞こえる現状擁護論者の意見によれば、今日われわれは十分に自由を享受しているし、体制に反対するひとびとがいても今日の諸制度はわれわれにとってむしろ上等すぎる。私も、少なくとも税にかんしては、こうした楽観主義の意見に賛成する。

前節で紹介した理論によれば、税は独占にたいする社会の反発である。これにかんして世論は一致している。民衆も議員も、経済学者もジャーナリストも脚本家も、社会の思想をそれぞれのことばで語るが、誰もが税金は金持ちが払うべきだと言う。税金は贅沢品やムダなものにかけるべきで、生活必需品にはかけるべきではないと言う。要するに、税金は特権者のための一種の特権だとされる。大まちがいの考えかたである。なぜなら、それは事実上、特権の正当性を認めることだからだ。それはいかなるばあいにも、そしていかなる形で示されようと、まったく正しくない。こうしたエゴイスティックなでたらめにまどわされるような民衆は罰されて当然であった。じっさい神はその使命をきちんと果たした。

とにかく、税金は一種の返還請求だと考えられるようになったときから、税金は資本にたいして、あるいはより特別に所得にたいして、その大きさに比例して課されるものとなった。そこで、注目していただきたい。そうした課税のしかたは、課税の基礎と徴収法のちがいを除けば、まさしく財産が全員に平等な国において適用されるものであるから、税務署こそがフランス社会において一番リベラルな存在であり、その点では、われわれのモラルはわれわれの制度よりもじっさいに遅れているのである。しかし、悪意をもったひとびとがいると、どんなに良い制度でもかならずねじまげられてしまうものであるから、平等主義にもとづく課税はけっきょく民衆をおしつぶしてしまうだろう。なぜなら、それはまさしく民衆の意識がまだまだ低いままだからである。

さて、家族の数を四人とし、フランスにおける一家族あたりの年収を一〇〇〇フランと仮定しよう。これはシュヴァリエ氏があげた数字よりも少し多い。かれは一日一人あたりの収入を六三サンチームとし、一家族あたりの年収は九一九フラン八〇サンチームになるとした。今日、フランスの税収は一〇億フランを超える。これは総所得のおよそ八分の一である。つまり、各家族は年収一〇〇〇フランで、支払う税金は一二五フランになる。

これにしたがって、年収二〇〇〇万なら税金は二五〇フラン、年収三〇〇〇万なら三七五フラン、年収四〇〇〇万なら五〇〇フラン……となる。きちんと比例しており、数学的には非のうちどころがない。計算上、国庫が少しも損をしていないことは確かだ。

しかし、納税者の側から眺めるならば、様相はまったく一変する。課税は、立法者の考えでは財産に比例するはずであったが、じっさいには反対に、貧困の度合いにしたがって重たくなる。つまり、市民は貧乏であればあるほど税金をたくさん払っている。いくつか数字をあげて、これをもっとわかりやすく説明しよう。

課税の比例性にしたがえば、納税額はつぎのようになる。

所得	一〇〇〇	二〇〇〇	三〇〇〇	四〇〇〇	五〇〇〇	六〇〇〇……
税額	一二五	二五〇	三七五	五〇〇	六二五	七五〇……

税額はこのように系列をなし、所得に比例して増えているように見える。

しかし、個々の所得の全体は三六五単位で構成される。その一単位は納税者の一日あたりの収入である。その点に注目して考えるならば、税金はもはや比例しているものではないことが見えてくるだろう。つまり、税金は一律平等なのだとわかるはずだ。じっさい、一〇〇〇フランの所得にたいして国家が一二五フランを徴収するとすれば、それは国家がこの家族から四五日分の生計費を取り上げたことになる。同様に、二〇〇〇、三〇〇〇、四〇〇〇、五〇〇〇、六〇〇〇フランの所得にたいする二五〇、三七五、五〇〇、六二五、七五〇フランの課税は、いずれの納税者にとっても、一律に四五日分の給料に相当する。

だから私はここで言いたい。税金のこうした平等はおそろしい不平等である。日々の収入が多いほど、それにもとづいて税金も高くなっていると思うのは奇妙な錯覚である。観点を個人的な所得から集合的な所得へ移そう。

独占の結果、社会の富は労働者階級を置き去りにして、資本家階級のほうに移ってしまった。

税の目的は、個々の特権者から比例によって取り戻しをおこない、富の移転の深刻さをやわらげ、資本家階級による横領をたたくことにあった。しかし、この取り戻しはいったい何に比例するのか。もちろん、特権者があまりにもたくさん受けとりすぎていることにたいしてであり、かれの所得としてあらわれる社会的な資本の部分にたいしてではない。ところが、こうした課税の目的は見失われ、法が愚弄されている。それは税務署が税率八分の一の課税を、その税金を払うべきひとびとに向けるのではなく、まさにその税金を払い戻すべきひとびとに向けているからである。帳尻を見れば明らかだ。

フランス人の一日一人あたりの所得は六八サンチームだとしよう。家父が賃金で、あるいは資本による収入で一年に一〇〇〇フランを得ると、かれは国民所得の四株分を受けとっていることになる。年収が二〇〇〇フランなら八株分、四〇〇〇フランなら一六株分である。そうすると、一〇〇〇フランの収入で一二五フランの税金を払っている労働者は、かれの所得と家族の生活費の八分の一、あるいは国民所得の二分の一株分を、公共のために返納していることになる。ところが、六〇〇〇フランの収入で七五〇フランの税金を払う金利生活者は、国民所得から一七株分も利益を得ている。言いかえれば、税金で四二五パーセントも得している。

この真実をべつの形で示してみよう。

フランスでは選挙権をもつ者の数は二〇万人である。この二〇万人が払う税金の総額がいくらなのか、私は知らない。しかし、納税有権者二〇万人の、一人あたりの平均を三〇〇フラン、総計では六〇〇〇万フランと仮定しても、真実から大きくへだたることはないだろうと思う。これに加えて、納税有権者階級は家族（一家は五人からなると仮定する）による間接的な納税によって、一人あたり七五フラン、総額七五〇〇万フランを国家に払っているだろう。一八四五年の『経済年鑑』によれば、国家予算案は一一億六〇〇万フランで、議決されたのは一〇億三一〇〇万フランである。非有権者の市民一人あたりでは、三一フラン三〇サンチームになる。これは金持ち階級が払う一人あたりの税金の五分の二にひとしい。とすると、非有権者の平均的な生活水準が有権者のそれの五分の二であれば、この割合は公正のように見える。ところが、これはまったく正しくない。この割合が公正であるためには、生活水準の比は四分の三以上でなければならないのである。

有権者階級にかんして、われわれがおこなった計算はまったくまちがっており、まったくこの階級に有利な計算であったことを考えるならば、こうした生活水準の不均衡はさらに一段とショッキングなものに思えてくる。

じっさい、選挙権をもてるようになるために支払う税金はつぎの四種類だけである。（1）土地税、（2）人頭税と動産税、（3）扉と窓の税、（4）免許料。このうち、ほとんど変化しない人頭税と動産税を除いて、ほかの三種類の税金はすべて消費者に転嫁される。また、すべての間接税についても同様である。資本の所有者は消費者にそれを払わせる。ただし、譲渡税だけは所有者に直接のしかかり、その総額は一億五〇〇〇万フランにのぼる。この額は有権者の納税総額の六分の一に相当すると言えば言いすぎになるが、ともかくそう想定する。また、直接税の部分（四億九〇〇〇万フラン）は一人あたり一二フラン、間接税の部分（五億四七〇〇万フラン）は一人あたり一六フランである。五人世帯の有権者が支払う税金は総額二六五フランとなるが、労働者は、自分と妻と二人の子どもを自分の腕だけで養いながら一一二フランの税金を納める。もっとふつうのことばで言うと、上流階級の納税額は平均して一人五三フランで、下流階級の納税額は一人二八フランである。これにもとづいて、私はあらためて質問しなおそう。選挙権に必要な税額未満のひとびとの生活水準は、選挙権をもつひとびとの半分程度なのか。

定期刊行物も税金と似たようなところがある。頻度が少ないものほど値段は高くなるのだ。年間購読料は日刊紙が四〇フラン、週刊誌は一〇フラン、月刊誌は四フランである。ほかのことがらはひとしいものとすると、日刊紙、週刊誌、月刊誌の単価の比は、およそ四〇対七〇対一二〇となる。出版の頻度が少ないほど高くなっている。これはまさしく税金の大小と同じである。労働して生活する権利の代金として個々の市民が支払うお金の大小と同じである。この権利をほとんど用いない者はたくさん払う。少ししか用いない者は少なく払う。たくさん用いる者はほとんど払わない。

経済学者はおしなべてこれにまったく同意する。かれらは比例税に激しく反対した。比例税の原理ばかりでなく、その応用にも反対した。その不規則さをあげつらった。かれらが言うには、その不規則さはほとんどすべて、資本と所得の関係、あるいは耕作される土地と地代の関係がけっして定められないことに由来する。

ジョゼフ・ガルニエ氏は言う。「土地からの収入に税が課せられるものとされるとする。そして肥沃度の異なる土地があり、第一の土地は八フラン、第二の土地は六フラン、第三の土地は五フランの小麦の収穫をもたらしたとする。税金は、もっとも優等な土地には収入の八分の一を、やや劣等な土地には六分の一を、さらに劣等な土地には五分の一を要求するだろう。これは、本来のあるべき課税とは逆向きになっているのではないか。――土地ではなく、ほかの生産用具を考えてもよい。同じ額の資本、同じ程度の労働量を、生産性の異なる製造部門に投入したばあい、どうなるかを考えてもよい。結果は土地のばあいと同じになるだろう。一〇〇〇フラン稼ぐ労働者にも一〇フラン、六〇〇〇フラン稼ぐ芸術家や医者にも一〇フランと、同じ額の人頭税が課せられるのは不正である」(ジョゼフ・ガルニエ『政治経済学原理』)。

この指摘は、税の原理そのものについてはふれず、ただ課税のしかたや課税の標準にふれたのみではあるが、きわめて正しい。なぜなら、税金は資本にではなく所得に課せられるとしながら、財産に比例すべき税金を消費者が負担させられているという事実を明らかにしているからである。経済学者たちはようやく決断した。比例税は不公正であると、公然と認めたのである。

J・B・セイは、「税はけっして必需品に課すことができない」と言った。かれはこの必需品をどう理解すべきかについては語っていないが、われわれはその空白をうめることができる。必需品とは、国の総生産物から税として控除すべきものを除いて、個々の人間に帰属するものである。したがって、数値を丸めて計算すれば、フランスの総生産は八〇億、税は一〇億フランなので、各人一日あたりの必需品は五六・五サンチームとなる。J・B・セイにしたがうなら、この額を超える収入には課税すべきであるが、それ以下の収入にはけっして課税してはならない。

セイはまたべつの言いかたもしている。「比例税は公正なものではない」。しかし、これはすでにアダム・スミスが言ったことである。「公共の費用のために、金持ちがそれぞれの所得に応じてのみならず、さらにそれ以上のもので貢献するのは、けっしてバカげたことではない」。そこでセイはこう付け加える。「私はもっと先まで行く。私は胸を張って、累進税のみが唯一公正なものであると言おう」。——現代における経済学の解説者であるジョゼフ・ガルニエ氏は、こうまとめる。「改革は累進的な平等の確立をめざすべきである。税のいわゆる平等はじっさいには恐るべき不平等にすぎず、私に言わせれば、累進的な平等こそがはるかに公正で公平である」。

じっさい、世論にしたがっても、また経済学者の証言によっても、つぎの二つはどちらも事実だ。まず、原理においては税金は独占にたいする反発であり、金持ちに反対する方向へむかう。しかし、現実においては税金はかならずその目的にそむく。税金はまっさきに貧乏人をたたく。そこで立法者は税金の負担がなるべく公平になるよう、つねに努力しなければならない。私は話を進める前に、この二つの事実をまずしっかりと確かめておく必要があった。さて、ここから私の批判が始まる。

経済学者は、正直者の単純素朴さを先輩たちから受けつぎ、いまもなお先輩たちを賛美している。だから、かれらは累進税の理論を、賢明でリベラルな行政にとって最良のものだと政府に進言しながら、かれらの言う累進税がことばとして矛盾し、理論として無数の難点をはらんでいることを自覚しようともしない。経済学者によれば、課税が過酷なものになるのは時代の野蛮さのせい、あるいは君主の愚昧さ、身分制の偏見、徴税官の貪欲さのせいである。こうしたもののせいで税の累進制は阻害され、公共の費用を平等に負担することが妨げられてきたのだと言う。経済学者は、累進税という名前で自分たちが要求しているものが、じつは経済学のあらゆる観念に反するものであるとは、一瞬たりとも思わなかった。

じっさいに、たとえば税を所得に比例させれば、まさしくそのことによって税は逆の方向で累進的になることを、かれらは見なかった。つまり、税は財産が多いほうが重たくなるのではなくて、財産が少ないほうが余計に負担は重たくなる。税制をそなえた国ではかならずこうした転倒がある。もし経済学者がそれは矛盾だという考えをはっきりもっていたら、こうした特殊な現象に関心をいだかないはずがなかった。かれらはきっとその原因を追及しただろう。そして、最終的にはつぎの真実を発見するにいたったであろう。すなわち、文明の事故にすぎないと思われたこと、人間による統治では解決しえない問題の一帰結にすぎないと思われたこと、それはじつはあらゆる政治経済学に内在する矛盾の産物なのであった。

第一、資本に向けられようと所得に向けられようと、累進税とは独占の否定そのものである。しかし、ロッシ氏によれば、独占は社会経済が発展すればかならずその途上にあらわれる。独占こそ、産業の真の刺激剤であり、倹約の動機づけであり、あらゆる富の父であり、富の保存である。そこでわれわれは、独占があるからこそ社会は存在し、独占がなければ社会は存在しえない、と言うことができたわけだ。かりに税が突然、まちがいなく本来そうあるべきであったものに変わるとしよう。すなわち、個々の生産者が公共の費用を比例的に（あるいは累進的に、と言っても同じことになるが）負担するとしよう。そうすると、金利も利潤もいたるところでたちまち国家の利得として没収される。労働はそのいとなみの成果を奪いとられる。人間はみんな、やっと生きられるだけの五六・五サンチームしか収入がなくなり、貧困が全体化する。労働と資本のあいだに結ばれた契約は解消され、社会は進むべき方向を失い、もとの原始状態に逆戻りする。

いや、累進税のそうした影響はいつでもストップすることができるので、資本の利潤が絶対的にゼロになるのを防ぐのは簡単だ、と言うひともいるだろう。

折衷、中庸、天との和解、あるいは道徳との妥協。これはどれも同じ哲学だ。本当の科学はこういう取引めいたことを嫌悪する。投下された資本はかならず生産者に利息の形で還元されねばならない。労働はかならず超過分を残さねばならない。賃金はかならず生産物にひとしくなければならない。社会はこの法に守られて、生産の多様性を最大限に保ち、社会の豊かさを最大限に拡大することを、たえず実現していく。この法は絶対である。この法を破ることは、法に傷をつけ、社会に重傷をおわせることである。じっさい、資本はやはり蓄積された労働にほかならず、誰もこれを侵すことができない。ところが他方、平等へ向かう傾向もやはり絶対である。この傾向はあらゆる経済段階において、ますますエネルギッシュに、そして打ち勝ちがたい権威をそなえてあらわれてくる。したがって、あなたたちは労働と正義をどちらも同時に満足させなければならない。すなわち、労働にはますます現実的な保証を与え、そして正義は、いささかの譲歩もあいまいさもなく獲得されなければならない。

これがなされなければ、あなたたちの理論はたえず君主の気まぐれに負け、経済法則の展開は専制的な権力によって阻止され、そして公正の名のもとに賃金と独占はどちらも欺かれるしかないだろう。あなたたちの自由は半分だけの自由でしかない。あなたたちの正義は半分だけの正義でしかない。あなたたちの知恵はすべて中間項だけでできているが、そうした中間項はどちら側の主張にも根拠がないことを示し、その結果、不公正がかならず倍加する。いや、あなたたちがわれわれに約束した科学はそういうものではないはずだ。その科学は、われわれに富の生産と消費の秘密を暴露し、社会のアンチノミーをことごとく明快に解決してくれるはずのものだ。ところが、あなたたちの半自由主義的な学説は、専制主義の規定であり、あなたたちに前進する力がないことと、後退を恥としていることだけを露呈させる。

社会は先行する経済のいとなみにしばられて逆行できないとすれば、また、普遍的な均等化が実現するまで独占はその領分において維持されるべきだとすれば、課税の標準にはいかなる変更も加えられない。変更はただあたらしい矛盾を生むだけである。その矛盾はほかの矛盾と同様、消耗してなくなるまで突き進まざるをえない。だから、あなたたちは勇気をだして自説を保ちなさい。金持ちを敬いなさい。貧乏人への同情を捨てなさい。貧乏人は独占の神によって罰されたひとびとだ。雇われて働く人間は、稼ぎが少なければ少ないほど多くの負担を担わねばならない。まさしく、「もっているひとはさらに与えられ、もっていないひとはもっているものまでも取り上げられる」〔新約聖書『マルコによる福音書』四章二五節〕。それは必然であり、宿命である。社会の救済はそこにある。

ではここで、税の累進性をあえて逆にしてみよう。労働者ではなく資本家に税をたくさん払わせるようにするのだ。

すると、通常の徴税のやりかたではそういう逆転は不可能であることがわかる。じっさい、生産に投下された資本に税をかけるなら、この税はすべて生産費用に組み込まれ、その結果はつぎの二つのどちらかになる。生産物は金銭的な価値が増加しても消費者によって買われるので、生産者は税を負担しなくてすむだろう。もしくは、その生産物がとても買えないぐらい高くなれば、J・B・セイのたくみなたとえを用いると、種に一〇分の一税をかけるのと同様、それは生産を阻害するだろう。また、譲渡税が高くなりすぎると、それは不動産の流通を阻害し、土地の利用者の交代がむずかしくなると、土地の生産性はますます下がる。

　しかし逆に、生産物に税をかけるなら、その税は一種の定率税にほかならない。ひとはみんなそれぞれの消費の大きさに応じて税金を払う。資本家は、自分にたいする狙い撃ちをまぬがれる。

　さらに、生産物にもとづこうと資本にもとづこうと、累進税は考えかたがまったく不条理である。同じ生産物にかかる税金が、ある小売店では一〇パーセントなのに、べつの小売店では五パーセントだけといった話をどう理解したらよいのだろう。すでに抵当に入れられており、毎日のように持ち主が変わる地所はどうか、共同出資によったり、一個人の財産によって形成される資本はどうか。こうしたものは土地台帳によって見分けられ、課税されるのか。それらへの課税は、それらの価値や金利に応じてでなく、所有者の財産、あるいは所有者が得ると予想される利潤に応じてなされるのか……。

　したがって、残された方策はひとつだけである。すなわち、形態はどうであれ、個々の納税者の純収入に課税することだ。たとえば、収入が一〇〇〇フランなら一〇パーセント。収入が二〇〇〇フランなら二〇パーセント、三〇〇〇フランなら三〇パーセント……というふうに課税する。

収入調査がどれほど大変で厄介なものなのかという点は無視しよう。そして、作業はしごく容易に進められるものと考えよう。すると、どうだ。私がもちだした課税のシステムは偽善的で、矛盾しており、不正なものであることが、まさしくここであからさまになるのである。

純収入に課税するシステムは、まず第一に偽善的である。私がそう述べる理由は、こうだ。金持ちの収入から、一家族あたりの国民所得の平均を上回る部分をすべて税として取りあげるのは、とても認められないものであるが、それをしなければ、期待されるような富の順に税率を増やす累進性にはたどりつけない。せいぜい比例の率を変えるにとどまる。じっさい今日、収入が一〇〇〇フランから**それ以下**のひとびとへの課税は、一〇、一一、一二、一三……と数値が増えていくのに、一〇〇〇フランから**それ以上**のひとびとには、一〇、九、八、七……と減っていく。つまり、税は貧乏人になればなるほど重くなり、金持ちになればなるほど軽くなる。もっぱら貧困層に打撃を与える間接税を軽減し、その分だけ富裕層の収入に課税するというやりかたにとどめるなら、たしかに、上に示した税の累進性は多少変化する。すなわち、貧乏人にたいしては一〇・二五、一〇・五〇、一〇・七五、一一、一一・二五……となり、金持ちにたいしては一〇、九・七五、九・五〇、九・二五、九、八・七五……となる。この累進性は、どちらの側においてもゆるやかになっているが、しかし、その方向性に変化はない。つまり、あいかわらず正義に反する。まさしく、これが累進性をうたう税の正体である。博愛家たちの座談の種にはなっても、科学的な価値はまったくない。国庫収入の法制には何の変化もない。諺にも言うとおり、貧乏人はいつまでも貧乏、金持ちばかりがおいしい目にあう。

つぎに、純収入への課税はシステムとして矛盾していることを述べよう。

じっさい、法学者が言うように、与えることと保持することは両立しないのである。独占は、独占者のみに利益をもたらすものであるが、収入への課税によってそのありがたみをすべて奪われるぐらいなら、むしろいますぐ土地均分法が布告されたほうがましなのではないか。法律は予想していないが、ものごとの流れから必然的に帰結することがらを、どうしてわざわざ制度化する必要があるのか。その制度は、各人がそれぞれの労働や事業の成果を自由に享受できるとしながら、税のしくみと傾向によって、その自由の許容範囲を一日分の配当、五六・五サンチームまでと定めるのである。立法者は、われわれの独占を承認することによって、生産を奨励し、神聖なる起業精神の炎を燃え続けさせたいと望んできた。しかし、われわれがまだ協同にもいたらず、そして自分ひとりでは生産することができないときに、われわれに生産を励ましていったい何の利益があるのだろうか。われわれに自由を宣告したあとで、その自由を取り消してしまうような販売条件、賃貸条件、交換条件を、どうしてわれわれに課すことができるのだろうか。

あるひとがもつ国債は、かれに二万フランの年収をもたらすとする。あたらしい累進税のおかげで、かれは年収の五〇パーセントを税金として取り上げられる。五〇パーセントも取り上げられるぐらいなら、その資本を引き上げて、収入はなくても元手を食いつぶしていくほうがましだ。というわけで、かれには払い戻しをしなければならない。しかし、どうやって払い戻すのか。そもそも国に払い戻しを強制することはできない。かりに国が払い戻しに同意するとしても、払い戻しは純収入に応じてなされるだろう。したがって、かれが国からの払い戻しを望んだとすれば、二万フランの金利収入は、税金のせいで一万フランの価値しかないが、その国債を二〇に分割すると収入は二倍になるのである。地代についても似たようなことが言える。年に五万フランの地代をもたらす土地は、収入の三分の二が税金として取られるので、いわばその値段の三分の二を失うことになる。ところが、その土地を地主が一〇〇に分割して、それを競売にかけるとどうか。税務署の恐ろしさも購買者の動きは止められず、地主はその資本のすべてを取り戻すことができる。このように、累進税のもとでは、不動産は需要と供給の法則にはしたがわず、その現実の収入によってではなく、その持ち主が誰なのかによって評価される。その結果、大資本は評価が下がり、小資本のほうが高く評価される。大地主は急いで土地を売り払いたくなる。なぜなら、そこから不十分な地代を集めるよりも、自分の財産を食いつぶすほうがましだからである。資本家は資本の投下を考えなおすようになる。もしくは、かなりの高利でのみ投下する。大型開発はどれも禁止され、目立つような財産はすべて訴えられ、必要な数値を超える資本はことごとく禁じられる。引き上げられた富は内部に貯まりこむばかりで、秘密の取引でしか外には出ない。そして、労働は死体にしがみつく人間みたいに、貧困とけっして切り離せない形で一体化する。こういう改革を思いついた経済学者は、はたして社会主義的な改革者を嘲笑していいものだろうか。

累進税の矛盾や虚妄を明らかにしたのだから、その上さらに、その不正を証明する必要があるだろうか。経済学者や、かれらに学んだ急進主義者が考える累進税は、私がいましがた述べたように、資本や生産物を対象にすると実施不可能である。だから、収入を対象とすることになるのだ、と私も一度は考えた。しかし、誰もが見てとるとおり、資本、生産物、収入という純粋に理論的な区別は税務署にとってはどうでもよいことなのだ。すでに指摘したように、どれについても累進税は適用不可能であることが、ここにいたってその宿命的な性格とともに、ふたたび明らかとなる。

ある工場経営者が、生産コストを二〇パーセント節約して二万五〇〇〇フランの収入をあげる方法を発見したとする。税務署はかれに一万五〇〇〇フランの納税を求める。経営者は製品の価格を値上げせざるをえない。なぜなら、経営者は二〇パーセント節約したのに、この税金のせいでけっきょく八パーセントしか節約できないからだ。税務署は物価が安くなるのを妨げたと言えないか。このように、累進税は金持ちをたたくと思うのはまちがいで、じっさいはつねに消費者に打撃を与える。累進税が、消費者に打撃を与えないようにするには、生産をすっかりやめさせないかぎり不可能なのである。なんという誤算。

投じられた資本はすべて、連続的に利益の形で経営者の手に戻ってこなければならない。これは社会経済の法則である。ところが、累進税はこの法則を根本から侵害する。なぜなら、税の累進性の効果により、資本の利益はどこまでも小さくなり、工場を設立すると資本の一部あるいは全部を失うだけだからである。そうならないようにするには、資本の利益が税と並行して累進的に大きくならなければならないが、そんなバカなことはあるはずがない。したがって、累進税は資本の形成をストップさせる。さらに、累進税は資本の流通にも反対する。じっさい、税が累進する体制において、採掘資源や土地資産の買い取りを望む者は、そうした資源や資産の現実的な価値ではなく、それにどれくらい税金がかかるのかを考えなければならない。かりに現実の収入が四パーセントでも、税の効果や買い取りの条件によってこの収入が三パーセントに減少するようなら、こうした買い取りは実行されないかもしれない。累進税は、あらゆる利益を損ね、それぞれのカテゴリーで市場に混乱をもたらしたあげく、富の発展を阻害し、金銭的な価値を本当の価値以下に押し下げる。累進税は社会を萎縮させ、硬直させる。まったく身勝手、まったく噴飯物である。

したがって、累進税はどういじくっても、けっきょくは正義の否定、生産の妨害、財産の没収に行きつく。それは抑制のきかない無制限の専制である。労働や節約や改善によって公共の富に貢献するもの全体を権力が勝手に支配する。

さて、われわれは真実を手に入れたのだから、非現実的な仮説のなかをさまよう意味はもはやないのではなかろうか。税が、社会のさまざまの階級にひどく不平等な負担をかけているとしても、それは比例性の原理の欠陥ではない。欠陥はわれわれの偏見、われわれのモラルのほうにある。税は、人間の事業としてなされるものであるかぎり、公正さと正確さをともなう手順でなされる。社会の経済は、税を生産物に課せと命ずる。そして、税は生産物に課せられる。生産物が税を免れれば、税は資本に課せられる。これ以上に自然なことがあるだろうか。税は文明よりも先回りして、労働者と資本家を平等と見なす。必然性を断固として表現するものとして、税はわれわれが教育と労働によって互いに平等になるように促す。そして、われわれの互いのしごとを均衡させ、われわれの互いの利益を結びつけることによって、われわれに税を納得させる。税は人間と人間を区別することを拒否する。一方、われわれは財産の格差にたいする税の数学的なきびしさを非難する。われわれは平等そのものがわれわれの不正義と折り合うことを求める……。私がはじめに述べたことばは正しかったと、もうおわかりだろう。すなわち、税にかんしては制度のほうがわれわれよりも進んでいるのである。

したがって、いつも見られるとおり、立法者は累進税の破滅的な帰結にすくみあがり、税務にかんする法律において比例税の必要性、恒常性を祀り上げる。なぜなら、生活の豊かさの平等は資本を害することによって得られるものではないからである。アンチノミーを順序だてて解消していくことは、社会がふたたび混沌に陥るのを避けるために、おこなわねばならないものなのだ。永遠の正義は、かならずしも男たちのファンタジーに合致するものではない。永遠の正義は女に似ている。男は女を侮辱することはできるが、結婚するとなると男は自分を正式に譲渡しなければならない。同じく、正義はわれわれにエゴイズムを捨て去ることを要求し、そして正義の側の権利をすべて認めることを要求する。その権利とは科学の権利である。

さて、税の最終目的は、すでに見てきたように、不生産的なひとびとをこらしめることであるが、本来の考えかたを言うならば、それは労働者を元気づけることであった。だから、独占の体制のもとでは、税は純粋にたんなる反発にすぎないものになっている。税は、独占者の保有物に手を出したりはするが、けっきょくは賃労働者の立場をさらに悪化させてしまうような、一種の非合法活動にすぎない。比例税を累進税に変えるという考えかた、あるいはもっとはっきり言うなら、税の累進性の逆転を求める考えかたは、大きなまちがいであり、その全責任は経済学者たちにある。

しかし、これからは特権階級に危険がせまる。政府は税の比率を変更する権限をもっているので、政府は好きなときに資本の所有者から所有権を、迅速かつ確実に奪う手段を握っているのである。社会の基礎をなし、たくさんの論争、たくさんの法律、たくさんの甘言、たくさんの犯罪のもととなった大きな制度、すなわち**所有制**は、いまや細い糸の先にぶらさがり、その下でプロレタリアートが大きな口をあけている。じつに恐ろしい光景である。

第三節　税につきものの悲惨な帰結

（食料品、奢侈法、農地および産業の警察、発明特許、登録商標など）

ミシェル・シュヴァリエ氏〔かつてサン＝シモン主義者だった経済学者〕は、一八四三年七月、税について問うた。「(1) 税は国民の全体に求められるのか、それとも特定の一部分に求められるのか。――(2) 税は人頭税のように各人に一律で課されるのか、それとも納税者の財産に正確に比例して課されるのか。――(3) 農業は、工業や商業よりも税が重たいか。――(4) 不動産は動産よりも税が軽いか。――(5) 生産者は消費者よりも優遇されるか。――(6) わが国の税法は奢侈《しゃし》法の性格をもつものか」。

これらの問いにたいするシュヴァリエ氏自身の答えを、私はこれから見ていきたい。かれの答えは、私の知るかぎり、税の哲学をもっともよく要約したものになっている。

「(a)税は全体におよぶことをめざし、全体に向けられ、国民をひとつの全体としてとらえる。しかし、国民の大多数は貧乏人であるから、税はとりわけ貧乏人に向けられ、あるいは貧乏人からむしろたくさん取り立てられる。——(b)ものの本性からして、税はしばしば人頭税のような形をとりたがる。塩税がその好例だ。——(c・d・e)税は、消費と同程度に労働にも課される。なぜなら、フランスでは誰もが労働しているからである。そして、税は動産よりも不動産に、工業よりも農業に多く課される。——(f)同じ理由により、わが国の税法には奢侈法の性格はほとんどない」。

何ですか。あなたが科学によってつかんだことは、これだけなのですか。——「税は全体に向けられ、国民をひとつの全体としてとらえる」とあなたは言う。いや、われわれも承知しているそのことがらこそが、まさに不公正なのであり、あなたにはその説明が求められているのだ。政府は、課税の基礎や割り当てを考えるとき、あらゆる財産が平等だとは思えず、思いもしなかったはずだ。したがって政府は、課税の査定額を平等にすることなど望めず、望みもしなかったはずだ。では、どうして政府の行動はつねに理論に反するほうに向かうのか。この厄介な問題について、どうか教授の意見を聞かせていただきたい。税のありかたについて説明していただきたい。それを弁護するか、もしくは非難していただきたい。あなたがいずれかの立場で、何かしらを語るのであれば、あなたのお好きな立場をここで明確にしていただきたい。忘れないでいただきたい。あなたが書くものを読むのは大人の男である。博士が権威をもって、つぎのようなことばを吐くのを、男たちは黙って見過ごすはずがない。すなわち、「国民の大多数は貧乏人であるから、税はとりわけ貧乏人に向けられ、あるいは貧乏人からむしろたくさん取り立てられる」と先生は言うが、おあいにくさま。税を統制するのは数ではない。税にとっては常識だが、数百万の貧乏人に数百万の貧乏人を加えても、それは選挙人の一人分にもならない。あなたは税を不条理なものと見なすことによって、税を憎悪すべきものにしている。私に言わせれば、税は不条理なものでも憎悪すべきものでもない。たしかに貧乏人は金持ちよりも多く払っているが、それは神の摂理がものごとはそうあるべきだとしているからである。神にとって、貧困は悪行よりも憎悪すべきものであり、貧乏人はつねにもっとも虐げられるべきものであった。税の不公正は神がくだす天罰であり、われわれは神に追い払われて平等へ向かうのである。神よ、かつてはあなたの使徒であった政治経済学の教授が、ふたたびこうした神の啓示を理解できますように。

シュヴァリエ氏はさらにこう述べた。「ものの本性からして、税はしばしば人頭税のような形をとりたがる」。なんと、いったいどういうばあいに、税が人頭税の形をとるのを正当化しうるのか。それはつねに正当なのか、それとも、つねに不当なのか。そもそも税の原理とは何か。税の目的は何なのか。先生、語ってほしい。答えてほしい。

また、あなたが言うには、「税は、消費と同程度に労働にも課され、そして、動産よりも不動産に、工業よりも農業に多く課される」。ほとんど引用するに値しないことばだったが、いったいわれわれはそこからどういう教訓を引き出せるというのか。分析しても何ひとつまとまった考えが引き出せないのであれば、雑多な事実をとめどなく書き連ねても、それは科学にとってほとんど無益なのではなかろうか。

税にしても、地代にしても、資本の利子にしても、消費にたいする取り立てはすべて生産コストに組み込まれ、販売価格に転嫁される。したがって、税を負担するのはほとんどつねに消費者なのである。それは周知の事実だ。そして、もっともたくさん消費される商品がもっとも利益をもたらすものであるから、したがって、もっとも貧しいひとびとの負担がもっとも重たくなるのは必然である。この帰結も、先の事実と同様、避けることができない。だから、くりかえして言うが、あなたがおこなう税の区別は、われわれにとってどうでもよいことなのだ。収入を超えるほど重たい税を資本に課することはできないのと同様、課税の対象がどう分類されようと、資本家はつねに優遇され、プロレタリアばかりが税の不公正と抑圧で苦しめられる。まちがいは税の割り当てにではなく、財産の割り当てにある。シュヴァリエ氏がそれを知らないはずがない。秩序の敵と目されている思想家よりも、はるかにことばに重みがあるシュヴァリエ氏にそれを語ってほしいのに、なぜかれは語らないのであろうか。

一八〇六年から一八一一年にかけて（以下で示される数値はすべてシュヴァリエ氏による）、パリ市民一人あたりの年間のワイン消費量は一六〇リットルであった。今日、それは九五リットルでしかない。小売商に課せられる一リットルあたり三〇―三五サンチームの税を廃止すれば、ワインの消費はたちまち九五から二〇〇リットルに上昇するだろう。製品が売れずに困っていたワイン醸造業にも販路が開ける。――家畜の輸入にかけられる税のおかげで、肉の消費量もワインと同様に減少した。経済学者たちも恐る恐る認めたとおり、フランスの労働者はイギリスの労働者より栄養状態が悪いので、労働効率も悪くなっている。

シュヴァリエ氏は、労働者階級に同情するのであれば、フランスの製造業者はもっと外国との競争にさらされてもよいと考えるはずだ。羊毛にかかる税が、ズボン一着あたり一フラン減額されれば、消費者のポケットには三〇〇〇万フランのお金が残ることになる。これは塩に支払う税の半分にあたる。——シャツの価格を二〇サンチーム安くしたら、それは二万人の兵隊を養うのに匹敵するほどの倹約になる。

ここ一五年で、砂糖の消費量は五三〇〇万キログラムから一億一八〇〇万キログラムに増えた。一人あたり平均三・五キロの増加である。これによって示されるように、いまでは砂糖はパン・ワイン・肉・羊毛・木綿・木・石炭とならぶ生活必需品になった。砂糖は貧乏人が常備しうる唯一の薬でもある。こうした品物の消費量を一人あたり三・五キロから七キロにまで増やすというのは、要求のしすぎであろうか。砂糖一〇〇キロあたり四九・五フランの税を廃止すれば、たちまち砂糖の消費量は倍増するだろう。

じっさい、食料品への課税は貧しいプロレタリアを脅かし、痛めつける。塩の値段が高くなれば、家畜の生産の妨げになる。肉への課税は労働者に食事の量を減らさせる。労働者階級が必需品だと思っている発酵飲料を飲み続けることと、それに課税することを両立させるためには、ビール醸造業者もぶどう栽培業者も、そして化学者でさえそれが何だかわからない混ぜものを労働者に飲ませるしかない。教会はひとびとに暴食を戒めるが、そんな必要があるだろうか。税のおかげで、労働者にとっては毎日が断食日だ。復活祭の日に労働者がたべるごちそうは、大司教が復活祭前の金曜日にたべる粗食にも満たない。いま緊急になされるべきは、消費税を全面的に廃止することである。消費税は民衆を疲労困憊《こんぱい》させ、飢えで苦しめる。それは急進的な改革者ばかりでなく、経済学者の結論でもあるのだ。

しかし、カエサルを養うためにプロレタリアが断食をしているのであれば、カエサルは何を食べたらいいのだろう。カエサルの裸体をおおうために貧乏人は自分の外套を切断しているのであれば、カエサルは何を着たらいいのだろう。

まさにそれが問題だ。避けて通れない問題である。ぜひとも答えなければならない。

シュヴァリエ氏は、自分の六番目の問い、「わが国の税法は奢侈法の性格をもつものか」にたいし、「いいえ、わが国の税法には奢侈法の性格はほとんどない」と自答した。氏はさらにこう付言することもできたはずだ。すなわち、「まさしくそれがわが国の税法の優れた点である」と、シュヴァリエ氏がそこまで言えていたら、かれのことばは斬新でかつ真実をつくものになっただろう。ところが、シュヴァリエ氏は何をやってもかならず自分のなかの古ぼけたラディカリズムが騒ぐらしく、贅沢にたいする反対を宣言してうれしがる。これがあるから氏はどんな党派とも折り合うことができなかったわけである。氏は叫ぶ。「肉に課される税が、パリでは、個人用の馬車や、乗用馬や馬車をひく馬や、召使いや犬に課されることになったら、それこそ完全に公正なものになるだろう」。

シュヴァリエ氏がコレージュ・ド・フランスで教授をしているのは、マサニエロ〔一七世紀のナポリで果物や野菜への課税に反対して決起した民衆の指導者〕のやりかたを広めるためなのか。私がスイスのバーゼルで見た犬は、首に納税のしるしに税務署の鑑札をつけていた。それを見て思ったが、税がほとんどない国では、犬の税は歳入のためというより、道徳教育もしくは衛生予防のためのものなのだ。一八四四年、ベルギーのブラバント州（人口六六万七〇〇〇人）では、犬一頭あたり二フラン一一・五サンチームの課税による税収が六万三〇〇〇フランにおよんだ。フランスで、これと同じやりかたを用いるなら、国全体として三〇〇万フランの税収が得られると計算できる。これは国民一人あたりの定率税を一年に八サンチーム軽減する。もちろん、私はけっして三〇〇万フランは無視してよいと言いたいわけではない。浪費癖のある内閣のもとで、三〇〇万フランはそれなりに重たい。犬税の収入は、約六人分の殿下の年俸に相当するだけに、議会がその法案を否決したのは残念なことであったと私も思う。しかし、私が心にとどめていることを言うならば、こうした種類の税は、国の税収を上げることではなくて国の秩序を守ることを本分とする。したがって、国家財政の観点では、この種の税はまったく重要性がないものと見なされるべきである。そういう税があると、民衆の大多数がもう少し人間らしく暮らせるようになったときにも、ペットと暮らすのを嫌悪するようになる。いわば民衆を迫害するものになるから、やはり廃止すべきである。そもそも犬税のおかげで軽減されるのは一年に八サンチームにすぎない。こちらがいくら貧乏でも、ありがたがるほどの軽減か……。

　ところが、シュヴァリエ氏は犬税のほかにも財源があるという。馬、馬車、召使い、贅沢品。要するに贅沢だ。**贅沢**、この一言にどれほどのものが含まれるのだろう。

　この魔術幻灯《ファンタスマゴリア》を、簡単な計算で要約してみよう。説明はあとにまわす。一八四二年に輸入品にかけられた税の総額は一億二九〇〇万フランにのぼる。この一億二九〇〇万フランのうち、六一品目、一億二四〇〇万フラン分は日用品である。きわめて贅沢な品は一七七品目におよぶが、それへの課税の総額は五万フランにすぎない。日用品への課税の内訳はこうだ。砂糖は四三〇〇万、コーヒーは一二〇〇万、木綿は一一〇〇万、羊毛は一〇〇〇万、油は八〇〇万、石炭は四〇〇万、麻・亜麻は三〇〇万。この七品目で総計九一〇〇万フランとなる。ご覧のとおり、商品ごとの税収の数値は、商品の利用度が低いほど、消費量が少ないほど、贅沢な感じがするほど小さくなっている。一方、贅沢品にはほとんど最高の税率がかけられる。したがって、生活必需品への課税をぐんと軽減するために、贅沢品への税率をさらに一〇〇倍高くすると、その結果はたんに、税金が商品の輸入禁止に匹敵するほど高くなり、ひとつの商業分野を廃絶に追いこむだけだ。ところが、経済学者はこぞって関税の廃止に賛成する。それは関税のかわりに昔の入市税の復活をめざしてのことではないはずだが……。この話を一般化してみよう。塩の税収は五七〇〇万、タバコの税収は八四〇〇万にのぼる。この数字をよく見てほしい。塩税やタバコ税を廃止して、その巨額の赤字を埋めるために、いったいどのような税金を贅沢品に課せばよいのか。それを私に教えてほしい。

あなたは贅沢品を叩きたがるが、それは文明をひっくりかえすことなのだ。私は反対である。贅沢品に税をかけるべきではない。そもそも経済学の用語として、贅沢品とは何か。それは全体の富に占める割合がもっとも小さいもの、産業の系列で一番最後に来るもの、ほかのあらゆるものが存在したあとにはじめてつくられるものである。この観点から眺めるならば、人間労働の産物はすべて最初は贅沢品として、そしてその後もたえずあたらしい贅沢品としてあらわれた。なぜなら、贅沢とは富の要素のうちで、時間的にも商品の系列としても一番あとのものを意味するにすぎないからだ。一言でいえば、贅沢とは進歩である。贅沢は、労働によって実現された豊かさを、社会生活のあらゆる瞬間において最高度に表現するものであり、そこに到達することは万人の権利であると同時に万人の宿命なのである。さて、税は新築の家屋や開墾されたばかりの土地にたいして、しばらくのあいだ減免されるが、それと同様に、あたらしい生産物や高価な品物にたいしても、税は免除されねばならない。なぜなら、高価な商品からはその希少性をたえずなくしていくために、あたらしい生産物にかんしても、あらゆる発明を奨励するために税を免除すべきだからである。ところが、どうだ。あなたは贅沢を口実にして、市民のあいだにあたらしいカテゴリーを設けたいのか。あなたは南イタリアのサレントを〔フェヌロンが教養小説『テレマックの冒険』で描いているように〕本気で理想的な都市だと思い、また〔ルソーが『学問芸術論』などで語る〕ファブリキウス〔清廉で知られる古代ローマの執政官〕の亡霊の話を本気で信じているのか。

話題がそちらに向かっているので、われわれも少し道徳を語ろう。「贅沢はひとびとのモラルを腐敗させ軟弱にする」と、これはいつの時代にもいるセネカふうの哲学者によって言い古された真実であり、あなたもおそらくそれを否定しないだろう。しかし、このことばの真意はこうである。贅沢は習慣を機械的でないものにし、高め、貴いものにする。民衆を教育するうえでもっとも大事でもっとも有効なもの、大部分のひとびとの内面にある理想を刺激するもの、それは贅沢である。古代のひとびとによれば、丸裸こそが優雅であった。いったいどこで丸裸は赤貧と見なされるようになったのか。今日、宗教的な原理が欠如しているなかで、社会を動かし続けているもの、下層階級にも自尊心を与えているもの、それは贅沢志向である。道徳・政治科学アカデミーはそれをよく理解していたからこそ、贅沢を懸賞論文のテーマにした。私はアカデミーの賢明さを心の底から賞賛する。じっさい、贅沢は現代社会においてもはやたんなる権利ではない。それは絶対に必要なものである。わずかにも贅沢が許されないひとは、本当に気の毒だ。ところが、世の中全体が贅沢品をますます普及させようと努力しているときに、あなたは民衆の消費生活を、あなたが生活必需品と見なす枠内に限定しようとする。贅沢がふつうになればひとびとの格差が縮まり、階層の区別もなくなるのに、あなたは逆に区別の線をいちだんと深く刻もうとする。階層の段差をいちだんと高くしようとする。労働者は婚約者にアクセサリーを、孫娘にネックレスを、息子に懐中時計を買ってやりたくて、汗水を流し、我慢をし、身を粉にして働く。ところが、あなたは労働者がそうした贅沢品への税金を払わないかぎり、すなわち、あなたの課した罰金を払わないかぎり、労働者からそんな幸せを奪うのだ。

あなたは、贅沢品への課税が贅沢品の工芸を禁じることになると考えたことがおありか。絹織物の労働者の平均賃金は二フランに満たず、婦人帽子をつくる労働者は五〇サンチーム、宝石細工職人や金銀細工職人や時計づくり職人はのべつ失業状態で、召使いは二〇〇フラン——かれらは稼ぎすぎだとお思いか。

飲み物の税は飲み物の消費者が払うみたいに、贅沢品の税は贅沢品をつくる労働者が払うわけではないが、それはおわかりか。贅沢品の値段の高さが生活必需品を安くするのを妨げるわけではないが、それをご存じか。そして、あなたはもっとも多数を占める階級を喜ばせるつもりでいるのだろうが、贅沢品への課税は社会全体の状態を悪化させることをご承知か。本当に浅慮もいいところだ。ワインや砂糖で労働者が二〇フラン儲けても、労働者がワインや砂糖を味わおうとすると四〇フラン取られる。労働者は靴の革で七五サンチームを得ても、かれが年に四回、家族を田舎に連れていこうとすると、乗合馬車に六フラン払わねばならない。プチ・ブルジョワが家政婦・洗濯婦・シーツ係・メッセンジャーボーイを使うと、その費用は六〇〇フランになる。そこで、かれが賢明にも世間にあわせて倹約しようと考えて、召使いを一人常雇いすると、税務署はそれを生活必需品にあたらないものとして、そういう倹約の考えかたを罰するのである。ものごとに肉薄して、よく眺めるならば、経済学者のヒューマニズムとは、なんとも不条理だ。

　それでも私はあなたのファンタジーを満足させてあげたい。あなたは贅沢禁止法を絶対に必要としているので、私がその秘訣を授けよう。しかも、私のシステムによれば徴税はきわめて容易になること、うけあいだ。会計監査官も財産評価人も酒鑑定人も試金分析者も税査察官も収益管理人もいらない。監視も不要だし、事務所の費用もかからない。自尊心をきずつけるようなことや無遠慮なふるまいもいっさいない。いかなる強制もない。どうすればよいかというと、それはこうだ。今後は誰も二ヵ所から同時に俸給を受けとることはできないとする。いずれの職種においても最高の報酬額は、パリでは六〇〇〇フラン、その他の県では四〇〇〇フランを超えることができないとする。これを法令として発布すればよいのである。おやおや、あなたはうなだれてしまいましたね。……つまり、あなたが贅沢禁止法を唱えるのはたんなる偽善にすぎないと白状するわけだ。

民衆の負担を軽減するために、商売の原理を税に応用しようと言うひともいる。かれらが言うには、たとえば塩の値段を半分に下げ、郵便の送料も同じく半分に下げれば、消費はかならず増大し、所得は二倍以上になるだろう。そうして、税務署もうるおうし、消費者もうるおう。

私は、ものごとがこの予測どおりになると前提したうえで、こう言いたい。もしも郵送料が四分の一に下がり、塩の値段がゼロになったら、税務署はそれでもうるおうだろうか。いや、それは絶対にありえない。では、郵便改革と称されるものの意味は何なのか。それはどんな種類の生産物にも自然の利率があるということである。それを**上回れば**利潤は暴利に近くなり、消費をしだいに減退させる。逆に、それを**下回れば**生産者は損をする。奇妙なことに、これは価値を確定する話に似ている。価値の確定は経済学者がさじを投げたが、われわれはそれをテーマとしている。すなわち、ひとつの秘密の力が、価値の振動の両極端を定めている。そして、正しい価値をあらわすひとつの中間項が両極のあいだに存在するのである。

郵便の事業が赤字でいとなまれるのは、たしかに誰も望んでいない。世論が求めるのは郵便が原価でいとなまれることである。それはあまりにも基本的で単純なことなので、イギリスでの郵便料値下げの結果についてわざわざ面倒な調査が必要とされたのは驚きだ。恐ろしい数字やあれこれの可能性が際限もなく積み上げられ、聞く側を拷問にかける。何のためにそうするかというと、それはたんに、フランスで郵便料値下げをするのは黒字につながるか、赤字につながるかを知るためなのであった。そして、けっきょくは何についてもひとびとの意見は一致しないことを知るためなのであった。まったく嘆かわしい。議会に良識のある人間はいなかった、いたら、こう発言したはずだ。「イギリスの例をもちだす必要も、外交官の報告を聞く必要もない。郵便料を、その収入がその費用にひとしい水準に達するまで、徐々に引き下げる(＊11)。必要なのはそれだけだ。いったいわれわれの古来からのガリア精神はどこへ行ってしまったのか」。

しかし、こんなふうに言うひともいるだろう。「塩、タバコ、郵便、砂糖、ワイン、肉などが無税になり、原価で買えるようになれば、たしかに消費は増大し、生活は大いに改善されるだろうが、そのとき国家は歳出の財源をいったい何に求めたらよいのか。いま間接税の総額はおよそ六億フランである。この税を国家はいったい何から徴収すればよいのか。もし税務署が郵便からまったく収入を得られなければ、塩の税を増やさなければならない。塩の税を引き下げるのであれば、税収はすべてワインから得るしかない。この玉突きの連鎖には終点がない。したがって、生産物を原価で提供することは、国家であれ私企業であれ、不可能なのである」。

ならば、私もこれに答えて、こう言おう。不幸な階級を国家が救済することは、贅沢を法律で禁ずることや税を累進的にすることが不可能であるのと同様に、不可能である。あなたが税について述べるたわごとは、法律家の屁理屈にそっくりだ。あなたは、人口の増大が税負担を分割させ、一人あたりの負担を軽くするという希望さえいだけない。なぜなら、人口の増大は貧困を増大させ、貧困の増大は国家のしごとや役人の数を増大させるからである。

一八四五—四六年度の下院で議決された税にかんするさまざまの法律は、権力がどういうものであれ、またどういう手段をとったとしても、民衆を豊かにすることは権力にとって絶対に不可能であることを示す実例となる。権力は、神聖なる権利と所有を代表する暴力の機関であるから、まさにそのことのみによって、権力は必然的に不毛である。権力の行為はすべて期待はずれに終わるという宿命が、その末端に刻印されている。

私は先ほど郵便料金の改定の話をした。手紙の郵送料がおよそ三分の一安くなった。改定の動機だけを問題にするのであれば、もちろん、私は政府がこうした有益な値下げをおこなったことを少しも非難するものではない。また、日刊紙が下劣な記事のタネにするような、こまかい部分をことさらあげつらって、その利点を減じたいという気持ちも私にはない。これまでかなり高すぎた税が三〇パーセント引き下げられ、税の割り当てがより公正になり、より規則的になった。私はそういう事実だけを見る。そして、そういう事業をやりとげた大臣に拍手したい。つまり、問題はそこにはないのである。

問題はまず、政府があたらしい郵便税によってわれわれにもたらした利点が、まさにこの税に比例的な性格、すなわち不正な性格を全面的に保たせていることにある。それはもはやほとんど証明する必要もない。郵便税にかんしては、税負担の不平等がそれまで変わることなく残っている。なるほど、引き下げは恩恵をもたらしたが、恩恵をこうむったのは貧乏人ではなく、金持ちのほうであった。ある商社は郵便料がそれまで三〇〇〇フランかかっていたのが、二〇〇〇フランですむようになった。この会社は商売で五万フランの利益をあげているが、郵便税のおかげでさらに一〇〇〇フランの純利を得る。それは税務署からのいただきものと言うべきである。一方、農民や労働者はせいぜい一年に二度、戦地にいる息子に手紙をだし、そして、やはり二度ほど返事をもらう。郵便料の引き下げが農民や労働者にもたらす利益は五〇サンチームにすぎない。とすると、郵便改革は税の公平な割り当てと逆行するのではないのか。もし、シュヴァリエ氏の意向どおり、政府が金持ちを叩き、貧乏人をいたわりたかったのであれば、郵便税は政府が引き下げるべき税の一番最後の項目になっただろう。税務署はその設立の精神に反して、金持ちに贈りものをするために、貧乏人には真意がつかめない減税という口実ができるのを待ちかまえていたように見えないか。

これは法案のあらを探す批評家なら、あらかじめ言えたはずのことなのに、じっさいには誰にも気づかれなかった。たしかに、そういうことをすれば、批判は大臣に向かわずに、権力の本質を叩き、そして権力を叩くことによって所有を叩くことになった。それは反対者たちの意図するところではなかった。今日でも、真実にたいして世論の全体が反対している。

では、いまとはちがったふうになる可能性もあっただろうか。いや、その可能性はなかった。なぜなら、古い税制がそのまま続いていたら、誰ひとり楽にはなれず、社会全体が苦しめられた。また、もし税を軽減するとき、その税率を市民のカテゴリーによって区分していたら、「すべてのフランス人は法の前で平等である」とうたった一八三〇年憲章の第一条を侵犯することになる。法の前の平等とは、税の前の平等だからである。ところで、郵便税は必然的に個人に課せられる。したがって、それは一種の人頭税である。したがって、この関係のもとで公正であることは、べつの観点に立てば不公正であるから、ひとびとのあいだで負担を平衡させるのは不可能なのである。

同じ時期、政府が念を入れておこなったもうひとつの改革は、家畜税の改正であった。それまでは家畜は、外国から輸入されるとき、あるいは都市にもちこまれるとき、その頭数に応じて税が課せられた。これからは、重量に応じて課せられることになる。この有益な改正はずいぶん前から要求されていたことだが、実現にいたったことには経済学者に影響された部分もある。経済学者は、私がすべて思い出せないほどたくさんの場面と同様に、この場面でもじつに尊敬に値する熱意を示した。経済学者は、社会主義の無意味な駄弁を思いっきり遠く後ろのほうへ放り投げた。しかし、貧困な階級の生活改善のための法律が良い結果をもたらすというのは、ここでもやはりまったくの幻想なのである。家畜にたいする課税は平準化され、正常化されたが、その課税はひとびとのあいだで公正には配分されなかった。一年に六〇〇キロの肉を消費する金持ちは、肉屋に課せられるあたらしい条件の成果を感じとることができるだろうが、民衆の圧倒的多数は肉をぜんぜん食べないので、そうした成果を少しも感じとれないだろう。そこで私は、先ほどと似たような質問をもう一度しよう。政府、議会の決定がじっさいとはちがったふうになる可能性もあったのだろうか。いや、やはりその可能性はなかった。なぜなら肉屋にむかって、金持ちには肉をキログラムあたり二フランで売り、貧乏人には一〇スーで売れ、とは言えないからである。肉屋から約束が得られるとしたら、それはむしろ正反対のことだろう。

塩についても同じことが言える。政府は農業用に変性された塩について、税を五分の四軽減した。あるジャーナリストは、まともに反対することもできず、ただ不平を言うだけだった。すなわち、この法律で家畜は喜ぶだろうが、貧しい農民はかれらの家畜よりひどくあつかわれることになるとして、そうした農民の境遇を憐れんでみせた。そこで私は三度目になるが、先ほどの質問をくりかえそう。なりゆきがちがったふうになる可能性もあったのだろうか。軽減のやりかたは、二つのうちのどちらかだ。ひとつは、負担軽減が絶対的におこなわれることだが、そのためには塩の税がべつの税で置き換えられなければならない。しかし、私はフランスのジャーナリズム全体に問いたい。二分間の検討に耐えられるあたらしい税を発明してみせなさい。——もうひとつは、軽減が部分的におこなわれることである。塩の全体に課税するがそのうちの一部分は免除するという形か、塩の税をすべて廃止するが塩の一部分には課税するという形をとる。前者のばあい、軽減は農業にとっても貧しい階級にとっても不十分である。後者のばあい、人頭税のようなものがその恐ろしい不均衡とともに生き残る。いずれにせよ、打撃をこうむるのは貧乏人であり、貧乏人がつねに被害者である。なぜなら、いかなる理論にもかかわらず、税は所有された資本あるいは消費された資本に比例するものでしかありえず、税務署がそれ以外のやりかたをおこなおうとすれば、それはかならず進歩をストップさせ、富を禁じ、資本を殺すことになるからである。

民主主義者たちは、われわれが革命の利益を(革命の利益とは何だ)社会主義の利益の犠牲にしようとしていると言って、われわれを非難するが、それならばぜひ教えていただきたい。国家を唯一の所有者とするのでもなく、財産や所得の共有を法令として発布するのでもないのに、いったいどうして、たんなる何らかの税制によって民衆の苦しみを軽減できると言えるのか。資本から取りあげたものを労働にかえすことができると言えるのか。私もさんざん頭をひねってみたが、だめだった。私が見つけたのは、あらゆる問題において、権力がまったく虚偽の立場に位置づけられていることであり、ジャーナリストらの意見がまったく際限のない不条理の垂れ流しにすぎないことである。

フランソワ・アラゴ氏〔有名な物理学者で知性派の政治家〕は、一八四二年においては、鉄道が多数の会社によって運営されることを支持していた。フランス人の多くもかれと同意見であった。ところが一八四六年、かれは自分の意見が変わったと公言した。そして、鉄道への投機家を除けば、市民の多くはアラゴ氏と同じように意見を変えたと言える。知識人やフランス人全体がこうして意見をころころ変える状況のもとで、われわれは何を信じ、何をしたらよいのだろう。

国家による経営のほうが国の利益にかなうにちがいない、と思われるだろうが、しかし国家による経営は時間がかかり、ロスが多く、賢明さにも欠ける。国による運河開設の大事業のなかで、二五年間に重ねられてきたあやまち、計算まちがい、不注意の数はまさしく無数にあり、それが国家による経営は信用できないことを証明した。経営陣のなかにいたエンジニアたちも、国家は公共事業の経営にかんしても企業経営と同じくらい無能であることをはっきりと明言している。それはみなさんご存じのとおりだ。

たしかに、株主の観点に立てば民間企業による経営のほうが絶対によい。しかし、民営化すれば、投機が横行し、独占が公共事業を食いものにするので、社会全体の利益がその犠牲となる。

理想的なシステムは、国営と民営の利点をあわせもち、そしてどちらの欠点もあらわれないようなシステムであろう。しかし、双方の矛盾した性格を和解させる手立てはあるのだろうか。事業の損得はまったく気にしない終身雇用のお役人に、熱意とか倹約心とか冒険心を吹きこむ手立てはあるだろうか。公共の利益は自分にも大事なものであると企業に納得させ、そして、企業はあくまでも国家と別個の存在であり、自分固有の利害をもつ存在でありながら、公共の利益が本当に企業の利益となるような手立てはあるだろうか。お役人の世界で、いったい誰がこうした和解の必然性、したがってその可能性を認識するだろうか。さらに言えば、いったい誰がその秘訣を知っているだろうか。

こういう場面で、政府はいつものように折衷主義をとる。経営の一部分を政府が引き受け、残りは民間企業にゆだねる。すなわち、対立物を和解させるのでなく、まさしく対立したままにする。ジャーナリズムも、その本性はなにごとについても権力と大差ない。ジャーナリズムは内部で三派に分かれる。大臣による和解を支持する派と、国営を支持する派と、民営を支持する派である。したがって、民衆もアラゴ氏も宗旨をがらりと改めたにもかかわらず、自分たちが何をどうしたいのか、今日でもこれまでと同様、わからないままでいる。

一九世紀のフランス国民は、三権分立、ジャーナリズム、科学アカデミー、文学、教育制度をそなえた家畜の群れにすぎない。フランスには、国の進歩とか祖国の名誉とかにたえず関心をいだいている人間が一〇万人いるが、この一〇万人に、人間の序列にかんするきわめて簡単な問いを投げかけてみなさい。すると、全員が同じように頭のなかは混乱していることが明確化されるだろう。

たとえば、役人の昇進はそのひとの実力によるべきか、それとも年功によるべきか。

たしかに、こうした二つの評価方式の合体を望まないひとはいない。実力の大小が年功とつねに一致する社会とは、いったいどういう社会なのだろうか。しかし、二つの方式を完全に合体させるのは夢物語だと言うひともいるだろう。なぜなら、矛盾を合体させるという声明そのものが矛盾しているからである。本当は、まさしく矛盾こそがものごとを可能にするものなのであるが、ひとびとはそこを見ずに、対立する二つの方式のそれぞれの価値について論争を始める。そして、二つの方式はどちらも不条理にまで行きつき、同時に、どちらもひとしく許しがたいほど乱用されるにいたる。

では、実力を判定するのは誰か。それは政府だと言う。ところが、政府が認める実力とは、自分の手下としての実力だ。したがって、上に気に入られての昇進がなければ、この不道徳な方式は存在しない。つまり、この方式は公務員の自立心と尊厳を損なう。

また、べつのひとは、年功序列こそまちがいなく望ましいものだと言う。しかし、残念ながら、年功序列にはつぎのような欠点がある。すなわち、労働や思考という本質的に自由で主体的ないとなみを硬直化させる。権力の代理人のあいだにさえ権力行使の障害をつくりだす。偶然にまかせること、あるいは無能であることが天才の誉《ほま》れを受けたり、大胆さの報償を受けたりする。けっきょくは妥協がはかられる。経験の必要はないが、いわゆる実力はそなえている人間を、政府は自分の権限で一定の数、指名して昇進させる。そして、明らかに無能だとわかる残りの部分は、順番に昇進させる。ジャーナリズムは凡庸なくせに図々しい老いぼれ馬のようなもので、才能もなく学問も身につけていない若者たちの無料奉仕によってようやく生きのびているものばかりだが、権力にたいしては告発の声をあげて、攻撃を再開する。告発もまんざら無根拠ではなく、権力によるえこひいきとか、その慣習が批判される。

ジャーナリズムを完全に無視できるはずもない。ジャーナリズムは国家予算の規模が大きすぎると盛んに言い立てたあと、こんどは大量の公務員のために給与を増額せよと要求する。じっさい、公務員たちは本当に日々の暮らしに困っている。初等であれ高等であれ、学校の教師も似たようなもので、かれらは新聞に投書して苦情を訴える。会社の事務員も、給料があまりにも安いので事務の料金を自分のふところに入れざるをえず、おかげでスキャンダルと悪事のタネがそこにはたっぷりある。それから行政が保護すべき貧民の一群がいる。かれらには住むところも、着るものも、体を暖めるものも、食べるものもない。その数は一〇〇万人。家族がそれに加わって、人口のおよそ八分の一におよぶ。かれらの貧しさはフランスの恥であり、ただちに救済の予算を五億フラン増額すべきであろう。しかも、注意してほしいが、貧民の数はこれほど大量なのに余計なひとは一人もいないし、逆に、人口が増せば増すほど貧民の数も比例してさらに増えていく。では、あなたが国民から二〇億フランの税金を徴収する立場だったらどうするか。国のさまざまの事業費のほかに、いわゆる不生産的な公務員への給料のために、四人家族の世帯主の平均所得九二〇フランから、その四分の一強にあたる二三九フランを税金として取りたてることができるか。それができなかったら、どうする。つまり、国家の事業費を払うこともできず、それを減らすこともできないのであれば、あなたは何を要求するのか。あなたは何について不満の声をあげるのか。

民衆も、これだけはきちんと知ってほしい。税を減らすとか税を公平にするとか、権力の側は宣伝するし、各党の指導者たちも強く要求してきたが、そういう希望はすべてまやかしである。

独占の体制のもとでは、減税がなされることはありえず、税負担の公正な配分もありえない。むしろ反対に、市民の暮らし向きは悪化し、市民にとって税負担はますます重たくなる。立法者が言明してきた意図や税務署が重ねてきた努力にもかかわらず、その流れは必然的であり、不可避である。豊かにはなれないひと、あるいは豊かさを保てないひと、不幸の洞窟へ入りこんでしまったひとは誰でも、自分の貧しさに比例して負担が重たくなることを甘んじて受けいれなければならない。まさしく、「この門をくぐる者はいっさいの希望を捨てよ」〔ダンテ『神曲』地獄編第三歌〕。

税金、したがって警察——われわれはこの二つの概念を今後は区別しない——は、貧困のあらたな源泉である。税金は、先にあげた分業・機械・競争・独占のアンチノミーの破壊的な効果をさらに強める。税金は寄生を生み、ひとを侮辱し、詐欺を助長し、刑罰をもたらし、それによって労働者の自由を奪い、良心を傷つけ、労働者を肉体的にも精神的にも痛めつける。

ルイ一四世の時代、塩の密輸はそれだけで毎年、家宅捜索が三七〇〇件、逮捕者が男性二〇〇〇人、女性一八〇〇人、子ども六〇〇〇人にのぼり、馬の差し押さえが一一〇〇頭、馬車の差し押さえ五〇台、そして懲役刑に処された者は三〇〇人もいた。歴史家が認めるとおり、塩税というひとつの税だけでこの結果である。ならば、税金全体でいったいどれほど多くのひとが投獄され、拷問を受け、国外追放になったのであろうか……。

イギリスでは、四家族のうち一家族が不生産的な階級に属し、豊かに暮らしている。では、社会にとって有害なこうした寄生虫を除去することは、労働者階級にとって大きな利益になると、あなたはお考えか。たしかに理論的には、あなたの考えは正しい。しかし現実的には、寄生の根絶はまたあらたな災いを生む。イギリスの人口の四分の一が不生産的な階級だとしても、その階級のために働くひとびともやはり人口の四分の一を占める。もしこれらのひとびとがとつぜん自分たちの生産物のはけ口を失ったら、この部分の労働者の生活はどうなるか。不条理な仮定だとあなたは言う。そのとおり、不条理な仮定である。しかし、きわめて現実的な仮定なのである。そして、まさしく不条理だからこそ、あなたはそれを認めなければならない。フランスには、五〇万人の常備軍、四万人の司祭、二万人の医師、八万人の法曹、二万六〇〇〇人の税関吏がいる。そして、そのほかにも何十万人なのか私にはわからないが、あらゆる種類の不生産的なひとびとがいる。かれらがフランスの農業と工業のために巨大な販路を形成しているのだ。この販路をとつぜん閉ざしてみなさい。工業は動きを止め、商業は破産し、農業は自分の生産物の下で窒息死する。

しかし、役立たずのごくつぶしの一掃はその国の市場の活動の妨げにつながることを、どう理解したらよいのか。——機械にたとえればわかりやすいだろう。一時間あたり三〇〇キロの石炭を消費することによって動く機械は、石炭の量が一五〇キロだとパワーが出ないのである。——さらに、こんな問いもある。不生産的な階級を追い払うことができないなら、かれらを生産的な階級に変えられないか。——子どもよ、それなら私に答えてほしい。税金や独占や競争、要するにこうした矛盾のひとつひとつによって現在の秩序は構成されているのだから、はたしてわれわれは税金や独占や競争なしでやっていけるのか。つぎの話を聞いてほしい。

一八四四年、炭鉱の町リーヴ・ド・ジエで争議があったとき、ジャーナリストのアンセルム・

プトタン氏が記事を書いた。『独立評論』誌に載ったその二つの記事は、ロワール地方の炭鉱経営の無政府性について率直で筋のとおった説明になっている。氏は、複数の炭鉱の統合と経営の集中が必要だと指摘している。かれが世の中に知らせようとした事実は、当然権力も知っていたはずだ。では、権力は炭鉱の統合や業界の再編について、何かしらを考えていただろうか。何も考えていない。権力はただ自由競争の原理にしたがっていた。すべてをなりゆきにまかせ、傍観していただけであった。

炭鉱経営者たちは争議以降、団結した。それは消費者を不安にさせた。消費者は経営者の団結に、燃料価格つりあげの秘密の意図を見てとったからである。権力は、すでに世間からこの問題で数多くの苦情を受けとっていたが、はたして競争を再導入して、独占を阻止すべく介入するだろうか。権力には、それは不可能だ。団結の権利は、法律的に結社の権利と同一である。競争が社会を征服しているのと同様に、独占が社会の基礎なのである。動乱とかが起きないかぎり、権力はすべてを放任し、傍観者の立場をとる。それ以外にどういう立場をとりうるだろうか。合法的に設立された商社を禁止することができるか。隣人どうしでつぶしあうよう強制することができるか。費用の削減を妨げることができるか。最高価格を設けることができるか。権力がこうしたことをひとつでもやれば、既存の秩序はひっくりかえる。したがって、権力はいかなるイニシアティヴも発揮しえない。権力は、営業税や免許や土地税やその他、所有にいくつかの制約を設けはするものの、独占と競争をどちらも正当化し擁護するための存在なのである。これらの制約を除けば、権力は社会の名で行使しうるいかなる権利ももたない。社会の権利というのは定められない。しかも、そういう権利を定めれば、独占と競争の否定そのものになるだろう。はたして権力は、法律が予想せず定めることもしなかったものを守ろうとするだろうか。権力は、立法者が認める権利に反するものを守ろうとするだろうか。

リーヴ・ド・ジエの争議で、炭鉱の経営者にたいして、われわれが社会の真の代表者と見なすべき炭坑夫は、自分の賃金を守りながら独占者による値上げに抵抗しようとした。団結にたいして団結で対抗しようとした。ところが権力は炭坑夫を銃殺した。騒がしい政治批評家たちは、それを見て権力は不公平だ、残忍だ、独占に身を売ったなどと非難する。私の考えかたはちがう。権威の側の行動をそのような点で判定するのは、あまり哲学的ではないと私は思うのである。そして、私はそういう判定のしかたを力いっぱい排除したい。これは、銃殺されたひとの数がもっと少なければ、あるいは、もっと多ければどうなる、という問題ではない。ここで注目すべき点は、殺されたり重傷を負わされたひとの数ではない、注目すべきは、労働者が抑圧されたという点である。権威を批判した連中だって、銃剣をふりまわしたり、銃を上手に撃つことを除けば、権威と似たようなことをやっただろう。つまり、労働者を抑圧しただろう。それをしないはずがない。連中はその理由を直視したがらないが、理由は、競争が法にかなうものだからだ。合資会社も法にかない、需要と供給も法にかなう。そして、競争や合資会社や自由市場から直接的に生じる結果はことごとく法にかなう。ところが、労働者によるストライキだけは**不法**なのである。それを不法とするのは、たんに刑法典だけではない。経済のシステムがそれを不法とし、既成の秩序の必然性がそれを不法とする。労働は、主人でなければ奴隷であるほかない。社会はまさにそのおかげでようやく存続できる。労働者が、個人的に自分の人格や自分の腕を自由に処分すること、それは許される（＊12）。しかし、労働者が団結して独占を脅かそうと企てること、それは社会が許さない。独占が圧殺されれば、競争がなくなり、工場が解体され、さらに、社会のいたるところであらゆるつながりが解体されていく。労働者を銃殺するとき、権威は、父親の愛と執政官の義務との板ばさみになったブルトゥスさながらであった。つまり、わが子を処刑しなければ、共和国は救えない。たしかに残酷な選択であった。しかし、それが社会契約の精神であり、本義である。三〇年憲章の内容である。神意による命令なのである。

こうして、プロレタリアートを守るために設けられた警察が、まったくプロレタリアートに対立する方向で動く。プロレタリアは森から追い出され、川から遠ざけられ、山からも追い払われる。脇道に入ることさえ禁じられる。やがて、自分の行き先は牢獄だけだと思い知らされる。

農業の進歩は、牧草地を人為的に造成するメリットや、ムダな牧草地をなくす必要性を多くのひとに感知させるようになった。共有地がいたるところで開墾され、委託経営され、囲い込まれた。あたらしい進歩、あたらしい富が生まれる。しかし、貧しい日雇い農民は、共有地のほかに土地をもたず、牛一頭と数匹の羊を道路沿いの茂みや荒れた野原で育てていたが、その唯一の、そして最後の財産まで失ってしまうことになる。これからは土地所有者、共有地の買い手あるいは農場主のみが、その土地の小麦や野菜、牛乳やチーズを売ることができる。旧来の独占が力を弱めていくかわりに、あたらしい独占がつくりだされた。道路作業員は、道路の端を自分専用の畑にして、登録されていない家畜をそこから追い出したりする。それでどういうことが起きるか。

日雇い農民は、自分の牛を手放す前に、違反を承知で牛を育て、畑を荒らして、たくさんの被害を与え、逮捕されて罰金か刑務所行きになる。かれにとって警察とは、そして農業の進歩とはいったい何の役に立つものなのだろうか。——昨年、ミュールーズの市長はぶどう泥棒を防ぐために、ぶどう園の持ち主でない者が夜であれ昼であれ、園を通り抜けたり近辺をうろつくことをいっさい禁止した。じつに慈悲深い警告であった。なにしろ、それはひとびとの心のなかに欲望や未練が生じることまで防いでくれたからだ。しかし、公道が私有地の付属物にすぎなくなり、共有地が私有地に変えられたら、どうなる。つまり、公共の財産が私的な財産と同一視され、私的な財産と同じように保護・利用・賃貸・売却されるものになれば、プロレタリアに何が残されるのだろうか。社会が万人の万人にたいする戦いの状態を脱し、警察に守られる体制に入っても、プロレタリアにとって何のメリットがあるのだろうか。

農地と同様、工業の領域でも特権が生じる。その特権は法律によって承認される。なるほど、一定の条件や留保がつくとはいえ、やはりこれもまた消費者の利益を大きく損ねる特権である。この問題はじつに興味深いので、少し論じてみたい。

シャルル・ルノアール氏〔知的所有権に詳しい法律家〕のことばを引用しよう。

「特権は、規制を矯正するものであった……」。

このことばのならびを逆にしても、ルノアール氏の考えには背かないと思われる。すなわち、「規制は特権を矯正するものであった」。なぜなら、規制とは制限を設けることだからである。しかし、特権がその存在に先だって制限されるということはどうしても想像できない。主権があれこれの特権を規制したという話なら私にも理解できるが、主権が規制の効果を弱めるためにわざわざ特権をつくりだしたという話は理解できない。主権にそういう譲歩を促すようなものは何もない。特権は原因のない結果であった。論理的にも歴史的にも、法則や規制が存在するには、それに先だってすべてが所有され独占されていなければならない、その点は民法典でも刑法典でも変わらない。ただし、民法典のばあい、規制は私物化や横領によって促され、刑法典のばあい、規制は犯罪や危害の発生によって促される。ルノアール氏は、あらゆる規制を束縛と見なす観念にとらわれて、特権をこうした束縛にたいする一種の賠償だと考えた。それが、「特権は規制を矯正するものである」ということばになったのである。しかし、氏がさらに付け足したことばは、先のことばがルノアール氏の真意にまったく反することを証明する。かれはこう述べた。「われわれの立法の基本原理、社会と労働者の契約の条件として独占を一時的に認可するという原理が、つねにそこにあった……」。では、そもそも独占の一時的な認可とは何か。たんなる認知、たんなる宣言である。社会はあたらしい産業を奨励して、それがもたらす成果を享受したいので、発明者に有利な計らいをする。それはかつて社会が入植者に有利な計らいをしたのと同様である。社会は発明者に一定の期間その産業の独占を保証する。しかし、社会が独占をつくりだすわけではない。独占は発明の事実そのものによって存在する。そして、まさしく独占を認知することが社会をつくりあげるのである。

ことばのあいまいさが解消されたので、話を法律の矛盾に移そう。

ルノアール氏は言う。「すべての工業国は、社会と発明者の契約の条件として一時的な独占の成立を認めた。……私は、すべての国の立法者がみんな文書破棄を犯したとは、とても思えない」。

ルノアール氏が、かりに本書を読めば、私の理解の正しさを評価してくれるだろう。私がかれのことばを引用するのは、かれの考えかたを批判するためではない。発明特許にかんする法律の矛盾はかれ自身すでに感じとっていた。私がめざしているのは、この矛盾を全体のシステムにつなげることなのである。

まず、土地の独占は永続的なのに、なぜ工業における独占は一時的なのか。古代エジプト人のほうが論理に整合性があった。エジプトにおいては、この二つの独占はいずれもひとしく代々の遺産となり、永続的で、不可侵のものであった。私は知的所有権の永続性についてさまざまの反対意見があることを知っている。そして、私はその反対意見にすべて賛成する。しかし、その反対意見は土地の所有権についてもひとしくしっかりと応用されねばならない。さらに、その反対意見はどんな反撃をこうむろうと、少しも妥協することなく保持されねばならない。では、立法者が独占にさまざまのヴァリエーションを認める秘密はいったい何なのか。——もはや言う必要もないことだが、私はこうした論理のばらつきを指摘したからといって、それを中傷したり皮肉ったりしたいわけではない。立法者がそうしたバラバラの態度をとるのは、意図的ではなく必然によるものであることを私は知っている。

しかし、もっとも目に余る矛盾は法律〔一八四四年に改正されたフランス特許法〕に定められた手順そのものから生じる。第四巻第三〇条第三項に、こう書かれている。「特許が原理、方法、システム、発見、理論的概念あるいは純粋に科学的な概念にかかわるものであり、産業面での応用をさし示さないものであれば、その特許は無効である」。

では、原理、方法、理論的概念、システムとは何か。それこそ天才しかもたらしえない果実であり、純粋な発明であり、理念であり、すべてである。一方、応用は素朴な事実であり、無である。こうして、法律は特許の恩恵から、まさしく特許が本当に特許に値する部分、すなわち理念を排除する。法律は逆に、特許を応用に向かわせる。すなわち、物的な事実に相応させる。プラトンに言わせれば、理念の型にあわせる。したがって、われわれが発明の特許と言うのはまちがっている。正しくは先占の特許と言わねばならない。

今日、数学や代数や十進法を発明したとしても、特許は得られない。フランソワ・バレームのように実務に役立つ計算早見表をつくったら所有権が獲得できる。パスカルは空気圧の理論をつくったが、その特許は取っていない。かれのかわりに気圧計をつくったガラス屋が発明の特権を獲得した。フランソワ・アラゴ氏〔高名な物理学者〕のことばを引用しよう。「アルキメデスのスクリューポンプは水を汲み上げるのに使われる。アルキメデスから二〇〇〇年たって、わが国のある男がそのポンプでガスを送り込むことができると発表した。ポンプのしくみを変える必要はない。水を汲み上げるときスクリューは右から左に回るが、それをただ左から右へと逆回りにすればよいのである。さまざまの物質を含んだ大量のガスを、水の底深くまで送り込むことができる。ガスはふたたび上昇するさいに浄化される。私はそれが発明であったと言いたい。アルキメデスのスクリューポンプを空気注入機に変える方法を見つけた者には特許の権利があった」〔一八四三年四月一六日の国会議事録より〕とすると、アルキメデス本人も自分のスクリューポンプを使うためにはお金を払わねばならないわけだ。これこそ異常きわまりない。ところが、アルゴ氏はそれを正しいことだと言う。

この種の例はもう重ねる必要もないだろう。法律が独占を望んだのは、すでに述べたように、理念ではなく事実についてである。発明ではなく、先占である。しかし、理念というのは、それを表現するすべての事実を内包するカテゴリーではないのか。方法やシステムとは、さまざまの経験を一般化したものではないのか。それこそが天才のみがもたらしうる成果、すなわち発明なのではないのか。ここで、立法はもはや経済に反するどころか、まったくの愚行にいたる。したがって、私は立法者にその理由を問う権利がある。自由な競争が本来的なありかたであり、それは理論や原理や方法や占有不能のシステムを自由に応用する権利であるのに、なぜそういう競争をばあいによっては禁ずることができるというのか。原理を応用する権利をどうして禁ずることができるのか。ルノアール氏も言うとおり、「同業組合・ギルドの形で競争を抑圧することはもはや不可能である。その埋めあわせをするために特許が用いられる」。なぜ立法者は、こうした独占の陰謀に手を貸したのだろう。万人のものである理論をどうして禁じようとしたのだろう。

だが、何も答えられない人間にむかって質問し続けるのは、むなしい。立法者は自分がいったいどういうつもりで所有権を、いや、正確には先占の権利と言うべきだが、この権利を不思議な形で応用したのか、まったく自覚がない。したがって、少なくともかれが国民の名で独占者と結んだ契約の諸条項について、説明だけはしてほしいものだ。

私は管理や課税の期限その他の手続きにかんする部分については触れずにおく。ただ、つぎの条文に注目したい。

「特許は発明を保証するものではない」。

たしかに社会は、あるいは社会を代表する君主は、発明が発明であることを保証できないし、保証すべきでもない。なぜなら、社会は独占に一四年間の利権を認め、社会がその特権の買い手なのであり、発明の保証は特許権の所有者がすべきものなのだ。では、なぜ立法者は自分たちに委任した国民にむかって、誇らしげにこんなことが言えたのであろうか。すなわち、「われわれはあなたたちの名で発明者と交渉した。発明者はその発明をみなさんに享受させねばならないが、そのかわり発明の利用権を一四年間は独占できる。しかし、われわれは発明が本物であるかどうかの保証はしない」。——立法者はいったい何をよりどころに、そんなことが言えたのだろう。発明の保証がなければ、特権はじっさいの発明にでなく、発明のたんなる可能性にたいして認められることになる。工業という沃野の開墾が、鋤が発明される前に放棄されてしまう。どうしてそれがわからなかったのか。なるほど、立法者は立法者の義務として慎重でなければならない。しかし、それは立法者がものの見分けもつかないでくの坊でもよいということではない。

このように、発明の特許とは権利の期限を定めることでない。特許とは権利をあらかじめ譲り渡すことである。法律自身に語らせればこうだ。すなわち、「私は土地の最初の占領者にその土地を保証する。しかし、その土地の質も場所も、そしてその土地の存在すら保証しない。また、その土地を譲渡すべきかどうか、そもそも土地が所有物となりうるかどうか、それは私のあずかり知らぬこと」。なんともふざけた立法権の行使である。

たしかに、法律が干渉を控えるべき理由がちゃんとあることは私も知っている。しかし、私は法律がしっかり干渉すべき場面もあるのだと言いたい。以下はその証拠である。

ルノアール氏は言う。「本質を包み隠すことはできない。露呈を妨げることもできない。特許は、労働と天才にたいする正当な報酬であると同時に、やはり、まやかしの道具であり、それはこれからも変わらない。……ペテンに裁きをくだすのは、民衆の良識である」。

それなら、こうも言えるだろう。本物の薬とにせの薬、純粋のワインと混ぜものをしたワインを見分けるのは民衆の良識だ。胸につけた勲章が、本当に勲章に値するものなのか、愚行や陰謀への卑劣な加担のあかしにすぎないのか、それを見分けるのも民衆の良識だ。したがって、警察が民衆の良識にしたがうものであるならば、どうしてわざわざ国家を名乗り、権力、権威、警察を名乗る必要があるのか。

「諺にもあるとおり、土地の所有は戦争の元。同様に、特権の所有は裁判の元」。そうか。では、保証がないとき、どうやって偽物を見分けるのか。土地の先占者は自分だと申し立てるひとがいる。同じものを自分も発明したと申し立てるひとがいる。いずれもむなしい。ものごとの質がもののリアリティそのものを定めるとき、その保証を要求しないのは、何についても権利を授けないにひとしい。手順を比較して偽物を確定するという方法を取り去るにひとしい。産業の手順のばあいは、じつに些末なところにその産業の成功の秘訣がある。まさに些末な部分こそがすべてなのである。

以上のことから私はこう結論する。発明特許にかんする法律は、その動機においては絶対必要なものであったが、その運営においては不可能なもの、すなわち非論理的で恣意的で有害なものである。いくつかの必然が支配するもとで、立法者は全体の利益のためにひとつの限定的なものに特権を認めたつもりでいた。しかし、立法者はそのあとで悟る。自分は独占に白紙委任状を与えたのだ。民衆が何かを発明したり、発明に類することをおこなうチャンスを、自分はつぶした。自分は競争者の権利を何の見返りもなしに奪った。強欲なペテン師が無防備な消費者の善意につけこむのを自分は許してしまった。立法者はこのように悟ったあとで、契約の不条理さをそのまま伝えるために、自分が守るべきひとびとにむかってこう言った。「あなたたちは自分で自分を守りなさい」。

どの時代、どの国でも立法者は、各種の独占を公共経済の中心軸として確立するために、意図的に文書破棄を犯してきたとは思えない。それについては、私もルノアール氏と同感である。しかし、私はルノアール氏とちがって、立法者はどの時代、どの国でも自分が発布した法令の意味をまったく理解していなかったと思う。目が見えず耳が聞こえない人間でも、手ほどきされれば教会の鐘を鳴らすことができるし、塔の時計のねじをまわすことができる。鐘つきのしごとなら、そういう人間のほうがむいている。鐘の音の大きさに驚くこともなければ、塔の高さに目がくらむこともないからだ。あらゆる時代、あらゆる国の立法者にたいし、私もルノアール氏とともに心の底からの敬意を表明するが、かれらは目も見えず耳も聞こえない鐘つきと似ている。立法者は人間の愚行のすべてを体現する自動鐘つき人形なのである。

こういう自動人形に多少はものを考えさせることができたら、私はどこまでも誇らしく思うだろう。立法者がしてきたことは、あのペネロペ〔義父の死装束を織り終えたら再婚してもよいと言って求婚者たちを待たせ続けた貞女〕の機織りみたいに、つくった端から糸をほどき、べつの端からまたつくりはじめることを余儀なくされたものだと、かれらに理解させることができたら、と思う。

ひとびとはこうして、特許がうまれることに喝采しながら、そのかたほうで特権をなくすことを要求する。そして、どちらのばあいでも胸を張り、大満足する。経済学者のオラス・セイ氏〔J・B・セイの息子〕は食肉の売買の自由化を求める。その理由として、かれはまっさきにきわめて数学的な根拠をあげる。

かれは言う。「商売から引退したい肉屋は、自分が資本としているものを買い取ってくれるひとを探す。すなわち、道具一式、在庫商品、店の評判、そして顧客、これを買ってもらいたい。しかし、現行の体制のもとでは、かれはそのうえに純然たる形ばかりの価値も加えねばならない。すなわち、商売の独占にあずかる権利も買ってもらわねばならない。この追加的な資本は、買い取った者に肉屋の資格を与え、利益をもたらす。それは何かを創造するものではない。それはただ肉の価格に利息として入ってしまうものなのだ。したがって、肉屋の数を制限することは自然に、肉の価格を引き下げるのではなく、引き上げてしまう」。

「私が肉屋の売却について述べたことは、資格取得に金銭をともなうことがらすべてにあてはまる。私は恐れることなく、ついでにそこまで断言したい」。

オラス・セイ氏が肉屋の特権は廃止すべきだとした理由には、反駁の余地もない。しかも、肉屋にかんする論法は印刷屋・公証人・代訴人・執達吏・裁判所書記・動産公売官・ブローカー・

株式仲買人・薬屋などにもそのままあてはある。しかし、特権を廃止すべきとした理由は、権利の独占を登場させた理由を排除するものではない。独占が必要とされた理由は、商業の利益や民衆の健康とならんで、取引の安全性・真正性・規則性の必要から全般的に引き出されたものなのである。――目標は達成されていない、とあなたは言う。――いや、私にはわかっていた。肉の売買を競争にゆだねれば、あなたは腐った肉を食べることになる。肉の売買の独占を確立すれば、あなたはやはり腐った肉を食べることになる。独占および特許を立法化することによってあなたが期待しうる唯一の成果はこれなのである。

権利の乱用を許すな、と規制を唱える経済学者は叫ぶ。商業を監視する警察をつくれ、商標を義務化せよ、製品の偽造を罰せよ、などと言う。

どの方向であろうと文明が進んでいる道は、かならず独占の専制に、すなわち消費者の抑圧に行きつく。あるいは、警察の活躍によって特権の消滅に行きつく。それは経済の退歩であり、自由を破壊することによって社会を解体させる。驚くべきことが起こる。権利の乱用は寄生虫のシラミと同様に、それを退治する薬によって再生するのが、この自由な企業の体制である。立法者があらゆる犯罪をおさえつけることを望み、あらゆる不正を監視し、身体や財産や公共物へのあらゆる侵害に反対し、改革に改革を重ねていくと、その行きつく先は不生産的な公務員のものすごいふくれあがりである。ついには国民全体が公務員となり、生産者はひとりもいなくなる。ひとびとはみんな警察官となる。産業者階級はたんなる神話と化す。そうなれば、たしかに独占のなかで秩序が支配するだろう。

ルノアール氏は言った。「商標にかんして設けるべき法律は、商標は品質の保証となりえないこと、なるべきでもないことを原則とする」。これはまさしく、先に紹介した、特許は発明を保証するものではないという法律からの流れである。では、ルノアール氏の原則をあてはめてみよう。商標はいったい何の役に立つのか。ワインの瓶のコルクに、一二フランのワインとか、一五フランのワインとかではなく、たとえば**ワイン愛好協会**などといった商標が刻印されていたら、それは私にとって何の役に立つのか。私にとって大事なのは、販売者の名前ではない。大事なのはワインの品質であり、その商品の価格が品質に見合うかどうかである。

たしかに、製造者の名前はつくりの巧拙、品質の良し悪しを一語であらわす記号になると考えるひとびとがいる。それならば、製造者を示すだけのマークよりも、意味がはっきりわかるマークのほうがいいのではないかという意見を、どうしてすなおに採用しないのか。わざわざ婉曲的なマークにする理由がわからない。二種類のマークでも目的は同じである。後者のマークは、前者のマークを説明したもの、あるいはわかりやすく表現しなおしたもの、商品の内容説明書を要約したものにすぎない。ならば、もういちど尋ねるが、製品そのものがすでに立派に意味を示しているとき、マークはその意味を限定するだけになるのではないか。

この問題については、ルイ・ウォロウスキー氏〔パリ国立工芸学院教授〕が一八四三—四四年度の初回の講義で、きわめてみごとに説明してくれた。つぎのようなアナロジーで話もわかりやすい。ウォロウスキー氏は言う。「政府は量の基準を定めることができるように、質についても判断基準を定めることができるし、また定めなければならない。この二つの基準はそれぞれ他方を必然的に補完する。貨幣の単位、度量衡の体系は、産業の自由をいささかも侵害するものではない。登録商標の制度もまた同じく、産業の自由を傷つけるものではない」。ウォロウスキー氏は、経済学の王であるアダム・スミスとJ・B・セイの権威まで借りる。理性よりもはるかに権威のほうをありがたがる受講生を前にすれば、それはなかなか効果的な手法である。

私はというと、じつは私もウォロウスキー氏の考えかたにはまったく賛成する。ただし、私が賛成する理由は、その考えかたが根本において革命的だと思うからである。商標は、ウォロウスキー氏の表現によれば、質の判断基準にほかならないが、私に言わせれば、それは商品全体の固定価格表をつくることにひとしい。なぜなら、金や銀のように、特別の公社が国家の名前で刻印して商品の品質を保証しようと、また商標の管理が製造者にゆだねられていようと、とにかく商標が商品の実質（これもウォロウスキー氏の表現）をあらわし、消費者の納得を保証するものでなければならないならば、商標はけっきょく固定価格のなかで解消されざるをえない。もちろん商標は価格と同じものではない。同じ種の二つの商品は、産地や品質がちがっても同じ価格になりうる。たとえば、ワイン一瓶はブルゴーニュ産であれボルドー産であれ、同じ値段になりうる。——しかし、ブランドとして評価されているものであれば、商標はその商品の価格を正確に認識させる。商標は商品の中身が分析されていることをあらわすからだ。ひとつの商品の価格を算出することは、商品を構成要素に分解することであり、それこそまさしく登録商標がブランドとして成り立とうとするときにおこなっているはずのことなのである。したがって、私がすでに述べたように、われわれは商品全体の固定価格表づくりにむかって進んでいく。

しかし、商品全体の固定価格表というのは、あらゆるものの価値を確定することにほかならない。そして、政治経済学はここでも自分の原理と傾向に矛盾するのである。ウォロウスキー氏の改革を実現するためには、あいにくながら、先行するすべての矛盾を解決することから始めなければならないし、自分たちをより高度の協同《アソシアシオン》のレベルに引き上げなければならない。そして、まさにその解決が見えない点こそ、ウォロウスキー氏のシステムにかれの経済学者仲間の大半から非難が寄せられた点なのである。

じっさいには、商標の制度は現在の体制下では適用できない。なぜなら、この制度は製造者の利益に反し、製造者の習慣に合わず、ただ権力のエネルギッシュな意志によってのみ存続可能なものだからである。かりに商標をつけることの認可を公的な機関がおこなうとすれば、ワインの売買やビールの醸造に権力が介入するように、その職員はいつでも製造の現場に立ち入らねばならない。さらに、職員はいかにも厄介で過酷な作業に取り組むように見えるが、かれらの関心事は売買される商品の質ではなく、課税すべき商品の量なのである。税務署の監査官や検査官は細部にわたってくまなく調査をおこなわねばならない。それは詐欺行為をなくすため、防止するためである。では、詐欺行為とは何か。立法者はそれをまったく定義できない。あるいはまちがった定義しかできない。であるからこそ、査察のしごとは恐ろしいものとなるのである。

品質最悪のワインを売るのは詐欺行為ではない。ある品質をべつの品質として押しつけるのが詐欺行為である。したがって、ワインの品質をきちんと区別することが義務づけられる。そこから、品質を保証することが義務づけられるのだ。——ワインに混ぜものをするのは詐欺行為か。

化学者ジャン＝アントワーヌ・シャプタルは、ワイン製造法を教える書物で、混ぜあわせはきわめて有益だと説いた。他方、経験的に明らかなように、互いに性質が逆で相性の悪いワインどうしを混ぜあわせると、味も悪く体にも悪い飲み物ができあがる。だから、どういうワインなら混ぜあわせが有益で、どういうワインなら混ぜあわせが不可なのか、はっきりさせねばならない。ワインに香料やアルコールや水を加えるのは詐欺行為か。シャプタルはこれについても良いことだと奨励する。しかし、誰もが知っているとおり、こうした添加物は良い結果につながることもあれば、有害で不愉快な結果につながることもある。では、どういう物質を禁止するのか。どういうばあいに禁止するのか。割合がどれくらいなら禁止するのか。コーヒーにチコリーを混ぜるのも、ビールや水やサイダーにブドウ糖を混ぜるのも、ワインに精留アルコールを混ぜるのも禁止するのか。

下院は今年ワインの変造にかんする法律をつくろうと、勇んであれこれ画策していたが、この問題は解決しがたいほどむずかしいとわかり、立法化の作業を途中で放棄した。ただ、ワインに水を混ぜたり、アルコールを一八パーセント以上混ぜるのは詐欺行為だと宣言し、こうした詐欺行為は犯罪にあたると言明することはできた。それはイデオロギーの領域であり、そこでの活動には何の障害もない。しかし、こうした取り締まりの強化は、消費者ではなく税務署を利するものでしかないことは誰の目にも明らかであった。また、下院は詐欺行為を監視し確定するために、ワイン鑑定士や検査官をそろえた組織を創設することもせず、数百万の予算を追加することもしなかった。水増しやアルコール添加は、ワインを誰もが買えるようにして製造販売者の利益を実現するために、製造販売者に残された唯一の手段なのである。それを禁止することによって、下院はワインの生産を減退させるばかりで、販路の拡大はできなかった。一言でいえば、下院はワインの変造を悪だと訴えながら、詐欺行為の限界を遠ざけていっただけであった。下院の作業がその目的を達成するためには、どうすればワインの商売はワインの変造なしでも可能なのか、どうすれば民衆は純粋のワインを購入できるのかを、あらかじめ明らかにしておく必要があった。しかし、それは下院の権限を超え、かつ下院の能力も超えるものである。

もし、消費者が値段の面でも健康の面でも保障されることを、あなたが望むのであれば、あなたは優良で誠実な製造のプロセス全体を理解し、確定しなければならない。あなたは製造者の動きをすべて把握し、製法を全ステップにわたって指導しなければならない。そうすると、ものを本当に製造するのはもはや製造者ではない。本当の製造者は、あなただ。すなわち国家である。

こうして、あなたは罠《わな》にはまる。生産にたいしてやたらに干渉して商業の自由を妨げるか、もしくは、あなただけが唯一の生産者で、かつ唯一の販売者であると宣言するか、どちらかしかない。

前者のばあい、あなたは世間を困らせて、あげくは社会全体の反乱をひきおこす。そして、遅かれ早かれ国家は生産から排除され、登録商標も廃止される。後者のばあい、あなたはいたるところで個人のイニシアティヴを奪って、それを権力の活動に置き換える。しかし、それはまさしく政治経済学の原理に反し、いまの社会のありかたにも反するものである。では、あなたは中間を選ぶのか。しかし、それはえこひいき、縁故主義、偽善であり、あらゆるシステムのうちで最悪だ。

そこで今度は、商標の管理が製造者にまかされると仮定しよう。私に言わせれば、そのばあい商標はたとえ義務的なものであっても、しだいにその意味を失い、ついにはたんなる原産地の表示にすぎなくなる。商人や工場主は特許がもらえない製法を用いると、産業の秘密や利潤の秘密、そして自分の成り立ちの秘密を露呈してしまう、などと考えるひとは商売のことがほとんどわかっていない。つまり、意味とは偽るものである。偽りにならないようにするのは警察の力がおよぶものではない。ローマの皇帝は、正体を隠したキリスト教徒をあぶりだすため、すべての民衆に偶像への礼拝を義務づけた。これによって背教者も生まれたが、殉教者も生まれた。そして、キリスト教徒の数は増える一方であった。これと同様に、意味ありげな商標はいくつかの企業にとっては有益だが、欺瞞と弾圧を無数に生み出すだろう。というか、そうなるしかないのである。製造者が、商品の本当の中身、すなわち商品の産業的・商業的な価値を忠実に表示するようになるためには、かれを競争の危険から免れさせ、かれの本能的な独占欲を満足させなければならない。あなたにはそれができるか。さらにまた、消費者にも不正の撲滅への関心をもってもらわなければならない。そういうことは、生産者もそれにまったく無関心ではないかぎり、不可能なもの、かつ矛盾するものである。不可能だというのはこうだ。一方の側には退廃した消費者、中国がいる。他方の側には破産しかかった小売商、英国がいる。両者のあいだに、有毒な薬があり、この薬は飲むひとに高揚と陶酔をもたらす。そのとき、全世界の警察がこれを取り締まろうとしても、阿片の売買はおこなわれてしまう。――矛盾するというのはこうだ。社会を全体として見れば、消費者と生産者は同一にほかならない。したがって、消費すると有害なものを両者はともに生産したがる。そして、どちらにとっても消費は生産と販売のあとに来るものであるから、全体はまず生産者の利益を守るために結託するが、販売者の利益から身を守るのは個々人にまかされる。

登録商標をあみだした思想は、かつて最高価格法を発布させた思想と根は同じである。ここにもまた、政治経済学の無数の分岐点のひとつがある。

さまざまの最高価格法は、いずれもそのときの大変な食糧不足に対処するためにつくられたものであるが、そのお定まりの帰結は食糧不足をさらに悪化させたことである。これには議論の余地がない。したがって、経済学者がこの最高価格法を嫌悪すべき法律として告発するのは、それが不正だからでも悪辣だからでもない。ただ不適切な愚策だからである。しかし、経済学者が最高価格法に対抗してうちだす理論は、矛盾もはなはだしい。

食糧不足を解消するために必要なのは食糧の要請である。もっと正確に言えば、食糧をじっさいに供給させることである。ここまでは非難すべき点は何もない。食糧の供給をおこなわせるために必要なのは、そうすることに御利益があると食糧の保有者に思わせ、かれらに競争を促し、そしてかれらに完全に自由な市場を保証することである。この方法は、あのバカげた同毒療法《ホメオパシー》にそっくりだと思わないか。私はひとからものをせびられればせびられるほど、どんどんひとにものをあげたくなる、などとどうして考えられるのか。レッセ・フェール、ものごとは自然にまかせよ、と経済学者は言う。競争も放任せよ、と言う。とくに食糧不足のときにそんなことを言う。食糧不足が競争と独占の結果であるのに、そんなことを言うのだ。なんというロジック。しかも、なんというモラル。

しかし、パン屋にはパンの公定価格があるのに、どうして農民には作物の公定価格が設けられないのだろうか。新聞や回状や為替には印紙があり、ビール醸造業者やワイン製造業者には国家の管理があるのに、どうして種まきや小麦の取り入れ、ぶどうの取り入れ、飼料や家畜には検査がないのか……。なるほど、独占の体制においては、それは厄介の種を増やすだけのものだろう。それは私も認めるが、しかし、商業がますます不誠実なものとなり、権力がたえずその人員や予算を増やしている今日の傾向にともなって、農作物の検査を法律で定めることがいまや日に日にますます必要になっている。

しかも、食糧不足のとき、自由な市場と最高価格法のどちらのほうが、より多くの害を生むか、断定するのはむずかしい。

だが、どちらを選ぶにせよ、また、あなたはこの二者択一をまぬがれることはできないのだが、あなたは期待をかならず裏切られ、巨大な災難にみまわれる。最高価格法のもとでは、商品は秘匿される。恐怖は法律の効果によってますますふくれあがり、物資の価格は上がりに上がり続ける。やがて流通は停止し、恐慌が大襲撃さながらに急激に、容赦なく訪れる。競争のもとでは、災難の訪れはややゆるやかになるが、それでもやはり害は大きい。価格の高騰につられて商品が市場に出てくるよりも前に、多くのひとびとは倒れ、飢えて死ぬ。商品が市場に出たあとでも、べつの形の強奪によって多くの犠牲者が出る。これが王の歴史である。神は王の高慢さを罰するために、三日間のペストか、三ヵ月間の飢饉か、三年間の戦争か、どれかを選べと言う。ダビデ王は一番短いものを選ぶ。経済学者たちは一番長いものを好む。人間とはあわれなものだ。卒中で死ぬより、肺結核で死ぬほうがいいと思う。すぐには死なないと思えるからだ。経済学者が、最高価格法の欠点と自由市場の利点をさかんに誇張するのも、まさにこれが理由なのである。

その他、フランスがこの二五年間、全国的な飢饉にみまわれなかったのは、けっして商業の自由のおかげではない。商業というのは、豊富のなかで欠乏を生じさせ、豊作のときにも飢饉をのさばらせる術を知っており、それを自在に操れる。飢饉を回避できるのはコミュニケーション手段の改良のおかげである。それは地域間の距離を縮め、地方で欠乏が生じたときにおこるバランスの乱れをすぐさま回復させる。商業の自由に含まれる悲しい真実はここで一気に明瞭となる。社会において全体が豊かになるのはけっして個別意志の共謀の成果ではないのである。

独占と社会の幻想的な和解、すなわち、われわれがすでに本章の第一節で説明したように、資本と労働、貴族とプロレタリアートの幻想的な和解にもとづく今日の体制を深く掘り下げてみよう。すると、それは専制主義の理論家であるホッブズやマキャヴェッリもまったく認識しなかった恐ろしい公理にしたがってことごとく予見され、規定され、実施されていることが見えてくる。その公理とは、「**すべてが民衆によって、そしてすべてが民衆に反してなされる**」というものだ。労働が生産しているときに、資本は社会の虚妄の豊かさにかくれて、ものを享受し乱用する。立法者は調停に乗り出し、特権階級に友愛の情を期待し、労働者に保障をたっぷり与えようとした。が、いまでは両者の利害がどうしようもなく矛盾すること、そして労働者にたいする保障のひとつひとつが拷問の道具であることに気づいている。この視点で、貧乏人にたいする国家の犯罪行為とヴァラエティに富んだ拷問のかずかずを語るためには、一〇〇巻の書物と一〇人の語り部の人生とひとつの鉄の心臓が必要であろう。ただ、その精神と摂理を理解するためなら、警察の主要なカテゴリーをざっと見渡すだけで十分だろう。

民法、商法、行政法の無秩序によって人心に混乱が生じたし、矛盾の増加によって正義の観念もあいまいになったし、現在の体制はどんな解釈者によっても説明がむずかしくなった。その結果として、犯罪の抑制を組織し、犯罪には懲罰を加えることも必要になったのだ。刑事裁判所は、不生産的な大家族のなかでもとりわけ豊かな階級であり、フランスにおいてその維持費用は毎年三〇〇〇万フラン以上におよぶ。この刑事裁判所が、パンが人間の命にとって必要であるのと同じくらい、社会にとって必要な存在原理となった。しかし、人間は自分の手で生産したものを食べて生きるが、社会はそれと大きく異なる。社会は社会の成員を食いものにする。自分自身の肉を食って生きのびるのである。

幾人かの経済学者の挙げる数値で計算すると

ロンドンでは、　住民八九人あたり犯罪者一人
リバプールでは、　住民四五人あたり犯罪者一人
ニューカッスルでは、　住民二七人あたり犯罪者一人

しかし、この数字は正確さに欠ける。また、この数字がどれほど恐ろしげに見えようとも、警察による社会的な腐敗の本当の度合いはこんなものではない。ここで確定すべきは、認知された犯罪者の数ばかりではなく、犯罪そのものの数である。刑事裁判所のしごとは、独占の体制のもとでの人類の道徳的な破滅を浮き彫りにする特殊なメカニズムにほかならない。しかし、こうして公式に明らかにされるものは、悪事の本当の全体像を示すにはほど遠い。以下の数字のほうが、悪事の実態をより確実な近似値で示すものと言えるかもしれない。

パリの軽罪裁判所で裁かれた件数

一八三五年	一〇万六四六七件
一八三六年	一二万八四八九件
一八三七年	一四万〇二四七件

この増加は一八四六年まで続いたとしよう。また、この軽罪の件数のうえに、重罪裁判所での処理件数と、警察だけで処理された件数、発覚をまぬがれたり処罰されなかった犯罪の全体、すなわち微罪裁判官のことばを借りれば裁判所が処理する大量の件数を超過する件数が、さらに加わるとしよう。そうすると、つぎのような結論にいたる。パリの市内では、いまや一年間にその住民数を上回る法律違反が犯されている。そして、このように推定される法律違反の総数からは、七歳以下の子ども、すなわち罪を問える年齢に達しない子どもによる犯罪は除外されているはず

だから、既成の秩序を侵害した罪の数は、成人の市民一人につき三回から四回になる。

このように、所有のシステムは、パリにおいては一年間に一〇〇万ないし二〇〇万の犯罪をともなって、ようやく支えられているものなのだ。しかし、この犯罪がたった一人の男のしわざだとしても、議論はそれで終わるわけではない。この男は、いわばイスラエルの罪を背負わされたスケープゴートだろう。裁判所が処理する件数を割り当てられているとき、犯罪者の数ははたしてどれほど重要だろうか。

暴行、偽証、盗み、詐欺、個人や社会にたいする侮辱、これらはどれもみごとに独占の本質なのである。それらは独占の本質からごく自然に、まったく完璧なまでに規則的に、そしてきわめて確かな法則にしたがって生じる。であるからこそ、われわれは犯罪の数を目算することができたのだし、人口の数や産業の状態および文明の度合いが与えられれば、そこからその社会の道徳性も厳密かつ統計的に導き出される。経済学者は、価値の原理が何であるかはまだ知らずにいるが、犯罪の比例性については小数点以下まで知っている。人間がたくさんいれば犯罪者もたくさんいるし、有罪判決もたくさん出る。そこには何のまちがいもない。それは確率の計算がみごとに応用できる問題のひとつであり、経済の科学がもっとも進んでいる分野なのである。しかし、こうした社会告発的な理論をあみだしたのが社会主義であったならば、世間はこぞって、それはとんでもない中傷だと叫んだことだろう。

とはいえ、そこにわれわれが驚くべきことが何かあるだろうか。貧困は、社会のさまざまの矛盾の必然的な結果であり、利子率や賃金の数値や市場の価格によって数学的に確定しうる結果である。犯罪や軽罪も社会の矛盾のもうひとつの結果であり、その原因と同様、数値によって評価される。唯物論者は、このように人間の自由が数字の法則に従属することからきわめてバカげた推論を引き出した。人間はかれを包む環境からの影響を受けない、と言う。人間を包む環境は不変の法則に支配されているので、人間がどんなに自由にふるまっても、こうした法則からの反動を経験するはずがない、と言うのだ。

先に刑事裁判所の設立と維持は必要なものであったと指摘したが、それは道徳においてもやはり必要である。ただし、もっと形而上学的な面で必要である。

あらゆるモラリストの一致した意見によれば、刑罰は犯罪者に改心をもたらすものでなければならない。したがって、犯罪者をさらに腐敗させかねない刑罰はすべて遠ざけねばならない。私はそうしたおめでたい心情を叩きたいわけではない。昔の偉人たちの栄誉を誉めたたえようとする試みの悪口を言いたいわけでもない。博愛の精神は、しばしば博愛という名前だけでバカにされるけれども、後世のひとびとの目には、現代のもっとも高貴な特徴を保持するものとなるだろう。死刑の廃止（執行を延期されるだけだが）、焼き印の廃止、独房システムの研究、刑務所内の作業場の設置その他、私が引用しきれないほどたくさんの改革がなされている。それらはわれわれの思想や道徳が、現実的に進歩していることを証明する。キリスト教の創始者は、崇高な愛をほとばしらせてかれの神秘的な王国について語った。その王国では、悔い改めた罪人は罪のない正しいひと以上に誉めたたえられる。こうしたキリスト教徒の仁愛のユートピアは、すべてが疑わしい現代社会の祈りとなった。そして、この点でひとびとの感情がひとつになっていることを考えると、この祈りの実現を妨げているものはいったい何だ、と驚かざるをえないのである。
本当に驚くことに、現代ではまだ理性のほうが愛よりも強い。論理のほうが犯罪よりも強いのだ。まさしくここで、またいたるところで、現代文明の解きがたい矛盾が支配している。空想の世界をさまよい歩かないようにしよう。現実を、その恐ろしい裸身のまま抱きしめよう。

恥とすべきは犯罪である。死刑台ではない。

と諺にも言う〔トマ・コルネイユ『エセックス伯爵』〕。人間は罰されるに値するばあいには罰されるとすると、それだけで人間は堕落する。刑罰は人間を卑しいものにする。それは法典がそう定めているからではない。刑罰の原因となったかれのあやまちのせいである。したがって、刑罰の具体的な形は重要ではない。監獄のシステムも重要ではない。あなたがかれにたいしておこなっていることは、ただ自分の気持ちを満足させるだけである。あなたが裁いた不幸な男をそれによって立ちなおらせることはできない。懲罰によっていったん品位をおとした犯罪者は、二度と世間から受けいれてもらえない。しみは決して消えない。罰は永遠に続く。もしそういうものでなければ、刑罰は犯罪に比例しなくなる。もはやたんなるフィクションにすぎなくなる。無にひとしくなる。貧しさゆえに盗みを犯し、裁きを受けて苦しむ者は、どこまでも神と人間の敵である。「そういうひとは生まれなかったほうがよかったのです」と言ったのはイエス・キリストだ〔新約聖書『マタイによる福音書』二六章二四節〕。そして、イエス・キリストが言ったこのことばについて、キリスト教徒も無信仰のひとびとも、それはまちがっているとは言わない。恥は取り返しのつかないことであるというのは、あらゆる福音の教えのなかでも、私的所有の世界で理解された唯一のものなのである。独占によって自然から切り離され、犯罪と刑罰の母である貧困によって人類からも切り離された下層民には、いったいどういう逃げ場が残されているのだろう。かれらは働いても食えず、働こうにも力がでない。

プロレタリアートを攻撃し、そしてプロレタリアートから体制を守る戦いを導くために、公的な権力が不可欠とされた。執行権力は、国内の立法と行政と司法の必要から生じた。ここでもまた、美しい希望が苦い失望に変わってしまった。

君主は、立法者として市長として裁判官として、神聖なる権威の代表をもって自ら任じた。貧乏人や寡婦や孤児の保護者として、君主は王座のまわりに自由と平等がみなぎることを約束し、労働の援助、民衆の声を聞くことを約束した。そして、民衆は喜んで権力の腕のなかに身を投じた。民衆は経験によって権力が自分たちに対立するものだと察知しても、民衆は制度を非難せず、もっぱら君主を告発する方向にむかった。君主はその本性およびその使命によって、不生産的な階級の長であり、もっとも巨大な独占者なのであるから、本人が何をしようと君主は民衆のための存在ではなく、民衆の訴えを汲み取ることもできない。なのに、民衆はそのことを理解したがらなかった。

政府の形態にせよ、政府の活動にせよ、それについての批判はすべてこうした本質的な矛盾に行きつく。人民主権の理論家を名乗る連中が、権力の専制をやわらげる方策は普通選挙を実施することにあると主張するとき、かれらはリスのように、もとのカゴに戻るにすぎない。なぜなら、権力を構成する諸条件、すなわち権威・所有・ヒエラルキーがそのまま残っているとき、普通選挙とは民衆が抑圧されることに自ら同意することにほかならないからである。つまり、普通選挙とはもっとも愚かなペテンにすぎない。

権威のシステムにおいては、その出自が君主制であれ民主制であれ、権力は社会の貴重な機関である。権力によって社会は生き、動き続ける。あらゆるイニシアティヴは権力から生じ、あらゆる秩序、あらゆる改良は権力のしごとである。これとはまったく逆なのが、経済科学による定義だ。すなわち、ものごとのリアリティに合致したその定義にしたがうなら、権力とは社会という組織がたえず減少させるべき不生産的な階級である。それでは、民主主義者にとってなじみぶかい権威の原理と、政治経済学の願望、それは民衆の願いでもあるが、この二つは一緒に実現できるものなのだろうか。先の仮説によれば政府はすべてであるのに、どうすれば政府は従順な下僕、従属的なサービス機関となるのであろうか。はたして君主は、権力を弱めるために権力を受けとるであろうか。君主は秩序の観点から自分の存在をなくすために働くだろうか。君主はむしろ必死になって権力を強め、人員を増やし、たえずあたらしい上納金を獲得しようとするのではないか。そして、民衆から生まれたあらゆる権力の宿命的な終着点である民衆への依存から、最終的には脱却したいと思うのではないか。

民衆は自分たちで立法者を指名し、その立法者をとおして自分たちの意志を権力に飲みこませるようになれば、いつでも権力の侵攻をくいとめることができる、と言うひとがいる。つまり、そうなったとき民衆は君主の役割と主権者の役割を同時にはたすだろう、と言うのだ。要するに、これが民主主義者のユートピアなのである。プロレタリアートをたぶらかす永遠のまやかしである。

しかし、民衆は権力に反対するような法律をつくることもあるのではないのか。社会の土台をなす原理、権威とヒエラルキーの原理に反対し、自由と所有に反対する法律をつくることもあるのではないか。あいにくながら、われわれの仮説においては、それは不可能と言うしかない。それは矛盾しているからである。したがって、所有・独占・競争・産業における特権・財産の不平等・資本の優位性・圧倒的な中央集権のヒエラルキー・抑圧的な行政・恣意的な司法、これらのものがそのまま残る。そして、政府は自らの原則にそった動きをしないはずがないので、資本は以前と同様、社会の神であり続けるだろう。民衆はあいかわらず搾り取られ、人間としての価値を下げられ、主権者になろうと試みれば自分の無能をさらけだすばかりだろう。

これもむなしい話だが、権力の支持者たち、王制と共和制のどちらでもかまわない理論家たちはみんな、それぞれ戦術のちがいはあれ、自分たちがいったん権力にたずさわれば、あらゆるところで改革をおこなうと胸を張る。いったいどういう改革か。

憲法の改正か。——それは不可能である。国民が集団として憲法議会のなかに入っても、国民はただ自分たちのあらたな従属の形態に賛成票を投じるか、もしくはその議会の解散を宣告するだけだろう。

民法典の手なおしか。ナポレオンの業績であり、ローマの法と習俗を純粋にその内容とする法典を手なおしするのか。——それは不可能である。私的所有の習慣をはずれたら、あなたには何も見えず、何も聞こえないのに、あなたは所有のかわりに何を置くつもりか。独占という枠を超えるのはあなたの想像力もおよばないことなのに、あなたは独占にかんする法律をどう置き換えるつもりか。古代世界がわれわれに残した二人の巫女、王制と民主制は五〇年以上前から、憲法をめぐる妥協をとおして、互いの神託を和解させようと努めてきた。君主の賢明さと民衆の声がひとつになったとき、そこからどういう啓示があらわれるか。どういう秩序の原理が発見されたか。特権の迷路にどのような出口があると示されたか。君主と民衆はこの奇妙な妥協にサインしたが、そもそもその前に、両者の思想はどういう点でちがっていたのか。いま両者はそれぞれ契約を破棄しようとがんばっているが、そもそも両者のちがいはどこにあるのか。

あなたがやろうとしている改革は、民衆の負担を減らすことか。税金をもっと公正な算定にもとづいて割りふることか。——それは不可能である。軍隊と同様に税金においても、民衆はあいかわらず本当の割り当てよりも多くをさしだすだろう。

独占を規制し、競争にブレーキをかけるのか。——それは不可能である。それをすれば生産を殺すことになる。

あたらしい販路を開くのか。——それは不可能である（＊13）。

信用を組織するのか。——それは不可能である（＊14）。

遺産相続をなくすのか。——それは不可能である（＊15）。

国立作業所をつくり、失業中の労働者に最低賃金を保証するのか。労働者も利潤の分け前にあずかれるようにするのか。——それは不可能である。政府はその本質として、生産物については税金をかけることしか考えないのと同様、労働についてはただ労働者を鎖でしばるためのものとしか考えない。

機械制がもたらす悲惨な結果を、補償のシステムによって修復するのか。――それは不可能である。

過度の分業が人間を愚鈍化させる悪影響を、規制によってなくせるのか。――それは不可能である。

教育による自己成長を民衆にも享受させるのか。――それは不可能である。

商品や賃金の公定価格表をつくり、絶対的な権威によってものの価値を固定させるのか。――それは不可能である。絶対に不可能である。

苦境におちいった社会が要請するあらゆる改革は、いずれも権力の手に余るものばかりだ。権力はそのいずれも実現することができない。なぜなら、権力は本質的にそのいずれについても反対するからである。また、そもそも神が分離させたものを結合させるのは、人間にできるわざではない。

いや、政府によるイニシアティヴを支持するひとびとは、こう反論するかもしれない。すなわち、アンチノミーの発展が約束した革命を成就するためには、すくなくとも権力がそれを補佐する力になることは認めてもよいのではないか。権力を民衆の手に渡して、あなたの目的の達成を補佐しようとする改革に、あなたはどうして反対するのか。社会の改革が目的で、政治の改革は手段である。あなたが目的の達成を望むのであれば、どうしてその手段を放棄するのか。

これが今日、民主主義派の新聞がこぞって唱えている理屈である。ほとんど社会主義に近いこの信仰告白のおかげで、かれらは自分たちの理論の空虚さを自分で明らかにした。その告白に私は心の底から感謝したい。民主主義は科学の名のもとに、社会改革の前提として政治改革を要求する。しかし、科学はこうした策略を科学にとって有害なものとして、それに反対する。科学は政治との結託をいっさい認めない。科学は政治によるごく些細な援助さえ期待せず、それどころか、まさに政治を排除することから自分の作業を始めるのである。

まったく人間の精神とものごととの真実は、なかなか親和しないもののようだ。私の目撃するところ、民主主義は昨日まで社会主義で、資本の影響と戦うためにたえず資本を要求し、貧困を救済するために富を要求し、自由を組織するために自由の廃止を要求し、社会を改革するために政治の改革を要求する。つまり、私の目撃するところ、民主主義が社会に深くかかわるのは、社会の問題が棚上げされるか、解決されているという条件のもとでのみである。私はそういう民主主義を見るたびに、怪しい女占い師を連想する。占い師は相談者の問いに答える前に、まず相談者の年齢や職業や家族や、これまでの人生でのできごとすべてを尋ねることから始める。なんとあわれな占い師だろう。もしおまえが未来のことを知っているのであれば、私が何者であり、何を望んでいるか、それも知っているはずだ。どうして私にそんなことを尋ねるのか。

そこで、私は民主主義者からの反論に答えよう。もし、あなたが権力の使いかたを知っており、権力の組織のしかたを知っているのであれば、あなたは経済の科学をつかんでいることになる。もし、あなたが経済の科学をつかんで、その矛盾をとく鍵をもち、労働を組織することができ、すでに交換の法則を研究ずみであれば、あなたには国内の資本も公的な権力も必要ではないだろう。あなたは現在の時点ですでに貨幣よりも力があり、権力よりも強い。なぜなら、労働者たちはあなたの味方であり、まさにそのことによってあなたが生産の唯一の支配者であり、商業も工業も農業もあなたに隷属し、あなたは社会の資本をすべて意のままにし、税金を好きなように定め、権力を麻痺させ、独占を足で踏みつけるからだ。あなたはそれ以外にどんなイニシアティヴを求め、それより大きなどういう権威を必要とするのか。あなたが自分の理論を応用しようとするのを、いったい誰が邪魔しているのか。

それはけっして政治経済学ではない。政治経済学は多くのひとに支持され、信用されているが、それがあなたの邪魔をしているわけではない。なぜなら、政治経済学においてはすべてのことがらに正しい面とまちがっている面があり、あなたにとって問題は、経済の要素の全体がもはや矛盾しなくなるように要素どうしを結合させること、それだけだからである。

また、邪魔しているのは民法でもない。なぜなら、民法は経済の慣習の欠点は見ず、その長所のみによって経済の慣習を承認し、政治経済学そのものと同様、きちんとした総合を求める声にはすぐに屈するものだからである。したがって、民法はあなたにとってこれほどありがたいものはない。

最後にまた、あなたの邪魔をするのは権力でもない。権力は敵対関係の最終的な表現であり、法律を守るためにのみつくられたものであるから、あなたが偽りの宣誓をしないかぎり、あなたにとっての障害とはなりえないだろう。

では、もう一度たずねるが、いったい何があなたを妨げるのだろうか。

もし、あなたも社会科学がわかっていれば、社会づくり《アソシアシオン》の問題は不生産的な階級の組織化にとどまらないことを知っていよう。不生産的な階級の組織化については、ありがたいことに、それほどしごとは残っていない。問題は生産者をも組織化することである。そして、生産者を組織することによって、資本を従属させ、権力を制することである。そういうことこそ、あなたが支え続けるべき戦争なのである。すなわち、資本にたいする労働の戦い、権威にたいする自由の戦い、不生産的な階級にたいする生産的な階級の戦い、特権にたいする平等の戦い。戦争を好ましい結果に導くために、あなたが問うのは、まさしく何と戦うべきかということである。しかし、権力と戦い、権力を弱め、そして、権力を社会のなかでのそのふさわしい場所に置くために、権力の保持者を入れ替えることや、権力の働きに何らかのヴァリエーションをつけることは、何の役にも立たない。いまは社会の支配者である権力を社会の下僕に変える手段として、農業と工業の結合を見つけださねばならない。あなたはこの結合の秘密をつかんでいるか。

じつは、それどころの話ではない。それはまさにあなたが同意しないことなのだ。あなたはヒエラルキーのない社会など想像できず、自分ですすんで権威の擁護者になった。権力を賛美するあなたは、権力を強化することと自由を抑圧することしか考えない。あなたの好きな金言は、民衆の豊かさは民衆に逆らって獲得される、というものだ。あなたにとって必要なのは、権力や政治を消滅させて社会改革をすすめることではなく、権力と政治を再構築することなのである。そのとき、一連の矛盾はあなたの善意のあかしではあるが、権力の真実の友である貴族や王党派、つまりあなたの競争相手はそれが幻想であることをよく知っている。この一連の矛盾によって、あなたはわれわれに約束するのである。すなわち、歳出の倹約、税負担の公正、労働の保護、教育の無償化、普通選挙、および権力や権威にとって不愉快なありとあらゆるユートピアの実現を約束する。こうして、あなたが手にする権力は社会を危機に導くものでしかない。そのために、あなたは権力を保持することができなかったのだ。また、ブリュメール一八日のとき、あなたから権力を取り上げるのに四人の男だけで十分だった理由もそこにある。そして今日、あなたと同じくらい権力を好み、しかも強大な権力を求めるブルジョワジーが、あなたに権力を回復させない理由もそこにある。

じっさい、権力は集合的な力の道具であり、社会のなかで労働と特権の仲介役としてつくられたものであるから、必然的に資本に服従し、プロレタリアートに対立する方向で操作される。いかなる政治改革もこの矛盾を解決することができない。なぜなら、政治家自身が告白しているように、そういう改革はただ権力を勢いづかせ、権力をさらに拡張させる結果にしかつながらないからである。そして、ヒエラルキーがひっくりかえり、社会が解体しないかぎり、権力は独占にそなわる特権に手を出すこともできないからである。したがって、労働者階級にとって問題は、権力や独占を獲得することではなく、権力と独占を同時に打倒することにある。すなわち、資本と国家を包み込み、征服するひとつのより大きな権威、より強力な事実を、民衆の内側から、労働の深部から生み出すことにある。この条件を満たさない改革の提言はすべて、あらたに加わった厄介なものにすぎない。ある預言者のことばを借りれば、プロレタリアートを怖がらせるために見張り番がふりかざすムチ、「アーモンドの枝」〔旧約聖書『エレミヤ書』一章一一節〕にすぎない。

このシステムの最後のしあげが宗教である。私はここであれこれの宗教思想の哲学的な価値をうんぬんするつもりはない。その歴史を語ったり、その解釈に力を入れるつもりもない。私はただ、宗教の経済的な起源や、宗教と警察を結びつける秘密の絆や、宗教が一連の社会的な運動のなかで占める位置について考察するにとどめる。

人間は、自分の力を自分で均衡させられないと観念すると、いわば自分の外に飛び出して、その絶対的な調和を無限のかなたへ探しに行く。人間にとってそれを実現させるのは最高度の理性であり、最高のパワーであり、最高の幸せである。人間は自分に自信がもてず、神の前にひざまずいて祈る。人間の祈り、神にむかって歌う聖歌は、社会にたいするののしりである。

人間はこうつぶやく。私は権威と権力を神から授かった。だから、神と君主にしたがおう。「神と王に服従せよ」。——私は法と正義を神から授かった。「神によって、王たる者は世を治め、つかさたる者は地を治める」〔旧約聖書『箴言』八章一五—一六節〕。だから、立法者と裁判官が口にすることばをありがたく受けとめよう。労働の発展をあやつり、財産の形成と喪失をあやつるのは神である。だから、神の意志が貫かれることを祈ろう。「主は与え、主は奪う。主の御名《みな》は誉めたたえられよ」〔旧約聖書『ヨブ記』一章二一節〕。私が貧困で苦しめられているとき、そして私が正しいことを言って迫害されているときに、私を罰するのは神である。だから、私を清めるために神の慈悲が私にくだす罰をありがたく受けいれよう。「神の力強い御手《みて》の下で自分を低くしなさい」〔新約聖書『ペトロの第一の手紙』五章六節〕。いまの生活は、神が私に与えたものであり、私を救済に導くための試練にほかならない。だから、快楽から遠ざかろう。苦痛を愛そう。苦しみを求めよう。苦行を喜びにしよう。この世の不正義がもたらす悲しみは、天の恩寵である。嘆き悲しむものに幸いあれ。「柔和な者は幸いです」〔新約聖書『マタイによる福音書』五章五節〕。「不当な苦しみを受けることになっても、神がそうお望みだとわきまえて苦痛を耐えるなら、それは御心にかなうことなのです」〔新約聖書『ペトロの第一の手紙』二章一九節〕。

一世紀前、ひとりの説教師〔ジャン＝シフラン・モーリー、王党派の司祭〕が、大金持ちや大地主たちにむかって、そうしたおぞましいモラルを正した。かれは涙を流しながら叫んだ。「私は何をしてきたか。神の真実の友である貧しいひとびとを悲しませてきた。パンにも事欠く不幸なひとびとにむかって、罰のきびしさを説教してきた。本当であれば私が神のことばを、そのすさまじい雷鳴とともに炸裂させるべき場所は、まさしくここである。つまり、私の目の前に権力者、金持ち、苦悩する民衆の抑圧者たちしかいない、ここである」。

しかしながら、あきらめを説く理論は革命を妨げることで社会に奉仕してきたことは認めよう。宗教は、神から授かった権利によって特権と権力の不可侵性を認めて、人類に自分の道を歩き続ける力、自分の矛盾をことごとく味わいつくす力を与えた。宗教という目隠し布が民衆の目を覆っていなかったら、社会はもう何千回も解体されていただろう。苦悩が癒されるためには、まず誰かが苦悩していなければならない。そこで、宗教は苦悩するひとを慰めるために、まず貧しいひとびとを苦しめようと決めたのである。そして、この苦しみがわれわれの今日のありさまにつながっている。文明の驚嘆すべき成功はすべて労働者のおかげであり、文明の未来とその存続もやはり労働者を犠牲にすることで得られる。旧約聖書にも言う。「苦役を課せられて、かがみ込み、かれは口を開かなかった。屠《ほふ》り場に引かれる小羊のように、毛を切る者の前に物を言わない羊のように、かれは口を開かなかった」〔旧約聖書『イザヤ書』五三章七節〕。

おお、労働者である民衆よ。何の恩恵にもあずかれず、自尊心を傷つけられ、居場所もない民衆。投獄され、裁判にかけられ、殺される民衆。ないがしろにされる民衆、卑しめられる民衆よ。おまえは、忍耐にも献身にも限度があることを知らないのか。神秘主義の弁士は、宗教による救済や権力による救済を説き、人間はただ祈って、そのときがくるのを待つべしと説くが、その熱っぽい大声での演説はひとの心をとりこにするので、おまえはそういう神秘主義者に耳を傾けるのをやめられないのか。おまえの運命はひとつの謎である。物理的な力も、魂の勇気も、熱意の開陳も、感情の高揚も、それを解くことができない。おまえに逆のことを語る者はおまえを欺く者である。そして、かれらの語りはすべて、おまえの解放のときを遅らせようとするものでしかない。しかし、おまえに解放のときを知らせる鐘の音はいますぐにでも鳴り響こうとしているのだ。必然性と争うとき、熱意とか感情が何になる。詩的な感興が何になる。必然性を打ち破るものは、自然の究極的な道理、物質と精神の純粋な本質である必然性そのもの以外にはないのである。

じっさい、価値の矛盾は、自由意志の必然性から生まれるものだが、それは自由と知性の結びつきから生まれるべつの必然性、すなわち価値の比例性によって打ち破られざるをえない。しかし、自由と知性が結びついた労働の勝利が、その成果を十分に生み出すためには、社会は長期にわたる苦難の有為転変を味わいつくさねばならない。

最初の必然性として、労働はその力を増進させるために、まず分割されなければならない。しかし、この分業という事実によって、労働者にとっては品位の下落と貧窮化というべつの必然性が生じる。

つぎの必然性として、原初の分業は、労働用具と知的な組み合わせによって構築されなおさねばならない。この再構築によって、隷属的な労働はなくなり、賃金もまっとうなものとなり、勤勉努力がより良い賃金をもたらすという必然性が生じる。

つぎに、競争が登場し、自由を解放して、自由が自由を滅ぼす必然性の段階にいたる。この自由の解放が、労働者を大量に追放するという必然性を生む。

そして、昔は戦士が戦功によって爵位を得たように、生産者は技芸の才覚によって別格とされるし、自分でも勇ましさが戦場と同様に労働の場でも尊ばれるよう、その旗を高くかかげる。これも必然である。そして、生産者が特権を得ると即座にプロレタリアートが生まれる。これも必然である。

そのとき、打ち破れた下層民、身を寄せる場もなく物乞いをするひとびとは、社会の保護下におかれるのも必然である。この保護は、そのまま一連のあたらしい刑罰と化すのも必然なのである。

われわれはこれから先の道においても、またべつの必然性に出会うであろう。こうした必然性はすべて、それまでの必然性と同様に、より大きな必然性のもとで消えていくだろう。それは最終的に、全体的な等式、究極の必然性、永遠の労働の王国を樹立すべき勝利の事実が得られるまで続く。

この解決は、奇策によっても、空疎な取引によっても得られるものではない。労働と資本の協同は、労働も資本もなしで生産をおこなうのと同じくらい不可能である。——平等を権力によってつくりだすのは、権力と平等をともになくすことや、民衆も警察も存在しない社会をつくるのと同じくらい不可能なのである。

最後にもう一度くりかえして言おう。いまここにある社会のありかたをひっくりかえすには、一種の**不可抗力**が必要である。それは民衆の勇気でもなければ、民衆の参政権でもない。それは民衆の**労働**でなければならない。民衆の労働は、科学的で合法的で不滅であらがいえないチームワークによって、資本を民衆に服従させ、権力を民衆の手に渡す。そのことが必要なのである。

第八章　矛盾の法則のもとでの人間の責任と神の責任——神の摂理の問題の解決

古代人は、この世に悪が存在することを人間の本性のせいにした。

キリスト教の神学は古代人の考えかたを脚色したものにすぎない。しかし、この神学は社会の起源から今日にいたる人類の宗教的段階の全体を要約するものであるから、人間が最初に罪を犯したというドグマはいわば人類の同意を得ており、まさしくそのことによってほとんど真実に近いものとされている、と言うことができよう。

じっさい、古代の知恵のことばをすべて証拠にすれば、いずれの国の民衆もそれぞれの国の制度をすぐれたものとして弁護し、誉めたたえているので、悪の原因として追及されるべきは、それぞれの宗教でも、政府でも、代々大事にされてきた伝統的風習でもない。追及されるべきは、個人の意志と言うべき一種の悪意、その根源的なゆがみである。どうして一個の存在がそもそもの起源からゆがみ、そして腐敗しうるのかという問題にかんして、古代人は寓話をもちだしてこの難問を回避してきた。イヴのリンゴやパンドラの箱は、古代人の象徴的な答えかたとしていまでも有名である。

つまり、古代人は悪の起源の問題を神話のなかで提起したばかりでなく、それをべつの神話によって解決した。人類は最初から犯罪者であることをためらうことなく肯定したのである。

近代の哲学者たちはキリスト教のドグマにたいして、これもまた同じくらいあいまいな社会の堕落というドグマをもちだした。ルソーは例の断定的な口調で叫ぶ。「人間は良いものとして生まれる。社会が人間を堕落させる」。社会はどのような形であれ、どのような制度であれ、人間を堕落させるのだという。ジュネーヴの哲学者はこうした言いかたでかれのパラドックス、というか異議申し立てを表明した。

とはいえ、その思想は古代人の仮説を逆転しただけにすぎない。古代人は個としての人間を非難した。ルソーは集団としての人間を非難する。根底において、両者はどちらも同じ主張、不条理な主張である。

しかし、原理は根本において同一であるけれども、表現においてルソーの主張は古代人の主張と対立し、まさしくそのことによってルソーの主張はひとつの進歩であった。また、熱狂的に受けいれられたものであるが、矛盾と不整合だらけの反発のシグナルにもなった。じつに奇妙な話である。『エミール』の著者が社会に浴びせかけた呪いを、近代の社会主義は自分で受けとろうとする。

七〇年前、あるいは八〇年前から、社会のゆがみという原理は社会主義のさまざまのセクトのものとなり、ひろく普及していった。社会主義の各派は、ルソーの主張をコピーしながら、ルソーの反社会的な哲学を全力で否定する。社会主義者たちは、社会の改革を望むというその一点によって、ルソーと同じくらい社会にとけこめず、社会に順応できないのであるが、かれらにはその自覚がない。われわれの目の前でじつに奇妙な光景がくりひろげられる。このニセの革新者たちは、ジャン＝ジャックのあとを追って、君主制を非難し、それから民主制、所有制、共有制、財産、独占、賃金、警察、租税、贅沢、商業、貨幣、要するに社会を構成するものすべて、社会を理解するうえで不可欠のものすべてを非難する。それでいて、このジャン＝ジャックを人間嫌いだとか、論理が誤っていると言って非難するのだ。なぜなら、ジャン＝ジャックはあらゆるユートピアが虚妄であると知ったあとで、文明の敵対的矛盾を指摘すると同時に、社会がなければ人類は存在しなかったことを認めながらも、自分は断固として社会に反対すると結論しているからである。

　あなたは悪口や受け売り専門の連中の言うことを真に受けて、ルソーはただふつうとは異なりたい一心で独自の考えをいだくにいたったとイメージしたいのか。それなら私はあなたに、ぜひ『エミール』や『社会契約論』を読みなおすことを勧めたい。この賞賛すべき弁証法の達人は、社会を必要なものと認めざるをえないとしながらも、正義の観点から社会を否定するにいたった。それはちょうどわれわれが、無限の進歩を信じながら、現在の社会の状態を正常なもの、決定的なものとしては否定し続けるのと同様である。ただルソーは、政治的な術策と独自の教育システムによって、人間をかれのいわゆる自然に、すなわち、かれの観点では理想的な社会の状態に近づけるよう努力した。一方、もっときちんとした学校で学んできたわれわれは、社会に内在するかずかずのアンチノミーをたえず解消していくことが社会の役目なのだと主張する。これはルソーが思いもおよばなかったものである。じっさい、社会主義は、今日では投げ捨てられた『社会契約論』の体系、そしてその唯一批判されるべき部分を除けば、何を言おうとやはりルソーと同じ立場にたつ。つまり、社会をたえず改革すること、すなわち社会を永遠に否定し続けることを強いられる。

要するにルソーは、社会主義がくどくどと進歩のたびにくりかえし述べることを、端的に明言しているにすぎない。すなわち、社会の秩序は不完全であり、そこには何かが欠けているというのである。ルソーの誤りは、社会を否定したことではない。それはありえない。ルソーの誤りは、自分の論法を最後まで貫徹できなかったことにある。社会と人間と神を同時に否定しきれなかったことにある。われわれはそれを以下で明らかにしよう。

とにかく、人間に罪はないとする理論は、社会が悪いとする理論とセットになって広まった。サン＝シモン、オーウェン、フーリエとその弟子たちなど、社会主義者の大多数、そして共産主義者、民主主義者、あらゆる種類の進歩主義者は、人間の堕落を語るキリスト教の神話をおごそかに放棄し、社会が人間をゆがませるという説をかわりに採用した。かれらの大半は、見かけのうえではひどく不信心だが、その実どこかに宗教心があり信心深く、ジャン＝ジャックの作業を完遂させてこの世の悪の責任を神に負わせるまでにはいたらなかった。そこでかれらは、神の仮説から人間の生来の善良さというドグマを導き出す方法を発見し、社会にたいしてきわめて上手に憤ることができるようになった。

こうした姿勢の、理論的および実践的な帰結はつぎのようなものであった。悪、すなわち内外の紛争の結果はそれ自体が異常なものであり、一時的なものであるから、悪を罰したり抑圧する制度もやはり一時的なものである。人間の内面には生まれつきの悪は存在せず、人間の生きる環境が人間の性質を堕落させた。文明はそれがめざす傾向そのものがまちがっている。束縛は不道徳である。人間の情念は神聖である。われわれに快楽を欲望させるのは神の御業であるから、快楽は神聖であり、われわれは快楽を美徳と同じように追求しなければならない、などなど。そして、哲学者たちの多弁ぶりに輪をかける形で女たちも発言する。社会の抑圧に反対する女たちの抗議の声が、「母胎からあふれ出た」という聖書のことば〔旧約聖書『ヨブ記』三八章八節〕を私に思い出させるほど、海の大波のように、呆然とした民衆のうえにおしよせる。

社会主義者たちの文章は、福音書のような文体、陰鬱な有神論、そしてとくにその謎めいた弁証法によって、それだとわかる。

ルイ・ブラン氏は言う。「この世の悪は、ほとんどすべて人間の性質のせいだとされる。しかし、本当は社会の制度の欠陥のせいだと言わねばなるまい。あなたのまわりを見渡してごらんなさい。なんと多くの適性が活かされないまま、**その結果として**堕落していることか。なんと多くの活動が、その正当で自然な目的を見出せないまま、乱れていることか。われわれの情念は汚れた環境のなかを通り抜けるよう強制されており、それで変質しているのだ。そこには何も驚くべきことはない。健康な人間を悪性の伝染病がはびこる環境に置いてみなさい。かれはその空気を吸って死ぬだろう……。文明はまちがった道に入りこんでしまった……。ほかのやりようはなかったなどと言う者は、公正や道徳や進歩を語る権利を失う。神を語る資格も失う。神の摂理は、もっとも粗雑な宿命論にとってかわられ、消えていく」。ルイ・ブラン氏はその著作『労働の組織』で四〇回も神の名前をだすが、それによって何かを語るわけではない。それでも私が好んでかれを引用するのは、進歩的で民主的な意見をかれが一番上手に表明していると思われるからであり、かれに反論することでかれに敬意を表したいからである。

こうして、社会主義は極端な民主主義に支えられ、人間の堕落というドグマを否定して人間を聖化し、神を失墜させる。神は、その創造物である人間を向上させるうえで役に立たないものとなる。しかし、この社会主義は胆力が欠けているために、ふたたび神の摂理を肯定するにいたる。しかも、それはまさに社会主義が、天が定めた歴史という権威を否定する瞬間に起こる。

そして、人間のあいだでは矛盾していることのみが成功につながるので、公共の理性が弱まっていたときにエピクロスによって再生された宗教的な快楽主義が、国民の精神を鼓舞するものとなった。まさしくこの点で、あたらしい神学はカトリックと区別される。あたらしい神学は、この二年間、狂信に敵対し、カトリックに反対していることをさんざんアピールしてきた。何かにつけて神を語りながら、ローマ教皇をののしるのが今日の流行である。神には祈るが、教会は愚弄してみせるのだ。いつだったか、日刊紙『レフォルム』でこんな文章を読んだ。「神様のおかげで、われわれは無神論者ではない」。どうせバカなことを言うのであれば、この文章のあとに、「神様のおかげで、われわれはキリスト教徒でもない」と付け加えてもよかっただろう。筆をとる者は、かならず民衆をたぶらかすためのことばを見つける。あたらしい信仰の第一条は、どこまでも善良な神は人間を自分に似せて創造したというものだ。そして、そのことは神のまなざしのもとで、邪悪な社会では人間も邪悪になることをさまたげるものではない、と言う。

しかし、どちらも似たような宗教、というか、どちらも同じ宗教もどきでありながら、社会主義と伝統的なキリスト教との争い、すなわち人間と社会の争いは、けっきょく神の否定に帰着せざるをえない。われわれの見るところ、社会的な理性は、神そのものにほかならない絶対的な理性と区別できない。そして、これまでのどの段階であれ社会を否定することは神の摂理を否定することであり、それは神を否定することなのである。

こうしてわれわれは、二つの否定、相矛盾する二つの肯定のあいだに立つ。ひとつは、古代人全体の声にしたがって、社会と社会の表象である神を問題の外に置き、ただ人間のみを悪の原因とする。もうひとつは、自由で知的で進歩的な人間の名で抗議し、この世のあらゆる乱れのもとは社会的な欠陥のせいだとする。したがって必然的に、社会をつくって動かしている神のせいにする。

さて、社会秩序の異変や個人の自由の抑圧はとりわけ経済の矛盾の働きによるものであるから、われわれはすでに明らかにされたデータにもとづいて、つぎの問題を研究しなければならない。

（1）　われわれを囲い込む運命の輪が、われわれの自由にとってそれほど威圧的で必然的なものであるならば、アンチノミーの支配下でわれわれが法則に違反する行為を犯しても罪にはならないのではないか。もし罪になるのだとすれば、人間のそうした独特の有罪性はいったい何に由来するものなのか。

（2） 神という仮説的な存在が、まったく善良で、全知全能で、それへの信仰が人間の行動を高みから指図するものであるならば、社会の危機的な瞬間にその存在が欠如したりするのだろうか。もし欠如するのであれば、神が普遍的に存在しない理由を説明しなければならない。

要するに、人間が神なのか、神自身が神なのかを確かめたい。あるいは、人間の知性と自由を十全なものにするためには、より上位の主体を求めなければならないのかどうか、それを検討していきたい。

第一節　人間の罪――人間の堕落という神話の解説

エゴイズムの法則のもとで生きているかぎり、人間は自分で罪を背負う。人間が社会の法則という概念にまで自分を高めていると、人間は社会に罪があるとする。つまり、個として、および類として、人間はつねに人間に罪があるとするわけだ。そして、今日までにこの二重の責めからきわめて明瞭に引き出しうることは、じつはまだまったく指摘されたことのない事実であるが、それは宗教が**後悔**を神にも人間にも共通する奇妙な能力として認めていることである。

では、人間は何を後悔しているのか。そして、われわれと同様に後悔している神は、いったいわれわれの何を罰したいのか。聖書は言う。「主は、地上にひとを造ったことを後悔し、心を痛められた。ひとを地のおもてからぬぐいさろう、と言われた」〔旧約聖書『創世記』六章六―七節〕。

経済的な困窮は人間の思想の構造によるものだが、人間の罪だとされる犯罪はけっして経済的な困窮によるものではない。人間は正義が強要したわけでもないのに英雄的な行為をして胸を張り、必要もないのに悪事をおこなって平然としている。といったことが証明できれば、つぎのことも言えるだろう。すなわち、人間は自分のうちなる良心の法廷において、たしかに一定の情状酌量を求めることはできるだろうが、その罪を完全に免れることはできない。葛藤は頭のなかだけでなく、心のなかにもある。人間はときには自分をほめ、ときには自分をとがめるが、いずれのばあいにも、それは内面の不調和の告白である。そして最後に、人間の魂の本質は対立しあう引力どうしの永続的な妥協であり、人間の道徳は天秤仕掛け《シーソー》である。一言でいえば、そしてこの一言ですべてが語られるが、それは折衷主義である。

これについての証明はもう少しあとでおこないたい。

さて、われわれの自由に先行するひとつの律法がある。この世の始まりとともにあらわれ、イエス・キリストによって完全なものとなり、その使徒や殉教者や初期の信者や修道女たちによって説かれ、あるいは証明され、そして人間のはらわたに刻みこまれ、あらゆる形而上学よりも上位にある律法、それは**愛**である。「隣人を自分のように愛しなさい」と、イエス・キリストはモーセにならってわれわれに語った。すべてはここにある。隣人を自分のように愛しなさい。そうすれば社会はもっと良くなる。隣人を自分のように愛しなさい。そうすれば王と乞食、金持ちと貧乏人、知者と愚者など、すべての区別が消えてなくなり、ひとびとの利害の対立もすべて消え失せる。隣人を自分のように愛しなさい。そうすれば将来にたいする不安はいっさいなくなり、労働する喜びが人生に満ちあふれる。この律法を果たし、自分を幸せにするためには、人間はただ自分のうちなる性向にしたがい、うちなる共感の声に耳をかたむけることのほかには何もする必要がない。ところが、人間はそれにさからう。それ以上のことをする。隣人よりも自分を愛するだけでは満足せず、たえず隣人を滅ぼそうと努める。エゴイズムによって愛を裏切り、さらに不正義によって愛を逆転させる。

私に言わせれば、人間は隣人愛の律法を守らず、必要もないのにすすんで社会の矛盾をそのまま ひとを害する手段に変えた。人間のエゴイズムにより、文明は奇襲あるいは待ち伏せをして戦う争いとなった。人間は、不可抗力によるばあいでなくても、挑発とか口実がなくても、嘘をつき、ものを盗み、ひとを殺す。要するに、人間は、罪を罪と知って罪を犯す本性的な特徴を発揮して、悪をなす。人間は、自分がそれを望むならば無償で善をなし、自分を犠牲にすることもできるだけに、その本性はますます極悪なのである。だから、つぎのことばには理と深みがある。「人間は人間にとって狼である。また人間は人間にとって神である」。

いや、話題を拡げすぎないようにしよう。またとくに、これから考察すべき問題に予断をくだすことを避けるために、私は先に分析した経済的な事実の枠内で話をすすめよう。

分業の総合的な組織化がなされるまで、分業はその性質上、どうしても人間どうしの身体的・精神的・知的な不平等の原因になる。それにたいしては、社会も良心もともに何もできない。そこには必然という事実がある。金持ちも分業の末端労働者も、それについては何の罪もない。それぞれがそれぞれの立場で、あらゆる種類の貧困にかかわる。

しかし、この避けがたい不平等が、どうして一部のひとびとを貴い者に、その他のひとびとを卑しい者に変えるのか。もし人間が善良ならば、どうしてその善良さによってこのまったく観念的な障害を平らにすることができないのか。ひとびとの友愛の絆を強くするどころか、無慈悲な必然性がその絆を断つのはどうしてなのか。この段階で人間は、経済力のなさや立法の貧弱さを詫びなくてもよい。ただ心というものがあれば、それで十分だった。では、分業の犠牲者は金持ちによって援助され、尊敬されるべきであったのに、どうして逆に不浄な者みたいに見なされ、投げ捨てられたのか。主人がときどき奴隷と交代するとか、国王や行政長官や司祭が工場労働者と立場を交換するとか、貴族が大地を耕す農民と入れ替わるとか、そういうことがけっして起こらないのはなぜなのか。力をもつ者が野蛮なプライドをもつのはなぜなのか。

注意しておきたいが、かれらのこうした態度もかつては思いやりと友愛に満ちていたばかりでなく、もっとも厳格な正義に合致するものであった。集合力の原理によれば、労働者はみんな平等であり、親方とも対等の仲間なのである。独占そのものの体制においてさえ、活動の共同性は過度の個人主義が破壊した均衡をもとどおりにするので、正義と思いやりは両立する。とすると、一部のひとびとの権威を貴いもの、その他のひとびとの従属を卑しいものに変えるおぞましい企ては、人間の本質的な善良さという仮説によってどう説明できるのだろうか。白と黒は色のちがいによってはっきりと区別できるように、奴隷と自由人は労働のちがいによってはっきりと区別される。われわれ現代人は、博愛を高らかにうたうけれども、心の底ではわれわれの祖先と同じように考えている。われわれがプロレタリアートにたいしていだく同情心は、われわれが動物を見ていだく感情と似たようなものだ。身体の繊細さ、貧しさへの恐怖、苦しみを免れたという自慢、こうしたエゴイズムを回避してようやくひとへの思いやりが生まれる。

じっさい——ここで私はただわれわれを困惑させたいがために言うのだが——自発的な善行は元の観念（エレエモシュネ、同情、慈しみ）においてはきわめて純なものであるが、最終的に施しという形になると、それは困窮者にとっては落ちぶれ果てたことのしるし、公然とした恥辱のしるしになってしまうのではないのか。そこで、社会主義者はキリスト教をなじりながら、図々しくもわれわれに愛を語る。キリスト教の思想、人類の良心は、恵まれないひとびとの苦しみを軽減するためにさまざまの制度をつくりだしたが、それはまさにポイントをついていた。キリスト教の教えを深く理解するためには、また、慈善行為がその対象者にとっても、その実行者にとっても正当で、かつ誇らしいものになるためには、何が必要だろうか。高慢な気持ちをなくし、欲望を抑え、エゴイズムをひかえることである。人間が善良であるならば、どうして施しを受ける権利が、微罪・軽罪・重罪へと続く犯罪の長い連鎖の最初の輪になってしまうのか、その理由をあなたは私に語れるか。また、社会経済内部の対立は人間に、自己犠牲という形でなく、たんに正しいことをするという形で、かれの心からの思いやりを表明する絶好の機会を提供するものであるのに、われわれは人間が悪を犯すことまでそのせいにしているのではないのか。

なるほど、施しを乞う者は、ああ、あまりにもしばしば不品行を疑われるし、また尊厳のある生きかたや働きかたがかれに求められることもめったにないので、施しを受けることは一般に恥とされ、不名誉とされることは私も知っている。そして、それが私にたいする唯一の反論だろう。

また、統計の数値が明らかに示すように、無気力と怠惰のせいで貧しい者の数は、事故や不運のせいで貧しくなった者よりも一〇倍も多い。

私はこうした観察結果から目をそらすつもりはない。それはかずかずの事実によって十分すぎるほど正しさが証明されているし、そのうえ、すでに一般の常識にさえなっている。貧乏人を怠け者だと言って非難するのは、まず最初に一般の民衆である。下層階級のひとびとが、一度も救貧院に行ったことがないのを貴族のしるしみたいに自慢したり、生活が一番苦しかったときにも公的な施しをいっさい受けなかったことを自慢したりするのは、きわめてよくある光景だ。このように、富裕はものを奪い取ったあかしであるのと同様に、貧困は無能のあかしである。人間が専制君主になるか奴隷になるかは、運命によって決まる前に、本人の意志によって決まる。プロレタリアの魂は金持ちの魂と同じく、わきたつような欲望のどぶであり、悪党と詐欺師の住み処なのである。

じつに意外な事実が明らかになった。そこで私はふたたび問う。もし人間はみんな善良でひとにもやさしいのであれば、どうして金持ちは慈善をけなし、貧乏人は慈善をけがすようになるのか。——あるひとは、金持ちは判断力がゆがむからだ、と言う。またあるひとは、貧乏人は人間としての能力が減退するからだ、と言う。——しかし、金持ちの判断力がゆがみ、貧乏人の能力が減退するのはどうしてなのか。どちら側にせよ、人間に真実の心からの思いやりがあれば、それが高慢さや労働の悪影響を阻止できなかったのはどうしてなのか。どうか私のこの問いに、決まり文句によってではなく、理性によって答えていただきたい。

労働は、その力をどこまでも増大させる方法や機械を発明し、競争によってその産業精神を刺激し、資本の利潤や開発の特権という手段で独占を保証した。こうして労働は、社会のヒエラルキー構造をいっそう深化させ、いっそう不可避のものにした。もう一度言うが、このことについては誰を責めることもできない。しかし、私はこれをあらためて聖書が示す聖なる法則の証拠にしたい。すなわち、人間の人間にたいする従属、もっと正確に言えば、労働者の労働者にたいする従属から、われわれはまったくべつの結果を引き出すこともできたのである。

工場経営者たちは、封建的な生活および父権制社会の伝統を模範とした。分業やその他、生産過程でのできごとは自分たちが大きな家族であることを呼びかけるものにほかならなかった。友愛を表現し、育てていく予備的な体制のきざしにほかならなかった。親方制や同業組合や年功序列もこの概念のもとで育った。共産主義者の多くも、こういう組織の形態がけっして嫌いではない。共産主義者は、封建主義や父権主義に改宗したわけではないが、それにとらわれ、かつ今日におけるその代表者を自任してもいるので、かれらのあいだで大家族主義の理想がきわめて力強いのは驚くにあたるまい。では、ヒエラルキーがひとつの労働条件にすぎなかったときに、思いやりや協力や献身がこのヒエラルキーのなかで維持されるのを妨げたものは何か。機械の持ち主や同じような武器で戦う騎士は、ただ自分の秘密を見せず、秘術を渡さなかっただけだ。貴族たちが活動を始めたのは、生産物を奪い取るためではなくて、生産物を安価にするためにすぎなかった。家臣たちは、戦だけが自分の富の増進につながると確信していたので、たえず冒険心と懸命さと忠誠心を発揮した。工場主たちも、昔の将軍がやったのと同じことをしただけである。すなわち、自分の利益でなく部下たち自身の利益のために部下たちに戦闘をさせ、自分の利得によってでなく部下たち自身の働きによってかれらを養う。

ところが、われわれはこうした友愛の関係をもたず、ただ自尊心や嫉妬心や不誠実さしかもたなくなった。経営者は伝説上の吸血鬼のように搾取し、賃労働者は堕落する。賃労働者は経営者に反抗して陰謀を企む。有閑階級は労働者のものをむさぼり食う。農奴は汚物にまみれてうずくまり、もはや憎悪することのほかには力が出ない。

ルイ・ブラン氏は言う。「生産のいとなみには、労働の用具を提供する者と労働を提供する者がどちらも必要とされるのに、今日、資本家と労働者は闘争のなかにある。なぜか。それは各自の自分勝手があらゆる関係を支配しているからである。資本家は、労働者が自分も労働用具を手に入れたいと願う気持ちにつけこむし、労働者は労働者で、資本家が自分の資本に利益を生ませたいと切望する気持ちにつけこもうとする」(『労働の組織』)。

ならば、資本家と労働者の関係でどうして自分勝手が出てくるのだろう。どうして利害は敵対するのだろう。どうして両者は互いに敵視しあうのだろう。いつまでも事実を表面だけで説明するのではなく、奥底にまで進んでみたまえ。そうすれば、戒律によっても正義によっても思いやりによっても抑えつけられない快楽への欲望が、いたるところで第一の動機となっていることが見出せるだろう。エゴイズムが、たえず未来につけを回し、そのめちゃくちゃな気まぐれのせいで労働も資本も、そしてすべてのひとびとの生命や安全までをも犠牲にしていることが見えてくるだろう。

神学者は、激しい官能的な欲望を悪欲とか色欲と名づけた。かれらによれば、それは人間の原罪の結果である。私はいまのところ、人間の原罪なるものにさほどひっかかりを感じない。ただ私は、神学者の言う悪欲は道徳科学アカデミーが現代人の支配的な動機と見なした贅沢への欲求と同じものだと思う。ところで、価値の比例性の理論が証明するように、贅沢は生産を自然の尺度とする。消費を先行させれば、それはかならずそれにひとしい量の欠乏をもたらす。ひとつの社会において贅沢が目に余るほどになれば、それに相関してかならず貧困もふくれあがる。だから私は、ひとがはやばやと贅沢を楽しむために自分の財産を使いきるのを見ても、それは軽率だと思うだけで、たぶん非難はしないだろう。しかし、ひとが慈善のためであれ、正義を唱えてであれ、隣人の財産に、つまり不可侵であるべきその財産に手をつけたならば、私はその人間を邪悪だと言おう。許しがたいほど邪悪だと言いたい。

神学者ボシュエによれば、「神は人間のはらわたをつくるとき、まず最初にそのなかに善良さを置いた」。こうして、愛がわれわれの第一の律法なのである。純粋な理性による指図は、官能による誘いと同様に、二番目、三番目のものでしかない。これがわれわれの内的な能力の序列だ。愛の原理がわれわれの意識の基礎をなし、ひとつの知性とかずかずの臓器によって作動する。したがって、真実はつぎの二つのうちのどちらかである。ひとつは、自分の強欲に負けて思いやりを失った人間は罪がある。もうひとつは、この心理学はまちがっていて、人間の内面で贅沢への欲求は思いやりとか理性と同列に進むものだとすれば、人間はふしだらで、根っから邪悪で、あらゆる存在のうち最低の動物である。

したがって、社会の構造的な矛盾をもちだして、人間の罪をカバーすることはできない。さらに言えば、社会の矛盾それ自体を眺めると、それはヒエラルキー体制の理論にほかならない。ヒエラルキーは社会の基本形態であり、したがって非難することのできないものなのである。労働と資本は、それぞれの発展のアンチノミーによって、たえず平等へ導かれると同時に、一方の他方への従属に、そして連帯へ導かれると同時に、一方の他方への依存に導かれていった。一方は動かす力であり、他方は共通の富の刺激剤であり守り手であった。封建体制の理論家たちはこのことをおぼろげながら察知していた。キリスト教は両者の協定を強固にするちょうど良いタイミングで登場した。この構造は、それ自体としては悪いものではなく正当なものであるが、誤解され、ゆがめられてきた。その感情がいまでもわれわれのあいだで後悔の念を生み出し、ひとつの党派への希望をささえている。このシステムは運命として予知されたものであったので、われわれはこのシステムをそれ自体として悪いものと言うことができない。それは人間の生理学的な成長のプロセスにおいて、胎児は成人になる前の状態だったからといって、胎児の状態は悪いものと言えないのと同様である。

そこで私は、なおも人間にたいする告発を続けたい。

ルターによって、それからさらにフランス革命によって廃止された旧体制のもとでも、産業の進歩をともなうかぎり、人間は幸せでありえた。ところが、人間はそれを望まなかった。むしろ反対に、人間は幸せになることを自らに禁じた。

労働は不名誉なものとされた。聖職者や貴族は貧乏人を食いものにした。かれらは自分の動物的な情念を満たすために、自分の心から思いやりの気持ちを消し去った。かれらは労働者を破滅させ、抑圧し、殺害した。それは現在でも、資本がプロレタリアートを狩り出すときに同じ光景が見られる。資本家は、さまざまの経済原理の暴力的な傾向を協同や相互主義によって緩和するのではなく、その傾向を不必要に、また邪悪な意図をもって強めていく。資本家は労働者がもっている感情や意識を悪用する。資本家は労働者を、自分たちの陰謀の使い走りにし、自分たちのどんちゃん騒ぎの仕出し屋にし、自分たちの略奪行為の共犯者にする。資本家は労働者をまったく自分とそっくりにする。そうしたうえで資本家は豪語する。革命の正義など達成されるはずがない、やれるものならやってみろと豪語できるのだ。おぞましい光景である。貧困のなかで生きている人間、したがって心の底から思いやりや誇りにもっとも親しんでいると思われる人間が、自分の雇い主とともに腐敗堕落している。金持ちにならって、貧乏人もひたすら高慢さと贅沢を身につけようとする。ときには貧乏人も、自分を苦しめている不平等にたいして反対を叫んだりするが、それは正義への情熱によるものではなく、だいたいは欲望にもとづくライバル心によるものである。平等実現のために打破すべき最大の障害は、けっして金持ちたちの貴族的な高慢さにあるのではない。最大の障害は貧乏人たちの御しがたいエゴイズムにある。ところが、貧乏人のそうした悪意の自然発生性と計画性を同時に改めるために、貧乏人の生得の善良さをあてにしようと考えるひとがいる。

ルイ・ブラン氏は言う。「いまの世代に与えられている誤った反社会的な教育は、自分への励ましや競いあいの動機をただ給料の上昇への期待にしか認めないので、これからのあたらしい教育はこの点での常識や習慣を改めるべきであり、賃金の差は職分のヒエラルキーにもとづいて段階づけられるべきである」。

職分のヒエラルキーとか賃金の不平等とは何かということはさておき、ここではただルイ・ブラン氏の言う動機のみを考えてみよう。ルイ・ブラン氏は人間の本性の善を肯定しながら、同時に人間の性向のうちでもっとも下劣な強欲さに訴えている。これは変ではないか。たしかに、悪はきわめて根深いものと思われるために、慈善の復興はありきたりの慈善を踏みにじることから始めねばならないとされるのだ。イエス・キリストは高慢や強欲と真正面からぶつかった。キリストが説教しようとした不信心な連中は、社会主義に毒されたあわれな子羊たちとならんで、神のしかけにとって大事な登場人物なのである。しかし、やはり答えていただきたい。どうしてわれわれの観念は誤ってしまったのか。どうしてわれわれの教育は反社会的なものになったのか。社会は運命がさだめたルートをたどってきたのだし、それを人間の罪として問うことはできないと、証明されているからこそ問いたいのである。

社会主義の論法にはまことに驚かされる。

社会主義者たちはこう言うのだ。人間は善良であるが、しかし悪をおこなわないようにするためには、悪にたいして関心をもたないようにしなければならない。人間は善良であるが、しかし善をおこなうようにするためには、善にたいして関心をもつようにしなければならない。なぜなら、人間の情念の関心が悪のほうへ向けば、人間は悪をおこなうし、この関心が善のほうへ向かなければ、人間は善をおこなわないからである。また、社会は人間が情念にしたがわなかったとき人間を非難することはできない。なぜなら、人間が情念にしたがうのは社会がそうさせたからである。とすると、母が自分を苦しめたので母を殺し、トロイの大火を再現したくてローマを燃やした皇帝ネロは、豊かで貴重な性質の持ち主ということになる。売春を組織した皇帝ヘリオガバルスは、すばらしい芸術家の魂の持ち主ということになる。ティベリウス〔政敵をすべて粛清した皇帝〕は強い性格の持ち主ということになる。逆に、こうした神聖な魂をゆがめ、タキトゥスやマルクス・アウレリウスを生み出すような社会は、まったくおぞましい社会ということになる。

したがって、人間の罪のなさ、人間の情念の神聖さと呼ばれるものの正体はこれなのである。年老いたサッフォーは、恋人たちに捨てられて、婚姻の規範に回帰した。愛への関心をもたなくなって、彼女は結婚生活に戻り、神聖になった。フランス語で神聖ということばがヘブライ語〔カデッシュ〕のように〔別物とか変人をも意味する〕両義性をもたないのは残念である。そちらの意味であれば、サッフォーは神聖であったと言っても誰もが納得するであろう。

ベルギーの鉄道にかんする報告書を読むと、ベルギーの政府は機関車の機関士に、一里あたり平均九五キログラムを要する石炭の消費を節約することができれば、石炭一〇〇リットルあたり三五サンチームの報奨金を与えた。この報奨金がめざましい成果をもたらす。一里あたりの石炭の消費量が、九五から四八キログラムに減少したのである。この事実に社会主義の哲学の全体が要約される。すなわち、労働者に少しずつ正義を教えこむこと、労働者の労働をはげますこと、労働者を気高い献身にまで成長させること、こうしたことのすべては賃金の引き上げ、利潤への関与、表彰と賞品授与によって得られるとする。たしかに、世界の創造と同じくらいに古いこの手口を、私もけっして非難したくない。どんな手口を使おうとも、蛇や虎を手なずけ、役に立つものにすることができるならば、私はそれを賞賛したい。しかし、この野獣たちは鳩である、と言うのはやめてほしい。そんなことを言うのであれば、私は野獣たちには鋭い牙や爪があることを証明してみせよう。ベルギー鉄道の機関士たちは、節約に関心をもつ以前は、石炭をいまの二倍も平気で燃やしていたのだ。つまり、かれらはそもそも怠慢で、投げやりで、おおまかで、浪費癖があり、おそらく盗みも働く連中なのである。ただ契約によって政府にしばられ、いわばむりやり本性と逆の美徳を発揮するようにさせられた。――社会主義者は「労働者が利害に関心をもつのは良いことだ」と言う。――私はさらに「それは正しいことだ」と言おう。しかし、利害関心は同意にもとづく責務よりも人間を強く動かし、はっきり言えば人間としての**義務**よりも強いもので、この利害関心をもつからこそ人間は罪を背負わされる。私はそれを言いたいのである。社会主義は道徳にかんしては退歩し、それでいてキリスト教を軽んじてみせる。社会主義はもはや思いやりというものを理解していない。ところが、社会主義の言い分を聞いていると、思いやりは社会主義が発明したもののように思えてくる。

しかしご覧なさい、と社会主義者たちは言う。社会秩序の改善はたくさんのすばらしい成果をわれわれにもたらしてきたではないか。いまの世代は旧世代よりも上等だと言っても異論はあるまい。パーフェクトな社会ができればパーフェクトな市民が生まれると結論してもまちがいはないだろう。――いや、ちがうだろう、と堕落のドグマを信じる保守主義者たちは答える。宗教が人間の心を清めたので、社会の制度も良くなったように感じられるだけのこと。したがって、宗教のいとなみをきちんとおこなわせよう。社会のことは思いわずらう必要もない。

このように、二つの意見の理論家たちはらちもないことを言い、応答しあう。どちらの側も真実がわかっていない。人類は、聖書のことばを使わせていただくならば、代々にわたってひとつにして常なるものである。すなわち、人間は個としてであれ集団としてであれ、その成長のいずれの段階においても、人間にかかわるすべてのことは同一の原理から生じる。その原理とは、ものごとは実存するのではなく生成するということである。道徳における進歩は、人間の動物性を精神がたえず克服していくことであり、それは富における進歩が、ものを出し惜しむ自然のつましさにたいして人間の労働がいどんだ戦いの成果であるのと同様である。したがって、人間の生得的な善良さが社会によって失われるという考えかたは、自然の富が労働によって失われるという考えかたと同じくらいバカげている。人間の精神がさまざまの情欲と折り合うべきであるのは、人間の労働が休息と折り合うべきであるのと同じ意味でとらえねばならない。こうしたことが理論家たちには見えていない。また、宗教によってであれ、あるいはまったくべつの原因によってであれ、人類において進歩が存在するのであれば、堕落を人類の体質と見なすのはナンセンスであり、矛盾である。理論家たちはこれについてもまったく理解しようとしない。

いや、私は結論にすべきことを少し先回りしてしまったようだ。ここではただつぎのことを確認するにとどめよう。すなわち、人類における道徳の改善は、物的な富と同様に、美徳と悪徳、メリットとデメリットのあいだで揺れながら実現されていくのである。

たしかに、正義の面で人類の進歩は存在する。しかし、こうしたわれわれの自由の進歩は、全面的に知性の進歩によるものであって、われわれの本性が善であることを証明するものではまったくない。また、進歩はわれわれに情念の賛美を許すものではなく、むしろ情念ののさばりを徹底的に打ち崩すものである。人間の悪意は、時代とともにあらわれかたやりかたが変わる。中世の領主は大通りで旅人から金を巻き上げながら、その旅人を自分の城でもてなした。商業封建制はそれほど獰猛ではないが、プロレタリアを搾取しながら、プロレタリアのために病院を建てる。この二つのうち、どちらが有徳の栄誉に値すると言えるだろうか。

経済の矛盾の全体を見ると、価値の矛盾がほかの矛盾を支配し、すべての矛盾を要約している。価値の矛盾が、いわば社会に君臨する。道徳世界に君臨すると言ってもいいだろう。価値が、使用価値と交換価値の二極のあいだを揺れ動き、価値の構成に到達しないかぎり、私のものと君のものがきちんと定められることはない。財産の状態は偶然の結果である。所有権はかりそめの権利でしかなく、社会の経済においてすべては一時的なものにすぎない。社会的で知的で自由な存在である人間は、こうした価値の不確実性からどのような結論を引き出すべきであったか。それは労働を保護し、ものの交換と安価を保証するような、ひとにやさしい規制を設けることであった。正と不正を分かつ客観的な法則を知らなくても、正直さと公平さとやさしさがあればうまくやっていける。そういうふうになれば、誰もが幸せだっただろう。しかし、そういうふうにはならず、商業はいたるところで、その自主的ないとなみと全体の同意により、一か八かの勝負、冒険的な契約、宝くじ、そしてしばしば出し抜けの詐欺的な投機になってしまった。

食糧の保有者、社会の倉庫係はどうして、きまって物不足に見せかけ、警鐘を鳴らし、物価の上昇をひきおこそうとするのだろうか。消費者大衆は目先のことしか見えないので、思いのままにあやつれるからだ。気温の多少の変動が良い口実になる。確実に儲けられるという見通しが連中を腐敗させる。そして、物不足の恐怖をたくみに広めて、民衆をまるごと網にかける。たしかに、詐欺師や泥棒や人殺しなど、社会の秩序によってゆがめられたとされるひとびとの性質を発揮させる動機と、物の保有者が必要以上に独占をすすめようとする動機は同じものである。では、どうして金儲けの情念を放任すると、それは社会を害するものにつながるのであろうか。どうして予防的・抑制的・強制的な法律が、たえず自由の限界を設けてきたのであろうか。なぜなら、まさにそこに告発すべき事実があるからである。それは誰も否定できない。とにかく法律は戒めるべきことがあるとつくられる。つねに立法者は、人間から加害の能力を奪うように強制されてきた。それはライオンに口輪をはめること、種豚を去勢することと同義である。そして、社会主義は過去を模倣するばかりで、それ自身ではあたらしいことを何も主張しない。じっさい、正義をもっと強力に保証しようというのでなく、自由をもっと完全に制限することを要求する組織とは、いったい何なのか。

さて、商人の商人らしい特性は、あらゆるものを取引の対象、あるいは取引の道具にすることである。商人は同業者と和合せず、誰とも連帯しないが、あらゆること、あらゆる意見、あらゆる党派に賛成し、かつ反対する。商人の見るところ、発見や科学は戦争のための武器である。商人が競争相手を殺すために自分の手でそれを使えないのであれば、商人はそれを倉庫に入れて誰にも使えないようにしたがる。商人にとって芸術家や知識人は大砲の操作に習熟した砲兵である。

とても自分に勝ち目がないならば、商人は必死になってかれらを買収する。商人の確信するところ、論理は真と偽を自在に証明してみせる技術にすぎない。政治を金で買うこと、良心を金で買うこと、才能を身売りさせること、新聞を買収すること、これを発明したのは商人だ。商人は、どんな嘘や不正行為でも取りつくろってくれる論法や論者を見つけることができる。どんな政治党派の価値についても、まったく幻想をもたなかったのは商人だけである。商人は政治のどの党派についても、ひとしく自分が利用できるもの、すなわちどれもそろってバカだと考える。

商人は、自分が口にした意見を大事にせず、平気で捨てたり、またもちだしたりする。自分にも責任があるのに、ひとが約束を破ると痛烈に攻撃する。商人は苦情を言うとき嘘をつき、セールスでも嘘をつき、収支決算でも嘘をつく。ものごとを誇張し、軽んじ、あるいは過大に評価する。自分を世界の中心と見なし、自分以外のすべては相対的な存在、相対的な価値、相対的な真理しかもたない。取引においては繊細でひねくれており、たえず自分はしゃべりすぎたのではないか、しゃべり足りなかったのではないかと身ぶるいしながら、話を決め、あるいは保留する。単純なことに多言を費やし、自分を危うくしないよう話を一般化し、何も認めないために話を特殊化する。最終決断をする前に、三度自分をふりかえり、七度ゆっくり考えなおす。そのあげくにかれは決断を下したのだろうか。いや、かれはふたたび読みなおし、解釈しなおし、自分への言いわけを求める。契約書の細部にも深い意味があるのではないかとさぐり、きわめて明瞭な文言にも逆の意味があるのではないかとさぐるために、ひとりで苦しむ。

単純労働者との関係においても、商人の手口はきわめて巧妙で、きわめて偽善的である。小商店の店主から大きな卸売業者にいたるまで、商人はこうした労働者を上手にこき使うことができるし、労働者と上手にわたりあって、賃金をかなり安くすることができる。まず第一に、雇用主は労働者の希望に乗じて単純作業用の労働者を受けいれる。そして、労働者の約束に乗じてつらいしごとをさせる。さらに、そもそも人手は不要だと言って、労働者に試験雇用や自己犠牲を受けいれさせ、労働者はあわれにもどんなに安かろうと賃金がもらえればありがたいと思ってしまう。これはどこまでも不当で法外な要求である。それにこたえても、戻ってくるのは強欲で欺瞞的な決着にすぎない。そして、労働者は黙りこみ、膝を屈するしかない。作業着のしたでこぶしをにぎりしめるしかない。なぜなら、しごとをあてがうのは雇い主であり、その詐欺行為からおこぼれをちょうだいできれば幸せこの上ないからだ。醜悪な搾取だが、それは自然発生的で、率直で、どんな上からの力もそこにはおよばない。社会はまだそういう搾取を妨げたり、抑制したり、罰したりする方法を見出してはいない。であるのに、ひとびとはその解決を社会の強制力に期待する。不条理もいいところだ。

仲買人は、独占の最高度の表現、模範であり、商業の権化である。ということは文明の権化である。文明のあらゆる機能はかれの働きに依存し、それに関与し、あるいはそれに同化する。なぜなら、富の配分の観点からすれば、人間と人間の関係はすべて交換に、すなわち価値の移動に帰着するので、仲買人こそが文明を体現すると言えるからである。

では、仲買人にそのしごとの道徳性について問うてみよう。かれらは率直に答えるだろう。みんなが言うには、仲買のしごとは強盗だ。工業のばあい、詐欺や変造は不名誉なことだとして非難される。その点、商業とくに仲買業は、独占者たちが競いあって、あるいは結託しておこなう大規模で恒常的な陰謀にほかならない。もはやそれは正当な利益をめざしたいとなみではない。それはあらゆる消費財にたいする、そして人間や生産物の流通にたいする巨大な投機の組織である。仲買業においては、すでに詐欺はほとんど当たり前になっている。貨物運送状は書き加えや抹消やごまかしに満ちている。印紙の偽造も多い。きず物は隠され、あるいは偽ったまま示談にされる。品質表示も嘘だらけ。前言の取り消しも日常だ。不都合な書類は破られる。陰謀と結託がうずまく。そして、もちろん裏切りが続く。

仲買人、すなわち商人、すなわち人間はギャンブラーで、密告屋で、山師で、金の亡者で、盗人で、詐欺師……なのである。

それは、ひとをみんな敵と見なすわれわれの社会のせいだ、と新神秘主義者は言う。じつは、商業人も同じことを言う。商業人は、どんな状況のもとでも最初にその時代の腐敗を告発するひとびとである。かれらの言うことを信じるならば、かれらがおこなっていることは純粋の報復にすぎず、しかもまったく意に反しておこなっているにすぎない。つまり、かれらはただやむをえずそうしているのであり、自分たちの行為は正当防衛にあたる、と言う。

じつは、こうして互いに非難しあうのが人間の本性である。いわゆる社会の変質は人間の変質にほかならない。原理や利害の対立はいわば外的なアクシデントにすぎない。それはわれわれのエゴイズムの邪悪さや、われわれが誇る美徳の希少性を浮き彫りにはするが、かならずしも影響をおよぼすものではない。以上のことを見抜くために天才的な努力が必要だろうか。

たしかに、競争は調和を破壊し、敗者の抹消を不可避の結果とする。それが競争の宿命だ。なるほど、競争はその最上位の表現としては、労働者が互いに励ましあい、支えあうようにするしかけである。しかし、競争をそうした真実の性質にまで高める組織が実現されないかぎり、競争は一種の内戦のままにとどまる。生産者は労働で互いに助けあうのではなく、労働によって互いに相手を粉砕し、おしつぶそうとする。ここでの危険が差し迫っていた。人間はその危険を避けるために、愛という崇高な戒律を得た。生産の利益のために競争を極限にまでおしすすめ、それからその殺人的な悪影響を生産物の公平な分配によって緩和するというやりかたほど簡単なものはないはずだ。ところがそうはならずに、アナーキーな競争が労働者の魂となり、精神となった。政治経済学がこの人殺し用の武器を人間の手に渡した。人間はただちにそれを用いた。ライオンが獲物を殺して食うために爪やあごを用いるように、人間は自分のために競争を用いたのである。では、もういちど尋ねるが、人間の本性は善良でやさしくて社交的だと想定するならば、どうしてその本性がまったく外的なアクシデントによって変質させられたりするのだろうか。

ワイン商人は、霜や蟻や害虫や洪水や毒を、自分の商売の助けになるものとして呼び求める。自分の算段で、これらを競争相手を破壊するための効果に付け加える。この激しい怒りの情熱はいったいどこから来たのだろう。それは競争相手からもたらされた、との答えがある。競争相手がかれのお手本になった。ならば、この競争相手は誰から学んだのか。べつの競争相手からである。こうして社会をぐるりとひとまわりしてみると、そのおおもとは大衆であることがわかる。そして、その大衆のなかの個人、その一人ひとりがおおもとであることがわかる。かれらは高慢、怠惰、強欲、不信、嫉妬といった情念の暗黙の承認によって、こうした醜悪な戦争を組織したのである。

企業者は、自分のまわりに労働用具と製造原料と労働者を集めるが、そのあと生産されたもののなかに、自分が支払った費用のほか、まず資本の利子、それから利潤を含めねばならない。利息つき貸付金がけっきょく公認されるようになったのも、また、儲けそれ自体はつねに正当なものとされるようになったのも、この原則の結果である。このシステムにおいては、どの国の警察も最初は利息つき貸付金の本質的な矛盾を見抜けなかったし、賃労働者は自分だけでは立つことができず、雇い主に寄りかからざるをえなかった。それはまさに家来が殿に服従し、一族が族長にしたがうのと同様である。この体制は必然であった。そして、完全な平等が確立されるときまで、ひとびとはこの体制のもとでみんなそこそこ幸せに暮らせたかもしれない。ところが、あるとき主人は下僕にむかって、乱暴にもエゴイスティックに「おまえには何もやらない」と言い、下僕からしごとと賃金を同時に奪った。いったい、このどこに必然性があるのか。どういう言いわけができるのか。われわれは欲情〔トマス・アクィナスのいう愛憎悲喜の情念〕を正当化するために、それを怒情〔抑制不能の怒りや恐怖〕のせいにしなければならないのだろうか。気をつけたまえ。人間という存在を一連の情欲において正当とするために、あなたは後ずさりをし、そして人間の道徳性を救い出すのでなく、それを投げ捨てている。いっぽう私はといえば、私は野獣と化した人間よりも罪深い人間のほうが好きである。

自然は人間を社交的な生き物としてつくった。人間の本能はひとりでに成長し、この成長が人間を思いやりに満ちた天使にもし、また、人間から友愛の情や献身の観念まで奪い取ったりする。資本家が金儲けにあきて、世のひとびとを幸せにするために力を貸し、プロレタリアートの解放を自分の最後の投機にする、という光景を見たことがあるか。財産に恵まれ、欠けているのはただ善行の栄誉だけという連中はたくさんいる。しかし、商品を原価で売って金持ちになった八百屋がいるか。商売をやめるとき顧客や店舗をタダで店員に譲り渡すパン屋がいるか。店じまいをするからと称して、薬を正価で販売する薬屋はいるか。慈善に殉ずるほどのひとがあらわれるとき、慈善を賛美するひとびとがあらわれないはずがない。金利生活者や資本家や企業者で、現役は退いたがまだしごとのできるひとびとが集まって、いくつかの産業を無償で運営する団体をとつぜん形成したら、社会は短時間のうちに根底からあらためられるだろう。しかし、何の見返りもなく働くのである。そんなことができるのはヴァンサン・ド・ポールとかフェヌロンのように、つねに私心がなくいわゆる心の貧しいひとだけだ。金を儲けて豊かになったひとは引退後、市会議員とか慈善委員会の委員とか幼児学校の役員とかになるだろう。かれはあらゆる名誉職を引き受ける。ただし、世の中の役には立つが、自分の習慣になじまないものは除く。何か得する見込みがなくても働く。そんなことはできるはずがない。そんなことをすれば身の破滅だからだ。そうしたいと思うかもしれないが、そうする勇気がない。「どちらが良いかわかっているし、そうしたいと思うが、つい悪いほうへ行ってしまう」〔オウィディウス『変身物語』七巻二〇行〕。引退した金持ちは、寓話に出てくるフクロウに似ている。フクロウはネズミの手足を食いちぎり、動けなくさせておいて、そのネズミのためにブナの実を運んでくる。それはネズミを太らせてから食べるためである。金持ちの昔からの、気ままで、しかもすっかり満たされた情念のこうした結果について、われわれはやはり社会を責めるべきなのであろうか。

このように、もっとも気高い善行ともっとも恐ろしい犯罪を同時になしうる多面的で不整合な、人間という存在の秘密はどう説明できるのだろうか。犬は、自分をたたく主人の手をなめる。それは忠実が犬の本性であり、その本性はけっして消えないからである。羊は、自分の皮を剝いで自分の肉を食べる羊飼いの腕のなかに逃げこむ。それは穏和が羊のぬきがたい性格だからである。馬は、戦火のなか、砲弾の雨のなか、横たわる怪我人や死人を踏みつけることなく、ものすごい速さで駆け抜ける。それは度胸のよさが馬の不変の魂だからである。こうした動物たちは、そのひたむきな忠実さによって、われわれのために献身する。下僕は、自分の命を危険にさらして主人を守るが、わずかの金で主人を裏切り、その命を奪う。貞淑な妻も不愉快なとき、あるいはさびしさがつのると、姦淫でベッドを汚す。貞淑で名高いルクレティアのなかにも、淫乱で名高いメッサリナがいるのである。地主はときには慈父、ときには暴君となり、破産した小作農を助け、再興させるが、相対的な独立を認める封建的な契約のおかげでその農民の一家が多人数になると、かれらを土地から追い払う。古代の戦士は、騎士の鏡であり模範であるが、仲間の死体を自分が前に進むための踏み台にする。ギリシアの将軍エパメイノンダスやローマの将軍レグルスは、兵士たちの血によって不正な利益をあげたのだ。私自身、その証拠を目の前で山ほど見た。恐るべき対照と言うべきだが、犠牲者をだす職業は臆病者ほど成果をあげる。人間には殉教者もいれば背教者もいる。そこで私はもういちど尋ねたい。この分裂はいったい何に起因するのであろうか。

あなたの答えはあいかわらず同じである。社会のなかの敵対のせいだ、と言う。つまり、ひととひとが分離し、絶縁し、敵視しあう状態のせいだ。人間はいままでそういう状態のなかで生きてきた。一言でいえば、原因は心の疎外にある。この疎外が人間に、享楽を愛と、所有を占有と、苦痛を労働と、陶酔を喜びと取りちがえさせた。けっきょくはこの虚偽意識のせいである。それをとがめる気持ちが原罪という名前で人間をたえずさいなむ。しかし、人間はいつかは人間どうし和解しあい、隣人や自然を自分の敵と見なすのをやめるだろう。そのとき人間は愛することができるようになる。自分のエネルギーの自発性だけで生産をいとなむようになる。人間の情熱は、現在はものを獲得することに向けられるが、これからはものを与えることに向けられる。働くことと献身することを唯一の幸せとして、また最高の快楽として追求するようになる。まさにそのとき、愛は本当に、そして全的にひとの法となり、正義はもはや空虚な名称、暴力と涙にあふれた時代の痛ましい思い出にすぎないものとなるだろう、とあなたは言う。

たしかに、私も敵対の事実を見逃しはしない。あなたの好きなことばで言えば、宗教的な疎外を見逃したわけではない。しかし、私は人間と人間が和解する必然性も無視しない。和解のいとなみの永続性、これのみが私の哲学のすべてである。あなたは、人間の本性の分裂が社会の成立の前提、もっと正確に言えば、文明の生成の素だと考える。たしかに、それは事実である。しかし、注意していただきたい。それは動かない事実であるが、私はその意味を探求したいのである。人間の能力の不和と調和を、歴史における二つの異なる段階、継起的であるがまったくべつべつの二つの段階と見るのではなく、私が考えるように、この二つを、つねに反対しあうがつねに和解に向かい、しかもけっして完全には和解しない人間本性の二つの面と見るのであれば、あなたと私はほぼ同意見に近いと言えるだろう。一言でいえば、個人主義が人間の根源的な事実であり、協同《アソシアシオン》がそれを補完する対極の事実である。しかし、この二つはたえず表出しているものであり、そして地上においては永遠に正義が愛の条件なのである。

このように、人間の堕落というドグマは、たんに人間の理性と道徳の一時的な特殊状態をあらわすものではない。それは人間全体の有罪、悪への性向という驚くべき、かつ消滅不能の事実を、シンボリックな形で人間が自ら告白したものである。罪人である我に災いあれ、と人類の良心はあらゆる地域で、そしてあらゆる言語で叫ぶ。「私たちは罪を犯したのだ。それゆえ、心は病み、このありさまに目はかすんでゆく」〔旧約聖書『哀歌』五章一六—一七節〕。宗教は、この考えかたを具体化し、ドラマ仕立てにして、人間の魂に深く内在するものをこの世の外まで、そして歴史のかなたにまで運び出してしまった。その知的な幻影が宗教にほかならない。宗教はこの事実の本質と永続性について見誤ることはなかった。そこで解明すべきはまさにこの事実である。そして、われわれはまさしくこの観点から原罪のドグマを解釈していこう。

どの民族も、罪への恐れと後悔から生まれた罪ほろぼしの習慣、改悛を示すためのささげ物、抑制と懲罰の制度をそれぞれ独自の形でもっていた。カトリックは、社会が自然発生的に何かの観念を表明し、何かの希望を示したところでは、かならずひとつの理論をうちたてる。そして、カトリックが秘跡と名づけるものは、罪人が後悔をあらわし、神と人間に自分のあやまちの許しを乞い、より良い生活への準備をするためのシンボリックで、しかも実効性のあるセレモニーである。したがって、私は宗教改革について、ためらうことなくこう言い切る。それは悔恨というものを投げ捨て、改心ということばに難癖をつけ、ただ信じることのみが正しい美徳であるとし、後悔することの宗教性を認めなかった。宗教改革はたんなる一歩後退であり、進歩の法則をまったく理解できなかった。否定することは答えることではない。たしかに、カトリック教会の悪弊はあれこれさまざまの点で改革を呼び寄せた。しかし、人間が犯した罪にたいする後悔とか、永遠の罰とか、罪のゆるしとか、恩寵とかについてのカトリックの理論は、あえて言わせてもらうならば、人間教育の体系の全体を潜在的に内包していた。したがって、それらの理論を発展させるべきであり、合理主義にまで推し進めるべきであった。ところが、ルターは破壊することしか知らなかった。たしかにカトリック教会でおこなわれる司祭への告白は後悔の堕落した形態であり、あいまいな自己表示がうるわしい卑下に取ってかわった。しかし、ルターは、神と同胞を前にした人間の根源的な告白（「父よ、あなたに感謝します……そして、兄弟たちにも恵みを」〔新約聖書『テサロニケの信徒への第一の手紙』一〕）をたんなる独り言にすぎないものにし、偽善ではローマ教皇主義を上回ることになった。つまり、キリスト教の意義が失われたのだ。それが哲学によって復興されるまで、三世紀もたってしまった。

　さて、キリスト教徒、すなわち宗教的な人間たちは、人間の本性にとって本質的なことがらの**リアリティ**について見まちがいをしているはずがなかった。いわゆる最初のあやまちとされることがらのリアリティである。したがって、われわれはふたたびキリスト教徒、宗教的なひとびとにこの事実の**意味**を尋ねよう。メタファーや寓意に驚かされないようにしよう。真実は姿どおりわれわれにとって真実とは何であろうか。もしそうでないとしたら、真実は韻文から散文へのたえざる進歩である。そこにはひとつの系列があるはずだ。
のものではない。

そこでまず、最初のあやまちというとにかく奇妙な観念にも、キリスト教神学のどこかに、それに相関する観念がないかどうか、調べてみよう。なぜそうするかと言うと、本当の観念、包括的な観念は孤立した思いつきから出てくるものではありえないからである。そこにはひとつの系列があるはずだ。

キリスト教は、人間の堕落というドグマを第一項として設けたあと、堕落した状態のなかで死んでいくすべてのひとびとのために、神との決定的な離別、罰の永遠性を断言して、思想を発展させる。そして、相対立するこの二つを、有罪者の復権あるいは神の恩寵というドグマで和解させて、理論を完成させた。神の恩寵のドグマによれば、人間はみんな神の憎悪のもとで生まれるが、イエス・キリストのおかげで和解を得る。ただし、その和解の実現は人間による信仰と後悔を条件とする。このように、人間の本性は本質的に堕落していること、その罰は永遠に続くこと、ただしイエス・キリストの犠牲に人間が主体的に参加して罪をあがなえばべつであること、キリスト教の思想の進化を要約すればこの三つである。第二項は第一項の結果であり、第三項ははじめの二つの否定であり、変形である。じっさい、人間の本質的な悪は必然的に解消不能であるから、ひとつの超越的なパワーが全面的な刷新をおこなって人間の宿命を断ち、神の呪いを解かないかぎり、人間による罪の償いは人間の悪そのものと同様に永遠に続く。

人間の精神は、宗教的なファンタジーにおいても、きわめて実証的な科学の理論においても、つねに同じひとつの方法しかもたない。キリスト教の神秘を生んだのも、政治経済学の矛盾を生んだのも、同じ哲学である。信仰も、無自覚のうちに理性に依拠している。したがって、神の働きのあらわれと人間の働きのあらわれを同時に探求しようとするわれわれこそが、まさしく理性の名によって、神学の諸仮説を検証する権利をもつ。

普遍的な理性はきわめて規則的な思弁の組み立てによって、人間の罪の無邪気さ、罰の永遠性、神の恩寵の必然性をつぎつぎに肯定していったわけだが、では、この三つを宗教的なドグマとした普遍的な理性は、そのとき人間の本性のなかに何を見たのであろうか。神学のベールが透明になりはじめると、神学はまったく自然史に似てくる。

最高存在があらゆる存在を生み出したと想像されるそのいとなみを、もはや神の力の流出とか、その創造的な力と無限の実体の外化と考えるのではなく、その大きな力が分割され、区分されることとして考えるならば、有機的なものであれ無機的なものであれ、個々の存在は、無限の存在のうちに潜在した無数の実質のひとつが個別に表出したものとして、すなわち絶対なる存在の分裂として見えてくるようになる。こうした個別性（液体、鉱物、植物、虫、魚、鳥、動物）全体の集合こそが創造であり、宇宙となる。

人間は、宇宙の縮図であり、存在に潜在するあらゆる実質、絶対の分裂のあらゆる断片を人格として要約し統合したものである。潜在的な実質は発散されることによってのみ存在し、束になって統合されるが、それぞれは互いに浸透しあえず溶けあうこともない。人間はそのような統合の頂点に立つ。したがって、人間はこうした集合体として、精神であると同時に物質であり、自発と同時に反射であり、機械であると同時に生命であり、天使であると同時に野獣である。人間は蛇のように有毒で、虎のように残忍で、豚のように貪欲で、猿のように好色だ。しかし同時に、犬のように忠実で、馬のように高潔で、蜜蜂のように勤勉で、鳩のように貞淑で、ビーバーや羊のように社交的である。しかも、そのうえに人間は人間である。すなわち理性的で自由であり、教育を受けてさらに成長する。人間はローマ神話のユーピテルと同様、たくさんの名前を演ずる。その名前は顔の額に書かれているので、人間は鏡を見てそれを知り、自然に演じ分ける。人間はその役柄を本能的にまちがわずに認識できるのだ。理性にもとづけば蛇の姿も美しい。それを醜悪と見るのは意識である。古代のひとびとも近代人と同様に、人間とはあらゆる地上的な属性の寄せ集めからなるものであると理解していた。ドイツの医師ガルによる骨相学やスイスの神学者ラファーターによる人相学は、あえて言わせてもらえば、人間におけるそうした寄せ集めの不調和を示しただけの試みにすぎない。そして、かれらがつくった人間の能力の分類表は、自然の縮図である。けっきょく人間は、ライオンの檻に入れられた預言者〔ダニエル〕と同様、本当に野獣たちのなかに投げこまれている。もし、われわれの時代のおぞましい偽善として後世に伝えるべき何かがあるとしたら、それは知識人が神秘主義的な迷信家にすぎず、人間の本性をゆがめたり人体の解剖でも嘘をついたりすることで宗教や道徳のために奉仕したつもりになっていたことである。

　したがって、ここで明らかにすべき問題はもはやひとつしかない。それは人間の観念がつぎつぎに外化されていくと、矛盾がますます周囲にあふれるようになるけれども、それでも人間は、自分が抑制してきたさまざまの潜在能力を、あるいはモラリスト好みのことばで言えば自分の情念を、多かれ少なかれ自由に発揮すべきかどうかである。言いかえれば、人間はギリシア神話のヘラクレスのように、自分のうちなる野獣をねじふせ、つねに自分を食い殺そうとする地獄の軍団を打ち負かすことができるかどうかである。

しかし、さまざまの国、さまざまの時代のひとびとがこぞって同意しているように、またわれわれも本書の第三章と第四章で肯定しているように、人間は、自分のなかの動物的な誘因をすべて捨象すれば、知性と自由に要約される。すなわち、前者はものごとを評価し選択する能力であり、後者は善にも悪にも無差別に応用可能な行動の能力である。しかも、この二つの能力は互いにかならず影響しあい、それぞれ無限に発展し成長していくものであることも、われわれは明言しておいた。

したがって、社会の運命、人間の謎の解決はつぎのことばのうちにある。すなわち**教育**、すなわち**進歩**である。

自由の教育、本能の制御、魂の解放あるいは救済、これがレッシングも証明しているようにキリスト教の神秘が意味するものだ。この教育は人間の一生をとおして続く。また人類の一生をとおして続く。政治経済学の矛盾は解決されるかもしれないが、われわれの存在の内的な矛盾はけっして解決されないだろう。このことがまさに、人類の偉大な教師であるモーセ、ブッダ、イエス・キリスト、ゾロアスターがみんな、罪のあがないの唱道者、悔い改めの生きた象徴になった理由なのである。人間は生まれながらにして罪人である。ただし、けっして本質的に悪をなす者ではなく、むしろ悪に染まる者である。そこで人間の宿命は、自分の理想をたえず自分自身の生きかたにおいて創造し続けることにある。あの偉大な画家ラファエルもそれを深く感じとっていた。かれはこう述べている。芸術はものごとを、自然がそうつくりだしたような形にではなく、自然がそうつくるべきであったような形で描くことにある。

さて、これからはわれわれが神学者に教える番だ。なぜなら、教会の伝統を継承しているのはわれわれのほうであり、聖書や宗教会議や教父たちの教えの意味をつかんでいるのもわれわれだけだからである。われわれはさまざまの観念や事実の形而上学的な構造を、もっとも確実でもっとも真正なものにもとづき、人間が頼りとしうるもっとも偉大な権威にもとづいて説明する。そう、たしかに人間は欠陥だらけの存在である。まず人間は不合理である。その存在のありかたもたんなる折衷主義にすぎず、社会の矛盾からは独立しながらも、自分の存在の潜在的な本質とはたえず闘争しあう。人間の一生は、労働と苦しみ、愛と享楽、正義とエゴイズムとのあいだの折り合いの連続にほかならない。人間が自分の劣情の誘いにしたがい、すすんで劣情に身をゆだねることが、まさしく人間と神との和解を準備する洗礼となる。まさにその行為が、人間を至福の合一と永遠の幸福に値するものにする。

社会経済学の目的は、たえず労働における秩序を求め、人間全体の教育をおしすすめながら、できるかぎり平等によって慈善を不必要にすることにある。奴隷を制御することもできないたぐいの慈善を不要にするのだ。さらに言いかえれば、社会経済学の目的は、茎から花が出てくるように正義から慈善が出てくるようにすることにある。いや、それにしても、もし思いやりがひとびとのあいだに幸せをつくりだす力をもつものであったならば、ずっと以前からその証拠となる実例がたくさんあったはずである。また、そうであれば社会主義も労働の組織化など追求せず、ただこう言うだけでよかっただろう。「みなさん、気をつけて。思いやりが欠けていますよ」。

しかし、悲しいかな、人間のなかにある思いやりの心は虚弱で、ひそやかで、しなびていて、生ぬるい。それを活性化させるためには、霊薬と芳香が必要である。であるからこそ、私は三つのドグマにこだわったのだ。人間のあやまち、永遠の罰、そして救済という三つのドグマ、それはすなわち正義による人間の成長である。この地上における自由はつねに支えを必要とする。そこで、神の恩恵というカトリックの理論は、われわれの本性の貧しさがあまりにもリアルに証明されたあとで、それを補完するものとして登場する。

神学者によれば、神の恩恵は人間救済の流れのなかで、われわれを永遠の生に導いてくれる支え、あるいは手段にすぎない。すなわち、人間は経験の不断の助けによって、勤勉と科学と技術によって、快楽と苦痛によって、一言でいえば心身のすべての訓練によって、はじめて自己成長をとげ、文明化し、本当に人間らしくなっていく。

神の恩恵には、まず「成聖の恩恵」というものがある。同じく教会の用語で「ひとを義化し聖化する恩恵」とも呼ばれる。それは魂のなかにあり、生得的な美徳と聖霊からの授かりものを含み、そして思いやりの心とは切り離せない性質として認識されている。——言いかえれば、成聖の恩恵とは善への衝動の優位性の象徴である。それは人間を秩序と愛に導く。そして人間はそれを手段として自分のなかの悪しき傾向を抑え、自己の領分の主人という立場を保つ。もうひとつ

「助力《じょりき》の恩恵」というものもあるが、これは秩序をもとめる情念の発揮を人間に促し、破壊をもとめる情念と闘わせる外的な手段をさす。

聖アウグスティヌスによれば、神の恩恵は本質的に無償であり、人間の罪よりも先行する。ボシュエは同じ考えを、詩情と優雅さに満ちた文体でこう表現した。「神が人間のはらわたをおつくりになるとき、神は最初にまず善良さをそこにお入れになった」。――じっさい、人間の自由意志による最初の決断は、この生まれつきの善良さにもとづく。そして、人間はその善良さによって秩序へ、労働へ、研究へ、謙虚さへ、思いやりへ、献身へむかってたえずつきうごかされる。だからこそ、聖パウロは人間の自由意志を少しも否定せずに、こう述べることができたのである。「神は、みこころのままに、あなたがたのうちに働いて志を立てさせ、ことをおこなわせてくださるのです」〔新約聖書『フィリピの信徒への手紙』二章一三節〕。つまり、人間の聖なる願望は、人間が考えたり感じたりするよりも以前に人間のうちにある。人間がそれにしたがわなかったとき感じる心の痛み、人間がそれにしたがったとき心に満ちあふれる喜び、そして人間が社会や教育から受けとる示唆のすべては、もともと人間のものではない、とされる。

人間が不退転のかまえで決然と、そして歓喜と愛に満ちて、善へと向かう意志をもつとき、神の恩恵は効をあらわしたと言われる。――じっさい、心が高揚し、とつぜん英雄的な行為を神命として決意するという光景は、いたるところで見られた。そのとき自由が失われたわけではない。神の予定により、人間の自由意志がそのように決断するのは必然であったと言えよう。ペラギウス主義者やルター派などは、神の恩恵は人間の自由意志をおとしめ、人間の意志の創造的な力を封殺したと言うが、かれらはまちがっている。なぜなら、人間の意志によるあらゆる決断は絶対に、それを支持する社会によって、あるいはそれに舞台を与え、その宿命をあらわにする自然によってもたらされるものだからである。

しかし奇妙なことに、その反対派であるアウグスティヌス派、トマス派、統合派、コルネリウス・ヤンセン、ルイ・トマッサン師、ルイス・デ・モリナなども、やはりまちがってしまった。かれらは自由意志と神の恩恵をどちらも肯定しながら、この二つの関係は質料と形相の関係にひとしいことが見てとれなかった。かれらは、存在しない対立をあれこれ論じたのである。自由は知性と同様に、またあらゆる質料やあらゆる力と同様に、かならず限定づけられる。すなわち、自由もかならず形相と属性をもつ。しかし、物質においては、形相と属性は質料にあらかじめそなわり、質料と同時のものであるが、自由においては、形相はいわば外的な三つの要因、すなわち人間の本質、思考の法則、訓練あるいは教育によって与えられる。けっきょく、神の恩恵はその対立物である悪魔の誘惑と同様に、自由の限定という事実そのものをさすにすぎない。

要するに、人間教育にかんする近代の思想はすべて、神の恩恵というカトリックの教義の解釈、その教義の哲学にほかならない。カトリックの教義がその唱道者にとってさえあいまいに思われたのは、もっぱら自由意志にたいするかれらの考えかたのせいである。かれらの考えによれば、神の恩恵は自由を限定する源であり、神の恩恵をもちだせばただちに人間の自由意志は危ういものになる。われわれは逆に考える。自由それ自体はいかなる形相にたいしても無差別であるが、しかし自由はあらかじめ定められた秩序にしたがって運動し、形づくられる。人間はその最初の一撃を創造主から受ける。創造主は人間に愛や知性や勇気や覚悟、そして聖霊からの贈りものすべてを吹きこみ、それから人間を経験の働きにゆだねるのである。この考えかたにしたがうならば、神の恩恵は必然的にあらかじめ作動しているものであり、それがなければ人間はいかなる種類の善もなしえないが、にもかかわらず自由意志は自らの固有の運命を、自発的に、熟慮と選択にもとづいて完遂するのである。このことには矛盾も謎もいっさい存在しない。人間は人間であるかぎり善である。しかし、神の恩恵を説いた教師のひとりでもあるプラトンが描く暴君のように、人間は自分の内部に無数の怪物をかかえている。人間は正義や科学の崇拝、音楽や体育によって、そしてしかるべきタイミングと状態を見きわめて、それらを打ち負かさねばならない。聖アウグスティヌスの定義を改めよう。そうすれば、論争が盛んにおこなわれたことと宗教改革を挫折させたことで有名な、この神の恩恵という教義はここで明晰さとハーモニーを帯び、輝いて見えてくるだろう。

では、人間が神なのか。

神学の仮説にしたがうならば、神とは至高の存在、絶対的で最高に総合的な存在、どこまでも賢明で完全に自由な自我であり、ゆえに打ち負かしえない聖なるものである。一方、人間がそういうものでないことはすぐにわかる。人間は創造の混交である。創造によって表出した物質的・有機的・知的・道徳的な本質のすべてがひとつにあわさったものである。人間はより良いものに変わりうるし、まちがいも犯しうるから、神性の条件をまったく満たさない。人間はそのことを自分の精神の本性によって察している。人間は神ではないし、生きたままでは神になることもできない。

ましてや柏の木、ライオン、太陽、宇宙そのもの、つまり絶対の諸断片はいずれも神ではない。こうして、特定の人間を崇拝することも自然を崇拝することも、同時にひっくりかえされる。

そこで、いまからなすべきは、この理論の反証をおこなうことである。

社会的矛盾の観点から、われわれは人間の道徳性を判定してきた。そこで今度は、同じ観点から、神の道徳性を判定することにしよう。言いかえれば、省察や信仰によって人間から賛美されているような神、そのような神ははたして存在しうるのか、それを問う。

第二節　神の摂理という神話の解説――神の退却

神学者や哲学者が神の存在を唱えるときにいつももちだす証拠、その数三つの証拠のうち、かれらがまず最初にあげるのは、ひとびとの普遍的な承認があることである。

私はその理屈に反対も賛成もせず、とりあえず受けとめ、ひそかに自問する。みんなが神を肯定しているというが、全員の同意でいったい何が肯定されるのだろうか。これにかんして私はどうしてもつぎのことを思い出さずにはいられない。さまざまに異なる宗教があるということは、人類が自分たちの外部に超越的な自我の存在を肯定したのはまちがいであるということの証拠にはならない。同じく、さまざまに異なる言語があるということは、人間には理性が存在しないということの証拠にはならない。宗教のちがいや対立は、神の存在の仮説を弱めるどころか、むしろ強化し確立させるものだ。

もうひとつべつの論拠は、世界に秩序が存在することから引き出される。これにかんして、私はすでにこう指摘した。自然は人間の声を聞き入れて、自発的に自らが精神と物質に区分されることを肯定している。したがって残る問題は、われわれがあいまいな直感にもとづいて、人間の精神が人間を動かすと意識しているように、宇宙は無限の精神、世界の魂によって支配され、動かされているのかどうか、それを知ることにある。さらに私はこうも付言した。もしも、秩序が精神の存在の絶対的な証拠であるならば、われわれは宇宙にまちがいなく神が存在すると言うことができるだろう。

残念ながら、この「もしも」はまったく証明されていないし、これからも証明されることはありえないだろう。なぜなら、一方では、物質の反対物として認識される純粋な精神というのは、矛盾した実体であり、したがってどうしてもその実在を証明することは不可能だからである。もう一方で、水晶や植物や天体のようにそれ自身に秩序をそなえたいくつかの存在は、われわれに何らかの感じをいだかせはするが、動物のように、こちらが与えた感情にたいしてあちらからも感情が戻ってくるようなことはない。したがって、水晶などにはまったく意識というものがないと思われる。世界の中心に精神があると考えるのは、硫黄の棒〔痛みをとる民間療法の道具〕に精神を宿らせるのと同じくらい非合理的だ。そこで、もし精神や意識がどこかに存在するとすれば、それは人間のなか以外にはないと言える。

しかしながら、世界に秩序が存在することは神の存在にはまったく無関係だとしても、それでもやはり何かしら大事なこと、われわれの研究の道しるべとして役に立つことを教えてくれる。それは、すべての存在、すべての本質、すべての現象が、それぞれの特性から導き出される法則の総体、私が本書（第三章）で「宿命」とか「必然性」と名づけているものによって、相互に連鎖しあっているということである。とすれば、この法則の全体系、宿命の全領域をカバーする無限の知性がやはり存在するのではないか。広大な法則の総体によってたえず限定される至高の意志、ということはつまり無限に力づよく無限に自由である至高の意志が、この無限の知性に深く浸透してひとつになっているのではないか。要するに、宿命と知性と意志、この三つは宇宙において同時であり、それぞれ合致し、そして同一なのではないか。たしかに、いままでのところ、そこにつじつまのあわないことはひとつもない。しかし、まさにそれこそが証明されるべき仮説なのである。この神人同形説はまだ証明されずに残されている。

このように、人類の証言はわれわれに神の存在を知らせるが、神がどのようなものであるかは語らない。世界に秩序が存在することはわれわれに宿命を知らせる。宿命とは原因と結果の厳然として絶対的な一総合である。一言でいえば、法則の体系である。宿命とは、もしも神が存在するとすれば、この神の目に見えているもの、この神がすでに知っているものと言うこともできよう。

さて、神の存在についての最後の三つ目の証拠は、神学者たちが形而上学的な証拠と称して差し出すものだが、それは以下のような諸項の同義反復的な積み重ねにすぎず、じつは何の証明にもならない。

「何かが存在するがゆえに、存在する何かがある」。

「何かは多数であるがゆえに、何かは単数である」。

「何かは何かのあとに来るがゆえに、何かの先に来る何かがある」。

「何かは何かより大きかったり小さかったりするがゆえに、あらゆるものよりも大きい何かがある」。

「何かは動かされるがゆえに、何かが動かす」などと、果てしなく続く。

ところが、これが今日でも、大学や神学校において、また民衆教育をおこなう聖職者たち、あるいは大司教殿によって、神の存在の形而上学的な証拠とされているものなのである。フランスの若い俊英たちは、これを知らなければ学位が取れないとか、法学も医学も工学も理学も学ぶことができないと言われて、おとなしく一年間も先生たちのあとについていかざるをえない。じっさい、驚くに値するものが何かあるとすれば、それはひとびとがこんな哲学を学ばされているのにヨーロッパがまだ無神論に染まっていないことである。学校でわけのわからないことを学ばされていても、神学的な考えかたが少しもゆるがず、そこにあることこそ、最大の奇跡なのである。それはもっとも強固な偏見を形づくっており、ひとびとが神の存在を肯定するさいに申し立てるのも、この偏見なのだ。

私は、人類が何を神と呼んでいるのか知らない。

それはひとなのか、宇宙なのか、それとも神と呼ぶしかない何かしら目には見えない実体なのか、あるいはその名はたんなる理想、理性の産物をあらわすにすぎないのか、私にはわからない。

とはいえ、私は自分の仮説に具体性を与え、自分の研究に手がかりを与えるために、通俗的な意見にしたがって神を考えることにしよう。つまり、神はいたるところにあらわれ、しかし創造されるものではなく、無限の知識、無限の活力とともに不滅の生命をそなえ、そしてとりわけ、すべてを予見し、まったく正しく、悪を罰し、善行に報いる特別の存在だと考えよう。ただし、汎神論はたんなる偽善、浮薄な仮説であるから退けたい。神とは人格神である。そうでなければ神は存在しない。この二者択一こそ、私の神義論の全体から引き出される公理である。

もちろん、神の観念はこれからあとでもさまざまの問題を提起するであろうが、ここではそれには立ち入らない。私にとって、いまここでの問題は、すでに見てきた社会進化の諸事実にたいして、神のいとなみをどう考えるべきかを知ることである。その問いは私の信仰にたいしても、また人間のありかたにたいしても向けられる。一言でいうなら、私はすでに証明された悪の存在という観点から、至高の存在なるものを、あたらしい弁証法の助けを借りて深く探っていきたい。

悪は存在する。この点については誰もが同意すると思われる。

では、悪が存在することと、最高に善良で賢明で全能の神という観念はどのように調和するのだろうか。ストア派やエピクロス派やマニ教徒や無神論者はそれを考えたことがあるだろうか。神はこの世界に悪が入りこむのを許してしまったほど無力で、いいかげんで、いじわるだとすれば、神によって不完全につくられた人間、神によって放置されて悪の誘惑に負けてしまいそうな人間に、行動の責任を取らせることができるのだろうか。また、神は正しいことをした人間には死後に永遠の至福を約束する。あるいは、人間に幸福の観念と幸福への願望を授ける、ならば、どうして神は人間を生まれてすぐから永遠の苦しみにさらしたりせず、人間を悪の誘惑から引きはがすと同時に、人間が一生楽しくすごせるようにしないのだろうか。

昔の無神論者はそう言って抗議した。

今日では誰も議論をしようとしない。有神論者は、自分たちの体系が論理的に成り立たないことを、もはや思いわずらうこともない。ひとびとは神を必要とする。とりわけ神の摂理を必要とする。急進主義者とイエズス会はそれを求めて競いあったりする。社会主義者も神の名をあげて幸福と美徳を説教する。諸派のうちで、もっとも声高に教会に反対するのは、初代の神秘主義者である。

昔の有神論者は、自分たちの信仰をもっと真剣に考えていた。かれらは、信仰の正しさを証明できないとしても、少なくともそれを合理的なものにしようと努力した。現代の有神論者とは感性までも異なる。かれらは、神が不確実なままなら神を信じる者は胸も張れず、気持ちも休まらない、と感じていたのだ。

初期教会の教父は不信心の者たちにこう答えた。悪とは「より大きな善の欠如」にほかならず、われわれが「より善い」ものについてたえず考えるようになると、われわれは自分をしっかりと固定させる支点を失い、不条理にむかって一直線に進んでいく。じっさいには、神の創造物はいずれもかならず有限で不完全であるから、神はその無限の力によって、たえず自分の完全性を増進させている。この点からすれば、神の創造物は善をつねにある程度欠如させているわけだが、逆に言えば、神の創造物がたとえどれほど不完全で有限だと考えられようとも、人間はこの世にあらわれた瞬間から、ある程度の善を享有しているわけだ。それは中身がからっぽであるよりも良い。したがって、人間は自分がなしうる善をすべてなしとげてはじめて善なる者と見なされるのが決まりなら、人間はとても神と同じではない。どこまでも善をなすことを義務とされるのは、創造する能力そのものと矛盾するからである。完全性と創造性は必然的に相反する二つの項なのだ。神は、個々の人間に与えるのがふさわしい完全性の度合いについての、唯一の判定者であった。その点で神に文句を言うのは、神の正義を非難することである。

人間の罪、すなわち道徳的な悪にかんして、初期教会の教父は無神論者の異議申し立てにたいし、自由意志や罪のあがない、神による義化や恩恵といった理論によって答えた。これらのことがらについては、われわれはすでに述べたのでくりかえさない。

人間の本質的な不完全さについての理論は、ド・ラムネー氏が『哲学概要』〔一八四〇年〕でみごとに解説しているが、無神論者がこの理論にたいして明確に反論したという話を私は聞いたことがない。じっさい、それは無神論者には不可能であった。悪や自由意志についての考えかたもまちがっており、人間性の法則についてもほとんど無知であったために、無神論者は自分たち自身のわだかまりを克服するための、あるいは信仰者に反駁するための理屈もやはりもてずにいた。

さて、有限と無限の話題はこれまでにして、秩序の概念について考えることにしよう。神は丸い円を作れるか。真四角の正方形を作れるか。——もちろんである。

神は幾何学の法則にのっとって世界を創造しておきながら、四角い円とか丸い四角がありうるなどという考えかたをわれわれに注入したり、あるいはわれわれがそう考えるのをたんに放置したりすれば、どうなのか。つまり、そういうまちがった考えかたがわれわれに無数の悪をもたらすなら、しかもそれがわれわれのあやまちによるものではないなら、罪は神にあるのではないか。――これも疑いなくそうである。

ところが、神、すべてを予見している神が人間を統治するさいにおこなっているのは、まさにこれなのだ。そして、私が神を非難する点もまさにこれだ。神は、われわれ人間が六〇〇〇年の苦痛に満ちた体験によって発見したことを、永遠の昔から知っていた。つまり、社会における秩序、すなわち自由や富や科学といったものは相反する観念どうしの和合によって実現されること、そして、個々の観念それぞれの絶対化が、われわれを貧困の深みに引き込んでしまうこと、である。では、なぜ神はそれを知っていながら、われわれにまったく警告をしなかったのか。われわれの判断をどうして最初の時点で修正させなかったのか。とくにわれわれのエゴイズムが神の不正義とか不実をその口実にしているときに、どうして神はわれわれの不完全な論理を黙って許すのか。嫉妬深い神は、われわれを経験の偶然性にゆだねれば、われわれが幸福の核心をなす生命の安全を見出すまでずいぶん時間がかかることを知っていた。なぜ神は、人間固有の法則を開示することによって、こうした長きにわたる学習期間を短縮させなかったのか。なぜ神は、さまざまの矛盾する意見でわれわれを惑わすのでなく、経験そのものをひっくりかえさなかったのか。つまり、アンチノミーから総合へという峻険な峰を苦労してよじ登らせるのでなく、総合的な観念の分析からアンチノミーへといたる道をわれわれにたどらせることによって、経験をひっくりかえさせなかったのか。

もし、昔のひとが考えたように、人間を苦しめる悪は人間につきものの不完全さのせいにすぎないのであれば、あるいはもっと正確に言えば、もし、われわれの存在を成り立たせる潜在能力や心的傾向のなかの対立だけがこの悪の原因であり、そして、理性がわれわれにそうした対立の抑制と制御を教えるのであれば、われわれは不満の声をあげる権利をもたないことになる。われわれが自分で満たしうる条件を満たしているならば、神には何の罪もないことになる。

しかし、人間の知性が勝手に幻想をいだき、また、その幻想は簡単に消え去るのに、幻想の効果はきわめて恐ろしいものであるとき、神を無罪とする口実はどこにあるだろうか。このばあい神の恩恵は人間にとどかないとするのが正しいのではないか。われわれの信仰は、神を優しい父親、賢明な主人のようにイメージするが、神はわれわれを不完全な概念の宿命のなかに放置する。神はわれわれの足元に溝を掘り、われわれを盲目のまま歩かせる。そして、われわれがその溝に落ちるたびに、神はわれわれを極悪人として罰するのである。さあ、どうだろうか。われわれは傷だらけになりながら旅をし、そして自分で自分の道を発見する。つまり、われわれは神のしわざにもめげずに、道を知るのだと思われる。神の栄光を傷つけるようだが、われわれは神がわれわれに課す試練によって、さらに知性を高め、さらに自由になるのである。とすれば、われわれはいつまでも神の摂理を求める必要があるだろうか。神は六〇〇〇年来、無数の宗教の助けを得て、われわれを欺き、道を誤らせてきた。それでも、われわれは神に付き従いたいのか。

させてさて、どうしたものだろう。神は福音の伝道者の口を借りて、またわれわれの心にきざみこんだ戒律によって、われわれにあれこれ命令する。たとえば、隣人を自分自身のように愛しなさい。自分がしてもらいたいと望むことを他人にしてあげなさい。ひとから借りたものはそのひとにちゃんと返しなさい。労働者に払う賃金でごまかしをしてはいけない。高利でお金を貸してはいけない。しかし同時に、神にはわかっていた。人間における思いやりの情はなまぬるい。人間の良心はぐらつきやすい。われわれはほんのちょっとした口実があれば、戒律はやぶってもよいと思ってしまう。神は人間にそうした心的傾向をもたせたまま、人間を商取引や所有の矛盾のなかにほうりこむ。そして、まさにその矛盾のなかで、理論の必然性により、思いやりや正義はまちがいなく滅びていかざるをえない。必然性の支配のもとでわれわれの理性に課せられる諸原則が、エゴイズムによって用いられるとそれは人間どうしの友愛を滅ぼす結果につながる。神は、諸原則のこうした影響力についてわれわれの理性を高めるのでなく、そうして乱れたままの理性をわれわれの情念のために奉仕させようとする。神は、人間を知性に引きずられるままにし、良心によるバランスを失わせる。神は、横領や貪欲を人間自身の目の前で正当化する。神は、人間と人間の分離を不可避のものとし、あるべきものとする。神は、労働と権利による平等を不可能にし、人間たちのあいだに分裂と憎悪をつくりだした。しかも、世界の法であるこの平等は人間においては不正であるとさえ、われわれに信じさせている。そして、神が発する理解しがたい戒律をわれわれが実践できなかったという理由で、神は人間をひとまとめにして追放するのである。たしかに、神によって見捨てられたことでわれわれのあやまちは正当化される、と私は言いたいわけではない。しかし、われわれの罪が何であれ、われわれはけっして神の前で罰されるべき存在ではない。われわれよりも先に、またわれわれ以上に、地獄行きに値する存在があるとすれば、私はそれをはっきりと名指ししなければならない。それは神である。

有神論者は、神の摂理のドグマを唱えるために、自然の秩序をその証拠とした。その論法はたんに原理を申し立てているにすぎないのだが、少なくとも論法自体には矛盾がなく、引きあいに出された事実も仮説に反するものではない、と言える。たとえば、この宇宙の体系においては、人格性をおびた至高の知的な動力が存在するという観念に逆らう発想につながるような、ごくささいな異常も、ほんのちょっとした先見性の欠落も見出せない。一言でいうなら、たとえ自然の秩序が神の摂理の実在を証明するものではないとしても、それが実在しないことを証明するものでもないのである。

ところが、人間の統治においては話がまったく異なる。そこにおいては、秩序は素材と同時にあらわれるものではない。つまり、この宇宙の体系のように、いっぺんに、かつ永遠のものとしてつくられたものではない。秩序は、人間という存在が、つまり秩序づけられるべき存在が、自分のエネルギーによって、そして経験を重ねて自発的に導き出す原理と帰結の宿命的な系列にしたがって、段階的に成長していくのである。この点にかんしては、いかなる啓示も人間には与えられない。人間は最初の段階から、あらかじめできあがっている必然性にしたがわざるをえない。しかし、秩序というのは、それが絶対的であらがうことのできない秩序にしたがわざるをえない。しかし、必然性というのは、それが実現されるためには、人間によって発見されていなければならない。必然性というのは、それが存在するためには、人間によって予想されていなければならない。この発見の作業が短縮されることはありうるが、しかし、天上からも地上からも人間を助けにくる者はいない。人間に教えをさずける者はいない。人類はそのために数万年、無数の世代を費やす。人類が崇拝する神がその理性で人間を啓発し、その試練のときを短縮するために、たった一回でも来てくれないかぎり、人類は血まみれ泥まみれのまま疲れはてる。いったい、ここのどこに神の行為があるのか。神の摂理はどこにあるのか。

宗教の敵とされるヴォルテールはこう言った。「もし神が存在しないなら、神を発明しなければならない」〔『三人の詐欺師』の著者への手紙〕。なぜか。ヴォルテール自身はこう答える。「無神論者の君主とかかわりをもちたくない。かれは私を臼で叩きつぶしたがるだろう。そして、私はきっと叩きつぶされるからだ」〔『哲学事典』無神論の項〕。偉大な思想家だが奇妙にもこれは的はずれである。相手が信心深い君主ならいいのか。信心深い君主は、あなたを火あぶりにしろという司祭の命令を神の声として聞きいれるだろう。そして、あなたはきっと火あぶりにされる。あなたは反キリスト者なのに、宗教裁判の歴史をお忘れか。サン・バルテルミの虐殺、ヴァニーニやブルーノ〔ともに地動説の擁護者〕の火刑、ガリレオへの拷問、その他多くの自由思想家が殺されたことをお忘れか。ここで使用と乱用を区別しようと言うのはむなしい。私はあなたに言いたい。神の観念のように、あらゆることがらにかかわり、あらゆることを説明し、あらゆることを正当化する神秘的で超自然的な原理によれば、どのような歴史的帰結もすべて道理にかなったものとなる。妥当性の決め手は信者の熱心さだけである。

ルソーはこう言った。「私はかつて、われわれは正直な人間になりうるし、神は不要だと思っていた。しかし、私はそのまちがいから脱した」。これは根本においてヴォルテールと同じ考えかたであり、同じように不寛容を正当化するものである。神に監視されていると考えるからこそ人間は善をなし、悪をなさないというのだ。神を否定する者に災いあれというわけだ。しかも、善に報いて悪を罰する神がいて、その神による制裁が人間のふるまいを正しくするために必要と主張した男が、同時に、人間は生まれつき善良だということを宗教的なドグマとして教える。ナンセンスのきわみである。

そこで、私はこう言いたい。知的で自由な人間の第一の義務は、自分の頭や心から神の観念をたえず追い払うことである。なぜなら神は、かりに存在するとしても、本質的にわれわれの本性に敵対するものであるし、また、われわれは神の権威にいささかも依存するものではないからである。われわれは神に邪魔されても科学に到達するし、神に邪魔されても豊かになるし、神に邪魔されても社会を成り立たせる。われわれの進歩は、われわれが神なるものを打ち破っていく勝利の積み重ねにほかならない。

神の道には立ち入ることができない、などと言うのはもうやめよう。われわれはすでにその道に入りこんでしまった。そして、われわれがそこで見たのは、神の悪意でなく、神は無能と真っ赤な血で書かれた文字であった。長いあいだ蔑まれてきた私の理性は、少しずつ無限の高さにレベルが上っていく。未経験のゆえに私の理性には隠されたままであったことが、すべて時間とともに明らかになっていく。時間とともに、私はだんだん不幸な職人ではなくなる。そして、私が獲得する理性の光によって、また私の自由の成長によって、私は自分を純化し、自分の存在を理想的なものにする。私は創造の主となり、神と対等になる。秩序の乱れは、全能の神なら阻止できたはずなのに、じっさいには阻止できなかった。そうした秩序の乱れが一瞬でもあれば、神の摂理はとがめられ、神の全知が疑われる。逆に、無知のまま捨て置かれ、神に裏切られてきた人間が、善にむかってわずかにでも進歩すれば、人間はかぎりない栄誉を得る。いったい神はどういう権利があって、それでも人間にたいして「私に身を捧げよ。なぜなら私は神だからだ」などと言うのか。私は口答えする。嘘つきの聖霊め。愚かな神よ、おまえの支配は終わった。ほかの動物のところであたらしい餌食を探せ。私は、自分が聖なるものではなく、聖なるものにはけっしてなりえないことを知っている。私とおまえが似たものだとしたら、どうしておまえだけ聖なるものになれるのか。永遠なる父、ユーピテル、あるいはイェホヴァよ、われわれはすでに勉強しておまえの正体を知っている。おまえは昔も今もこれからもずっとアダムを嫉妬する者、プロメテウスにたいする暴君にすぎない。

　聖パウロは、陶器が自分をつくった者にむかって「どうして私をこのようにつくったのか」と言うのを禁じた〔新約聖書『ローマの信徒への手紙』九章一九節〕。私は聖パウロが禁じたような物言いなどはしない。私はけっして万物の創造者にむかって、私をぶかっこうな生き物、ちぐはぐな寄せ集めに仕立てたことをとがめはしない。私はそのような形でしか存在しえないからである。私はただ、創造者にむかって、こう叫ぶだけで満足する。どうしておまえは私にまちがいをさせるのか。どうしておまえは私のエゴイズムを黙って放任するのか。どうしておまえは、私の理性のなかに敵対しあう観念をすえつけて、それが生む苦い幻想によって、私にあらゆることを疑わせて私を苦しめるのか。私は真実を疑い、正義を疑い、自分の意識や自由を疑い、そして、おお神よ、私はおまえさえ疑う。さらにこうした疑いの結果として必然的に、私は私自身と、そして隣人と戦わねばならなくなる。至高の父よ。そういうことをおまえは、われわれの幸せとおまえの栄光のためにやったのだ。そういうことが最初からおまえの意図であり、方針であった。それは血と涙でこねられたパンであり、おまえはそれでわれわれを育てた。われわれはさまざまのあやまちの許しをおまえに求めるが、われわれにあやまちを犯させたのはおまえだ。われわれはさまざまの罠から逃れることをおまえに懇願するが、われわれを罠にはめたのはおまえだ。サタンがわれわれを苦しめるというが、そのサタンとはおまえだ。

義の人ヨブ、われわれの人間性を代表するヨブを、その身体も精神も痛めつけ、さらにその純真な信仰心、その尊敬すべき慎ましい無知をおまえがあざ笑ったとき、おまえは勝利した。誰も逆らわなかった。われわれは目に見えぬ権威の前で、まったく無にひとしいものとなった。われわれはその権威に、大空を天蓋として与え、大地を踏み台として与えた。ところがいま、おまえは権威を失い、敗北した。おまえの名はこれまで長いあいだ、賢者のしめくくりのことば、裁判の判決の効力、君主の力、貧者の希望、悔い改めた罪人の慰めとして用いられてきた。しかし、どうだ。おまえの名はもはや何のありがたみもない。むしろ軽蔑され、呪われ、ひとびとのあいだでやじられる。なぜなら神とは、愚劣であり卑怯である。神とは偽善であり虚偽である。神とは暴政であり貧困である。神、それは悪である。人間が祭壇の前でひれ伏すかぎり、人間は国王や司祭の奴隷として苦難のうちにとどまる。人間がほかの人間から神の名でなされる説教を受けいれるかぎり、社会は偽りの証言のうえに成り立つ。平和も愛も人間から遠ざけられる。神よ、退散せよ。私はおまえの恐怖から脱し、ずっと賢明になった今日、空にむかって手をのばし、こう断言する。おまえは私の理性の拷問者にすぎない。私の意識の亡霊にすぎない。

したがって、私は人間にたいする神の支配権を否定する。神の摂理による統治を拒否する。そういうものが存在しないことは、人類が哲学的な錯覚、経済学的な錯覚におちいっていたことで十分に証明される。一言でいえば、人類全体が犠牲になっていたことで証明される。私は至高の存在が人間を裁くことを拒絶する。私は神から、父親とか王とか裁判官といった肩書きや、善良だとか寛大だとか慈悲深いとか、困ったひとを救うとか善行に報いるとか悪を罰するといった形容詞を剥奪する。神の観念を構成するこうした属性は、すべて人間性のカリカチュアにすぎない。それは文明の自律性とは両立せず、さらに、その異常さやかずかずの災難の歴史によって否定される。神はもはや神としては認められず、そして、われわれは人間にとってきわめて重要な属性、神をまさしく神たらしめてきた属性を神から取り上げた。では、そのことから神は存在しないと言えるだろうか。神学のドグマは、その内容のリアリティにかんして虚偽であると、そのことからただちに言えるだろうか。

あいにくながら、それは言えない。たしかに、神の本質にかんする偏見は破壊された。同時に、人間の独立も確認された。しかし、それだけである。神的な存在のリアリティは無傷のままであり、われわれの仮説はなおも残る。われわれは神の摂理を取り上げて、神がいわゆる神ではありえないことを証明したとき、われわれは神の観念の確定にむけて一歩前進した。したがって、いま問題なのは、この最初の与件が仮説のその他の部分と合致するかどうかである。つまり、知性と同じ観点から、神がもし存在するとすれば神とは何かを確定することである。

経済の諸矛盾の影響のもとで人間には罪があると断定したので、当然われわれはその罪について説明をしなければならなかった。それをしなかったら、人間をただ傷つけ、人間を卑劣に皮肉っただけになっただろう。同様に、神の摂理なるものは妄想だとしたからには、われわれはこの世における摂理の不在と、この世に至高の知性と至高の自由が存在するという観念をどうにかして両立させなければならない。それをしなければ、われわれが提起し、まちがっているとの証明はまだなされていない仮説もむなしいものになってしまう。

そこで私はこう断言する。神がいるとしても、神の姿はけっして哲学者や司祭たちが描いたようなものではない。分析と予見と進歩の法則は、人間のきわだった特徴であり、神はその法則にしたがって考えたり行動したりはしない。むしろ反対に、神は逆向きの退歩コースをたどっているように思われる。神における知性と自由と人格の構成は、われわれ人間とは異なる。そして、いかにも神らしいと思わせるそういう本性の独自性が、神を本質的に反文明、反自由、反人間にするのである。

私は自分の主張の正しさを、否定から肯定へ進むことによって証明する。すなわち、私の考えかたにたいするかずかずの反対論の進歩から、私の主張の正しさを導き出す。

（1）　信者たちが言うには、神は無限に善で、無限に賢く、無限に強い……としか考えられない。つまり、あらゆる面で無限である。しかし、無限に完全というのは、神が進歩に無関心で、むしろ進歩にたいして反動的な意志であるという与件と両立しない。したがって、結論はつぎのいずれかである。ひとつは、神は存在しない。もうひとつは、アンチノミーの展開による反対論は、われわれが無限なるものの謎について無知であることの証明でしかない。

そんな理屈を言うひとに、私はこう答える。まったく独断的な意見を正当化するために、謎は不可解と言うだけで足りるなら、私は、神には先見性がなさそうだとか、摂理には何の効力もなさそうだとかいうことも謎として片づけてもよいと思う。しかし、事実が目の前にあるときには、こういう蓋然論をもちだす理由がない。経験に積極的に語らせるだけにしなければならない。経験と事実は、人類の成長が不動の必然性にしたがっていることを明らかにする。集合的理性が必然性を発見すると、そこから法則が引き出され、その体系が把握されるのだ。社会においては、神からの命令とか、何か超人的な思想とか、外的なそそのかしがあったという証拠はひとつもない。これまで神の摂理が信じられてきたのは、まさにこの必然性のせいである。この必然性は集合的人間の、いわば基礎であり本質なのだ。しかし、たとえどれほど体系的で進歩的に見えようとも、この必然性はそれだけで人類の、あるいは神の先見性を成り立たせるものではない。社会の秩序がたえず動揺し、苦しい模索を続けてきたことを眺めれば、それは十分うなずける。

（2）　べつの論者たちが横から出てきて、こう叫ぶ。そんなわけのわからないことを調べて何の役に立つのだ。この世には無限の知性もなければ神の摂理もない。自我や意志をもつのは人間だけで、宇宙にはそんなものはない。善いことも悪いことも、いま起きていることは起こるべくして起こっていることである。あらがいがたい因果関係の総体が、人間と自然を同じ運命のなかに包みこむ。われわれが自分たちで意識・意志・判断などと呼んでいるものは、永遠不動で不可避的な全体のなかの特殊で偶発的な部分にすぎない。

この論法は、信者たちの論法の逆である。それは全知全能の創造主という観念のかわりに、必然的だが無意識的で盲目的な永遠の調整という観念をおく。この対立からわれわれは、唯物論者の弁証法が信者たちの弁証法よりも上等ではないことをすぐに察知する。

必然とか運命を語る者は、絶対不可侵の秩序の存在を肯定する。逆に、乱れや無秩序を語る者は、必然とかに反するものの存在を肯定する。じっさい、いかなる外的な力にも結びつかない自発的な力の発揮によって生み出される無秩序が、この世界にはある。もしすべてが定めなら、どうしてこういうことが起こるのだろう。

有神論と唯物論とのあいだで、こうした論争が昔からおこなわれてきたが、しかし、その論争のみなもとは自由と必然についての考えかたの誤りにある。自由と必然は矛盾するものと考えられてきたが、じっさいには矛盾しない。一方の論者が言うには、もし人間が自由であるなら、神はなおさら自由であり、宿命はたんなることばにすぎない。――他方の論者が言うには、もし自然においてはすべてが結びついているのであれば、自由は存在せず、神の摂理も存在しない。そして、どちらの論者も自分の主張のゆくえが見えないまま議論している。いわゆる自由と宿命の対立なるものは、人間に能動性があるという事実と知性があるという事実の自然な、ただし対立的でない区別にすぎないのに、どちらの論者もそれが理解できない。

宿命とは、宇宙の組成の絶対的な秩序、法則、コード、定めである。しかし、このコードそれ自体は、絶対的な立法者の存在という観念を少しも排除するものではなく、ごく自然にそれを受けいれるので、昔のひとびとはためらうことなくこぞってその観念を認めた。今日問題なのは、昔の宗教創始者たちが信じたように、宇宙の法則よりも先にその立法者がいたのかどうか、すなわち、宿命よりも知性のほうが先なのかどうかを知ることである。あるいは、現代人が願望するように、立法者よりも法則のほうが先にあるのか、すなわち、精神は自然から生まれるのかどうかを知ることである。精神が**先**なのか**後**なのか。あらゆる哲学は要約するとこの二者択一になる。精神が先か後かを論じるのはけっこうなことだが、宿命の名で精神を否定するのは、けっして正当化しえない排斥行為である。それに反駁するには、根本的な事実、すなわち悪の存在を思い出させればよい。

物質と引力が与えられれば、それによってこの宇宙の体系が生み出される。これが宿命である。互いに相関し、互いに矛盾する二つの観念が与えられれば、ひとつの構成がなされる。これもまた宿命である。宿命の反対は自由ではない。自由は宿命の反対物ではなく、逆に、ある領域における宿命の完遂をめざす。宿命の反対は乱れである。乱れとは、法則の実行をさまたげるものすべてをさす。この世に乱れは存在するか否か。運命論者はそれを否定しない。なぜなら、奇怪なゆがみと言うべきだが、運命論をいだくひとびとが出てきたのはまさしくこの世に悪が存在するからである。一方、私に言わせれば、悪の存在は宿命の肯定につながるどころか、宿命を打ち破り、運命を改変する。そして、悪が存在するには、主体的だが方向ちがいのいとなみによって法則に反してしまうような、そういう原因があらかじめ必要である。この原因を、私は自由と呼ぶ。すでに（第四章で）証明したように、人間にとって闇を照らすたいまつとして役に立つ理性と同様、自由は、自然の秩序すなわち宿命と調和すればするほど、より大きく、より完全なものになる。

したがって、自らを自由と感じる意識のあらわれに運命を対置すること、あるいは逆に運命に自由を対置することは、どちらもわれわれが観念をさかさまにとらえていること、われわれが問題をまったく理解していないことを示す。人類の進歩とは、人間の理性と自由が運命によって教育されることだと定義できる。運命と自由と理性、この三つをそれぞれ非和解的に対立しあうものと見なすのはバカげている。運命は現実の基礎をなし、理性はそのあとに登場し、そして自由がその建物を完成させるという形で、この三つはそれぞれ支えあっている。人間の理性のいとなみとは、運命を理解し、運命のなかに分け入ることである。自由が志向するのは、そうした理性のいとなみに自らを合致させることである。そして、われわれがいまここでおこなおうとしているのは、人類の自発的な成長と本能的な信仰を批判することであるが、それは根本においてまさしく運命を研究することにほかならない。それをもう少し説明しよう。

人間は行動力と知性をそなえ、自分をその一部とする世界の秩序をかきみだす力をもっている。しかし、人間の逸脱行為はすべて予見されており、すべて一定の限界内でなされるにすぎない。

つまり、逸脱行為は一定数の往復運動をくりかえしたあと、人間をふたたび秩序に引き戻す。自由のこうした振動ののちに、ようやく世界における人間の役割は確定される。人間の運命はあらゆる被造物の運命と結びついているから、人間からさかのぼってあらゆる事物の最高法則に、そして存在の根源にまで行きつくことは可能である。

したがって、私はもはやつぎのような問いかけはしない。つまり、どうして人間は神がさだめた秩序を侵犯することができるのか、とか、どうして神は人間にそうしたまねをさせるのか、とは問わない。私はそのかわりにつぎのように問題を立てる。人間は宇宙の一部分にすぎず運命の産物にすぎないのに、どうしてその運命をうちやぶることができたのだろうか。宿命的な組織である人類の組織が、どうして偶発的で非論理的で、騒乱と破局に満ちているのだろうか。運命は一時間とか一世紀とか一〇〇〇年とか、時間にこだわるものではない。では、われわれが科学や自由を獲得するのは宿命であるとするならば、なぜその獲得はもっと早くに実現しないのであろうか。われわれがまだ科学や自由を獲得できずに苦しんでいるとき、運命は運命そのものと矛盾するわけだ。悪が存在するかぎり、神も存在しなければ運命も存在しないことになる。

その内奥で起こる事実によってことごとく否定される運命とは、要するに何なのであろうか。まさにそれを運命論者は説明しなければならない。それは有神論者が、全知全能なる神はどうしてその被造物の貧困を予知も予防もできなかったのかを説明しなければならないのと同様である。

しかし、話はそれだけではない。自由、知性、運命とは根本のところ、存在の三つの異なる面をあらわすために用いられる三つのことばにすぎない。人間において、理性は限定された自由にほかならず、自らその限界を感じとっている。しかし、この自由はやはり、その限界の輪のなかにおかれた運命にほかならない。自由とは生命をもち人格化された運命なのである。したがって、人類の意識が、宇宙の運命すなわち最高度の究極の運命は、理性にも無限の自由にも合致するはずだと要求するとき、それはまったく正当な仮説を発していることになる。そして、いずれの論者にもそれを確かめる義務が課せられる。

（3）今日、あたらしい無神論者である人間主義者があらわれ、つぎのように主張する。

集合体としての人間は、社会の精神が神という名前でそこに宿りたがる実体である。こうした集合的理性の現象は、人類が自分は何者なのかを自問して、自分は自分自身の運命を外部から見つめて支配する超越的な存在なのだとする一種の幻覚である。われわれに言わせれば、意識にあらわれるこの幻想は、すでに分析も説明もすんでいる。だから、いまふたたび神学的な仮説をもちだすのは、科学における後退にすぎない。われわれはただひたすら社会にのみ、人間にのみこだわらねばならない。宗教における神、政治における国家、経済における所有、人類はこの三つ重なりの形態のもとで自分自身を外在化させ、自分自身をたえず自分の手から引き離してきた。そしていま、われわれはこの三つをまとめて廃棄しなければならない。

私は、あらゆる有神論、神の存在という仮説は神と人間を同形と見る考えかたからきていることを認める。また、神はそもそも人間の理想、もっと正確に言えば人間の幻想にすぎないことを認める。さらに、神の観念は権威と専断の原理の型であり基礎であることも認める。そういう原理が科学や労働や政治においてあらわれるならば、それを破壊すること、あるいは少なくとも後退させることがわれわれの任務である。そのことも私は認める。そのかぎりで私は人間主義に反対せず、それを受けつぐ。聖なる存在への批判を継承し、それを人間にも応用して、私はこう主張する。

人間は自らを神としてあがめ、自分自身を人間固有の本質に反する理想として仮定した。そして、絶対的に完全なもの、一言でいえば無限なるものとされる存在との敵対を宣言した。そうすると、人間は人間自身の判断によっても、偽物の神にほかならないことになる。なぜなら神を仮定するのは自己を否定することだからである。人間主義は、あらゆる原初的な有神論と同じ程度におぞましい宗教なのだ。

人間が自分を神と見なす現象は、人間主義の用語では説明しえない。もっと進んだ解釈が必要となる。

神学の概念によれば、神はたんに宇宙の絶対的な支配者、無謬で無責任の創造主たる王、人間に理解可能な模範であるにとどまらない。神は永遠不滅不動で、あらゆるところにあらわれ、無限に賢明で、無限に自由な存在である。一方、私に言わせれば、こうした神の属性はそれに対応する人間の属性の理想型、あるいはその高次化だが、そのレベルは人間が望みうる高さをはるかに超える。そこで両者は矛盾すると私は言いたい。神が人間と矛盾するのは、慈悲が裁きと矛盾するのと同様である。人格完成の理想型である聖性は、人格の向上と矛盾し、立法権力の理想型である王制は、法律と矛盾する……、これと同様である。したがって、神の存在という仮説はそれが人間的な現実のなかに溶解して再生されていく。完全で調和がとれた絶対的な存在という問題は、たえず遠ざけられながら、たえず舞い戻ってくる。

この根本的なアンチノミーを証明するには、事実と定義を向かいあわせるだけで十分だろう。あらゆる事実のうちで、もっとも確かで恒常的で疑う余地のない事実といえば、それは人間におけるものごとの認識は段階的で、順序だてて、反省をへてなされるということ、一言でいえば、認識は経験によるということである。したがって、経験によって裏打ちされない理論、すなわち表出において恒常性も連鎖もない理論は、まさにそのことによって科学的な性格を欠く。この点については誰であれ、いささかの疑問もいだきえない。純粋科学とされる数学でさえ、諸命題の**連鎖**にしたがうものであり、まさにそのことによって経験に依存し、それをへて法則を認識する。

人間の科学は、獲得された観察から出発し、少しずつ前進し、やがて無限の領域へと進む。科学がめざすゴール、科学が実現しようと努めるがけっして達成できず、むしろ逆にたえず遠ざかっていく理想、それは無限なるもの、絶対なるものである。

では、人間の想念が神と見なす無限の自由を限定するような、無限の科学、絶対的な科学とはどのようなものになるのであろうか。それは普遍的であるばかりでなく、直感的で自発的な知識だろう。現実的なものと可能性のままのものを同時に保有しながら、いかなるためらいにも、いかなる客観性にも無縁の知識だろう。それは確かなものだが、わかりやすくない知識。完全なものだが、系列性をもたない知識。つまり、形成は永続的になされるが、その部分どうしの関係にはいかなる進歩的な性格もない知識だろう。

こういう知識のありかたについては、心理学が多数の実例を集めている。たとえば、動物たちの直感的な予知能力。まったく無学ながら生まれつき計算や芸術で秀でたひとびとの天然の才能。そして、天才が理論などもたず無意識につくりだした原始的なモニュメントや人間の制度のかずかず。とすると、天体のきわめて複雑ながら規則的な運行とか、物質の驚嘆すべきさまざまの化合、こうしたことのすべてもやはり、その要素に内在する特殊な本能の成果なのだと、ひとびとは言うのではなかろうか……。

そこで、もし神が存在するならば、神に属する何かしらがこの宇宙にも、われわれの内面にもあらわれる。しかし、この何かしらはわれわれのもっとも本来的な傾向と明らかに対立し、われわれのもっとも確かな運命とも対立する。この何かしらは教育によってしだいにわれわれの心から消え去る。そして、それを消滅させることがわれわれの関心事なのである。神と人間は、互いに相手を知ったとたん離反する二つの自然物である。どちらかが、あるいは両方ともに変わらないかぎり、どうしてそこに和解がありうるだろうか。理性の進歩がわれわれをたえず神から遠ざけているのに、どうして神と人間が理性によって同じものとされるだろうか。したがって、どうして人類は教育によって神になると言えるのだろうか。

もうひとつ、べつの例で考えてみよう。

宗教の本質的な性格は感情である。宗教によって、人間は神に理性ばかりでなく感情もそなえさせる。さらに、この考えかたの通常の流れにそって、人間は神における感情が神の知性と同様にやはり無限であると断ずる。

このことだけからも、神においては感情の質が変わるとか、神の感情は人間とまったく異なる属性をそなえると言われるようになる。人間のばあい、感情はいわばかずかずの源泉から流れ出てくる。それは互いに矛盾し、混乱し、分裂するが、そういうことがあってこその人間らしい感情なのである。一方、神のばあいは反対に、感情は無限である。すなわち、単一で完全で安定し明快で、いかなる嵐もものともしない。そして、幸福へいたるために何かと対比して自分を刺激する必要もない。われわれもときには、こういう神的な感情のありかたを経験することがある。陶酔状態のように、ひとつの感情がわれわれのすべての能力を魅惑し、その他の感情を一時的に黙らせてしまうときがそれだ。しかし、こうした恍惚状態はそうでない状態との対比、および外部からの一種の挑発があってのみ存在しうる。つまり、それはけっして完全ではない。あるいは完全にまで達することがあるとしても、それは星が天空の頂点に達するのと同様、このときと定めがたいほんの一瞬にすぎない。

こうして、われわれは一連の対立と混沌、一種の内戦によってのみ、生き、感じ、思考する。したがって、われわれが理想とするのは無限ではなく、均衡なのである。無限とは、われわれと無縁のことがらをあらわす。

あるひとびとによれば、神は神だけの固有の属性をもつものではない。神の属性は人間の属性にほかならない。したがって、人間と神は同じひとつのものである、と言う。

とんでもない。逆である。人間の属性は神において無限のものとなり、まさしくそのことによって人間の属性は人間だけに固有の特殊なものとなる。有限が存在することによって、無限という性格が神の個性となり、本質となるのである。したがって、矛盾する観念が成り立ちえないように、神の存在もありえないとしなければならない。われわれから遠ければ遠いほどわれわれに迫ってくるように思われるこのとらえどころがなく血なまぐさい亡霊を、われわれは科学や道徳から排除しなければならない。そうすることは、ある点で正しいとされるし、またどう転んでも害はない。とにかく、神を人間にしてはならない。それは神と人間をどちらも辱めることになるからだ。

では、こういうふうに言えるだろうか。すなわち、人間と神的存在の対立は幻想である。この幻想は個体である人間と全体としての人類の本質とのあいだの対立からくるものにすぎない。とすると、こう主張しなければならなくなる。つまり、ひとびとは人類を神とするのであるから、この人類は進歩するものではなく、理性においても感情においても何かと対比されるものでもない。一言でいえば、人類は全体として無限である、と。しかし、そのような主張は歴史のみならず、心理学によっても否定される。

いや、そういう理解は正しくない、と人間主義者は叫ぶ。人類の理想の姿をつかむためには、人類をその歴史的発展においてとらえるのではなく、あたかも、あらゆる時代の人間をいっぺんに集め、全人類をたったひとりの人間、無限で永遠不滅の人間と見なし、人類をそういうイメージの全体においてとらえねばならない、と言うのである。

これはすなわち影をつかまえるために実物を放棄することである。かれらによれば、真の人間は生身の人間のことではない。真の人間、人間の理想の姿を発見するためには、時間を脱し、永遠のなかに入りこまねばならない。それどころか、無限のために有限を、神のために人間を見捨てなければならない、と言う。われわれが知っている人類、自己成長する人類、つまりこの世に存在しうる人類は、ちゃんと直立している。ところが、われわれに示される人類の姿は、鏡で見るように逆さまになっている。そして、これが人間だ、と主張される。だから、私はこう答える。それはもはや人間ではない。それは神だ。人間主義はもっとも完全な有神論である。

では、有神論者が神のものとする先見とは何か。本質的に人間的な能力である。神人同形的な属性である。われわれふつうの人間が過去を年代学や歴史によって眺めるように、神は未来をできごとの進歩にそって眺めるのである。

しかし、無限、すなわち知識における自発的で普遍的な直感は人間性に反し、同じく、先見は神的な存在の仮説に反する。神にとって、すべての観念は平等で同時的である。神の理性は、総合とアンチノミーを切り離さない。神における永遠は、すべてのものを現在のもの、同時代のものとする。こうして神は、われわれを創造したが、われわれの矛盾という謎をわれわれに明らかにすることができなかった。そして、それはまさしく神が神だからである。神の目には矛盾が見えないからである。神の知性は時間のカテゴリーや進歩の法則と無縁であり、神の理性は直感であり、神の科学は無限だからである。神における先見とは、矛盾のなかのもうひとつの矛盾である。それはこうだ。神は先見によって本当に人間の姿をとるようになった。この先見をなくしてしまえば、神は人間であることをやめるし、人間は人間で、それがもつとされる神的なものをいっさい捨てなければならない。

もし神が人類のあいだで起こることがらに無知だとするならば、神が無限の科学の持ち主だとしても、それがいったい何の役に立つのか。われわれはそう問うことができるだろう。はっきり区別しよう。神は秩序の知覚、善の感情をもっている、しかし、この秩序、この善を永遠で絶対のものと見る。継起的で不完全なものには秩序も善も見ない。ものごとの欠陥を把握しない。一方、持続する時間を測るものとして悪を見、悪を感じ、悪を評価することができるのはわれわれだけだ。なぜなら、われわれだけが悪を生むことができるからであり、われわれの命にはかぎりがあるからである。神は秩序しか見ず、秩序しか感じない。神は起きることがらをつかまえない。なぜなら、起きることがらは下の方で、つまり神の視界よりも下のところで起こるからである。われわれは逆だ。われわれは善も悪も、かりそめも永遠も、秩序も無秩序も、有限も無限も、同時に眺める。われわれは自分の内部も外部も眺める。そして、われわれの理性は有限であるがゆえにわれわれの視界を超えるのである。

こうして、人間の創造と社会の発展によって、われわれの有限で先見的な理性は、神の無限で直感的な理性と相矛盾する。したがって、神は全方位にわたる無限性を少しも失うことなく、ただ人類が存在するという事実のみによって、縮んでいくように思われる。進歩的な理性は、永続的な観念をうつろいやすい時間という斜面のうえに映し出したものであり、そこで人間は神のことばを理解することができる。なぜなら人間は神から生じたものであり、人間の理性は最初は神の理性と似たものだったからである。ところが、神はわれわれを理解することができず、われわれのところに来ることもできない。なぜなら神は無限であり、有限の属性を身につけることができないからである。そんな属性をもてば神は神でなくなり、自己を滅ぼす。神における先見というドグマは、事実においても理論においても、明らかにまちがいだと言える。

人間を神とするシステムに反対するときにも同じ論法が使える。これはいまや簡単に理解できよう。

人間は宿命的に、自分の属性を絶対化し無限化して、それを神とするが、自らはこの理想型とは逆の方向へ発展していく。人間の進歩と人間が神として認識するものは、合致しない。ひとつには、人間はその体質の混合性と本性の成長能力を見れば、けっして神でなく、神になることもできないのは明白である。そしてもうひとつ、至高の存在である神は、人間と無限に隔たった存在論的な頂点であり、人間と正反対のものだと感じられる。神と人間は、いわばそれぞれ正反対の存在の能力をあてがわれ、宇宙の支配権を懸賞とする勝負を争っているように思われる。神にあてがわれたのは、自発性、直接性、無謬性、永遠であり、人間にあてがわれたのは先見性、推理力、可動性、そして時間である。人間はけっして立ちどまることなく反省と理論のなかを前進するのにたいし、神は先見能力をもたないために、自分の本性の自然発生性のなかに引きこもっているように見える。したがって、人間的なものとそれを理想化したものは矛盾し、人間と神は対立する。この人間と神の対立をキリスト教神学は、悪魔とかサタンの名で、すなわち神と人間に反対する敵として寓意化し、人格化したのである。

私が思うに、近代の思想家たちはこうした基本的なアンチノミーをとらえることができなかった。遅かれ早かれ人間＝神の考えかたは否定され、したがって、そうした哲学的解釈はすべて否定されるはずだ。しかし、基本的なアンチノミーが無視されるならば、宗教への扉、狂信主義への扉がふたたび開くだろう。

人間主義者によれば、神は人類そのものにほかならない。つまり、個としての人間が見えざる主人として服従する集合的人間にほかならない。しかし、その姿はオリジナルを忠実にコピーしたものだとすれば、どうしてこんなに奇妙な姿になるのか。人間は生まれたときから自分の身体、自分の精神、自分の親方、自分の司祭、自分の故郷、自分の生活を直接、実物大で知っているのに、どうして、あたかも自分で自分がわからないから鏡をつかって、神という空想的な姿で自分を眺めなければならなかったのか。こうした幻想に走る必然性はどこにあるのか。一定の時間がたてば意識は純化され、まちがいも正され、自分をべつのものではなく自分自身としてとらえるようになるのだが、どうして意識はこのようにかき乱され、近視眼になるのか。社会そのものはそこにあり、目に見え、手で触れられ、意志をもち、動いているのに、そして、社会はまさに社会として認識され、社会と名づけられているのに、どうして人間の側から社会は超越的なものだと言われるようになるのか。

いや、社会は存在しなかった、とかれらは言う。人間たちは群れていたが、社会をなしてはいなかった。所有や国家のきまぐれな成り立ち、宗教の非寛容な教条主義がその証拠だ、と言うのである。

レトリックもいいところだ。社会は、個人が労働や言語をとおして互いに交流し、相互の義務を承認しあい、法律や慣習を生んだその日から存在する。たしかに社会は、科学や経済の進歩とともに改善されていくが、しかし、文明のいずれの段階においても、進歩はユートピアの唱道者が夢見たような変容を意味するものではない。人類の将来の生活がどれほどすばらしいものになろうと、やはりそれは過去のありかたの必然的な成果、その自然な継続にすぎないだろう。

さらに、私がすでに述べたように、社会形成《アソシアシオン》のいかなるシステムも、友愛と正義を自ら排除することはないので、政治的な理想が神と混同されることはありえない。じっさい、一般に知られるとおり、あらゆる民族において社会は宗教と区別されてきた。社会はどこでも目的としてとらえられ、宗教はたんなる手段と見なされてきた。君主は集合的意志の代理人であるが、神は人間の意識を支配し、人間による裁きを免れた罪人を墓のむこうで待ちかまえるものであった。進歩や改良の思想でさえ、それがあらわれないところはどこにもなかった。要するに、いかなる宗教的な民族においても、社会生活を構成するものが完全に無視されたり、誤解されたりすることはなかったのである。では、あらためて問うが、社会＝神のトートロジー、神学的仮説がその信奉者たちの言うとおり正しいなら、なぜこの仮説がほかならぬ人間社会の理想型をあらわすことになるのか。すなわち、平等・連帯・労働・愛によって変形をとげた人類のありかたの想像図になってしまうのか。

たしかに、それはたんなる思い込み、根拠のない信念であり、私が思うに今日では恐るべき失望につながるものだ。しかし、いま消え去ろうとしているのはカトリシズムではない。消え去っていくのはむしろ人間主義の哲学である。人間主義の哲学は、もともと勝手な思い込みを混入させたりしないきわめて知的な思考であるのに、まさにその思考にもとづいて人間を神々しい存在とする。人間はたえずその道徳的ないかがわしさを示して、じっさいにはがっかりさせられるようなことが多いのに、人間主義の哲学はそういう人間を神だと宣言する。すなわち、あらゆる潜在能力において人間は善良できちんとした存在なのだと言う。人間の悪は人間が体験してきた束縛のせいだと言い、人間が完全な自由を得たら人間はきわめて純粋な献身的行為をするはずだと言う。なぜなら、人類がこの哲学にしたがって自分の姿を描き出した神話において、ひとびとは地獄と天国、苦しい束縛の時期と幸せな独立の時期という名で、自分たちは互いに対立したものとして描かれていると知るからだと言う。こういう教義をもてば、人間がたちまち宗教の手におちてしまうためには、人間は神でなく、善良でも神聖でも賢明でもないと認識すればそれで十分であり、しかもそれは避けられないということになる。とどのつまりは、神を否定することによって世界が獲得するのは、ただ神を復興させることにすぎないだろう。

　私に言わせれば、宗教的な寓話が意味するものはそういうことではない。人類は、神を自分の創造者、主、べつの自分《アルターエゴ》として認識するが、それは自分自身の本質をアンチテーゼによって限定したにすぎない。人間の本質とは、折衷的で陰影に満ち、無限から生じ、無限に矛盾し、美と秩序の感情に導かれながら誤りやすい理性によって、時間において成長し、永遠なるものを求めるものである。人類は、すべてのアンチテーゼがそれに先行するテーゼの娘であるのと同様に、神の娘である。であるからこそ、人類は自分に似たものとして神を発見し、神に自分と同じ属性を与えた。ただし、その属性はそれぞれ特殊で、神を自分とは矛盾するものとして定義した。人類は神の亡霊であり、神は人間の亡霊である。両者は互いに相手の存在の原因であり、根拠であり、目的である。

したがって、神という自我の概念は人間としての自我が知覚されることから生じるのだが、そのことはこれまで、宗教思想の批判によってけっして十分に証明されてこなかった。十分に証明するためにはさらに、人類自身を批判することによってこの推論を確かめ、見かけの神性に必要な諸条件を人類が満たすかどうかを見なければならなかった。そこで、まさにそのしごとをわれわれは厳かに開始したのである。われわれは人間の現実と神の仮説から同時に出発し、社会の歴史を経済的な制度の面と哲学的な思考の面において展開させてきた。

人間は観念どうしの対立に刺激され、そしてそれはある程度やむをえないものであったが、自分の動物的な情念に翻弄されて、不必要にも悪をなしてきた。それは自由で知的で神聖な存在という性格に反するものであった。われわれはこれを明らかにし、他方で、つぎのことも明らかにした。すなわち、人間の本性はけっして調和的・総合的に構成されているのでなく、個々の人間において特殊なさまざまの潜在性のたんなる寄せ集めである。人間の自由が無秩序につながるという原理を明らかにすることで、人類が神ではないことの証明は得られた。われわれはこうした事情も明らかにした。けっきょく、神において摂理は存在しないばかりか、それは不可能と証明された。言いかえれば、無限の存在である神の属性と神人同形の属性ははっきり分けられた。われわれはそれを受け、古い神義論の主張に反対してこう結論した。本質的に進歩的な運命である人間の運命にかんして、永遠・不動・無限という性格に由来する神の知性と自由はそれといちじるしい対照をなす。そこで、人間は神を自分の導き手、自分の主としてあがめるのではなく、神を自分の敵としか見られず、またそう見ざるをえなかった。以上の最終的な考察は、われわれに人間主義を放棄させるためにも十分だろう。人間主義は人間を神格化することによって、宗教の復興に不可避的につながっていくのだ。われわれに言わせれば、狂信主義を真に治療するのは人類を神と同一視することではない。そういうことは、社会経済において共有制の肯定、哲学において神秘主義と現状《ステイタス・クオ》の肯定に帰着する。人類にむかって証明すべきは、神なるものが存在するとしたら、その神は人類の敵だということである。

こうした与件から、今後どのような結論が出てくるのであろうか。けっきょく、神は何らかの存在ではあるのだろうか……。

私は自分にそれがわかるかどうかもわからない。たしかにいまの私は、非論理的で矛盾に満ちた存在である人間の現実性を、目に見えず理解不能の存在である神の現実性よりも根拠があるものとして肯定することはできない。しかし、私はこの二つの本性の根本的な対立をとおして、少なくともつぎのことを知っている。すなわち、私の意識が心ならずも想定している神秘的な創造主は、少しも期待すべきものでも、少しも恐るべきものでもない。また私は知っている。私の骨の髄までしみこんだ性格が、私の心を神の観念へのとらわれから日々遠ざけている。こうして、実践的な無神論が私の心と理性の戒律となる。私は自分の行動のルールを、まさに観察可能な運命からたえず学びとることになる。私に提示される神秘的な命令、神の法を、私はことごとく拒否し、そのすべてと戦わざるをえない。宗教による神への回帰、怠惰、無知、従属は自分自身への加害である。そして、かりにいつの日か私が神と和解しなければならないとしても、この和解は、私の生きているかぎりありえないものだし、そうするばあい私は何も失わず、すべてを獲得するとされるのだが、この和解は私が自己崩壊することによってしか成立しえない。

さて、いよいよしめくくりとして、われわれのこれから先の研究に役立つ目印を、柱に刻んでおくことにしよう。

人間は、自然のすべてを一身で表現し、この世のあらゆる存在を融合したものだと言うが、立法者はそんな人間を信用しない。——無限の精神における、われわれの承認しがたい能力である神の摂理を、立法者はあてにしない。

ただし、立法者はさまざまの現象の連鎖を注意深く眺め、運命がもたらす教訓からすなおに学んで、運命のなかに人類の法則を求め、人類の将来についてのたえざる予告をそこに読み取ろうとする。

立法者はまた、ときどきつぎのことも思い出す。神的な感情は人間のあいだで弱まっている。天からの啓示はしだいにその場を失い、人間の経験にもとづく推論に取ってかわられる。人間と神とのあいだの亀裂がますます明白となる。われわれの生きる形であり条件である進歩は、無限の知性、すなわち没歴史的な知性によっては知覚しえないものである。まとめとして言えば、政府にまで人民全体を神のように見守ってくれと求めるのは、臆病な偽善であり、自由をおびやかすものである。しかしながら、世界に多種多様な宗派が存在することは、さまざまの民族のあいだにも普遍的な同意があることを証明する。また人類は、思想においても行動においても傾向においても、絶対に解消しえない矛盾をもつ。これらのことがわれわれの魂の秘密の関係を示してくれる。そして、無限なるものと自然全体との矛盾によって、この秘密の関係を明確にしていくことが、この宇宙の意味と、人間の存在理由を同時に明らかにしてくれるであろう。

原注

プロローグ

＊1　イェホヴァ、およびその語素イアは「存在」の意。イアオ、ユーピテルも同じ意味。ヘブライ語でハイアは「存在する」の過去形で、ギリシア語でエイは「存在する」の現在形、エイナイは「存在」。ヘブライ語でアニ、およびその変化形ティは「我」の意。諸言語を見渡せば、エゴ、イオ、イッヒ、アイ、ミー、メ、ティビ、テなど、人称代名詞のなかにあるイ、エ、エイ、オイといった母音は、そのことばがひとをさすことを示す。そして、mやn、sやtといった子音は人称をあらわす。こういう共通性については異論もあるが、私はその論を否定するものではない。言語学も深めていくと、互いにあいまいで怪しくなる。ただ私が言いたい重要なことは、単語どうしの音声的な共通点が、その観念の形而上学的な共通点をあらわしているように思われることである。

＊2　中国人はかつて伝統的に宗教のようなものをもっていたのだが、いまから五、六〇〇年前に失ってしまった（ポティエ著『中国』、パリ、ディド社を参照されたい）。もっと驚くことに、この独特の民族は原初的な信仰を失いながらも、神とは人類の集合的な「自我」にほかならないことを理解していたようなのだ。そのおかげで、中国人は東洋哲学の最新の成果を、二〇〇〇年以上も前からごくふつうの常識として獲得していた。『書経』によれば、「天の神が見るもの聞くものは、ひとびとが見るもの聞くものである。ひとびとが与えるべしと考える賞と罰は、天が与えようと考える賞と罰にひとしい。天とひとびととのあいだには親密な交流がある。したがって、ひとびとを治めようとする者は慎重かつ謙虚でなければならない」。

孔子もまた同じ考えをべつの表現で示している。「民の信を得れば、国を得られる。——民の信を失えば、国を失う」。ひとびとはまたべつの思想家の教えもさらに決定的な金言として大事にしている。老子の教えだ。老子の書物は、いわば純粋理性批判の概要にすぎないけれども、かれの哲学は「道《タオ》」という名のもとに、永遠に普遍的な理性と無限なる存在に同化される。そして私の意見を言わせていただくなら、老子の書物のわかりにくさは、まさに哲学の諸原理が道なるものと同化している点にある。なぜなら、われわれ西洋人の宗教的な習慣と哲学的な姿勢は、すでに大きく分離してしまっているからである。

＊3　とくに、オーギュスト・コント『実証哲学講義』およびP・J・プルードン『人類における秩序の創造』を参照されたい。

＊4　私はここで物質の変換可能性を強く肯定したいわけでもないし、それを探求の対象にするつもりもない。また、それについて知識人はどういう態度をとるべきかを語るつもりもない。私はただ、先入観をもたずにものを考えるひとには、化学の哲学的な結論はおしなべて懐疑のようなものを生じさせずにはおかないことを指摘したいだけなのである。もっとわかりやすく言うなら、化学のばあい、その理論の前提をなす種々の仮説が互いに矛盾していたりするので、ひとはどうしても懐疑的になる。化学は、まさしく理性の挫折である。あらゆるところで空想に逃れる。実験をすればするほど、解決不能の謎しか見えてこない。これは、私が最近ユストゥス・リービッヒ氏の『化学通信』（パリ、マスガナ社、一八四五年、ベルテ＝デュピネとデュブルイユ＝エリオン訳）を読んでいだいた感想でもある。

じっさい、リービッヒ氏は、物自体の創造力とか真空の不在とか香りの精など、昔の学者が認めていた仮説や実体を科学から追放しながら（二二頁）、自分でもやはり生命力、化合力、電力、引力など一連の正体不明なものを、化学現象の理解に必要な条件として認めている（一四六、一四八頁）。心理学者は心的な能力の発現を自由とか想像力とか記憶力などの名称によって語るが、化学者もそれにならって物の特性の発現を語る。なぜ要素そのものにとどまらないのか。リービッヒ氏が信じているように、原子はそれ自体に重力があるとすれば、なぜそれ自体に電力や生命力がないのか。奇妙な話だ。物の現象は、心の現象と同じように、矛盾した諸法則によって統制される不可解な力が生み出すものと理解しないかぎり理解できなくなっている。このことがリービッヒ氏の書物の各頁から読み取れる。

氏によれば、物は本質的に不活性で、自発的な運動力をいっさいそなえていない(一四八頁)。では、どうして原子には重力が備わっているのか。原子に重力が備わるということは、物そのものに自発的で恒常的な運動があるということではないのか。そこに動きがないと見られるのは、たんに動きが均衡しているからではないのか。物が不活性と言うならそれは定義にも反するし、外的な力と言うならそれには何の証明もない。

原子には重さがあるということから、リービッヒ氏は、原子は分割できないと結論づける(五八頁)。なんという推論だ。重さとは力にほかならない。すなわち、一定の方向に落ちていくものであり、そういう現象をとおしてしか知覚されないものである。したがって、分割とか不分割といった概念をあてはめることができないものなのである。それなのに、こうした力の存在を見ず、また不確定で非物質的な実体を仮定することもなく、そこに分割できないものがあるとだけ結論するとは。

しかもリービッヒ氏は、絶対的に分割しえない粒子を想像するのはわれわれの知性にとって不可能であると告白する。さらに、この分割不能という事実は証明できないと白状しながら、科学はこの仮説なしには成り立たないとも言うのである。つまり、こうした先生たちの証言から明らかなように、化学は、まともな人間が受けつけず経験にも反するフィクションから出発しているのだ。何たる皮肉。

リービッヒ氏によれば、原子はそれぞれ量が不平等なので重さも不平等だが、しかし、化学的に等量であれば原子の重さもひとしくなると証明することはできない。言いかえれば、原子の量の計算によって一個の原子と見なされるものは複数の原子からなるものではないが、それも証明はできない。ということは、こういうことになる。まず、量が多いものは量が少ないものより重たい。そして、重さは物の本質であるので、重さがどこにおいても同一であれば、その物もまた同一である。論理的にそう言える。純粋な物体どうしのちがいは、たんに原子の結合のしかたのちがいか、分子としての凝縮度のちがいにのみ由来する。そこで、根底において原子は変換可能なのである。リービッヒ氏はこの点を認めない。

氏はこう述べる。「ひとつの要素が他の要素に変換されると考えねばならない根拠などまったくない」(一三五頁)。たいした自信であるが、変換があると考えねばならない根拠は、あなたの気づかぬべつのところに存在するかもしれないのである。また、この点にかんしてあなたの知性はあなたの経験と同じレベルにあるかどうか、疑わしい。しかし、とりあえずリービッヒ氏の言い分を認めることにしよう。で、かれの説はどう続くか。一貫して不変の五六ほどの例外を除いて、物は全体がたえず変態の途上にある、と言うのだ。だが、自然界のなかに力学の一貫性、システムの一貫性とともに、物質の一貫性を見てとるのが、われわれの理性の法則である。それに、化学化合物と単純な物質の連なりからも、われわれはいやおうなくあの結論に到達する。ならば、どうして科学が切り拓いた道を最後まで突き進まずにいられよう。経験そのものが必然的につきつけてくる仮説をどうして認めずにいられよう。

リービッヒ氏は、諸要素の変換可能性ばかりでなく、胚の自然形成をも否定する。だが、胚の自然形成を否定するならば、胚は永遠不滅のものと認めることになる。他方、地質学の研究によれば、地球には昔から生物がいたわけではない。とすれば、動植物の永遠の胚種は父や母がなくても、この地表全体で生まれたのだと認めざるをえない。つまり、自然発生の否定が自然発生の仮説につながる。形而上学を嫌悪するあまり、さらにひどい矛盾に陥っている。

こうした私の言いぶりから、私が化学の理論の価値や確かさを否定していると思わないでいただきたい。

私は原子の理論をバカにしているのでもない。また、自然の生殖にかんして快楽主義者と同じ主張をしているわけでもない。私の言いたいことを最後にもう一度くりかえさせていただく。原理の観点から言えば、化学はきわめて柔軟なものでなければならない。なぜなら、化学はいくつかのフィクションにもとづいてのみ成り立つものだからである。それらのフィクションは理性にも経験にも反し、しかも相互に否定しあう。

＊5　化学者は「混合」と「合成」を区別するが、それは論理学者が「結合」と「総合」の観念を区別するのに似ている。しかし、化学者によれば、合成は混合の一種にほかならない。ただし、混合とちがって、種々の原子が偶発的にではなく体系的に集まったものだそうだ。そして、その集まりの多様さに応じて生まれる合成も多様になる、と言う。これはまったく根拠のない仮説だ。この仮説は何も説明できず、論理も何もない。原子の構成や形態において、ただその数や配置が異なるだけで、機能のちがいまで生じるのはなぜか。原子が不可分で不可入だとしたら、原子の結合は本質において不変であるはずなのに、その機械的な機能に限定してさえ、そうならないのはなぜか。想定される原因と得られる結果とのあいだには関係があるはずだが、ここではそれはどこにあるか。

知性によるものの見かたを簡単に信用してはいけない。心理学の体系も化学の理論も同様だ。頭脳は、いろいろな現象を説明するために、目に見えず見ることもできない原子について云々する。さらに知覚することもできない自我についても云々する。人間の悟性は、あらゆることがらに自分のカテゴリーを応用する。すなわち、物質であれ非物質であれ、根本において同一不可分のものを、悟性は区分し、個別化し、具体化し、数えられるものにし、対立させる。物質は、精神と同様に、われわれの目の前であらゆる種類の役割を演ずる。その変容のありさまは少しもデタラメなものに見えないので、われわれはそれをもとに心理学や原子の理論を構築したりするのである。これらの理論は、一連の現象をきちんとしたことばで忠

を文字どおりに受けとめよとか主張すると、たちまち誤りに転ずる。しかし、それは抽象的なものを具体化せよとか、それを文字どおりに受けとめよとか主張すると、たちまち誤りに転ずる。

第一章

＊6　「国民の生活を支配する原理は、純粋の科学ではなく、その国民の文明度、欲求や関心の程度にもとづく複雑なデータの総体である」。これはフランスで最高の知識人のひとり、レオン・フォーシェ氏が、一八四四年一二月に述べたことばだ。しかし、いったいどうして、こういう立派なお方が経済学者としての信念にもとづき、社会の複雑なデータは純粋の科学に反するとまで公言するにいたったか。できればぜひ説明してもらいたいものだ。

第三章

＊7　鋭敏な言語学者であるポール・アッケルマン氏が、フランス語を例に、明らかにしているように、ひとつの言語のいずれの単語にも反対語がある。氏の用語で言えば、反意語がある。ひとつの言語のボキャブラリー全体は対語によって成り立ち、ひとつの巨大な二元論の体系を形成する（参照、ポール・アッケルマン著『反意語辞典』、パリ、ブロックハウス&アヴナリウス社、一八四二年）。

＊8　道徳・政治科学アカデミー、一八四五年九月の会合。

＊9　『ジュルナル・デ・ゼコノミスト』誌、一八四三年四月号。

第四章

＊10　語源にかんして、もっともすぐれて権威のある方々の説に、私としては納得できないものがある。その

説によれば、serf〔農奴〕、ラテン語で言う servus〔奴隷〕は、「保存」を意味する動詞 servare から派生した。奴隷とは戦争で捕虜となったが殺されず、使役のために保存された者だからだそうだ。奴隷、あるいは少なくとも召使いは、戦争によっていちじるしく増えるものではあるが、存在自体は戦争よりも先である。また、ものごとをあらわすものであれ観念をあらわすものであれ、奴隷が保存されたものを意味するのであれば、文法的に正しく受動態で servatus とすべきなのに、servus としてしまったのはなぜか。私の考えはこうだ。servus の真の語源は、servare と servire の対立に見出される。共通の語幹は sero（連結する）、insero（合わせる）であり、そこから派生するのが series（継ぎ目、連鎖）、sera（鍵）、sertir（挿入する）などである。これらの語はすべて、ひとつの主要なものに特殊に有用な付属物がつながっているという観念をあらわす。そこで servire は、役に立つものであること、他者にとって副次的な存在であることを意味する。そして servare は、迫ること、わきに置くこと、ものの用途を定めることを意味する。したがって、servus は、手近の人間、有用物、家具、そして、ひとに奉仕する人間を意味する。servus の反対語は dominus（domus, domanium, domare）、すなわち一家の主、家長である。自分のために人間を使い（servat）、動物を支配し（domat）、ものを所有する（possidet）人間である。のちに、戦争の捕虜が奴隷となった。servati ad servitium〔奴隷として保存された〕のである。あるいはむしろ serti ad glebam〔土に結びつけられた〕のほうがわかりやすい。敗北者は運命を承知しており、その名を引き受けるしかなかった。

第七章

*11　ありがたいことに大臣が問題を片づけてくれた。私は大臣に心からの感謝を述べたい。提示された料金表によれば、郵便料は距離が二〇キロ未満なら一〇サンチーム引き下げられ、二〇―四〇キロ未満なら二

〇サンチーム、四〇―一二〇キロ未満なら三〇サンチーム、一二〇―三〇〇キロ未満なら四〇サンチーム、距離がそれ以上なら五〇サンチーム引き下げられる。

＊12　労働者手帳にかんするあたらしい法律は、労働者の自立をさらに狭い範囲に限定した。民主主義派のジャーナリズムは、この問題でふたたび権力者への憤りを爆発させてみせた。民主主義の原理である権威と所有の原理を適用することと以外のことをすれば、かならず憤るらしい。議会が労働者手帳にかんしておこなったことは不可避であり、あらかじめそうなると覚悟すべきであった。所有の原理にもとづく社会は、かならず身分の格差の固定に行きつく。民主主義はかならず専制に行きつく。宗教はかならず不条理に行きつく。狂信はかならず不寛容に行きつく。これがまさしく矛盾の法則なのである。われわれがそのことを理解するためには、どれほどの時間が必要なのであろうか。

＊13　本書の下巻、第九章を見よ。

＊14　同じく、第一〇章を見よ。

＊15　同じく、第一一章を見よ。

平凡社ライブラリー　820

貧困《ひんこん》の哲学《てつがく》　上

発行日…………2014年10月10日　初版第1刷
2024年4月6日　初版第3刷

著者……………ピエール＝ジョゼフ・プルードン

訳者……………斉藤悦則

発行者…………下中順平

発行所…………株式会社平凡社
〒101-0051　東京都千代田区神田神保町3-29
電話　東京(03)3230-6579[編集]
東京(03)3230-6573[営業]
振替　00180-0-29639

印刷・製本　……藤原印刷株式会社

ＤＴＰ…………平凡社制作

装幀……………中垣信夫

ISBN978-4-582-76820-6
NDC分類番号135
B6変型判（16.0cm）　総ページ568